刑事訴訟法講義

川端 博著

成文堂

はしがき

　本書は，わたくしの『刑法総論講義』および『刑法各論講義』とともに『刑事法講義』三部作を成すので，次のような共通性を有することになる。すなわち，本書は，第1に，学説史，判例の変遷を的確におさえたうえで，問題状況を明らかにすることに留意して書かれている。現今の時事的論点だけを追いかけるのではなくて，堅固な歴史的・理論的背景を視野に入れて問題点を闡明し，それについて理論を展開することに重点が置かれているのである。

　第2に，古典物理学と要素心理学を基礎とする古い人間機械論を前提にして確立されてきた従来の19世紀的犯罪理論の枠組を超えて，歴史的身体性と場所性をそなえた生身の人間をダイナミックに把握したうえで展開された「犯罪」論を前提にしている。刑事訴訟法は，その「犯罪」を認定し刑罰を科するための手続き法であるから，やはり「人間」的側面を重視しなければならない。

　第3に，従来の刑法理論および刑事訴訟法理論の正統を継承しつつ，その再構成をめざしている。法文に即して手続きの全体像を明らかにしていきたい。そのため章立てや項目立てなどに工夫をほどこしてある。

　第4に，理論構成をする際には，できるかぎり問題の「実体」に肉薄するように努め，理論のための理論を排し，実用に堪え得る強固な理論的基礎を提示することが目標とされる。

　第5に，叙述を平易にして分かりやすく書かれている。読みにくいとおもわれる漢字には適宜，ルビをふって通読しやすいようにした。また，法律用語であっても，たとえば「手続」を「手続き」と表記するなど，日常用語でまかない得るものは，その表記を用いた。条文や判例などの引用においても，漢数字を算用数字に変えるなど適宜改めたことをお断りしておきたい。

　これらの試みが成功しているか否かは，読者諸賢の判断に委ねるほかはないとおもう。

わたくしは，大学院生時代から現在に至るまで，松尾浩也先生から絶大な学恩を賜っている。実は先生に最初にお会いして教えを戴いたのは，司法修習生の時である。司法研修所における外国文献講読の講義の時間に，アメリカ合衆国の最新判例を教わったのであった。その後，院生の時に，初めて判例評釈を書くに当たって，先生に原稿を添削して戴いたうえで，論文と判例評釈の違いや文章の書き方などについて懇切丁寧に御指導を賜った。その教えが今日でも活きている。遅くなったが，本書を松尾先生に捧げ長年にわたる学恩に対して感謝を申し上げる次第である。

　本書の出版に当たっても，成文堂の阿部耕一社長，土子三男取締役および本郷三好編集部長に非常にお世話になったので，謝意を表させて戴きたい。阿部社長と土子取締役には長年にわたって体系書三部作の完成をお待ち戴いたが，約束をはたすことができ，嬉しいかぎりである。ここに記して心から御礼を申し上げたい。

　　平成23年（2011年）7月1日

　　　　　　　　　　　　　　　　　　　　　　　　　川　端　　博

凡　例

1　判　例
1　引用判例の略称は，次の例による。
- 大判大 5・5・4 刑録 22 輯 685 頁→大審院判決大正 5 年 5 月 4 日大審院刑事判決録 22 輯 685 頁。
- 最決昭 37・2・8 刑集 16 巻 11 号 1522 頁→最高裁判所決定昭和 37 年 2 月 8 日最高裁判所刑事判例集 16 巻 11 号 1522 頁。
- 東京高判昭 30・5・19 高刑集 8 巻 4 号 568 頁→東京高等裁判所判決昭和 30 年 5 月 19 日高等裁判所刑事判例集 8 巻 4 号 568 頁。

2　略語

刑　　録	大審院刑事判決録
刑　　集	大審院刑事判例集，最高裁判所刑事判例集
裁判集刑	最高裁判所裁判集刑事
高 刑 集	高等裁判所刑事判例集
裁　　特	高等裁判所刑事裁判特報
判　　特	高等裁判所刑事判決特報
東　　時	東京高等裁判所刑事判決時報
1 審刑集	第 1 審刑事裁判例集
下 刑 集	下級裁判所刑事裁判例集
裁　　時	裁判所時報
刑　　月	刑事裁判月報
判　　時	判例時報
判　　タ	判例タイムズ
新　　聞	法律新聞
評　　論	法律評論

3　大審院の判例を原文のまま引用するばあいには，読みやすくするために，原則として，旧漢字，片仮名を新漢字，平仮名に改め，句読点，濁点を付した。

2　法　令
　刑事訴訟法については（法…条またはたんに…条），刑事訴訟法規則については（規…条），憲法については（憲…条）とし，それ以外については，原則として以下の通りの略称（略称名…条）を用いることとする。
覚せい罪　　覚せい剤取締法

4　凡　例

刑	刑法
警察	警察法
刑事収容	刑事収容施設及び被収容者等の処遇に関する法律
警職	警察官職務執行法
刑訴費	刑事訴訟費用等に関する法律
刑補	刑事補償法
検	検察庁法
検審	検察審査会法
公害	人の健康に係る公害犯罪の処罰に関する法律
裁	裁判所法
最裁規	最高裁判所裁判事務処理規則
裁判員	裁判員の参加する刑事裁判に関する法律
裁判員規	裁判員の参加する刑事裁判に関する規則
児福	児童福祉法
銃刀	銃砲刀剣類所持等取締法
少	少年法
総合支援	総合法律支援法
通傍	犯罪捜査のための通信傍受に関する法律
道交	道路交通法
犯捜規	犯罪捜査規範
被害基	犯罪被害者等基本法
被害保護	犯罪被害者等の権利利益の保護を図るための刑事手続に付随する措置に関する法律
弁	弁護士法
麻向	麻薬及び向精神薬取締法
麻薬特例	国際的な協力の下に規制薬物に係る不正行為を助長する行為等の防止を図るための麻薬及び向精神薬取締法等の特例等に関する法律
民訴	民事訴訟法

3　雑誌・学説

　雑誌名・紀要名について，原則としては略語を用いない。論文については，まず著者名を記して，その題名はカギカッコ内（「　」）に掲記し，著書については，まず著者名を記し，書名を二重カギカッコ内（『　』）に掲記し，二度以上出てくるばあいには，著者名の次に前掲論文，前掲書と掲記してその頁数を引用する。学説は，「文献」欄の著者名・00 頁という形で引用し，文献欄の〔　〕カッコ内に掲記したものについてはその略語よって引用する。

参 考 文 献

〔体系書・教科書・注釈書〕（50音順。教科書については，共著・編著のものを除く）
  青柳文雄『刑事訴訟法通論上・下』5訂版（昭51年・1976年）
  渥美東洋『全訂刑事訴訟法』第2版（平21年・2009年）
  池田 修・前田雅英『刑事訴訟法講義』第3版（平21年・2009年）
  石川才顕『刑事訴訟法講義』（昭49年・1974年）
  井戸田侃『刑事訴訟法要説』（平5年・1993年）
  小林 充『刑事訴訟法』第3版（平18年・2006年）
  斉藤金作『刑事訴訟法上・下』（昭42年・1967年，昭43年・1968年）
  裁判所書記官研修所『刑事訴訟法講義案』第3版（平18年・2006年）
  白取祐司『刑事訴訟法』第6版（平22年・2010年）
  鈴木茂嗣『刑事訴訟法』改訂版（平2年・1990年）
  高田卓爾『刑事訴訟法』2訂版（昭59年・1984年）
  田口守一『刑事訴訟法』第5版（平21年・2009年）
  田宮 裕『刑事訴訟法』新版（平8年・1996年）
  田宮 裕『注釈刑事訴訟法』（昭55年・1980年）
  団藤重光『新刑事訴訟法綱要』7訂版（昭42年・1967年）
  土本武司『刑事訴訟法要義』（平3年・1991年）
  寺崎嘉博『刑事訴訟法』第2版（平20年・2008年）
  庭山英雄『刑事訴訟法〔BUL双書〕』（昭52年・1977年）
  平野龍一『刑事訴訟法』（昭33年・1958年）
  平良木登規男『刑事訴訟法Ⅰ』（平21年・2009年），『刑事訴訟法Ⅱ』（平22年・2010年）
  福井 厚『刑事訴訟法講義』第4版（平21年・2009年）
  松尾浩也『刑事訴訟法上』新版（平11年・1999年），『刑事訴訟法下』新版補正第2版
    （平11年・1999年）
  松尾浩也監修・松本時夫＝土本武司編『条解刑事訴訟法』第3版増補版（平18年・2006
    年）
  三井 誠『刑事手続法(1)』新版（平9年・1997年），『刑事手続法Ⅱ』（平15年・2003
    年），『刑事手続法Ⅲ』（平16年・2004年）
  光藤景皎『刑事訴訟法Ⅰ』（平19年・2007年），『口述刑事訴訟法上』第2版（平12
    年・2000年），『口述刑事訴訟法中』補訂版（平17年・2005年），『口述刑
    事訴訟法下』補訂版（平17年・2005年）
  安冨 潔『刑事訴訟法講義』（平19年・2007年）
  山中俊夫『概説刑事訴訟法』（平元年・1989年）
  渡辺咲子『刑事訴訟法講義』第5版（平20年・2008年）
  渡辺直行『刑事訴訟法』補訂版（平23年・2011年）

目　次

はしがき
凡例・参考文献

第1章　序　論 … 1

第1節　刑事訴訟法の意義 … 1
1　刑事訴訟法とは何か(1)

第2節　刑事訴訟法の歴史 … 2
1　欧米における歴史的発展(2)
2　わが国における歴史的発展(5)

第3節　刑事訴訟の諸原則（諸主義） … 8
1　実体的真実主義と法の適正な手続き(9)
2　職権主義と当事者主義(10)　　3　起訴状一本主義(12)
4　迅速な裁判(13)　　5　裁判の公開主義(14)
6　集中審理主義(14)
7　直接主義・口頭主義および伝聞法則(14)　　8　自由心証主義(16)

第4節　現行刑事訴訟法の特徴 … 17
1　応用憲法としての性格(17)　　2　モデル論との関係(18)
3　旧刑訴法との対比における特徴(18)

第5節　刑事訴訟法の法源と適用範囲 … 21
1　法と規則(21)　　2　刑事訴訟法の適用範囲(22)

第2章　訴訟主体 … 25

第1節　総　説 … 25
1　意義(25)　　2　種類(25)　　3　訴訟関係人(25)

第2節　裁判所 … 25
1　裁判所の意義と種類(25)
2　国法上の意義における裁判所の構成と機能(27)

　　　　3　訴訟法上の意義における裁判所の構成(30)
　　　　4　公平な裁判所の保障(33)　　5　裁判所の権限(35)
　第3節　検察官および司法警察職員……………………………………39
　　　　1　検察官(39)　　2　組織—検察庁(41)　　3　検察官の資格(42)
　　　　4　検察官の権限と機能(43)
　　　　5　組織原理−検察官一体の原則(46)　　6　司法警察職員(48)
　第4節　被告人および弁護人……………………………………………51
　　　　1　被告人(51)　　2　弁護人(54)　　3　補佐人(60)

第3章　捜　査……………………………………………………………63

　第1節　総　説……………………………………………………………63
　　第1款　捜査の意義……………………………………………………63
　　　　1　捜査の意義をめぐる問題点(63)
　　第2款　証拠保全の手続き……………………………………………68
　　　　1　総説(68)　　2　請求(69)　　3　書類・証拠物の閲覧・謄写(70)
　　第3款　捜査と訴訟条件………………………………………………70
　　　　1　問題の所在(71)　　2　告訴(71)　　3　告発・請求(72)
　　第4款　捜査の条件……………………………………………………72
　　　　1　意義(72)　　2　捜査の必要性(72)
　　　　3　捜査の相当性(72)　　4　効果(73)
　第2節　捜査機関…………………………………………………………73
　　第1款　総説………………………………………………………………73
　　　　1　意義(73)　　2　検察官と司法警察職員との関係(73)
　　第2款　司法警察職員…………………………………………………74
　　　　1　司法警察職員の意義・種類(74)　　2　一般司法警察職員(74)
　　　　3　特別司法警察職員(75)
　　　　4　司法警察職員ではないが捜査権を有する者(75)
　　第3款　検察官・検察事務官の権限…………………………………76
　　　　1　検察官・検察事務官の権限(76)
　　　　2　検察官と司法警察職員との関係(77)
　第3節　捜査の開始………………………………………………………79
　　第1款　総説………………………………………………………………79
　　　　1　捜査機関と捜査の端緒(79)　　2　捜査の端緒の分類(79)

第2款　捜査の端緒各説………………………………………………………82
　　　1　現行犯人の逮捕(82)　　2　職務質問(82)　　3　検視(90)
　　　4　告訴(92)　　5　告発(100)　　6　請求(101)　　7　自首(102)
第4節　捜査の実行……………………………………………………………103
　第1款　捜査の方法……………………………………………………………103
　　　1　意義(103)　　2　強制処分の意義に関する学説(104)
　　　3　判例の立場(105)
　第2款　任意捜査………………………………………………………………106
　　　1　任意捜査の原則(106)　　2　任意捜査の規制(107)
　第3款　強制捜査………………………………………………………………116
　　　1　強制捜査の種類(116)　　2　令状の性質(116)
　　　3　令状の請求手続き(117)　　4　被疑者の逮捕(118)
　　　5　差押え，捜索および検証(126)
　　　6　令状によらない強制捜査(129)
　　　7　被疑者の勾留・証人尋問および鑑定留置の請求(137)
　　　8　逮捕・勾留の諸問題(144)　　9　科学的な捜査方法(152)
第5節　被疑者側の防御………………………………………………………165
　第1款　被疑者の黙秘権………………………………………………………165
　　　1　憲法および刑訴法の規定(165)
　第2款　被疑者の弁護人の援助を受ける権利………………………………170
　　　1　意義(170)　　2　接見交通権(171)
　第3款　弁護人以外の者との外部交通………………………………………175
　　　1　一般接見など(175)　　2　接見禁止など(175)
　第4款　被疑者・被告人のための証拠保全の請求…………………………176
　　　1　被疑者の防御活動の必要性(176)　　2　証拠保全の請求権(176)
　第5款　証拠開示………………………………………………………………177
　　　1　証拠開示の重要性(177)
第6節　違法捜査に対する救済………………………………………………177
　　　1　総説(177)　　2　刑事手続き内における対策(178)
　　　3　刑事手続き外における対策(178)
第7節　捜査の終結……………………………………………………………179
　　　1　司法警察員による検察官への事件送致(179)
　　　2　検察官がおこなう処分(180)

第4章　公訴の提起 …… *183*

第1節　基本原則 …… *183*
1　国家訴追主義・起訴独占主義(*183*)
2　起訴便宜主義・起訴変更主義(*183*)
3　国家訴追主義・起訴独占主義・起訴便宜主義の控制(*186*)

第2節　公訴提起の手続き …… *189*
1　公訴提起の方式(*189*)　　2　起訴状一本主義(*193*)
3　公訴提起の効果(*195*)

第3節　訴訟条件 …… *197*
1　公訴提起の条件(*197*)　　2　訴訟条件(*197*)
3　公訴の時効(*202*)

第4節　準起訴手続き …… *207*
1　性格(*207*)　　2　審判に付する手続き(*208*)
3　審判に付された事件の公判手続き(*211*)

第5節　訴因制度 …… *212*
1　総説(*212*)　　2　審判の対象(*213*)
3　訴因変更制度の意義(*218*)　　4　訴因変更の必要性(*219*)
5　訴因変更の限界——公訴事実の同一性と単一性(*222*)
6　訴因変更の可否(*225*)　　7　訴因変更命令(*226*)
8　訴因変更の手続き(*227*)　　9　訴訟条件の存否と訴因(*228*)
10　一事不再理の効力の及ぶ範囲と訴因(*228*)

第5章　公判手続き …… *231*

第1節　総説 …… *231*
第1款　公判手続きの意義 …… *231*
1　意義(*231*)

第2節　公判手続きの諸原則 …… *232*
第1款　公判手続きの原則の種類 …… *232*
第2款　公開主義 …… *232*
1　意義(*232*)　　2　公開主義の根拠(*233*)
3　公開すべき裁判(*233*)　　4　公開主義と他の原則との関係(*233*)
5　公開主義の限界(*233*)　　6　公開方法の制限(*235*)
7　訴訟記録の公開(*236*)

第3款　弁論主義……………………………………………………237
　　　　1　意義(*237*)　　2　検察官の弁論(*238*)
　　　　3　被告人・弁護人の弁論(*238*)　　4　立証に関する弁論主義(*238*)
　　　第4款　口頭主義………………………………………………………239
　　　　1　意義(*239*)　　2　判決・証拠提出と口頭弁論(*239*)
　　　　3　法律上の規定(*239*)　　4　文書による代替(*239*)
　　　第5款　直接主義………………………………………………………240
　　　　1　意義(*240*)　　2　直接主義の帰結(*240*)
　　　　3　直接主義と反対尋問権との関係(*240*)
　第3節　訴訟指揮権と法廷警察権………………………………………241
　　　第1款　意義……………………………………………………………241
　　　第2款　訴訟指揮権……………………………………………………241
　　　　1　訴訟指揮権の根拠(*241*)　　2　訴訟指揮権の主体(*241*)
　　　　3　裁判所の具体的権限(*241*)　　4　裁判長の具体的権限(*242*)
　　　　5　明文規定がないばあいの訴訟指揮権(*243*)
　　　第3款　法廷警察権……………………………………………………243
　　　　1　意義と性質(*243*)　　2　法廷警察権の主体(*243*)
　　　　3　法廷警察権の内容(*244*)　　4　法廷警察権の行使(*244*)
　　　　5　法廷警察権の範囲・限界(*244*)
　第4節　被告人の召喚・勾引・勾留……………………………………245
　　　第1款　被告人の出頭確保……………………………………………245
　　　　1　開廷の開始・継続の要件としての被告人の出頭(*245*)
　　　　2　被告人の勾引(*245*)
　　　第2款　召喚……………………………………………………………246
　　　　1　意義(*246*)　　2　不出頭に対する措置(*246*)
　　　　3　召喚の手続き(*246*)　　4　出頭命令・同行命令・勾引(*247*)
　　　第3款　勾引……………………………………………………………247
　　　　1　意義(*247*)　　2　勾引の理由(*247*)　　3　勾引の手続き(*248*)
　　　　4　勾引状の執行(*248*)
　　　第4款　勾留……………………………………………………………249
　　　　1　勾留の意義(*249*)　　2　勾留の理由(*249*)
　　　　3　勾留の手続き(*250*)
　　　　4　勾留中の被告人との接見・書類などの授受(*252*)
　　　　5　勾留期間の計算と勾留の更新(*253*)　　6　勾留の消滅(*254*)

         7　勾留理由の開示(254)
　　第5款　保釈と勾留の執行停止……………………………………………256
　　　1　保釈(256)　　2　勾留の執行停止(258)
　　　3　保釈・勾留執行停止の取消しと収容の手続き(259)
　第5節　公判の準備……………………………………………………………260
　　第1款　意義……………………………………………………………………260
　　　1　公判の準備(260)　　2　事前準備(260)　　3　準備手続き(260)
　　　4　公判前整理手続き(260)　　5　期日間整理手続き(260)
　　第2款　事前準備（第1回公判期日前の公判準備）…………………………261
　　　1　裁判所の事前準備(261)　　2　訴訟関係人の事前準備(264)
　　第3款　公判前整理手続き・期日間整理手続き………………………………268
　　　1　公判前整理手続き制度(268)
　　　2　公判前整理手続きの実施(270)
　　　3　公判前整理手続きの内容(272)
　　　4　争点および証拠の整理(273)　　5　検察官の証拠開示(277)
　　　6　証明予定事実などの追加・変更(278)
　　　7　証人などの保護のための配慮(279)
　　　8　争点および証拠の整理結果の確認(279)
　　　9　証拠開示に関する裁定(279)　　10　期日間整理手続き(281)
　　　11　公判手続きの特例(281)
　　第4款　準備手続き（第1回公判期日後の公判準備）………………………282
　　　1　公務所・公私の団体に対する照会(282)
　　　2　公判期日外の証人尋問(283)
　第6節　公判期日の手続き………………………………………………………284
　　第1款　意義……………………………………………………………………284
　　　1　公判廷の意義(284)　　2　法廷の場所(284)
　　　3　公判廷の出席者(284)　　4　連日開廷・継続審理(284)
　　第2款　被告人の公判期日への出頭……………………………………………285
　　　1　出頭の原則(285)　　2　出頭義務の例外(285)
　　　3　弁護人の出頭(286)
　　第3款　冒頭手続き……………………………………………………………287
　　　1　意義(287)
　　第4款　弁論の分離，併合および再開…………………………………………289
　　　1　弁論の分離・併合・再開の制度(289)　　2　弁論の分離(290)

　　　　3　弁論の併合(290)　　4　弁論の再開(291)
　　　　5　裁判員裁判における区分事件審判(292)
　　第5款　公判手続きの停止……………………………………………298
　　　　1　意義(298)
　　第6款　公判手続きの更新……………………………………………299
　　　　1　意義(299)　　2　更新の手続き(300)
　　第7款　最終手続き……………………………………………………301
　　　　1　検察官の論告(301)　　2　弁護人の最終弁論(302)
　　　　3　被告人の最終陳述(302)　　4　弁論の終結(結審)(303)
　　第8款　判決の宣告……………………………………………………303
　　　　1　意義(303)　　2　被告人の出頭と開廷(304)
　　　　3　上訴期間などの告知(304)
　　　　4　保護観察の趣旨などの説示(304)　　5　判決宣告後の訓戒(304)

第6章　簡易な手続き……………………………………………305

第1節　総　説……………………………………………………………305
第2節　簡易公判手続き…………………………………………………305
　　　1　意義(305)　　2　簡易公判手続きの開始(306)
　　　3　簡易公判手続きにおける審理(307)
　　　4　簡易公判手続きの取消し(308)
第3節　即決裁判手続き…………………………………………………308
　　第1款　即決裁判手続き導入の背景…………………………………308
　　第2款　即決裁判手続きの特徴………………………………………309
　　　　1　即決裁判手続きの申立ての時期(309)
　　　　2　科せられる刑の種類(309)　　3　上訴制限(309)
　　　　4　被疑者・被告人などの同意(309)
　　第3款　即決裁判手続き………………………………………………309
　　　　1　申立て手続き(309)
　　　　2　公判準備および公判手続きの特例(311)
　　　　3　証拠の特例——伝聞法則の不適用(313)
　　　　4　公判の裁判の特例(313)
第4節　略式手続き………………………………………………………313
　　　1　意義(313)　　2　手続き(314)　　3　正式裁判の請求(316)

第5節 交通事件即決決裁手続き……………………………………317
 1 総説(317) 2 手続きの概要(318)

第7章 証拠法……………………………………321

第1節 証拠裁判主義……………………………………321
第1款 証拠裁判主義の意義……………………………………321
 1 意義(321) 2 証明(322) 3 証明の必要(326)
 4 挙証責任(329)
第2款 自由心証主義……………………………………334
 1 意義(334) 2 沿革――証拠法定主義から自由心証主義へ(335)
 3 自由心証主義の内容(337)
第3款 証拠の意義と種類……………………………………339
 1 証拠の意義(339) 2 証拠の種類(339)

第2節 証拠能力（証拠の許容性）……………………………………343
第1款 意義……………………………………343
 1 証拠能力の意義(343) 2 証拠能力の基礎(343)
第2款 立証事実と証拠との関連性……………………………………344
 1 意義(344) 2 非供述証拠の関連性(344)
 3 違法収集証拠の排除法則(350)

第3節 伝聞法則とその例外……………………………………357
第1款 意義……………………………………357
 1 伝聞法則の意義(357) 2 伝聞証拠の種類(358)
 3 伝聞証拠と要証事実との関係(359)
第2款 伝聞法則の根拠……………………………………360
 1 当事者主義を基礎とする立場(360)
 2 職権主義を基礎とする立場(362) 3 本書の立場(362)
第3款 伝聞法則の例外……………………………………362
 1 意義(362) 2 書面の形による伝聞証拠(363)
 3 伝聞供述の形による伝聞証拠の証拠能力とその例外(375)
 4 任意性の調査(377)
 5 当事者が同意した書面または供述，および，合意書面(378)
 6 証明力を争うための証拠(弾劾証拠)(379)

第4節　自白法則……………………………………………………381
　第1款　自白法則の意義………………………………………………381
　　　1　自白と自白法則(381)　　2　自白法則がみとめられる根拠(381)
　第2款　自白の証拠能力を制限する根拠……………………………382
　　　1　序(382)　　2　学説(382)
　第3款　自白の証拠能力が排除されるばあい………………………383
　　　1　強制・拷問・脅迫による自白(383)
　　　2　不当に長い抑留・拘禁後の自白(384)
　　　3　任意性に疑いがある自白(384)
　第4款　自白の証明力…………………………………………………386
　　　1　法規制(386)　　2　自白の証明力の制限(386)
　　　3　補強証拠を必要とする自白の範囲(387)　　4　補強の範囲(387)
　　　5　補強証拠の量(388)
　第5款　共犯者の自白…………………………………………………388
　　　1　意義(388)　　2　学説(389)　　3　判例(390)
　第6款　共犯者の供述…………………………………………………390
　　　1　共犯者の供述の証拠能力(390)
　　　2　共犯者である共同被告人の証人適格(391)
　　　3　共犯者である共同被告人の公判廷における供述の証拠能力(392)
　　　4　共犯者の公判廷外供述の証拠能力(392)
第5節　証拠調べ手続き……………………………………………393
　第1款　総説……………………………………………………………393
　　　1　証拠調べ手続きの意義(393)　　2　証拠調べの実施(393)
　第2款　冒頭陳述………………………………………………………393
　　　1　検察官の冒頭陳述の意義と機能(393)
　　　2　被告人・弁護人の冒頭陳述(394)　　3　冒頭陳述の範囲(394)
　第3款　証拠調べの請求………………………………………………395
　　　1　証拠調べの請求の意義(395)　　2　証拠調べの請求権者(395)
　　　3　検察官の証拠調べの請求義務(396)
　　　4　証拠調べの請求の時期と順序(396)
　　　5　証拠調べの請求の方式(397)　　6　証拠採否の決定(398)
　　　7　証拠調べの実施(399)　　8　被告人質問(407)
　　　9　証拠書類(書証)の取調べ(408)
　　　10　証拠物(物証)の取調べ(408)

11　証拠調べに関する異議申立て(*410*)
　12　証拠調べを終わった証拠の提出(*411*)

第8章　公判の裁判 …………………………………… *413*

第1節　裁判の意義および種類 …………………………… *413*
　1　意義(*413*)　　2　種類(*413*)

第2節　形式裁判 ……………………………………………… *415*
　1　管轄違いの判決(*415*)　　2　公訴棄却の決定(*416*)
　3　公訴棄却の判決(*417*)　　4　免訴の判決(*418*)

第3節　実体裁判 ……………………………………………… *418*
　1　有罪の判決(*418*)　　2　無罪の判決(*419*)

第4節　裁判の成立 …………………………………………… *420*
　1　意義(*420*)　　2　内部的成立(*420*)　　3　外部的成立(*422*)

第5節　裁判の内容 …………………………………………… *422*
　1　主文(*422*)　　2　理由(*423*)

第6節　終局裁判の付随的効果および付随的処分 ……… *427*
　1　勾留に対する効果(*427*)　　2　押収物に対する効果(*428*)
　3　仮納付の裁判(*428*)

第7節　裁判の確定とその効力 …………………………… *429*
　1　意義と種類(*429*)　　2　形式的確定と形式的確定力(*429*)
　3　内容的確定と内容的確定力(*429*)
　4　一事不再理の効力(*431*)　　5　免訴判決の効力(*433*)
　6　判決の当然無効(*435*)　　7　確定力の排除(*436*)

第9章　上　訴 …………………………………………… *437*

第1節　総　説 ………………………………………………… *437*
　1　上訴制度(*437*)　　2　上訴権(*440*)　　3　上訴の手続き(*442*)
　4　不利益変更禁止の原則(*443*)　　5　破棄判決の拘束力(*444*)
　6　上訴費用の補償など(*446*)

第2節　控　訴 ………………………………………………… *448*
　1　控訴の意義と控訴審の構造(*448*)　　2　控訴理由(*451*)
　3　控訴手続き(*458*)

第3節　上告 ··· *467*
　　　1　意義(*467*)　　2　上告理由(*468*)　　3　上告審の手続き(*469*)
　第4節　抗告・準抗告 ·· *477*
　　　1　意義(*477*)　　2　一般抗告(*478*)　　3　特別抗告(*481*)
　　　4　抗告に代わる異議(*482*)　　5　準抗告(*483*)

第10章　非常救済手続き ·· *487*

　第1節　非常救済手続きの意義 ··· *487*
　第2節　再　審 ·· *487*
　　　1　意義(*487*)　　2　再審請求の理由(*488*)
　　　3　再審請求の手続き(*491*)　　4　再審請求についての審判(*493*)
　　　5　再審の審判(*495*)
　第3節　非常上告 ·· *496*
　　　1　意義(*496*)　　2　申立ての手続き(*497*)　　3　審理の手続き(*498*)
　　　4　判決(*499*)

第11章　附随手続き ··· *503*

　第1節　訴訟費用負担の手続き ·· *503*
　　　1　訴訟費用の意義(*503*)　　2　訴訟費用の負担者(*503*)
　　　3　訴訟費用負担の手続き(*505*)
　第2節　刑の執行猶予の取消しの手続き ··· *506*
　　　1　取消しの請求(*506*)　　2　請求に対する決定(*507*)
　第3節　刑法52条により刑を定める手続き ·· *508*

第12章　裁判の執行 ··· *509*

　第1節　総　説 ·· *509*
　　　1　意義(*509*)　　2　原則(*509*)
　第2節　刑の執行 ·· *511*
　　　1　死刑・自由刑の執行(*511*)
　第3節　裁判の執行に関する申立て ·· *517*
　　　1　訴訟費用執行免除の申立て(*517*)
　　　2　裁判の解釈の申立て(*518*)　　3　執行異議の申立て(*519*)
　　　4　申立てに対する決定および申立ての取下げ(*519*)

事項索引 …………………………………………………………521
判例索引 …………………………………………………………535

第1章 序論

第1節 刑事訴訟法の意義

1 刑事訴訟法とは何か
(1) 手続き法
刑事訴訟法とは、刑法を具体的に実現するための手続き(刑事手続き)を規定している法律をいう。

(2) 実体法としての刑法との関係
実体法としての刑法は、**法律要件としての犯罪**とこれに対する**法律効果としての刑罰**を規定している。それは、あくまでも犯罪と刑罰の関係を抽象的・仮言的命題によって表現しているにとどまる。その意味において、「実体」について抽象的に規定した実体法というわけである。これを現実に「適用」するに当たっては、「具体化」の作業が必要となる。つまり、刑法を具体的に実現するためには、個々の事件について法律要件としての「犯罪の成立要件」が充足されているか否かを**確定**し、それが充足されているばあいには、それに相応する刑を**量定**し、そしてその刑を**執行**する手続きが必要である。これを**刑事手続き**というのである。

刑事手続きが個々の事件ごとに恣意的におこなわれないようにするため、これをあらかじめ法律で定めて厳格に規制しようというのが、近代法治国家の基本原則である。憲法31条もこのことを規定している。これをうけて制定されているのが刑事訴訟法である。

(3) 実質的意義における刑事訴訟法と形式的意義における刑事訴訟法
刑事手続きを規制する法体系の全体を「**実質的意義における刑事訴訟法**」といい、**刑事訴訟法**という**名称**をもつ法典(昭和23年法律131号)を「**形式的意義における刑事訴訟法**」という。これは、法律の内容(実質)と法律名(形式)を基準とす

る区別である。

第2節　刑事訴訟法の歴史

1　欧米における歴史的発展
(1)　大陸法系と英米法系の相違
　世界の法体系は大陸法系と英米法系に大別されるが，刑事訴訟法についてもこの2つの法体系の顕著な相違が見られる。わが国の刑事訴訟法は，両者の影響を受けているので，それぞれの歴史を簡単に見ておく必要がある（本節の叙述は，主として団藤・2頁以下，高田・5頁以下に負う）。概していえば，大陸法系の刑事訴訟法が**職権主義的**であるのに対して，英米法系のそれは**当事者主義的**である。

(2)　大陸法系における発展
(i)　ローマの刑事手続き
　ローマ法においては，刑事責任と民事責任の区別は不明確で公的犯罪（crimina publica）のほかに私的犯罪（delicta privata）があって，後者は民事訴訟によるものとされていた。共和制時代において，民会を裁判機関とする人民裁判（judicium populi）がなされるに至って，刑事手続きといえるものが出現したことになる。共和制時代の末期には，公衆訴追主義がおこなわれ，一種の陪審による手続きが設けられた。帝政期には，職権で手続きを開始することもおこなわれた。

　この時代の刑事手続きを特徴づける職権による手続きの開始と拷問の使用は，中世以後における糾問手続きに影響を与えたと解されている。帝政期には，公的犯罪の性質を有する特別犯罪（crimina extraordinaria）の観念が生じ，これに対して公刑罰が科され，私的犯罪の多くがこれに包含されるようになり，民事責任と刑事責任との分化が進められた。

(ii)　ゲルマンの刑事手続き
　ゲルマンにおいても，一般に民事責任と刑事責任の区別は未発達で，裁判は被害賠償を斡旋または強制するという任務を有し，それは，地域ごとに自由人の集団によって設けられる民会（thing）がおこなう民衆裁判であった。

純粋な弾劾主義で，訴えがあったばあいにのみ開始され，訴えは原則として被害者または被害者の属する氏族がおこなうものとされた。

審判手続きは，当事者主義・口頭弁論主義が支配し，公開され，被告人が訴追事実をみとめないばあいには，証拠によって有罪・無罪が決せられた。

ゲルマンの裁判手続きは，全体的に強い形式性が支配していたが，証拠法も形式的厳格さが重んじられた。一般には，被告人がみずから潔白であることを宣誓する「潔白宣誓」，この宣誓に誤りがないことを宣誓する「宣誓補助者」による証明がおこなわれたが，これとならんで各種の「神判」も用いられた（決闘，水判など）。

5世紀末にフランク国が建国され，国王裁判所が設けられるようになった。被害者訴追から徐々に官憲による訴追に移行し，いわゆる「**フランクの糾問手続き**」と称される刑事手続きに発展した。

この手続きは，国王の裁判官が重大犯罪につき信用のある村民に宣誓のうえ嫌疑者を指名させ，指名された者は宣誓または神判によって嫌疑を晴らさなければ処罰される，というものであり，職権審理が大きな比重を占めることとなった。この糾問証人の制度は，イギリスに移入され，陪審の起源となったといわれている。

(iii) **近世初期における糾問手続きの確立**

中世末期から近世初頭にかけて，国家的公法的な刑法が発達し，職権主義的な刑事手続きが要求され，イタリア註釈学派によって統一的に構成されたローマ＝カノン法が継受された。これによれば，手続きは「一般糾問」と「特別糾問」とに分かれ，前者は「罪体」（corpus delicti）の存否を確定し，後者は「犯人」を確定することに向けられる。手続きは，すべて秘密で書面主義であり，判決も書面のみに基づいて言い渡された。拷問も許された。無罪の判決は，一事不再理の効力をもたず，単なる仮放免にすぎないとされた。

ローマ＝カノン法の刑事手続きは，徐々にドイツに移入され，これを成文法で確立したのが，バンベルゲンシス刑事法典（Constitutio Criminalis Bambergensis. 1507），および，これをさらに整備したカール5世の**カロリーナ刑事法典**（Constitutio Criminalis Carolina. 1532）であった。この法典によれば，職

権によって手続きを開始する糺問手続きが原則的な地位を占め，被告人は，審理・取調べの客体として取り扱われる。手続きは，非公開で書面主義による。法定証拠主義がとられ，有罪を言い渡すためには，自白または2人以上の信頼し得る証人（原則として，目撃証人）の証言が必要とされた。しかし，実際上は，「自白は証拠の王」の法格言が支配し，自白を得るためには——一定の徴憑(ちょうひょう)の存在を前提としてではあるが——拷問が許されたのである。このような**糺問手続き**は，ドイツだけではなく広くヨーロッパ大陸全体を支配した。

(iv) フランス革命と「改革された刑事訴訟」

糺問手続きの背景となった国家絶対主義は，専制君主政治を基礎としていたため，18世紀の啓蒙(けいもう)的人道主義を基調とする自由民権思想を鼓吹した啓蒙思想家たちは，専制君主政治に徹底的に抗議し，糺問手続きを激しく批判した。とくにヴォルテールとモンテスキューは，イギリスの刑事手続きを模範にして陪審制を採用すべきことを主張したのであった。

1789年に勃発したフランス革命は，ルイ王朝を滅亡させ，糺問手続きの基礎となっていたアンシャン・レジーム（旧体制）を打破し，1791年の法律は，イギリスの刑事制度にならって，**弾劾主義**の訴訟構造を導入し，被害者訴追とならんで公衆訴追，公開主義，口頭主義，起訴陪審および審理陪審を採用した。しかし，伝聞法則などの証拠能力制限の制度は導入せず，**自由心証主義**をとったのである。

その後，革命の反動化が起こり，ナポレオン皇帝によって立法された1808年の**「刑事訴訟法典」**は，一方において，弾劾主義，公開主義，口頭主義を温存させながら，他方において，検察官による国家訴追主義，起訴陪審に代わる非公開で糺問的な予審の公判前置，職権主義的な公判手続きを採用した。しかし，この法律は，革命前の刑事手続きよりも著しく進歩的であったので，ドイツの学者により**「改革された刑事訴訟」**とよばれ，1877年のドイツ帝国刑事訴訟法の範となったのである。「改革された刑事訴訟」はヨーロッパ大陸諸国にも取り入れられ，「改革された刑事訴訟」に示された諸原理を含む刑事手続きは，一般に**大陸法的刑事手続き**と称される。

(3) **イギリスおよびアメリカにおける発展**
(i) **イギリス**

イギリスの刑事手続きの特徴は，「**当事者主義的訴訟構造**」と「**陪審裁判**」にある。当事者主義的訴訟構造は，ゲルマン古法に由来し，5・6世紀頃，ゲルマン民族であるアングロ・サクソン族のイギリス移住によってゲルマン古法がもたらされ，公衆訴追主義・当事者主義・弁論主義の基礎が作られたといわれる。

これに対して，陪審制度は，フランクの糺問手続きにおける宣誓のうえ犯人を指名する証人の制度が変形して訴えの提起の許否を決める陪審として成長し，もっぱら起訴の許否を決める**起訴陪審（大陪審）**と，法廷における審判のみに関与する**審理陪審（小陪審）**とに分化したとされている。

その後，名誉革命（1688年）によって弾劾主義的・当事者主義的刑事手続きが確立され，17世紀後期には自己帰罪禁止の法則が確立され，陪審制度と密接な関係を有する**伝聞法則（伝聞証拠を排斥する証拠法則）**も17世紀終わりから18世紀初頭までに確立するに至ったとされる。イギリス法における被疑者・被告人の人権の尊重は，「1人の罪なき者が苦しむより10人の罪人が免れた方がよい」との法格言によって象徴的に示されている。

(ii) **アメリカ**

アメリカ合衆国は，**イギリス法を継受**し，刑事手続きも基本的にはイギリスのそれと同じであるといえる。しかし，検察官による訴追の制度がとられている点などにおいて，大陸法の影響も若干見られる。現在では，アメリカ独自の発展が顕著であり，逆に，大陸法にも影響を及ぼすに至っているのである。

2 **わが国における歴史的発展**
(1) **明治以前**
(i) **上代の刑事手続き**

上代の刑事手続きははっきりしないが，**民衆裁判**がおこなわれ，証拠として神判（盟神探湯・蛇神判）が用いられたとされている。

(ii) **律令法制の刑事手続き**

中国において唐代（618—907年）に確立された律令の法体系が，**大宝律令**（701年）・**養老律令**（718年）として継受された。刑事手続きは，捕亡律，断獄律，捕亡令，獄令に規定されている。その刑事手続きは，被害者ないし一般私人の告言によって始められ，鞫獄官が獄囚を糺問し，尋問の結果は書面に録取され，断罪はその書面によっておこなわれた。

(iii) **律令法制の衰退と武家法制の発達**

律令法制は，次第に衰退し，平安朝中期以後は，検非違使庁が追捕，糺弾，断獄，司獄の権を専有し，その庁例が刑事手続きを支配した。その手続きは，自由裁量的で，きわめて糺問主義的なものとなった。**武家時代**には，検非違使庁例の流れを汲む**職権主義的・専断主義的**な刑事手続きが広くおこなわれた。江戸時代に入ると，判例および立法によって次第に近世的な法律制度が樹立されていった（御定書100ヶ条，御仕置例類集など）。

(2) **明治以後**

(i) **治罪法の制定まで**

明治維新は，刑事手続きに関しても律令法制の復活をもたらし，明治3年（1870年）に制定された**新律綱領**は，明津・清律を基礎とするものであった。新律綱領を補充する明治6年（1873年）の**改定律例**は，**自白断罪主義**をとり，**拷問**そのものをみとめていた。拷問制度は，明治12年（1879年）の太政官布告によってはじめて否認されたのである。

明治8年（1875年）に，裁判所制度の大改革がおこなわれて**大審院**が創設され，同時に東京・大阪・福島・長崎に**上等裁判所**が，各府県に**府県裁判所**が，それぞれ設置され，明治9年（1876年）に，府県裁判所を**地方裁判所**と改称し，地方裁判所の下に**区裁判所**が設置された。明治5年（1872年）に**検事の制**が定められたが，それは，起訴を独占する国家機関ではなかったのであり，明治11年（1878年）の司法省達が国家訴追主義をみとめたのである。

ボアソナード草案を基礎として，明治13年（1880年）に統一的な刑事訴訟法典である**治罪法**が制定公布され，明治15年（1882年）1月1日から施行された。

治罪法は，当時のフランス刑事訴訟法を範とするものであり，検察官による**国家訴追主義・起訴独占主義**をとり，別に**附帯私訴**をみとめる。刑事裁判所は，刑法（旧刑法）において犯罪が違警罪・軽罪・重罪と分類されたのに対応して，**違警罪裁判所・軽罪裁判所・重罪裁判所**が第1審裁判所として設けられ，**控訴裁判所**および**大審院**が上訴裁判所として設置された。公判前に**予審**がおかれ，重罪についてはすべて，軽罪については任意的に，予審判事による予審の経由が必要とされ，公開主義，口頭弁論主義，自由心証主義などが採用され，非常救済手続きとして非常上告および被告人の利益のための再審がみとめられることとなったのである。

(ii) **その後の発展**

明治22年（1889年）に**憲法**が制定され，裁判所の構成を定める**裁判所構成法**が制定されることになったのに伴い，治罪法の全面改正として明治23年（1890年）に**刑事訴訟法**（いわゆる**明治刑訴法**）が制定された。それは，明治10年（1877年）に制定されたドイツ帝国刑事訴訟法の影響がほとんど見られず，なお治罪法の枠内にあった。

ドイツ刑法学の強い影響のもとに明治40年（1907年）に現行の刑法が制定され，刑事手続きについても大正11年（1922年）にドイツ刑事訴訟法の影響をうけた刑事訴訟法（いわゆる**旧刑訴法**）が制定公布されて同13年（1924年）1月から施行されるに至った。この法典は，主としてドイツ刑事訴訟法および1920年の同法草案を参照したものであり，強制処分についての法的規制の強化，不告不理の原則の徹底，被告人の当事者としての地位の強化と弁護制度の拡充，上告理由の拡張などに自由主義的色彩が現れているとされる。

大正12年（1923年）に**陪審法**が制定されて昭和2年（1927年）から実施されたが，現在まで停止されたままである。当事者主義的原理は最小限に，職権主義的原理は最大限に発揮される傾向が強かっただけでなく，この旧刑訴法は，運用面において，**職権主義的**となり，強制力の濫用を招き（任意同行，任意留置，行政執行法による検束の濫用，違警罪即決例の濫用による「たらい廻し」など），治安維持法（大正14年制定，昭和16年全面改正），国防保安法（昭和16年制定），戦時刑事特別法（昭和17年制定）などの特別手続きによって骨抜きにされていった。

8　第1章　序　論

この点については，あとで改めて見ることにする。

(3) 現行刑訴法の制定

第2次大戦後，アメリカ法の強い影響のもとに**日本国憲法**が制定されたのに伴って，大陸法系の刑事訴訟法は根本的な改正が必要とされたが，憲法施行には間に合わなかったので，とりあえず昭和22年（1947年）に「日本国憲法の施行に伴う刑事訴訟法の応急的措置に関する法律」（昭和22法76いわゆる刑訴応急措置法）を制定して，最小限度憲法の要請に適合するようにした。根本的な改正事業は続行され，改正法律案として昭和23年（1948年）第2回国会を通過したのが**現行刑事訴訟法**（昭和23法131）にほかならず，同24年（1949年）1月1日から施行された（成立過程につき，松尾・上8—10頁参照）。その内容については，本論で詳しく説明する。

刑事訴訟法は，施行後，若干の小改正がなされたが，昭和28年（1953年）にやや大幅な改正（昭和28法172による）がなされた。

改正された主な点は，次のとおりである。すなわち，(1)勾留理由開示において口頭による意見陳述を禁じ得るものとされたこと（84条），(2)必要的保釈の制限が強化されたこと（89条），(3)検察官の司法警察職員に対する指示権の内容が明確化されたこと（193条1項），(4)逮捕状請求権者があらたに限定されたこと（199条2項），(5)起訴前の勾留期間を再延長できるばあいがみとめられたこと（208条の2），(6)簡易公判手続きが新設されたこと（291条の2, 291条の3, 320条2項），(7)控訴審の事実の取調べ範囲が拡張されたこと（393条2項, 397条2項），(8)略式手続きの運用が慎重化されたこと（461条の2, 465条1項）などである。これらの中には，被告人の権利を縮小するものが含まれているが，これは，いわゆる「占領下の改革の行き過ぎの是正」の一環としてなされたものであり，「わが国の実情への整合」を名とした改正であったとされている。

第3節　刑事訴訟の諸原則（諸主義）

刑事訴訟の基本構造・基本原理を表現するために，講学上，種々の原則・主義が提示されているが，必ずしもその意義は一義的ではない。ここで，主要なものについて概説しておくことにする。

1 実体的真実主義と法の適正な手続き

(1) 積極的真実主義と消極的真実主義

実体的真実主義とは，現実におこなわれた犯罪に関する歴史的な事実を絶対的・客観的に解明しようとする主義をいう。実体的真実主義は，積極的真実主義と消極的真実主義に分かれるとされる。**積極的真実主義**とは，およそ犯罪がおこなわれた以上，必ずこれを発見し，認定して，処罰に万全を期そうとする「必罰主義」であり，**消極的真実主義**とは，罪のない者（無辜の者）を処罰することがないようにしようとする「人権主義」である。しかし，この両者は，必ずしもつねに両立し得るわけではないので，どちらに比重をおくかが重要な問題となる。

(2) 法の適正な手続き

積極的真実主義は，「罪ある者を処罰する」ことを重視し「必罰主義」となる。これに対して消極的真実主義は，罪なき者が処罰されることがないように，刑事手続きに厳正な規制を設け，その履践を要求する。このような人権を守るための規制を「法の適正な手続き」といい，法の適正な手続きは，真実の発見よりも，その認定過程を重視するものであり，外見的にも真実を発見していることが分かるような手続きによってのみ有罪とすべきであって，そのために罪ある者が免れることがあってもやむを得ないとするものである。

刑事訴訟の原理として「実体的真実主義」か，それとも「適正手続き」かという形で二者択一の把握が主張されることがある。さらに，「必罰主義」か「デュー・プロセス」かという選択肢もある。これは，いわゆる「モデル」論であり，現実の刑事訴訟の構造を認識する際の分析道具といってもよい（モデル論については，松尾・上14頁参照）。

(3) 刑事訴訟法の基本的立場

わが刑訴法の立場はどうなっているのであろうか。

刑訴法第1条は，「この法律は，刑事事件につき，公共の福祉の維持と個人の基本的人権の保障を全うしつつ，事案の真相を明らかにし，刑罰法令を適正且つ迅速に適用実現することを目的とする」と規定している。ここに，刑

事訴訟の立場が原則的に示されていることになる。いうまでもなく，刑訴法は，究極においては「事案の真相を明らかにし，刑罰法令を適正に実現すること」を目的とする。つまり，刑事訴訟は，犯罪の嫌疑の真否を明らかにして有罪者と無罪者とを判別し，有罪者に対して適切な刑を量定することにその任務があるのである。「事案の真相を明らかに」することは，**実体的真実主義**の要請するところであり，刑罰法令の適正な適用実現は，**客観的に正確な事実認定**を前提とする。

ところで，法は，さらに「公共の福祉の維持と個人の基本的人権の保障を全(まっと)う」することを要求している。したがって，事案の真相を明らかにし刑罰法令を適正に適用実現するためにいかなる手段に訴えてもよいとするものではないのである。真実発見のための刑事手続きをおこなうに当たっては，直接の関係者である被疑者・被告人を含む**社会一般の利益**に侵害を加えることがあるので，その侵害を最小限度にとどめることが必要とされている。とくに，直接の関係者たる被疑者・被告人は刑事手続きによって最も人権を侵害されやすいので，その「基本的人権の保障を全う」することに最大限度の努力がなされなければならない。これは，いいかえると，憲法上保障された「**適正手続き**」に従って刑事手続きは遂行されなければならないことを意味する。

このように見てくると，わが刑事訴訟法は，**消極的実体的真実主義**を基本としており，「適正手続き」の遵守を要求していると解するのが妥当といえる（なお，刑事手続の日本的特色については，松尾・上15—6頁参照）。

2　職権主義と当事者主義

最も基本的な原則ないし主義は，職権主義と当事者主義である。この職権主義・当事者主義という語は，きわめて多義的であるから，訴訟の各場面における意義を明確に把握する必要がある。

(1)　手続き開始の主体

裁判所がみずから訴訟を開始するものを**糺(きゅうもん)問主義**，裁判所以外の者の請求によって訴訟を開始するのを**弾劾(だんがい)主義**という。弾劾主義は，**訴追主義**ともよばれ，誰の訴えによるかに従って，被害者訴追主義・公衆訴追主義・国家訴追主義などに分かれる。

(2) 手続きの主体

裁判所が手続きの主体となり，被告人は単なる取調べの客体として扱われるものを糺問主義といい，裁判所・訴追者・被告人に手続きの主体としての地位をみとめてこれらの3者の間で訴訟が進められるものを弾劾主義という。これは，訴訟の形式に関する分類であるから，**訴訟の形式的原理**とも称される。

(3) 手続きの主導者

形式的原理としての弾劾主義において，主要な役割を果たすのが，裁判所であるばあいを**職権主義**といい，当事者であるばあいを**当事者主義**という。当事者とは，訴追者および被告人のことである。

職権主義・当事者主義を訴訟のどの部分についてみとめるかによって，次のように区別される。

(i) 訴訟の対象について

公訴を提起するかどうかの裁量権を当事者（訴追者）にみとめるものを**起訴便宜主義**といい，裁量権を当事者にみとめないものを**起訴法定主義**という。公訴提起後に，裁量によって訴追をやめる権限を当事者にみとめる主義を**変更主義**といい，この権限をみとめない主義を**不変更主義**という。刑訴法は，起訴便宜主義・変更主義を採用している（$\substack{248条 \\ 257条}$）。

被告人に訴訟の対象を処分する権限をみとめる制度は，**アレインメント**（**有罪の答弁**）とよばれる。有罪の答弁は，訴訟の対象を処分する行為であるから，証明を待たずにただちに有罪とされる。アメリカ法において広く採用されているが，わが刑訴法はこれを禁止している（$\substack{319条 \\ 3項}$）。

(ii) 証拠の収集・提出について

裁判所が証拠の収集・提出の権限および義務を有するものを**職権探知主義**といい，当事者だけがその権限および義務を有するものを**弁論主義**という。現行法は，裁判所および当事者に証拠提出の権限があることをみとめているので（$\substack{298 \\ 条}$），職権探知主義も弁論主義も徹底させられてはいないことになる。裁判所または当事者に証拠提出の義務があるかどうかは，解釈に委ねられており，現行法が当事者主義または職権主義のいずれを基本としていると把握

するかによって，この点についての結論に違いが生ずる。

(iii) **訴訟の手続きについて**

上記以外の訴訟の手続きについて，その適法性あるいは合目的性を維持する責任を，裁判所が負うか，当事者が負うかによって，**職権主義**と**当事者主義**に分かれ，そのうち，訴訟の合目的性，とくに訴訟手続きをおこなう日時・順序などについて，これを裁判所が定めるか，当事者が定めるかにより，**職権進行主義**と**当事者進行主義**とが区別される（$\substack{平野 \\ 4頁}$・）。

現行法は，公判期日の指定，証拠調べの順序・方法の決定などを裁判所または裁判長の権限とし，基本的には，むしろ職権進行主義をとっている。訴訟手続きの適法性の維持についても同様である。

3 起訴状一本主義

(1) **意義**

起訴状一本主義とは，公訴の提起に当たっては，訴追側は**起訴状**だけを裁判所に提出し，証拠の添付・引用が禁止される原則をいう。これは，公訴提起と証拠提出に関する原則である。

(2) **職権主義・当事者主義との関係**

職権主義の下においては，起訴状のほかに証拠類も「**一件記録**」として裁判所に提出されたが，それは，訴追側の「**客観的嫌疑**」を裁判所に引き継ぐものと解された。すなわち，職権主義においては，捜査も公判手続きも「連続」する司法手続きであって，その主体が交替するにすぎないものと解されることになる。しかし，これに対して，当事者主義の下においては，公訴提起によってはじめて訴訟が開始されるので，捜査と公判は連続するものでなくて，まったく新たな関係の創設として把握され，「断絶」が存在することになる。すなわち，公訴提起は，訴追者が形成した「**嫌疑**」を裁判所が引き継ぐのではなくて，審判されるべき対象としての訴追側の「**主張**」を裁判所に提示するものとして捉え直されるのである。

わが法は，起訴状一本主義を明文で規定しており（256条），この点については，後で詳しく見ることにする（第4章参照）。

4 迅速な裁判
(1) 意義
　前に見た刑事訴訟の目的も，それが「迅速に」なされてはじめて十分に達成される。刑事訴訟が迅速に遂行されることは，国家の刑事政策的見地からも要望されるし（「司法は，それが最も新鮮なとき最も芳しいものである」ベーコン），被疑者・被告人個人の側からも要望される（「遅れた裁判は裁判の拒否に等しい」イギリスの法諺）。そこで，迅速な刑事裁判を受けることは，憲法上の権利とされている（憲37条1項）。すなわち，裁判の遅延は，被告人に一生を左右する程の負担を強いることになるので，憲法は，「迅速な裁判を受ける権利」を被告人に保障して無用な負担からの解放を図っているのである。

(2) 判例の立場
　実体的真実の発見の名の下に刑事裁判が長引くことも多く，従前の最高裁の判例も，迅速な裁判を受ける権利を単なるプログラム的保障と解し，37条1項違反があっても，司法行政上の責任が生じ得ることをみとめるにとどまり，被告人の具体的救済を拒否してきた（最判昭23・12・22刑集2巻14号1853頁）。しかし，このような対応では憲法による人権保障も画餅に終わってしまうことになる。その後，この点について，最高裁は，**高田事件判決**において**憲法的免訴**をみとめるという画期的判断を示した（最〔大〕判昭47・12・20刑集26巻10号631頁）。すなわち，「憲法37条1項の保障する迅速な裁判をうける権利は，憲法の保障する基本的な人権の1つであり……迅速な裁判をうける被告人の権利が害せられたと認められる異常な事態が生じた場合には，これに対応すべき具体的規定がなくても，もはや当該被告人に対する手続の続行を許さず，その**審理を打ち切る**という**非常救済手段**がとられるべきことも認めている趣旨の規定である」と判示されたのである。

　本判決が，37条1項は単なるプログラム規定ではなく，被告人の**具体的権利を保障する規定**であるとした点は，学説上，高く評価されているが，しかし，「迅速な裁判を受ける権利」を侵害する程の遅延があったか否かを判断する「基準」については，なお不明瞭である。

5　裁判の公開主義

裁判の公開とは，国民が自由に見聞できる状態で審理をおこなうことをいう。

裁判を公開することによって，国民は，**裁判の公正を監視・確認**することが可能となる。公開主義は，**口頭主義**の下においてその実効性を発揮する。なぜならば，口頭主義において，傍聴人は，法廷において十分に審理の内容を知ることができることになるからである。現在では公開主義は，マスメディアの報道のための公開の観を呈しているが，その根本は裁判の監視の保障にあることに留意しなければならない。

6　集中審理主義

集中審理主義とは，各期日の間にあまり間隔をおかずに集中的に審理をおこなうことをいう。

これは，職権主義・当事者主義とは直接，結びつくものではなく，いずれとも関連を有し得る。しかし，証拠調べの手続きについて，**口頭主義**をとると，裁判官・裁判員は，新鮮な記憶に基づいて裁判する必要があるので，集中審理主義をとらざるを得ないが，**書面主義**がとられ，証拠調べについての口頭主義が形式化すると，期日の間に間隔をおいて裁判官などが書面の検討に十分に時間をかけた方が効率的であるということになる。

7　直接主義・口頭主義および伝聞法則

(1)　直接主義

直接主義という語も多義的であるが，ここでは，①**証拠能力**に関するものと，②**証拠調べの手続き**に関するものについて見ておこう。

①の意味における直接主義とは，裁判所は，事実を見聞した者の「直接の供述」に基づいて裁判しなければならないとする原則をいう。事実を見聞した者が書面で供述しても，この意味における直接主義には反しないことになる。②の意味における直接主義とは，裁判所は，「自ら取り調べた」証拠に基づいて裁判しなければならないとする原則をいう。

(2)　口頭主義

口頭主義も多義的である。ここでは，①**供述の証拠能力**に関するものと，

②**供述の証拠調べに関するものを見ることにする。**

　①の意味における口頭主義は，証拠である供述は，口頭でなされることを必要とする原則を意味する。たとえば，Aが言ったことをBが聞いて，Bが公判廷で口頭で供述する口頭の伝聞は，直接主義には反するが，口頭主義には反しないことになる。また，事実を見聞した者が書面で供述するのは，口頭主義に反するが，直接主義には反しないことになる。

　②の意味における口頭主義は，裁判所は，供述証拠を口頭で証拠調べしなければならないとする原則を意味する。この主義の下においては，書面で提出されたばあいには，その書面の朗読が不可欠となる。

　(3)　**直接主義・口頭主義**

　①の意味における直接主義と，②の意味における口頭主義とが結合した主義を，「**直接主義・口頭主義**」という。これは，直接主義にも口頭主義にも反する証拠，すなわち，証人の供述を他の者が録取した書面の証拠能力を否定することを意味する。

　この主義は，歴史的に，**糺問主義・弾劾主義**と関連をもつとされる。すなわち，糺問主義の下では，まず糺問官が糺問し，その結果を書面で裁判所に報告し，裁判所はこれのみに基づいて裁判したので，証人が糺問官の前で口頭で述べたことでも，その調書に記載されてないと，言わなかったも同然となり，言わないことでも，その調書に記載されると，言ったことになる。直接主義・口頭主義は，訴訟の当事者主義化に伴ってこのようなやり方を否定し，糺問書類の証拠能力を排斥する原理として，主張されたものであり，現代の訴訟では，原則として承認されてはいるが，なお，多かれ少なかれ例外がみとめられている（平野・6—7頁）。

　(4)　**口頭弁論主義**

　②の意味における直接主義と②の意味における口頭主義とが結合し，かつ，当事者の参与がみとめられる主義を「**口頭弁論主義**」という。これは，裁判所の面前で，口頭で提供され，かつ，当事者が口頭で検討し意見を述べた証拠に基づいて，裁判所は裁判をしなければならないことを要求するものである。

(5) 伝聞法則

伝聞法則は，**伝聞証拠の証拠能力**をみとめない原則を意味する。**伝聞証拠**とは，裁判所の面前における当事者の反対尋問を経ていない供述証拠をいう。

口頭主義や**直接主義**が，裁判所と証拠との関係という観点から要請されるものであるのに対して，伝聞法則は，**当事者と証拠との関係**という観点から**反対尋問権**を保障しようとする当事者主義的な観点からみとめられる原理である。

伝聞証拠は，「裁判所の前で」の「反対尋問」を経ない証拠を意味するので，その限度において，伝聞法則は直接主義を取り入れているといえるが，しかし，裁判所の面前でおこなった方がより反対尋問の効果が大きいという当事者主義的な理由に基づくのであるから（平野7頁・），両者の相違には本質的なものがある。

(6) 伝聞法則と直接主義・口頭主義との差異

実質的な結論としても，伝聞法則と直接主義・口頭主義との間には次のような差異がある（平野7頁・）。すなわち，①直接主義・口頭主義は，**口頭の伝聞**を禁止しないが，伝聞法則は，これをも禁止する。

②直接主義・口頭主義は，**供述者がみずから作成した書面**を禁止しないが，伝聞法則はこれを禁止する。

③**共同被告人の供述**について，直接主義・口頭主義は，かなり緩やかな例外をみとめるが，伝聞法則はそうではない。

このように，両者には大きな違いがあるので，現行法の解釈に当たっても，直接主義・口頭主義を基本と解するか，伝聞法則を基本と解するかによって，差異が生ずることになる。

8 自由心証主義

(1) 意義

(i) 自由心証主義

自由心証主義とは，**証拠の証明力**に制限を設けず，その評価を裁判官の裁量に委ねる原則をいう。

自由心証主義の下では，**証拠の種類**に制限を設けるばあいと，その制限を

設けないばあいとがあり得るのであり，前者は**証拠制限主義**，後者は，**証拠無制限主義**といわれる。

(ii) **法定証拠主義**

証拠の**証明力**に一定の制限を設ける主義は，法定証拠主義といわれ，次の2種がある。すなわち，一定の証拠があれば必ず有罪としなければならないとする**積極的法定証拠主義**と，一定の証拠がなければ有罪としてはならないとする**消極的法定主義**があるわけである。通常，法定証拠主義というばあいは，消極的法定主義を意味する。消極的法定主義においては，有罪の認定に用い得る証拠の種類が限定され，かつ，その証明力も法定されていることになる。

自由心証主義を徹底するならば，証拠無制限主義になるべきであるが，通常は，折衷的に証拠制限主義がとられる。歴史的に，法定証拠主義は**糺問主義**と結びついて現れ，訴訟の**弾劾主義化**とともに，自由心証主義が徹底させられ，その後，証拠制限主義がみとめられるに至ったとされる。証拠制限主義は，主として，裁判所の自由心証を当事者主義によって制約するためにみとめられるものと解されている。

第4節　現行刑事訴訟法の特徴

1　応用憲法としての性格

刑事訴訟の諸原則に関連して，わが国の刑訴法の構造にも若干触れたが，ここで，現行刑訴法の特徴を概括的に見ておくことにしよう。

刑訴法は「**応用憲法**」の性格を有するといわれるが，それは，憲法31条ないし39条が刑事手続きにおける指導原理を表明しており，その原理を具体化したものが刑訴法にほかならないからである。憲法のこれらの規定は，英米法，とくにアメリカ法的思想の影響を受けている。そのため，現行刑訴法は，英米法的な**当事者主義的訴訟構造**の構築を図っていると解されるのである。しかしながら，従来の大陸法的伝統も存続しているのであり，英米法的なものと大陸法的なものとの複合が見られる。

2 モデル論との関係

端的にいえば、大陸法的伝統に英米法の制度を部分的に「接ぎ木」した観を呈しているのである。それゆえ、そのいずれを「基本」と見るかによって、現行法の基本構造の理解に決定的な差が出てくるわけである。「モデル」論が重要な意味をもつのは、まさに、このような歴史的背景があるからにほかならない。

3 旧刑訴法との対比における特徴

旧刑訴法との対比において、現行刑訴法の特徴をあげると、次のとおりである。

(1) 当事者主義訴訟構造の強化

(i) **予審の廃止**

予審は**糺問主義的な制度**であり、その手続きは秘密的であって、憲法が想定する当事者主義訴訟の思想と一致しないので、現行法はこれを廃止したのである。

(ii) **弁護制度の拡大強化**

憲法34条前段および37条3項の規定をうけて、被告人・被疑者は**何時でも弁護人を依頼**することができ（法30条）、被告人みずから選任できないときはその請求により裁判所が付さなければならないとされた（36条）。さらに、**必要的弁護の範囲**が旧刑訴法に比べて著しく拡張されている（289条）。

(iii) **公判中心主義の強化**

起訴状一本主義を採用し（256条6項）、すべては公判廷における審理によって決せられることとなり、被告人の証人審問権の保障（憲37条2項）をうけて伝聞証拠を原則的に排斥して**伝聞法則**を採用することによって（320条1項）、公判中心主義の活性化が図られているのである。

(iv) **不利益供述の強要禁止・自白偏重の制限**

不利益供述の強要禁止および自白の証拠能力・証明力の制限についての憲法38条の規定をうけて、これと同趣旨の規定を設けた（319条）。これは、自由心証主義に対する制限としての意味をもつだけでなく、被告人を単なる**糺問の客体**として扱うことから被告人を当事者として扱うことへの移行をも意味

する。

旧刑訴法における被告人訊問(じんもん)の制度は廃止され，たんに任意な供述だけを被告人に求め得るとされている$\binom{311}{条}$。

(2) 強制処分における人権保障の強化

(i) 令状主義の徹底

憲法33条・35条は，各種の強制処分について司法官憲の発する令状を必要とする令状主義を採用しているので，旧刑訴法上，緊急事件につき検事に一定の範囲内の強制処分権がみとめられていたのを廃止し，すべて**裁判所または裁判官の令状**に基づくことを要求している$\binom{62条, 106条, 167条, 199}{条, 207条, 218条など}$。

(ii) 勾留理由開示制度の新設

憲法34条後段の規定をうけて勾留理由開示制度を新たに設けた$\binom{82条}{以下}$。

また，必要的保釈制度も設けた$\binom{89}{条}$。

(3) 付審判請求制度（準起訴手続き）の新設

起訴独占主義に対する抑制措置として，**職権濫用罪**について裁判所の審判に付する請求（準起訴手続き）が設けられた$\binom{262条}{以下}$。これは，間接的に憲法36条と関連する。

また，検察審査会法$\binom{昭23法}{147号}$が制定されて一般国民が検察官の不当な不起訴処分を牽制することをみとめ，起訴独占主義の弊害の是正を図っている。

(4) 上訴制度の改革

第2審である控訴審は，従来の「**覆審**」制から「**事後審査**」制に改められ，第3審である上告審は，憲法違反と判例違反の点のみについて事後審査をおこなう審級に改められた。これは，第1審における公判手続きを重視し無用な反復を排するとともに，上告審としての最高裁判所が憲法上課せられた重要な任務$\binom{憲77条,}{81条}$の遂行に専念できるようにするために改革されたのである。

(5) 被告人の不利益のための再審の廃止

憲法39条前段の趣旨をうけて，旧刑訴法上，みとめられていた被告人の不利益のための再審を廃止し，**被告人の利益のためにのみ再審請求をなし得る**とされた$\binom{435条,}{436条}$。

(6) **陪審制度**

(i) **参審制度との関係**

現行刑訴法は，陪審制度を明文で採用してはいない。陪審は，英米法系の刑事手続きを特徴づける制度であったが，「改革された刑事訴訟」によって大陸諸国にも広く取り入れられた。しかし，現在では，大陸法系国でこれを廃止し「参審」制をとる傾向にある。すなわち，ドイツでは，事実認定と刑罰問題との両方につき職業裁判官と協力する**参審**（Schöffen）が採用され，フランスでは，第2次大戦中に陪審が参審（échevinage）に変えられ大戦終了とともにこれが恒久化され，オーストリアでは，陪審制と参審制とを折衷した制度が採用されている。

(ii) **わが国における陪審制度**

わが国では，大正12年の**陪審法**によって導入された。しかし，それは十分に機能せず根付かなかった。その理由は，陪審費用は訴訟費用の一部として被告人に負担させられたので陪審は費用がかさんだこと，控訴が許されなかったこと，陪審裁判に対して国民の信頼感が少なかったことなどに求められている。そして，同法は昭和18年に施行停止となったまま敗戦を迎え，今日に至っている（陪審法の成立と挫折については，松尾・上16―7頁参照）。

裁判所法3条3項は「この法律の規定は，刑事について，別に法律で陪審の制度を設けることを妨げない」として，陪審制度復活の可能性を否定していない。「**司法への国民参加**」の要請は，民主主義体制にとって重要なものである。

(7) **わが国における裁判員制度**

司法制度改革の一環として国民の司法参加のための裁判員制度が導入されるに至っている。すなわち，**裁判員の参加する刑事裁判に関する法律**（平成16年法律第63号）は，「国民の中から選任された裁判員が裁判官と共に刑事訴訟に関与する」裁判員制度を新設したのである。

裁判員制度とは，衆議院議員の選挙権を有する者の中から選任された裁判員が，職業裁判官とともに裁判官席に並んで審理に臨み，共働して評議し**有罪・無罪**と量刑を決定する制度をいう。これは一種の参審制であるが，ドイ

ツの参審員と異なり，日本の裁判員は**事件**ごとに選任され，**人数**も職業裁判官が3人であるのに対して，裁判員は6人であり，ドイツ型参審と比べれば多い。これは，裁判官3人・参審員9人からなるフランス型に近いとされる（白取・58頁）。裁判員制度の詳細は，第2章第1節Ⅳにおいて説明する。

第5節　刑事訴訟法の法源と適用範囲

1　法と規則

(1)　法源

法の存在形式を法源という。現行憲法は，刑事手続きに関する多くの規定を包含しており（憲31条―40条，82条など），刑訴法の最も基本的な法源である。憲法が規定している刑事訴訟の規定は，さらに下位の法令によって具体化されるが，憲法31条の趣旨に基づき，刑訴法の法源は，原則として法律である。その中で最も基本的なものが，**形式的意義の刑事訴訟法**である。

(2)　実質的意義における刑事訴訟法の法源

実質的意義における刑事訴訟法の主要な法源には，次のようなものがある。

(i)　訴訟の組織を定めたもの

これに属するものとして，裁判所法（昭和22年法律第59号），検察庁法（昭和22年法律第61号），検察審査会法（昭和23年法律第147号），警察法（昭和29年法律第162号），弁護士法（昭和24年法律第205号），裁判員の参加する刑事裁判に関する法律（平成16年法律第63号）などがある。

(ii)　特殊な手続きや手続きの進め方等について定めたもの

これに属するものとして，少年法（昭和23年法律第168号），交通事故即決裁判手続法（昭和29年法律第113号），刑事事件における第三者所有物の没収手続に関する応急措置法（昭和38年法律第138号），犯罪捜査のための通信傍受に関する法律（平成11年法律第137号），犯罪被害者等の保護を図るための刑事手続に付随する措置に関する法律（平成12年法律第75号），裁判の迅速化に関する法律（平成15年法律第107号）などがある。

(iii)　渉外手続きに関するもの

これに属するものとして，日本安全保障条約第6条に基づく地位協定に伴う刑事特別法（昭和27年法律第138号），日本国における国際連合の軍隊に対する刑事裁判

権の行使に関する議定書の実施に伴う刑事特別法（昭和28年法律第265号），逃亡犯罪人引渡法（昭和28年法律第68号），国際捜査共助法（昭和55年法律第69号）などがある。

(iv) その他のもの

これに属するものとして，刑事訴訟法施行法（昭和23年法律第249号），刑事補償法（昭和25年法律第1号），犯罪被害者等給付金の支給等に関する法律（昭和55年法律第36号），犯罪被害者等基本法（平成16年法律第161号），刑事訴訟費用等に関する法律（昭和46年法律第41号），刑事確定訴訟記録法（昭和62年法律第64号），法廷等の秩序維持に関する法律（昭和27年法律第286号），警察官職務執行法（昭和23年法律第136号）などがある。

憲法77条は，最高裁判所およびその委任を受けた下級裁判所に，訴訟に関する手続きについての**規則制定権**をみとめている。したがって，このような規則も刑訴法の法源となる。このような規則として，**刑事訴訟規則**（昭和23年最規第32号），最高裁判所裁判事務処理規則（昭和22年最規第6号），下級裁判所事務処理規則（昭和23年最規第16号），裁判所傍聴規則（昭和27年最規第21号），地方裁判所における審理に判事補の参与を認める規則（昭和47年最規第8号）などがある。

法律は，国家の最高機関である国会が制定するものであるから（憲41条），規則は，訴訟手続きに関する**技術的事項**で被告人等の**重要な利害に関しない**ものだけを定め，刑事訴訟の基本構造および被告人等の重要な利害に関するものは，憲法31条の趣旨から法律で定めるべきであるとされる（通説）。技術的事項について法律と規則とが矛盾するばあいには，規則優位説や同位説（後法優位説）も主張されているが，憲法41条・31条・76条3項などの趣旨から，**法律優位説が妥当**である（通説）。

2 刑事訴訟法の適用範囲

(1) **物的適用範囲**

刑訴法は，わが国の裁判所において**刑事事件**として取り扱われるすべての事件に適用される。

(2) **人的適用範囲**

刑訴法は，**日本国領土内に現在するすべての者**に適用される。ただし，わが国の刑事裁判権の及ばない者に対しては，強制処分等に関する規定の適用はなく，これに対する公訴提起も法338条1号により公訴棄却が言い渡され

ることになる。

(3) **時間的適用範囲**

　訴訟法が変更されるときは，手続きの安定等を考慮して，通常，施行法で，その時間的な適用範囲が定められることが多い。刑訴法には，刑法のように事後法の禁止がないから，新法をさかのぼって適用することが許されるどころか，むしろ新法を遡及して適用するのが原則とされ，旧法下でなされた行為も新法によってその効力が判断されることになる（**新法主義**）。

　しかし，すでにおこなわれた行為の効力を否定すると，無用な混乱を引き起こすので，旧法の下で生じた効力を維持する必要が生ずることが多い。そこで，たとえば，昭和28年の改正のときのように，「新法は，新法施行前に生じた事項にも適用する」としながら，「但し，旧法によって生じた効力を妨げない」という規定がおかれる（昭和28年法律172号の改正の際の附則3項）。このような立法は，形式的には**新法主義**であるが，新法施行前の行為には旧法が適用され，新法施行後の行為に対してだけ新法が適用されるので，**混合主義**といわれる。この方が訴訟行為の性質に合致するので，明文がないときには，混合主義がとられているものと解すべきであるとされる（**通説**）。

第2章　訴訟主体

第1節　総説

1　意義

狭義の訴訟は，訴追者・被訴追者・審判者の3者で構成される。この訴訟構成者を**訴訟主体**という。

2　種類

刑事訴訟における訴訟主体は，**審判者**としての裁判所（ないし裁判員），**訴追者**としての検察官，および**被訴追者**としての被告人の3者であり，このうち検察官と被告人は**当事者**と呼ばれる。

訴訟主体の活動を支える補助者として，それぞれ裁判所には裁判所書記官が，検察官には検察事務官，被告人には弁護人・補佐人がある。

司法警察職員は，検察官の補助者となるばあいもあるが，原則として独立の捜査主体となる。

3　訴訟関係人

法律上，「訴訟関係人」は，当事者および弁護人・補佐人を意味することが多いが，必ずしも一律ではなく，個々の規定の趣旨に応じてその意味内容が異なる（たとえば，46条・295条，規312条1項・2項など参照）。

本章においては，訴訟主体とその補助者の概要を説明することにしよう。

第2節　裁判所

1　裁判所の意義と種類

(1)　意義

裁判所という語は，多義的であるが，大別すると，次の2つの意義がある。

第1は「**国法上の意義における裁判所**」であり，第2は「**訴訟法上の意義における裁判所**」である。

(i) **国法上の意義における裁判所**

国法上の意義における裁判所は，**司法行政上の意義の裁判所**ともいわれ，これは，さらに①「**司法行政上の官庁としての裁判所**」と②「**司法行政上の官署としての裁判所**」とに区別される。

(a) **司法行政上の官庁としての裁判所**

司法行政上の官庁としての裁判所とは，**司法行政権行使の主体**となるものをいい，最高裁判所・高等裁判所・地方裁判所・家庭裁判所は，それぞれの裁判官の全員で構成される裁判官会議の議によってこの機能を行使する（裁12条・20条・29条・31条の5）。ただし，地方裁判所・家庭裁判所では，判事補は裁判官会議の構成員から除かれる（裁29条3項・31条の5）。簡易裁判所では，その1人の裁判官がこれを行使する（裁37条）。

(b) **司法行政上の官署としての裁判所**

司法行政上の官署としての裁判所は，裁判官を含む全職員を包括した**司法行政上の単位**を意味し，それ自体としては何らの権限を有しない（官署としての裁判所の庁舎を裁判所と呼ぶ例もある。158条1項・163条1項，裁69条参照）。

(ii) **訴訟法上の意義における裁判所**

訴訟法上の意義における裁判所は，**裁判機関**としての裁判所を意味し，1つの官庁である。

(iii) **区別の基準**

法令で用いられている「裁判所」が上記のいずれに当たるかは，それぞれの規定の趣旨に従って判断される。一般的にいえば，裁判所法上は，国法上の意義における裁判所として用いられることが多く，刑訴法上は，訴訟法上の意義における裁判所として用いられることが多い。刑訴法の規定において，「国法上の意義における裁判所」と解されるものとして，たとえば，8条・11条・338条3項などの「裁判所」があげられる。

(2) **裁判所の種類**

裁判所には，**最高裁判所**とそれ以外の**下級裁判所**がある（憲76条1項参照）。下級裁

判所として，高等裁判所・地方裁判所・家庭裁判所・簡易裁判所の4種があり（裁2条1項），これらは順次，上下の階層的な関係に立っている。ただし，地方裁判所と家庭裁判所とは同位である。

最高裁判所は東京都におかれる（裁6条）。

2　国法上の意義における裁判所の構成と機能

(1) 裁判所の構成

(i) 最高裁判所

最高裁判所は，その長たる裁判官（**最高裁判所長官**）および14人の裁判官（**最高裁判所判事**）によって構成される（憲79条1項，裁5条1項・3項）。官署としての最高裁判所には，事務総局，司法研修所，裁判所諸機関研修所，家庭裁判所調査官研修所および最高裁判所図書館がおかれる（裁13条ないし14条の4）。

(ii) 高等裁判所

高等裁判所は，高等裁判所長官と相応の員数の判事で構成される（裁15条）。官署としての高等裁判所には事務局がおかれる（裁21条）。最高裁判所は，高等裁判所の支部を設けることができる（裁22条）。高等裁判所は，全国8カ所（東京，大阪，名古屋，札幌，仙台，広島，高松，福岡）におかれている。

(iii) 地方裁判所・家庭裁判所

地方裁判所と家庭裁判所は，相応の員数の判事および判事補で構成される（裁23条・31条の2）。判事のうち1人が，最高裁判所によって地方裁判所長または家庭裁判所長に命じられる（裁29条1項・31条の5）。

地方裁判所・家庭裁判所の裁判官と高等裁判所の裁判官との間には，職務代行がみとめられる（裁28条・31条の5）。官署としての地方裁判所・家庭裁判所にも事務局がおかれる（裁30条・31条の5）。

最高裁判所は，これらの裁判所の支部・出張所を設けることができる（裁31条・31条の5）。

地方裁判所および家庭裁判所は，各都府県に1つ，北海道に4つ，全国で合計50カ所におかれている。

(iv) 簡易裁判所

簡易裁判所には，相応の員数の簡易裁判所判事がおかれ（裁32条），事務局は

おかれない。

(2) **裁判所の職員**

(i) **裁判官**

(a) **種類**

国法上の意義における裁判所は，裁判官を中心として構成され，裁判官には，最高裁判所長官・最高裁判所判事・高等裁判所長官・判事・判事補・簡易裁判所判事の6種類がある（裁5条）。これらは，いずれも**官名**である。地方裁判所長・家庭裁判所長は官名ではなく**職名**である。「裁判所」というのは，それらの総称である。

(b) **裁判官の任命資格**

裁判官は，その職務上，高度の法律的素養を必要とし，司法権を公正に行使すべきであるから，その任命資格は厳格である。すなわち，**判事補**は，司法試験に合格し司法研修所の修習を経た者の中から任命され（裁43条），**高等裁判所長官**および**判事**は，判事補・検察官・弁護士など一定の法律的職業に10年以上ついていた者の中から任命される（裁42条）。ただし，簡易裁判所判事については，これらの法律的職業の経験は3年で足り（裁44条），また学識経験者の中から簡易裁判所判事選考委員会の選考を経て任命されるばあいもある（裁45条）。

最高裁判所の裁判官は，識見が高く法律の素養のある年齢40歳以上の者の中から任命されるが，裁判官15人中少なくとも10人は，一定期間一定の法律的職業についた経験を有する者でなくてはならない（裁41条）。

最高裁判所長官は，内閣の指名に基づき天皇が任命し（憲6条2項，裁39条1項），**最高裁判所判事**は内閣が任命し（憲79条1項，裁39条2項），その任免は天皇が認証する（裁39条3項，憲7条5号）。これらの裁判官の任命については国民審査がおこなわれる（憲79条2項～4項，裁39条4項，最高裁判所裁判官国民審査法）。下級裁判所の裁判官の任免は，最高裁判所の指名した者の名簿によって内閣がおこない（裁80条1項，裁40条1項），補職は最高裁判所がおこなう（裁47条）。高等裁判所長官の任免は天皇が認証する（裁40条2項，憲7条5号）。

(c) **裁判官の身分の保障**

司法権の独立を担保するため，裁判官は，その任期中は身分が強力に保障

されている。すなわち，次の例外的ばあいを除いては，その意に反して，免官，転官，転所，職務停止または報酬の減額をされることはない$\binom{憲78条,}{裁48条}$。その例外とされるのは，①公の弾劾による罷免$\binom{憲78条・64条, 国会法125}{条以下, 裁判官弾劾法}$，②国民審査による罷免$\binom{憲78条, 最高裁判所}{裁判官国民審査法}$，③分限裁判による罷免$\binom{憲78条, 裁48条,}{裁判官分限法}$のばあいである。また裁判官の懲戒処分は，行政機関がおこなうことはできず$\binom{憲}{78条}$，裁判官分限法に基づく裁判によって戒告または1万円以下の過料に付し得るだけである$\binom{裁限}{2条}$。

(ii) **裁判官以外の裁判所の職員**

(a) **種類**

官署としての裁判所には，裁判官以外に種々の職員がおかれる。各裁判所に共通なものとして，裁判所事務官$\binom{裁58}{条}$，裁判所書記官$\binom{裁60}{条}$，裁判所速記官・同速記官補$\binom{裁60条の}{2・60条の3}$，裁判所技官$\binom{裁61}{条}$，廷吏$\binom{裁63}{条}$などがある。

(b) **裁判所書記官**

上記の職員のうち，裁判事務にきわめて密接な関係をもつのは裁判所書記官である。裁判所書記官は，事件に関する記録その他の書類の作成および保管の事務をつかさどる$\binom{裁60}{条2項}$ほか，書類の送達$\binom{54条, 民}{訴法161条}$・発送・管理$\binom{規}{298条}$，証拠調べの補助$\binom{305条・}{306条}$，事前準備への協力$\binom{規178条の3・}{178条の9}$などの職責を有する。

また，裁判官の命を受けて，裁判官のおこなう法令・判例その他の調査の補助などもおこなう$\binom{裁60条2}{項・3項}$。裁判所書記官は，裁判官の補助官としてその職務をおこなうについては裁判官の命令に従うが$\binom{裁60}{条4項}$，書類の作成または変更に関して裁判官の命令を受けたばあいにおいて，これを正当でないとみとめるときは，自己の意見を書き添えることができる$\binom{裁60}{条5項}$。裁判官の除斥・忌避・回避に関する規定が原則として準用される$\binom{26条,}{規15条}$。

(3) **司法行政**

(i) **意義**

司法行政とは，主として官署としての裁判所およびその職員に対する行政的活動をいう。規則の制定は，本質的には立法作用であるが，広義の司法行政に含まれる。司法行政は，**裁判権の円滑な行使**のためにおこなわれるから，

訴訟目的と無関係ではないが，しかし，間接的である点で訴訟活動と区別される($\substack{高田・\\40頁}$)。

(ii) 司法行政の権限

司法行政の権限は，各裁判所の**裁判官会議**という会議体によって行使され，裁判所の長がその議長となる($\substack{裁12条・20条・\\29条・31条の5}$)。裁判官会議は，その裁判所に属する全裁判官をもって構成されるのが原則であるが，地方裁判所・家庭裁判所では，判事補は除外される($\substack{裁29条3項・\\31条の5}$)。

なお，簡易裁判所の司法行政事務は，簡易裁判所の裁判官が1人のときはその裁判官が，2人以上のときは最高裁判所の指名する1人の裁判官が掌理する($\substack{裁37\\条}$)。

(iii) 司法行政の監督権と裁判官の裁判権

司法行政の監督権が，裁判官の裁判権に影響を及ぼし，またはこれを制限してはならない($\substack{裁81\\条}$)。司法行政の監督権は，裁判権に影響を及ぼしやすく，司法行政上の庁舎管理権と裁判権の1内容をなす法廷警察権の関係など，その限界が微妙なことも少なくないので，司法行政の名のもとに司法権の対内的独立を侵すことがないように十分の配慮が必要である($\substack{鈴木・\\27頁}$)。

3 訴訟法上の意義における裁判所の構成

(1) 単独制と合議制

訴訟法上の意義における裁判所は，国法上の意義における裁判所に所属する裁判官の一定員数で構成される。その**構成の方法**としては，1人の裁判官による**単独制**（1人制）と2人以上の裁判官による**合議制**とがある。単独制が手続きを迅速に進め，当該裁判官の責任感を強めるという長所をもっているのに対して，合議制は，事件の審理を慎重にし，判断を中正にする点に長所があるとされている。

(i) 簡易裁判所

簡易裁判所では，すべて単独制である($\substack{裁35\\条}$)。

(ii) 地方裁判所

地方裁判所では，原則的には単独制であるが($\substack{裁26\\条1項}$)，次の事件（①〜④）は合議体で取り扱われる($\substack{同条2\\項本文}$)。ただし，法廷ですべき審理・裁判を除いて，

その他の事項につき他の法律に特定の定めがあるときは、それに従う（同条2項ただし書）。

①**裁定合議事件**。これは、合議体で審理・裁判をする旨の決定を合議体でした事件である。②**法定合議事件**。これは、死刑または無期もしくは短期1年以上の懲役・禁錮に当たる罪（ただし、強盗罪〔刑236条〕・準強盗罪〔刑238条・239条〕およびこれらの未遂罪、暴力行為等処罰法の加重傷害罪・常習的暴行・傷害・脅迫・器物損壊罪〔暴力1条の2・1条の3〕、盗犯等防止法の常習強盗罪・常習累犯強窃盗罪〔盗犯2条・3条〕を除く）にかかる事件である。③簡易裁判所の判決に対する控訴事件ならびに簡易裁判所の決定および命令に対する抗告事件。④その他、他の法律によって合議体で審判すべきものと定められた事件、たとえば、刑訴法23条1項2項・429条3項などがこれに当たる。

(iii) **家庭裁判所**

家庭裁判所でも、単独制が原則であるが、他の法律で合議体で取り扱うべきものと定められたときは、3人の合議体による（裁31条の4）。たとえば、刑訴法23条2項・429条3項などが、これに当たる。

(iv) **高等裁判所**

高等裁判所では、つねに合議制による。ただし、法廷ですべき審理・裁判を除いて、他の法律に特別の定めがあるときはそれに従う（裁18条1項）。合議体は、通常は3人で構成されるが、内乱罪や独占禁止法違反事件については5人で構成される（裁18条2項、独禁87条2項）。

(v) **最高裁判所**

(a) **合議制**

最高裁判所では、つねに合議制による。大法廷は裁判官全員で構成し、小法廷は5人の裁判官で構成する（裁9条、最高裁判所事務処理規則2条1項）。

(b) **大法廷と小法廷**

事件を大法廷、小法廷のいずれで取り扱うかは、最高裁判所の定めるところによる。ただし、次のばあいには、必ず**大法廷**によらなければならない（裁10条）。すなわち、①当事者の主張に基づいて、法律・命令・規則・処分が憲法に適合するかしないかを判断するばあい。ただし、意見が前に大法廷がした、その法律・命令などが憲法に適合するとの裁判と同じであるときを除く。

②上記のばあいを除いて，法律・命令・規則・処分が憲法に適合しないとみとめるばあい。③憲法その他の法令の解釈適用について，意見が前に最高裁判所のした裁判に反するばあいがそうである。

(2) 合議制裁判所

合議制裁判所では，その活動を統制するために**裁判長**がおかれ，また，その活動を円滑・迅速にするために，**受命裁判官**および**補充裁判官**の制度が設けられている。

(i) 裁判長

合議体の裁判官の1人が**裁判長**となる（裁9条3項・18条2項・26条3項・31条の4第2項）。裁判長以外の裁判官を**陪席裁判官**という。裁判長の権限には，合議体の機関としての権限（たとえば，裁75条2項前段，刑訴294条，裁71条・72条など）と独立の権限（たとえば，刑訴69条）とがある。

(ii) 受命裁判官

受命裁判官とは，合議制裁判所から**特定の訴訟行為**をなすよう命じられた，当該合議体の構成員たる裁判官をいう。受命裁判官としてなし得る訴訟行為は，法律および規則で規定され（たとえば，43条4項・70条），その処分に対しては，一定の限度で，その所属合議体裁判所に準抗告がみとめられる（429条）。

(iii) 補充裁判官

補充裁判官の制度は，直接主義の原則から要求される裁判所構成員変更のばあいの公判手続き更新の煩を避けるためにみとめられたものである。すなわち，合議体の**審理が長期間**にわたることが予見されるばあいには，あらかじめ定められている順序に従って補充裁判官が審理に立ち会い，その審理中に合議体の裁判官が審理に関与できなくなったばあいには，これに代わってその合議体に加わり審理および裁判をすることができ，公判手続きの更新を必要としない。ただし，その員数は，合議体の裁判官の数を超えてはならない（裁78条）。

(3) 受任裁判官・受託裁判官

(i) 受任裁判官

個々の裁判官が，受訴裁判所（判決裁判所）とは独立に**訴訟法上の権限**をおこなうばあいを受任裁判官という。たとえば，捜査機関の請求により各種の

令状を発し，または一定の処分をする裁判官$\binom{199条 \cdot 206条 \cdot 207条 \cdot 210条 \cdot}{218条 \cdot 224条 \cdot 225条 \cdot 228条}$，公訴提起後第1回公判期日前に勾留に関する処分をおこなう裁判官$\binom{280}{条}$，証拠保全手続きをおこなう裁判官$\binom{179条 \cdot}{180条}$などが，これに当たる。

(ii) **受託裁判官**

受託裁判官とは，ある裁判所から一定の訴訟行為をおこなうことを**嘱託**された**他の裁判所の裁判官**をいう。これは，裁判所間の共助$\binom{裁79}{条}$の1ばあいである。嘱託できる訴訟行為は法律により限定されている。

嘱託を受けた裁判官は，一定のばあいに，さらに他の裁判所の裁判官に転嘱しまたは嘱託を移送することがみとめられ$\binom{66条2項3項 \cdot 125条2項3}{項 \cdot 142条 \cdot 163条2項3項}$，転嘱または嘱託移送を受けた裁判官も，同様に受託裁判官である。

4 公平な裁判所の保障

(1) **意義**

憲法37条1項は，「すべて刑事事件においては，被告人は，公平な裁判所の……裁判を受ける権利を有する」と規定している。ここにいう公平な裁判所とは，その**組織や構成**から見て，偏頗な裁判をするおそれのない裁判所を意味する$\binom{最［大］判昭23 \cdot 5 \cdot}{26刑集2巻5号511頁}$。

裁判所の構成を公平なものにするために，裁判官の任命などにも考慮が払われていることは，すでに述べたが，さらに，偏頗な裁判をするおそれのある裁判官を，**職務の執行から排除する制度**として，除斥・忌避・回避が設けられている。

(2) **除斥**

(i) **意義**

除斥とは，法律上，一定の事由があるときに，**当然に**裁判官の**職務執行を排除**することをいう。

(ii) **除斥原因**

除斥原因は，裁判官が事件に利害関係をもつばあい，および，事件につき予断を抱いている可能性があるばあいを類型的に取り上げたものである。

(iii) **除斥の事由**

その事由は，次のとおりである$\binom{20}{条}$。①裁判官が被害者であるとき。②裁

判官が被告人もしくは被害者の親族であるとき，またはあったとき。③裁判官が被告人または被害者の法定代理人，後見監督人，保佐人，保佐監督人，補助人または補助監督人であるとき。④裁判官が事件について証人または鑑定人となったとき。⑤裁判官が事件について被告人の代理人，弁護人または補佐人となったとき。⑥裁判官が事件について検察官または司法警察員の職務をおこなったとき。⑦裁判官が事件について266条2号の決定，略式命令，前審の裁判，398条ないし400条，412条もしくは413条の規定により差し戻し，もしくは移送されたばあいにおける原判決またはこれらの裁判の基礎となった取調べに関与したとき。ただし，受託裁判官として関与したばあいは，この限りでない。

(iv) **効果**

除斥事由に当たる裁判官は，当該事件に関する一切の職務執行から**当然に排除**される。手続きを明確にするため，裁判所は，職権で除斥の決定をするが$\binom{規12}{条1項}$，これは確認的意味をもつにすぎない。

除斥事由のある裁判官が第1審判決に関与したときは，絶対的控訴理由となり$\binom{377条}{2号}$，それ以外の訴訟行為に関与したときは，相対的控訴理由の存否が問題となる$\binom{379}{条}$。

(3) **忌避**

(i) **意義**

裁判官に**除斥事由**のあるときまたは**不公平な裁判**をするおそれがあるときは，検察官または被告人は，この裁判官を忌避することができる$\binom{21条}{1項}$。弁護人も，被告人の明示の意思に反しないかぎり，被告人のために忌避申立てができる$\binom{同条}{2項}$。

事件について請求または陳述をした後は，不公平な裁判をするおそれがあることを理由にしては忌避申立てができない$\binom{22条}{本文}$。ただし，忌避の原因のあることを知らなかったとき，または忌避の原因がその後に生じたときは，請求または陳述の後であっても忌避申立てが可能である$\binom{同条ただ}{し書き}$。

(ii) **手続き**

忌避申立てがあったときは，手続きを停止し，忌避された裁判官に意見を

提出させたうえで，その裁判官所属の裁判所が，合議体で決定する$\binom{裁10条・}{11条，刑}$ $\binom{訴23}{条}$。

忌避された裁判官は，この決定に関与することができない$\binom{23条}{3項}$。しかし，訴訟を遅延させる目的のみでなされたことが明らかな忌避申立てまたは手続き違反の忌避申立てを却下するばあいには，忌避された裁判官も却下決定に関与することができる$\binom{24条}{2項}$。これを**簡易却下**という。忌避申立てを却下する裁判所の決定に対して即時抗告が許され$\binom{25}{条}$，裁判官による簡易却下に対しても準抗告がみとめられる$\binom{429条1}{項1号}$。

(iii) **効果**

忌避申立てに理由があると決定されたときは，当該裁判官は当該事件に関与する職務執行から排除されるが，その効力は，除斥事由を理由とするばあいはその原因が生じた時，不公平な裁判をするおそれを理由とするばあいは決定があった時に生じる（**通説**）。

(4) **回避**

回避は，刑訴規則上，みとめられている制度である$\binom{規13条・}{14条参照}$。**回避**とは，裁判官が自ら忌避されるべき原因があると考えるときに**職務執行を辞退**することをいう。

5 裁判所の権限

(1) **刑事裁判権**

(i) **意義**

刑事裁判権とは，刑事法上の争訟について**審理裁判する権限**をいう。

(ii) **対象者**

刑事裁判権は，原則として，国籍の如何を問わず日本国領土内にいるすべての者に及ぶ。その例外として，国際法上の治外法権を有する外国の元首・外交使節およびその随員・家族には，裁判権は及ばない。

わが国に駐留するアメリカ合衆国軍隊および国連軍軍隊の構成員・軍属の一定の犯罪については，所属国に優先的裁判権がみとめられている$\binom{日米安保}{条約第6条}$に基づく協定〔昭和35年条約7号〕，日本国における国際連合の軍隊の地位に関する協定〔昭和29年条約12号〕）。

国内法上，摂政は在任中訴追されず$\binom{皇室典}{範21条}$，これとの対比において天皇に

対しても刑事裁判権は及ばない（**通説**）。
  (iii) **対象事件**

　刑事裁判権は，わが国内法上処罰される刑事事件のすべてに及ぶ。外国ですでに処罰された事件についても同様である（刑5条参照）。

　わが国の裁判権が及ばない事件についても，国際司法共助によって一定の手続きのとられることがある。逃亡犯罪人引渡法（昭和28年法律68号），外国裁判所ノ嘱託ニ因ル共助法（明治38年法律63号），国際捜査共助法（昭和55年法律69号）など参照。

 (2) **管轄権**
  (i) **意義**

　管轄とは，刑事裁判権を行使するにつき，一定の基準で国法上の各裁判所に分配された**裁判権の職務分担**をいう。

  (ii) **種類**

　固有の管轄には，被告事件の審判に関する「**事件管轄**」と特定の手続きに関する「**職務管轄**」とがある。ここでは，事件管轄について述べる。

  (iii) **事件管轄の種類**

　事件管轄は**法定管轄**と**裁定管轄**とに分かれ，法定管轄はさらに**固有管轄**と**関連事件管轄**とに分かれる。固有管轄として第1審の**事物管轄・土地管轄**および**上級審の管轄**（**審級管轄**）があり，併合審判の便宜のために関連事件管轄がある。さらに特別の状況に対応するために裁定管轄がみとめられている。

  (iv) **管轄違い**

　管轄権の存在は**訴訟条件**であり，これを欠くときは管轄違いの言渡しをする（329条。ただし，330条参照）。土地管轄については，被告人の申立てに基づいてのみ管轄違いを言い渡す（331条）。裁判所は，管轄権を有しないときにも，要急処分をおこなうことができる（14条）。訴訟手続きは，管轄違いの理由によってその効力を失わない（13条）。

 (a) **固有管轄**
  (α) **第1審の管轄**
  (ア) **事物管轄**

　事物管轄は，事件の軽重，審判の難易などにより，次のように定められて

いる。

　(あ)　簡易裁判所は，罰金以下の刑に当たる罪のほか，窃盗・横領など裁判所法33条1項2号に掲げられた一定の罪について事物管轄を有する。ただし，住居侵入・窃盗など同条2項に掲げられた一定の罪について3年以下の懲役を科し得るほかは，禁錮以上の刑を科すことはできない。簡易裁判所は，この制限を超える刑を科するのを相当とみとめるとき，その他，地方裁判所で審判するのを相当とみとめるときは，事件を管轄地方裁判所に移送しなければならない（裁33条3項，刑訴332条）。

　(い)　地方裁判所は，高等裁判所の特別権限に属する事件および罰金以下の刑に当たる罪の事件を除いて，すべての刑事事件につき一般的な管轄権を有する（裁24条1号）。

　(う)　家庭裁判所は，少年の福祉を害する一定の罪について管轄権を有する（裁31条の3第1項3号）。これについては地方裁判所にも管轄があり，公訴は必ず家庭裁判所になさなければならない（少37条）。

　(え)　高等裁判所は，内乱罪について管轄権を有する（裁16条4号）。その他，特別法により，とくに東京高等裁判所の管轄とされている事件がある（独禁85条3号）。

　(イ)　**土地管轄**

　各裁判所には，その管轄区域が定められている（下級裁判所の設立及び管轄区域に関する法律）。この管轄区域内に，犯罪地，被告人の住所・居所・現在地があるときは，当該裁判所がその事件につき管轄権をもつ（2条1項）。なお，国外にある日本船または航空機内で犯した罪については，刑訴法2条2項・3項参照。

　(β)　**審級管轄**

　控訴および抗告は，1審裁判所と管轄区域を共通にする高等裁判所がすべて管轄し（裁16条），上告および特別抗告は最高裁判所が管轄する（裁7条）。

　(b)　**関連事件管轄**

　関連事件については，併合審判を可能にするために**併合管轄**がみとめられる。

　関連事件とは，①1人が数罪を犯したとき，②数人がともに同一または別個の罪を犯したとき，③数人が通謀して別個に罪を犯したときをいう（9条）。

事物管轄を異にする関連事件については，上級裁判所に併合管轄があり（$\frac{3条}{}$），事物管轄が同じで土地管轄のみを異にする関連事件については，いずれの固有管轄裁判所にも併合管轄がみとめられる（$\frac{6条}{}$）。

(c) **裁定管轄**

裁判所の裁判により決せられる管轄で，**管轄指定**と**管轄移転**とがある。

(α) **管轄指定**

管轄指定は，法定管轄の定めによっても管轄裁判所が定まらないようなばあいに，直近の上級裁判所または最高裁判所が，**その事件限りの管轄**を一定の裁判所に創設するものである（$\frac{15条・}{16条}$）。

(β) **管轄移転**

管轄移転は，①管轄裁判所が法律上の理由または特別の事情により裁判権をおこなうことができないとき（$\frac{17条1}{項1号}$），②地方の民心，訴訟の状況その他の事情により裁判の公平を維持することができないおそれがあるとき（$\frac{17条1}{項2号}$），③犯罪の性質，地方の民心その他の事情により管轄裁判所が審判をするときは公安を害するおそれがあるとみとめるとき（$\frac{18}{条}$）に，検察官等の請求に基づいて，①および②のばあいには直近上級裁判所が，③のばあいには最高裁判所がそれぞれおこなうものである。①②のばあいには，被告人にも請求権がみとめられている（$\frac{17条}{2項}$）。

(d) **訴訟係属の競合**

同一事件が，事物管轄を異にする数個の裁判所に係属するときは上級の裁判所が（$\frac{10条}{1項}$），事物管轄を同じくする数個の裁判所に係属するときは**最初に公訴を受けた裁判所**が（$\frac{11条}{1項}$），これを審判する。ただし，刑訴法10条2項および11条2項参照。その結果，審判の許されなくなった裁判所は，公訴棄却の決定をする（$\frac{339条1}{項5号}$）。

(e) **事件の移送**

裁判所は，適当とみとめるときは，当事者の請求または職権で，決定により，その管轄に属しすでに係属している事件を，証拠調べ開始前にかぎり，事物管轄を同じくする他の管轄裁判所に移送することができる（$\frac{19}{条}$）。

(f) 管轄区域と職務執行

裁判所は，原則として，その**管轄区域内**でのみ訴訟行為をすることができるが，事実発見のため証人尋問・検証などの必要があるときは，管轄区域外で職務をおこなうことができる（$_{1項}^{12条}$）。それ以外は，司法共助（$_{条}^{裁79}$）によって他の裁判官にこれを嘱託しておこなうことになる（**受託裁判官**）。

第3節　検察官および司法警察職員

1　検察官
(1) 検察官と検察制度の意義
(i) 検察官

検察官とは，検察権を行使する国家機関をいい，**検察権**は，刑事について，公訴をおこない，裁判所に法の正当な適用を請求し，かつ，裁判の執行を監督することをその主たる内容とする（$_{参照}^{4条}$）。

刑事手続きに関しては，検察官は，訴追者，すなわち**原告**として関与する。刑訴法においては，原告である検察官と**被告**である被告人とが当事者として手続きに関与する。原告としての当事者は，通常は検察官であるが，準起訴手続き（$_{以下}^{262条}$）によって審判に付された事件については，**指定弁護士**が原告としての当事者となる（$_{条}^{268}$）。

(ii) 検察制度
(a) 沿革

わが国における検察制度は，当初，フランスの制度を継受し，その後，ドイツの法制の影響を受けながら発展し，第2次大戦後はアメリカ法制の影響の下に再編成されている。**フランスの検察官**は，革命前のアンシャン・レジームの下で国王の利益のために罰金を取り立てたり没収を執行したりするなどの職務をおこなう「**国王の代官**」に由来し，後に，裁判所に付属して一般の告訴や告発を受けて犯罪の捜査や犯人の訴追をおこなうようになり，革命後の治罪法において，公訴を提起し，これを維持する原告官としての地位を与えられたのであった。

このような訴追機関としての検察官は，弾劾訴訟の生成とともに登場したものであり，それまでの糾問訴訟にあっては，裁判官が訴追機能をも担っていたので，訴追官の必要がなかった。しかし，裁判官が訴追官の役割をも演ずると，裁判の公平が損われることになる。そこで，裁判の公平性を担保するために，訴追機能の担い手として検察官制度が創設されたのである。

(b) **法制**

(α) **裁判所構成法** 明治初期にフランス検察制度が導入されたが，明治23年（1890年）の裁判所構成法において，裁判所と検察機関とを分離する**ドイツ法制**にならって，**検事局**は，独立のものとされたが，各裁判所に「附置する」ものとされた。そして，司法行政上，裁判所および検事局も司法大臣の監督下におかれたので，**検事**も**広義の司法官**とされた。

(β) **検察庁法** 第2次大戦後，検察官および検察庁に関する事項は，裁判所法とは別の検察庁法によって規制され，**検察庁**は裁判所に附置されるものではなく，また**検察官**は行政部に属することとなった。

従来，検事は，犯罪捜査の主宰者となり司法警察官吏にその補佐または補助をさせたが，現行刑訴法においては，**警察**が**第1次的捜査機関**とされ（$\frac{189}{条}$），検察官にも捜査の権限はあるが（$\frac{191}{条}$），公訴権の行使が主たる任務とされている。これらは，アメリカ法的な考え方を取り入れたものとされている。

(iii) **検察権の独立**

旧法とは異なり，現行法上，検察官は**行政官**であるから，国家の行政的目的のために活動する。しかし，そのことは，時の内閣の政治目的に仕えるべきであるということを意味するものではない。**検察権**は，実質上，刑事司法に重大な影響を与え得るものであるから，その行使が外部からの政治的な圧力によって左右されるような事態は極力避けられなければならない。それゆえ，刑事司法の公正を保持するために，検察官も法のみに従ってその権限を行使することが望まれる。この観点から，司法権独立の原則と同様，検察権についてもできるかぎり独立をみとめるべきである（「**検察権の独立**」）。この点に関して現行法は，**検察官の身分の保障**と**法務大臣の指揮監督権**の制度を規

定している。しかし，検察官の身分保障は，裁判官のそれと異なって，憲法上の保障ではなく，法律上の保障にとどまり，転所を強制し得る。

2　組織——検察庁

(1) **意義**

検察庁とは，検察官がおこなう事務を統括するところをいう（検1条）。

検察庁は，国家機関として，その名において検察権を行使するものではなく，検察権を行使するのは，あくまでも**検察官という国家機関**である。したがって，検察官は，検察権を行使する**独任制の機関**である。検察庁には，検察官のほか，一般的な職員として検察事務官（検27条）・検察技官（検28条），特殊な職員として検事総長秘書官（検26条）がそれぞれ置かれる。

(2) **種類**

検察庁には，最高検察庁・高等検察庁・地方検察庁・区検察庁の4種があり（検1条2項），それぞれ，最高裁判所・高等裁判所・地方裁判所・簡易裁判所に対応して置かれる（検2条2項）。

なお，地方検察庁は，家庭裁判所にも対応するものとされる（同条2項）。

最高検察庁の位置，それ以外の検察庁の名称・位置は法令で定められる（検2条3項）。法務大臣は，必要とみとめるときは，高等裁判所・地方裁判所・家庭裁判所の支部にそれぞれ対応して高等検察庁・地方検察庁の支部を設け当該検察庁の事務の一部を取り扱わせることができる（同条4項）。

(3) **検察官の種類**

検察官には，検事総長・次長検事・検事長・検事・副検事の5種類がある（検3条）。裁判官のばあいと同じく，これらはそれぞれ**官名**であって，検察庁というのはその総括的名称である（**通説**）。

　(i)　**検事総長**は，最高検察庁の長として庁務を掌理し，かつ，すべての検察庁の職員を指揮監督する。

　(ii)　**次長検事**は，最高検察庁に属し，検事総長を補佐し，また，検事総長が事故のあるときまたは欠けたときはその職務をおこなう（検7条）。

　(iii)　**検事長**は，高等検察庁の長として庁務を掌理し，かつ，その庁ならびに管内の地方検察庁および区検察庁の職員を指揮監督する（検8条）。

(iv) 各地方検察庁には**検事正**各1人を置き，1級の検事をもってこれに当てる。検事正は，庁務を掌理し，かつ，その庁および管内の区検察庁の職員を指揮監督する($\frac{検9}{条}$)。

(v) 2人以上の検事または検事と副検事がいる各区検察庁に検事たる**上席検察官**が置かれ，上席検察官が庁務を掌理し，かつその庁の職員を指揮監督する。その他の区検察庁においては，検事または副検事が1人のときはその者が，副検事が2人以上いるときは検事正の指定する副検事が，それぞれその庁の職員を指揮監督する($\frac{検10}{条}$)。

(4) **検察事務官**

検察官以外の職員としてとくに重要な検察事務官は，上官の命を受けて検察庁の事務を掌り，また，検察官を補佐しまたはその指揮を受けて捜査をおこなう($\frac{検27条}{3項}$)。これは，検察官がその捜査権を遂行するに当たって直接，指揮命令に服する者を置く必要からみとめられたものであって，一種の検察官直属の司法警察職員たる性格を有するとされている。

3 検察官の資格

(1) 任命資格

検察官の任命資格については，裁判官に準ずる厳重な要件が定められている。

すなわち，**2級検察官**の資格要件は，司法修習生の修習を終えた者，その他一定の資格を有する者であることであり($\frac{検18条}{1項}$)，**1級検察官**の資格要件は，8年以上2級の検事・判事補・簡易裁判所判事・弁護士の職にあった者，その他一定の資格を有する者であることである($\frac{検19}{条}$)。

副検事については，ある程度の資格をもつ者の中から副検事選考審査会による選考任命をみとめており($\frac{検18条}{2項}$)，3年以上副検事の職にあって政令で定める考試を経た者は2級の検事の任命資格を与えられる($\frac{同条}{3項}$)。

検察官の任命についても，裁判官のばあいと同様の欠格事由がある($\frac{検20}{条}$)。

(2) 任免

検察官の任免については，検事総長・次長検事・検事長は1級とし，その

任免は内閣がおこない天皇が認証するものとされ($\substack{検15条\\1項}$)，検事は1級または2級とし，副検事は2級とし，その任免は国家公務員法に定める一般原則によるものとされている($\substack{同条\\3項}$)。

(3) **補職**

検事総長と次長検事は官と職が一致し，任命のほかに補職の必要はないが，検事長・検事・副検事の職は，法務大臣が補する($\substack{検16\\条}$)。副検事は区検察庁の検察官の職のみに補することが許される($\substack{同条\\3項}$)。

(4) **身分の保障**

すでに述べたように，検察権の行使が政治的圧力に左右されることを防止するために，検察官についても次のような身分保障がみとめられている。すなわち，検察官は，以下のばあいを除いて，その意思に反して，その官を失い，職務を停止され，または俸給を減額されることはない($\substack{検25条\\本文}$)。

(i) **懲戒処分**によるばあい($\substack{検25条た\\だし書き}$)

(ii) **定年**による退官($\substack{検22\\条}$)

(iii) **検察官適格審査会の議決**による罷免。検察官が心身の故障，職務上の非能率その他の事由によりその職務を執るに適しないときは，検察官適格審査会の議決を経て——検事総長・次長検事・検事長については，さらに法務大臣の勧告を経て——その官を免ずることができる。

適格審査会は，法務大臣の請求または職権により各検察官について随時おこなわれるほか，すべての検察官について3年ごとに定時におこなわれる($\substack{検23\\条}$)。

(iv) **剰員**のばあいの俸給の半額支給。検事長・検事・副検事が検察庁の廃止などの事由により剰員となったときは，法務大臣は，これらの者に俸給の半額を給して欠位を待たせることができる($\substack{検24\\条}$)。

4 検察官の権限と機能

(1) **意義**

検察官は，①刑事について，公訴をおこない，裁判所に法の正当な適用を請求し，かつ，裁判の執行を監督し，②裁判所の権限に属するその他の事項についても，職務上必要とみとめるときは，裁判所に通知を求めまたは意見

を述べ，③公益の代表者として他の法令がその権限に属させた事務（たとえば，民法744条，人事訴訟手続法5条1項）をおこなう（検4条）。これらのうち，①の権限が**検察権**であり，これに関する職務を**検察事務**という。

(2) 検察権

検察官の権限は，上述のように広範であるが，ここでは検察権について見ておくことにする。

(i) **捜査権限**

検察官は，第1に，捜査権限を有する。

第1次的捜査機関は司法警察職員であるから（189条2項），検察官の捜査は公訴提起のためになされる補充的なものである。ただし，**勾留請求**（204条―206条）などの権限は，検察官だけに与えられている。

(ii) **公訴提起の権限**

検察官は，第2に，公訴提起の権限を有する。

公訴提起の裁量権が与えられているので，検察官は公訴提起に十分な証拠がそろっていても，事情によっては公訴を提起しないこともできるのである。これを**起訴便宜主義**という。起訴便宜主義については，後で詳しく説明する。

(iii) **公判維持のための権限**

検察官は，第3に，公判において証拠を提出し，事実，法律の適用および刑罰について意見を述べることができる。

さらに，上訴や再審や非常上告を申し立てる権限もみとめられている。

(iv) **裁判の執行権限**

検察官は，第4に，裁判の執行を指揮する権限を有する。

刑は検察官の指揮によって執行され，行刑を所掌する官庁の職員のうち検察官が主要な地位を占めている。

(v) **刑事司法における権限の機能**

上述のような刑事司法における検察官の権限は，それぞれ**警察官的機能，裁判官的機能，弁護士的機能，矯正保護職員的機能**として特徴づけられる（平野・概説30頁）。

(3) 管轄制度

（i）意義

検察官にも管轄の制度がある。すなわち，「検察官は，いずれかの検察庁に属し，他の法令に特別の定のある場合を除いて，その属する検察庁の対応する裁判所の管轄区域内において，その裁判所の管轄に属する事項について前条に規程する職務を行う」（検5条）ものとされている。このように管轄区域と管轄事項が定められている。犯罪捜査については，さらに「検察官は，いかなる犯罪についても捜査をすることができる」（検6条1項）と規定されている。

（ii）管轄の制限

管轄については，何ら規定されていない。そこで，管轄の制限の有無をめぐって見解が対立することになる。

（a）制限肯定説

この説は，犯罪捜査に関して管轄事項および管轄区域の制限がないのは不当であり，犯罪捜査も，「公訴を行う」ことの必然的な前提として本来の検察事務に包含されるので，犯罪捜査の面でも上記の制限があると解する。

（b）制限否定説

犯罪捜査については，すべての制限が排除されると解する。

（c）本書の立場

犯罪の実体が流動的で明確でない捜査の段階において，管轄を定めるのは適当でないので，上記の規定は管轄についての制限を排除したものと解するのが妥当である。

(4) 検察官の権能

検察官は，上に見たような権限を有し，一定の機能を果たしているわけであるが，刑事司法における検察官の機能に関して，次のような論議がなされている。

（i）公判専従論

第1に，公判専従論がある。これは，検察官は捜査を司法警察職員に全面的に委ね，もっぱら起訴不起訴の決定と公判における公訴の追行という「公訴官」としての職務に専念すべきであるとする主張である。

この主張は，昭和 30 年代後半頃，検察官志望者の減少傾向に触発されつつ，現行刑訴法の「**公判中心主義**」を論拠として提起された。

(ⅱ) **準司法官論・客観義務論**

第 2 に，準司法官論ないし客観義務論がある。これは，検察官がその権限を単なる当事者として行使すると，証拠の独占や公訴権の濫用などの弊害を生じさせるので，これを是正するために，デュー・プロセスの観点から導き出される検察官の「**司法官的性格**」を強調したり，行政官としての**公的地位**から検察官の「**客観義務**」を導き出して，検察権のコントロールを強調したりする見解である。

(ⅲ) **本書の立場**

これらは，いずれも訴訟構造の根幹にかかわる理論的にも実践的にも重要な議論であるので，慎重に検討される必要があるといえる。

5　組織原理——検察官一体の原則

(1) **検察官一体の原則の意義**

(ⅰ) **意義**

検察官は，**独任制の官庁**としてその 1 人 1 人が検察権を有する。しかし，検察官は，裁判官が各自独立してその職務をおこなうのに対して，全国的な統一的・階層的な組織の一環として，検察事務についてつねに一体として活動する。すなわち，「**検察官は一体で不可分である**」とされる。このように，検察官が一体となって行動することを検察官一体の原則という。

(ⅱ) **検事総長による統率**

最高検察庁から区検察庁まで上下関係のある 4 種の検察庁においては，それぞれ検事総長，検事長，検事正，上席検察官が，その庁務を掌理し，かつ，その庁および下級検察庁の職員を指揮監督するものとされている。全国の検察官は，上下の階層に組織され，そのトップにいる検事総長がこれを統率しているわけである。

(ⅲ) **法務大臣による指揮権**

検察庁は法務大臣を長とする法務省に属しているので，検察事務についての最高監督権も最終的には法務大臣に帰属することになる。しかし，前にも

述べたように，検察事務が政治的勢力によって左右されるのは望ましい事態ではない。このような観点から，法務大臣は，検察事務および犯罪捜査に関し，検察官を一般的に指揮監督できるが，**個々の事件**の取調べまたは処分については**検事総長のみを指揮**することができるものとされている($\substack{検\\条}14$)。これは**指揮権**と称され，その行使はきわめて慎重になされるべきものと解されている。

昭和29年（1954年）4月，いわゆる**造船疑獄事件**の捜査において，法務大臣が指揮権を発動して時の与党であった自由党幹事長の逮捕を阻止した事例が有名である。この**指揮権発動**の責任をとって法務大臣は辞任せざるを得なかったが，このことは指揮権が有する問題性を象徴的に示すものであるといえよう。

(2) **検察官一体の原則の具体的発現**

(i) 検事総長・検事長・検事正は，その指揮監督する検察官に，検察庁務を掌理しかつ部下職員を指揮監督する事務の一部を取り扱わせることができる($\substack{検\\条}11$)。

(ii) 検事総長・検事長・検事正は，その指揮監督する検察官の事務を，①みずから取り扱うことができ（**事務承継の権**），②その指揮監督する他の検察官に取り扱わせることができる（**事務移転の権**）($\substack{検\\条}12$)。

(iii) 検察官は，その庁の長の職務を代行することができる。すなわち，検事総長・次長検事・検事長・検事正が事故があるときまたは欠けたときは，それぞれの庁の他の検察官が，法務大臣の定める順序により，臨時に検事総長・検事長・検事正の職務をおこない，また，区検察庁の庁務を掌理する検察官が事故があるとき，または欠けたときは，検事正の指定する他の検察官が臨時にその職務をおこなう($\substack{検\\条}13$)。

(iv) ある事務の途中で検察官が交替しても，同一の検察官がおこなったのと同じ効果が発生する。したがって，公判の途中で検察官が交替しても，裁判官の交替のばあい($\substack{315\\条}$)と異なり公判手続きを更新する必要はない。

6 司法警察職員

(1) 権限

司法警察職員は，**第1次的捜査機関**として捜査をおこない，検察官の検察権の行使を補助する$\left(\begin{smallmatrix}189条\\2項\end{smallmatrix}\right)$。

(2) 種類

司法警察職員には，**一般司法警察職員**と**特別司法警察職員**とがある。

一般司法警察職員は，**警察官の官**を有する司法警察職員であり$\left(\begin{smallmatrix}189条\\1項\end{smallmatrix}\right)$，特別司法警察職員は，それ以外の者で，とくに法律によって司法警察職員として職務をおこなうべき者をいう$\left(\begin{smallmatrix}190\\条\end{smallmatrix}\right)$。

司法警察職員は，訴訟法上の地位に相応して**司法警察員**と**司法巡査**とに分けられる$\left(\begin{smallmatrix}39条3\\項参照\end{smallmatrix}\right)$。

(3) 一般司法警察職員

(i) 都道府県警察・都道府県公安委員会

各都道府県に，都道府県警察が置かれる$\left(\begin{smallmatrix}警察法\\36条\end{smallmatrix}\right)$。**都道府県警察**は，「個人の生命，身体および財産の保護に任じ，犯罪の予防，鎮圧および捜査，被疑者の逮捕，交通の取締その他公共の安全と秩序の維持に当たることをもってその責務とする」$\left(\begin{smallmatrix}警2条\\1項\end{smallmatrix}\right)$。都道府県知事の管轄のもとにある**都道府県公安委員会**が都道府県警察を管理する$\left(\begin{smallmatrix}警38\\条\end{smallmatrix}\right)$。その委員は，都道府県知事が，都道府県の議会の同意を得て任命する$\left(\begin{smallmatrix}警39\\条\end{smallmatrix}\right)$。

公安委員会の管理のもとに，**警視総監**，または**都道府県警察本部長**があり，都警察，または道府県警察に所属する警察職員を指揮監督する$\left(\begin{smallmatrix}警48\\条\end{smallmatrix}\right)$。

(ii) 国家公安委員会

内閣総理大臣の所轄のもとに，国家公安委員会がある$\left(\begin{smallmatrix}警41\\条\end{smallmatrix}\right)$。国家公安委員会は，国の公安に係る警察運営をつかさどり，警察教養，警察通信，犯罪鑑識，犯罪統計および警察装備に関する事項を統轄し，ならびに警察行政に関する調整をおこなう$\left(\begin{smallmatrix}警5条\\1項\end{smallmatrix}\right)$。

国家公安委員会の委員長は国務大臣である$\left(\begin{smallmatrix}警6条\\1項\end{smallmatrix}\right)$。国家公安委員会に，警察庁が置かれ$\left(\begin{smallmatrix}警15\\条\end{smallmatrix}\right)$，その長が警察庁長官である$\left(\begin{smallmatrix}警16条\\1項\end{smallmatrix}\right)$。

(iii) **警察官の階級**

警察官には，**警視総監**，**警視監**，**警視長**，**警視正**，**警視**，**警部**，**警部補**，**巡査部長**および**巡査**の階級がある。

上記の階級のうち，どれを司法警察員または司法巡査とするかは，国家公安委員会または都道府県公安委員会が定める。国家公安委員会は，巡査部長以上の階級にある警察官を**司法警察員**とし，巡査の階級にある警察員を**司法巡査**としている（昭29年国家公安委員会規則5号）。都道府県公安委員会もこれにならっている。

(iv) **司法警察職員**

司法警察職員は，犯人および証拠を捜査する（189条2項）。

管轄の制限はない。職務執行区域は，その管轄区域内に限られるが，その管轄区域内における犯罪の鎮圧および捜査，被疑者の逮捕その他公安の維持に関連して必要がある限度においては，その管轄区域外に職権を及ぼすこともできる（警61条，64条）。他の都道府県公安委員会の援助の要求によって，派遣されることもある（警60条）。

(4) **特別司法警察職員**

警察官以外の公務員に，司法警察職員としての資格が与えられているばあいとして，次のようなものがある。すなわち，司法警察職員等指定応急措置法によるもののほか，麻薬取締官・麻薬取締員（麻薬及び向精神薬取締法54条），労働基準監督官（労働基準法102条），船員労務員（船員法108条），鉱務監督官（鉱山保安法37条），郵政監察官（郵政省設置法23条），自衛官（自衛隊法96条）などが司法警察職員とされている。

その資格が司法警察員なのか，それとも司法巡査なのか，管轄の制限の有無と範囲，職務執行区域の制限の有無と範囲などは，それぞれの法律で規定される。

(5) **検察官と司法警察職員との関係**

(i) **第1次的捜査権と補充的捜査権**

司法警察職員は，第1次的捜査機関として捜査をおこない検察権の行使を補助する。すなわち，「司法警察職員は，犯罪があると思料するときは，犯人及び証拠を捜査するものとする」（189条2項）とされている。しかし，その捜査が不十分であったばあいは，これを補うため**公訴官**の立場から検察官が自ら捜

査する必要も生じてくる。また，検察官は法律に関する専門知識を有しており，前述のとおり，政治的な圧力からも比較的自由であるので，はじめから検察官が捜査をした方が望ましい事件もあり得る。そのため，法は，「検察官は，必要と認めるときは，みずから犯罪を捜査することができる」$\binom{191条}{1項}$と規定して，検察官に**補充的な捜査権**を付与している。司法警察職員は，あくまでも**独自の捜査機関**であるから，検察官の指揮の下に捜査をするわけではないことに注意する必要がある。

(ii) **捜査における協力関係**

旧法$\binom{旧刑訴}{248条}$は，検事の補佐としてその「**指揮**」を受けるものとしていたが，現行法上は，独立の捜査機関とされているのである。検察官と司法警察職員は，捜査に関して，原則として，上命下服の関係でなくて，「**協力**」**関係**にある$\binom{192}{条}$。

(iii) **検察官の指示権および指揮権**

捜査は，公訴を提起し，かつ，これを維持するためになされるのであるから，検察官は，この目的にかなう捜査がおこなわれるように司法警察職員に指示し，みずから捜査をするばあいは，司法警察職員を指揮できる必要がある。そのため，検察官は，司法警察職員に対する次のような**指示権**および**指揮権**を付与されている。

(a) **一般的指示**

検察官は，その管轄区域により，司法警察職員に対し，その捜査に関し，必要な一般的指示をすることができる。このばあいの指示は，**公訴官**としての立場からなされるものであるから，「公訴の遂行を全うするために必要な事項に関する**一般的な準則を定めることによって**」なされる$\binom{193条}{1項}$。

なお，昭和28年の改正によって，「捜査を適正にするため」にも，指示ができるようになったが，これも，「公訴の遂行を全うする」という観点からなされるものであって，捜査それ自体を一般的に監視・監督することをみとめたものではない。

(b) **一般的指揮**

検察官は，その管轄区域により，司法警察職員に対し，捜査の協力を求め

るため，必要な**一般的指揮**をすることができる$\binom{193条}{2項}$。**みずから捜査すると****きに備えて**，司法警察職員の協力をあらかじめ確保しておくために指揮する権限がみとめられたのである。

(c) **具体的指揮**

検察官は，**みずから犯罪を捜査する**ばあいにおいて必要があるときは，司法警察職員を指揮して捜査の補助をさせることができる$\binom{193条}{3項}$。これは，個々の司法警察職員を直接，検察官の指揮下において捜査を補助させるためにみとめられた権限である。

これらのばあいに，司法警察職員は，検察官の指示または指揮に従わなければならない$\binom{193条}{4項}$。しかし，指示または指揮に従わなかったときには，検察官は，司法警察職員を直接，懲戒罷免する権限を有せず，懲戒罷免権者に，**懲戒罷免の訴追**をすることができるにとどまる$\binom{194}{条}$。

第4節　被告人および弁護人

1　被告人

(1) **被告人の意義**

(i) **意義**

被告人とは，公訴を提起された者をいう。公訴提起前で犯罪の嫌疑を受けている者を**被疑者**という。

(ii) **被告人の特定**

公訴を提起された者（被告人）は誰なのかについて，起訴状の記載を基準とする**表示説**，検察官が実際に起訴しようとした者とする**意思説**，現実に被告人として行動した者とする**挙動説**などが主張されている。

公訴の提起は起訴状をもっておこなうものとされているから，**表示主義**が**妥当**である。ただし，起訴状の記載は，検察官の意思その他の事情を考慮して解釈されなければならない（**実質的表示説**）。たとえば，AがBの名前をかたったためBの名前が起訴状に記載されたばあい，Aが勾留中であるときには，BことAの表示として解釈してAが被告人とされるべきである。

(ⅲ) **共同被告人**

併合審判において，同一訴訟手続きで同時に被告人となった複数の者を**共同被告人**という。共同被告人の1人は他の者に対して**相被告人**と呼ばれる。共同被告人の1人について生じた法律関係は，原則として他の者に影響を及ぼさない（例外として，401条・414条。なお，475条2項ただし書き参照）。

(2) **被告人の訴訟法上の地位**

(ⅰ) **当事者としての地位**

(a) **防御権**

被告人は，訴訟の当事者（受動的当事者）として，種々の権利を与えられている。その基本をなすのは，**能動的当事者**である検察官の攻撃（訴追）に対して防禦（弁護）をする権利である（高田・75頁）。

(b) **弁護人依頼権**

被告人は，弁護人依頼権を与えられ，自らも証拠調べの請求，弁論，上訴申立てなど多くの訴訟行為をする権利をみとめられている。

(c) **黙秘権・供述拒否権**

(α) **意義** 被告人は，供述の義務を負わず，公判においても終始沈黙しまたは個々の質問に対し供述を拒むことができる（311条1項，憲38条1項）。被告人が終始沈黙または個々の質問に対し供述を拒むことができる権利を**黙秘権**または**供述拒否権**という。

(β) **黙秘権が及ぶ範囲** 黙秘権の及ぶ範囲に関連して，被告人が**氏名・住居**を黙秘できるかどうか，が問題となる。

この点につき，肯定説，否定説，氏名を述べることによって犯人であることが判明しまたは証拠収集の手がかりを与えるばあいには黙秘できるとする説が主張されている。

最高裁の判例は，憲法38条1項は自己が刑事上の責任を問われるおそれがある事項について供述を強要されないことを保障したものであるから，氏名は原則として黙秘権に含まれないと解している（最[大]判昭32・2・20刑集11巻2号802頁）。

(ii) **証拠方法としての地位**
(a) **原則**
現行法は，被告人の当事者としての地位を重視・強化したので，旧法のように被告人を本来の証拠方法として把握していない。すなわち，旧法における**「被告人訊問」の制度が廃止**され，被告人に対しては「取り調べる」こと$\left(\substack{198条\\参照}\right)$はできず，たんに任意の**「供述を求める」**ことができるにとどまることとなったのである$\left(\substack{311条2\\項・3項}\right)$。

(b) **証拠方法としての地位**
他面において，**被告人の供述**は一定の制限内で証拠とすることができ$\left(\substack{319条・321条,\\規197条1項}\right)$，被告人は**身体検査の対象**となりこれを拒むことができないので$\left(\substack{137条\\以下}\right)$，被告人はその限りで一種の証拠方法としての地位を与えられているのである$\left(\substack{高田\\76頁}\right)$。

(iii) **対人的強制処分の客体としての地位**
被告人は，対人的強制処分，すなわち召喚$\left(\substack{57\\条}\right)$・勾引$\left(\substack{58\\条}\right)$・勾留$\left(\substack{60\\条}\right)$の客体となり，また，その身体またはその所有・占有する物について捜索$\left(\substack{102\\条}\right)$・押収$\left(\substack{99\\条}\right)$を受ける。勾留は，被告人についてのみみとめられる強制処分である。

(3) **当事者能力**
(i) **意義**
当事者能力とは，訴訟上，当事者となり得る能力をいう。

(ii) **効力**
当事者能力が欠けるときは，刑訴法339条1項4号を準用して**公訴棄却の決定**をすることになる。

(iii) **自然人のばあい**
一般的に刑罰を受ける可能性のある者は，すべて当事者能力があるので，自然人は，すべて当事者能力を有するのであって責任能力者に限られない。

(iv) **法人のばあい**
法人については，一般に当事者能力をみとめる説ととくに刑罰を科すべきものとされているばあいにのみ当事者能力をみとめる説とが対立している。

これは，法人の犯罪能力と関連するが，前者が妥当である。
(4) 訴訟能力
(i) 意義
訴訟能力（訴訟行為能力）とは，有効に訴訟行為をなし得る能力をいう。訴訟能力は，自己の重要な利害を弁識し，それに従って適切な防御行為をなし得る能力を内容とする。
(ii) 効力
訴訟能力を欠く被告人の訴訟行為は**無効**である。訴訟能力のない被告人については，原則として公判手続きを停止しなければならない。ただし，①無罪，免訴，刑の免除または公訴棄却の裁判をなすべきことが明らかなばあい（$\substack{314条1項\\ただし書き}$），②刑法39条ないし41条の規定を適用しない罪のばあい（$\substack{28\\条}$），③被告人（被疑者）が法人であるばあい（$\substack{27\\条}$）などは，その例外であるとされる。

①のばあいはただちに裁判をし，②，③のばあいには，代理人・代表者または特別代理人（$\substack{29\\条}$）によって手続きを進めることになる。

2 弁護人
(1) 弁護人制度
(i) 弁護人の意義
弁護人は，被告人（以下，被疑者を含むものとする）の防御力を補うことを職務とするその補助者である。
(ii) 弁護人の制度趣旨
当事者主義の構造を実質的に機能させるためには，両当事者が，互いに平等であること，すなわち，**当事者平等の原則**（**武器平等の原則**）が必要である。しかし，現実には，検察官は，法律の専門家であり，かつ国家機関としての権威と強大な権限をもって被告人に相対し，被告人は，法律知識を欠くことが多く，被告人として種々の法律的または事実的制約を受け，検察官の攻撃に対して自己を十分に防御する能力をもち得ない。

そこで，被告人の防御力を強化し，被告人が不当に重く処罰されること，または手続き上，不当にその利益を害されぬように配慮することが必要となる。弁護人の制度は，この要請に応えるものである（$\substack{高田・\\80頁}$）。

(iii) 弁護権の拡大

一般に,「**刑事訴訟の歴史は,弁護権拡大の歴史である**」といわれる。わが国においても,明治初年以来,漸次弁護権が拡大されてはきたが,旧刑訴法のもとにおいても,まだ被疑者には弁護人はみとめられていなかった。日本国憲法は,被告人および身体拘束を受ける被疑者の弁護人依頼権を保障し($\begin{smallmatrix}憲37条3項・\\34条前段\end{smallmatrix}$),現行刑訴法は,さらに,起訴の前後および身体拘束の有無を問わず弁護人を選任する権利をみとめるに至っている($\begin{smallmatrix}30条\\1項\end{smallmatrix}$)。

(2) 弁護人の地位

(i) 性質

(a) 公益的地位

弁護人は,被告人の正当な利益を擁護(ようご)することによって**刑事司法の公正・妥当な運営**に協力する。その意味において,弁護人は,公益的な地位を有する。

(b) 保護者的地位

弁護人がその職責を全(まっと)うできるためには,高度の法律的素質が必要である。そこで,弁護人は,原則として**弁護士**の中から選任すべきものとされ($\begin{smallmatrix}31\\条\end{smallmatrix}$),弁護士の資格などについては,弁護士法その他に厳格な規定が設けられている。弁護士は,たんに被告人に従属してこれを補助するにとどまるものでなく,自己の判断に従って被告人の正当な利益を擁護しこれを保護する任務を有する。したがって,弁護人は,民事訴訟法における**訴訟代理人**と違って,単なる代理人ではなく**被告人の保護者**とされるのである。

(ii) 弁護権の範囲との関係

弁護人の弁護権の範囲は,前述の弁護人の地位と次のように関連する($\begin{smallmatrix}高田・\\82頁\end{smallmatrix}$)。

(a) 不利益活動の禁止

第1に,弁護人は**被告人を保護する者**であるから,被告人の不利益に帰すべき行動をしてはならない。したがって,被告人に不利益な証拠を提出したり,不利益な主張をするのは,弁護人としての職責ないし倫理に反する。

(b) **正当な利益の保護**
　第2に，**保護すべき利益**は被告人の正当な利益に限られる。被告人の利益になってもそれが正当でなければならないから，虚偽の証拠を提出しまたは提出させたり，被告人に事実を曲げて否認するように勧誘することは弁護権の範囲に属しない。
　公判に提出された証拠だけでは有罪とするに足りないと考えるときは，たとえ被告人が真犯人であることを私的に知っていても，**証拠不十分による無罪の弁論をすることは差し支えない。**
(c) **被告人の意思に反する正当利益の保護**
　第3に，**被告人の正当な利益**に属することについては，その意思に拘束されるべきでない。たとえば，無実の被告人が有罪となることを欲していても，無罪となるように弁護しなければならない。
　このばあい，真犯人であるかのような弁論をするのは，たんに弁護人としての倫理に反するだけでなく，犯人隠避罪の罪責を負うことになる（大判昭5・2・7刑集9巻51頁）。
(d) **名誉毀損行為の禁止**
　第4に，弁護人が弁護権の行使に名を借りて故意に他人の名誉を毀損すべき虚偽の事実を陳述することは許されず，もし公開の法廷でこれをなしたばあいには名誉毀損罪が成立する。
(3) **弁護人の選任**
　弁護人は，その**選任方法**によって，**私選弁護人**と**国選弁護人**とに区別される。
(i) **私選弁護人**
　被告人・被疑者およびその配偶者・直系親族などこれと一定の関係にある者が選任するばあいである。選任権者につき，30条参照。
(a) **原則**
　弁護人は，**弁護士**の中から選任する（31条1項，憲37条3項参照）。なぜならば，弁護人がその職責を十分に果たすためには，専門的知識が必要であるからである。例外として，特別弁護人の制度がある（31条2項）。なお，弁護人を選任しようとする

被告人または被疑者は，弁護士会に対し，弁護人の選任の申出をすることができる（31条の2第1項）。

(b) **特別弁護人**

特別弁護人は，第1審手続きに限って裁判所の許可のもとにみとめられるが，地方裁判所では他に弁護士である弁護人のあることが条件とされる。

(c) **弁護人の数**

1人の被告人・被疑者に，数人の弁護人が選任されることもある。その人数制限につき，35条および規26条・27条参照。このばあいには，弁護活動の統一と手続きの迅速・簡易化のため，**主任弁護人・副主任弁護人**をおく（33条・34条，規19条以下）。

(d) **選任**

公訴提起後の弁護人の選任は，弁護人と連署した書面（**弁護人選任書**）を提出しておこなう（規18条）。公訴提起前にした弁護人の選任は，第1審においてもその効力を有する（32条1項）。公訴提起後の弁護人の選任は，審級ごとにしなければならない（同条2項）。

(ii) **国選弁護人**

(a) **意義**

国選弁護人とは，裁判所または裁判長が選任する弁護士をいう。

(b) **選任事由**

次のばあいに，国選弁護人がみとめられる。

(α) 被告人が貧困その他の事由により弁護人を選任することができないときは，その請求により国選弁護人を付しなければならない（36条，規28条）。これは，憲法37条3項後段の要請に基づくものである。請求権の行使を実効的にするため，種々のばあいに請求権の告知が要求されている（76条1項本文・77条・272条。なお，規178条）。請求に当たっては，資力申告書を提出しなければならない（36条の2）。

(β) 職権で国選弁護人を付すばあいには，(ア)**任意的なばあい**と，(イ)**必要的なばあい**がある。

(ア)被告人が，未成年者，年齢70年以上の者，耳の聞こえない者，口のきけない者，心神喪失または耗弱の疑いのある者であるばあい，その他必要とみ

とめるばあいで，被告人に弁護人がいないときは，裁判所は職権で弁護人を付すことができる（37条・290条参照）。

(イ)死刑または無期もしくは長期3年をこえる懲役または禁錮に当たる事件を審理するばあいに，弁護人が出頭しないか，または弁護人がないときは，裁判長は職権で弁護人を付さなければならない（289条。なお，451条3項・4項参照）。これを**必要的弁護**という。

(c) 資格

国選弁護人は，必ず**弁護士**の中から選任しなければならない（38条1項）。

(d) 被疑者の国選弁護人

従来，被疑者には国選弁護人の制度はみとめられていなかった。とくに拘禁中の被疑者については，その必要性が強いので，立法論上，その制定が望まれていたところである。これは，平成16年の法改正により被疑者段階における国選弁護人制度の新設により立法的な解決を見た。この点については，後述（第3章第5節第2款参照）。

(e) 請求権

国選弁護人は，旅費，日当，宿泊料および報酬を請求することができる（38条2項。なお，刑訴費8条参照）。

これらは，訴訟費用として，原則的に被告人の負担となる（181条・500条）。ただし，被告人が貧困のため訴訟費用を納付することのできないことが明らかであるときは，被告人にこれを負担させない（181条1項ただし書き）。

(4) 弁護人の権限

(i) 権限の種類

私選・国選であれ，弁護士である弁護人・特別弁護人であれ，弁護人の権限に違いは存在しない。いずれも，被告人・被疑者の代理人としての地位に基づいて訴訟行為につき被告人・被疑者を代理する権限（**代理権**）と，その保護者としてとくにみとめられた権限（**固有権**）を有しているのである。

(ii) 代理権

(a) 独立代理権の意義

弁護人は，被告人・被疑者がなし得る訴訟行為で，性質上，代理が許され

るすべての訴訟行為につき**包括的な代理権**を有する。弁護人は，単なる代理人にとどまるものではなく，刑訴法に特別の定めのあるばあいにかぎり，独立して，すなわち，**本人の意思にかかわらず**，訴訟行為をすることができる($\substack{41\\条}$)。これを**独立代理権**という。

(b) **独立代理権の種類**

独立代理権には，(α)本人の**明示の意思**に反しても許されるものと，(β)本人の明示の意思に反することはできないが，**黙示の意思**には反しても許されるものの2種類がある。

(α)に属するものとして，たとえば，勾留理由開示の請求($\substack{82条\\2項}$)，勾留取消し・保釈の請求($\substack{87条\\条・91条}^{88}$)，証拠保全の請求($\substack{179\\条}$)，公判期日変更の請求($\substack{276\\条}$)，証拠調べに関する異議の申立て，裁判長の処分に対する異議の申立て($\substack{309\\条}$)などがある。

(β)に属するものとしては，忌避の申立て($\substack{21条\\2項}$)，上訴の申立て($\substack{255条・\\356条}$)などがある。

(iii) **固有権**

固有権には，(a)弁護人が**被告人・被疑者と重複**して有するものと，(b)**弁護人のみ**が有するものがある。

(a)の例として，差押状・捜索状の執行の立会い($\substack{113条\\1項}$)，検証の立会い($\substack{142条・\\113条1項}$)，証人尋問の立会い($\substack{157条1項・\\228条2項}$)，証人に対する尋問($\substack{157条3項・171\\条・304条2項}$)，共同被告人に対する尋問($\substack{311条\\3項}$)，第1審公判における弁論($\substack{293条\\2項}$)などがある。

(b)の例として，身体拘束を受けている被告人・被疑者との接見・交通($\substack{39\\条}$)，訴訟書類・証拠物の閲覧・謄写($\substack{40\\条}$)，鑑定の立会い($\substack{170\\条}$)，証拠保全処分に関する書類・証拠物の閲覧・謄写($\substack{190\\条}$)，上訴審における弁論($\substack{388条・\\414条}$)などがある。

(5) **接見・交通権**

(i) **根拠**

弁護人制度にきわめて密接な関係をもつ弁護人の権限として，**身体拘束中の被告人・被疑者との接見・交通権**がある。身体の拘束を受けている者は，弁護人による防御力の補充をとくに必要とし，それを実質的に保障するため

に，弁護人が本人と自由に接見・交通して，弁護の準備を十分に可能にしなければならないのである。

(ii) **内容**
(a) **意義**

身体の拘束を受けている被告人または被疑者は，弁護人または弁護人を選任することができる者の依頼により，弁護人となろうとする者（特別弁護人のばあいは，31条2項の許可があった後に限る）と**立会人なくして**接見し，または書類もしくは物の授受をすることができる$\binom{39条}{1項}$。

(b) **必要措置に関する規定**

接見または授受については，法令（裁判所の規則を含む）で，被告人・被疑者の逃亡，罪証の隠滅または戒護に支障のある物の授受を防ぐため必要な措置を規定することができる$\binom{39条}{2項}$。身体の拘束を受けている被告人または被疑者が裁判所の構内にいるばあいの接見などの制限について，規30条が規定している。

(c) **起訴前の接見・交通における制限**

起訴前の接見・交通については，制限が強められている。すなわち，検察官，検察事務官または司法警察職員（司法警察員）は，捜査のため必要があるときは，公訴の提起前にかぎり，上記の接見または授受に関し，その**日時，場所および時間を指定**することができる。ただし，その指定は，被疑者が防御の準備をする権利を不当に制限するようなものであってはならない$\binom{39条}{3項}$。捜査は**密行性**を必要とするので，起訴前においては捜査の必要と弁護人の接見・交通の必要性との対立が厳しくなるため，その調和をはかることを目的として，本規定がおかれたのである。

3 **補佐人**
(i) **原則**

被告人の法定代理人，保佐人，配偶者，直系親族および兄弟姉妹は，いつでも補佐人となることができる$\binom{42条}{1項}$。**被疑者**には補佐人はみとめられない。

(ii) **性格**

弁護人が法律の専門家として法律的な面から防御力を補充することを主たる任務とするのに対し，補佐人は一定の身分関係を基礎に被告人の利益を保護するための補助者である。

(iii) **弁護人との相違**

補佐人は，次の点で弁護人と異なる。

(a) **選任と届出**

被告人その他の者による選任を必要とせず，補佐人となろうとする者が**自ら届け出る**のである。この届出は，審級ごとに書面でしなければならない（42条2項，規32条）。

(b) **権限**

弁護人の権限は広範であるが，補佐人は，**被告人の明示した意思**に反しないかぎり被告人がすることのできる訴訟行為をすることが許されるにとどまる（42条2項本文）。しかも，この権限も，刑訴法に特別の定めのあるばあいは，この限りでない（同項ただし書）。

「特別の定」として，360条がある。すなわち，同条は補佐人にも準用され，補佐人が上訴の放棄・取下げをするには，被告人の積極的な同意が必要であると解されている。

第3章　捜　査

第1節　総　説

第1款　捜査の意義

1　捜査の意義をめぐる問題点
(1)　**問題の所在**
(i)　**捜査の目的・捜査の構造との関係**

　捜査の意義をめぐって見解の対立がある。それは，「**全体としての訴訟**」の捉え方の相違に由来する。すなわち，捜査は訴訟との関連において性格づけられるのである。いいかえると，訴訟全体における捜査の意味をどのようなものとして理解するか，によって，捜査の定義が異なってくるわけである。それは，別の角度から見ると，「**捜査の目的**」は何か，をめぐる見解の対立ということになる。つまり，捜査は何のためにおこなわれるのか，という「捜査の目的」の把握に関する争いにほかならないのである。

　捜査の意義をめぐる見解の対立は，「**捜査の構造**」をめぐる対立とも密接な関連を有するとされる$\left(\substack{鈴木\cdot\\57頁}\right)$。すなわち，「捜査の構造」に関する**弾劾的捜査観**によれば，事件の決着は公判でつけるのが基本であり，捜査を捜査機関の単独でおこなう公判準備活動にすぎず，強制処分は将来の裁判のために裁判所に委ねられるのである。これに対して，**糾問的捜査観**によれば，捜査は捜査機関による被疑者取調べの手続きであり，強制処分はこのためにみとめられるのである。また，強制処分に際して発付される令状も，弾劾的捜査観からは命令状，糾問的捜査観からは許可状としてそれぞれ把握されることになるとされる。

(ii) **捜査の構造**

捜査の構造とは，田宮博士によれば，公判について職権主義（裁判所主導型）か当事者主義（当事者追行型）か，が問題となるように，捜査も同様の手法で観察できないか，という議論である。それは，捜査の位置づけ（性質論）や個々の規定の解釈にひろく影響を及ぼすので，捜査の問題の理解を助ける便利な概念であるとされる（田宮・46頁）。

捜査の構造について，平野博士は，まったく対照的な考えとして「**糾問的捜査観**」と「**弾劾的捜査観**」とを対置され，次のように説明された（平野・83-4頁）。すなわち，「糾問的捜査観」によれば，捜査は，本来，捜査機関が**被疑者を取り調べるための手続き**であって，強制がみとめられるのもそのためである。その濫用を避けるために，裁判所または裁判官による抑制がおこなわれる。捜査はある程度法律化され，当事者主義の萌芽が見られることになる。

これに対して，「弾劾的捜査観」によれば，捜査は，捜査機関が単独でおこなう**準備活動**にすぎず，被疑者も，これと独立に準備をおこなう。強制は，将来なされる裁判のために，すなわち，被告人・証拠の保全のために，裁判所がおこなうだけであって，当事者は，その強制処分の結果を利用するにすぎない。ただ，検察官・司法警察の発達とともに，ある程度で，強制の処分を検察官・司法警察職員に委ねる傾向が生じ，結果において，この2つの形態は接近する。わが法も，この接近した構造をとっている。しかし，基本的にどちらの捜査観を前提とするかによって，個々の規定の解釈にも大きな差異が生じるとされたのである。

なお，糾問的捜査観によれば，捜査機関は職権主義のもとにおける裁判所のような立場であり，弾劾的捜査観によれば，捜査機関は当事者主義のもとにおける原告（当事者）のような立場にあるといえるので，前者は**職権主義的捜査観**であり，後者は**当事者主義的捜査観**と呼ぶ方が「用語法」としては正確であるとされる（田宮・46頁）。

(iii) **捜査構造論の歴史的背景と射程**

(a) **現行刑訴法の制定と捜査構造との関係**

日本国憲法および現行刑訴法によって，捜査に関する法的規整は著しく深

化し，**捜査機関の権限**ないし**被疑者の地位**は顕著な変容を受けた。松尾教授によれば，「捜査の構造」という主題の論議は，この変化のもつ意味を包括的な形で考え抜こうとする努力であるとされる$\left(\begin{smallmatrix}松尾・上\\133頁\end{smallmatrix}\right)$。そして平野博士によって鋭い分析が提示された背景には，明治期以来のわが国の刑訴法の歴史があり，また，現行法の**「屈折した成立過程」**があるとされる。すなわち，捜査における強制処分の在り方をどのように規律するかは，人権の自覚に到達した後の各国の刑事司法が苦心を払った問題であり，明治期のわが国が継受したフランス法は，予審判事という職種を設け，強制処分は原則としてその専権とすることによって事態の解決を図ったのであった。

予審判事が「裁判所」の構成員であることを強調すれば，それは一種の「弾劾的捜査」の構想である。しかし，予審判事は，証拠を積極的に収集し，実質上，捜査を代行する存在であったから，それは**「捜査の弾劾化」**というよりも，むしろ**「捜査の司法化」**と呼ぶのが適切であり，わが国の刑事司法も，治罪法によってこの線から出発したとされる$\left(\begin{smallmatrix}松尾・上\\133-4頁\end{smallmatrix}\right)$のである。

(b) **旧刑訴法下における捜査**

旧刑訴法時代の捜査は，その実質において**「糾問的捜査」**に変質していたのであり，昭和10年頃に登場した「司法制度革新論」は，このような事態を率直にみとめながら，予審の廃止，捜査機関に対する強制処分権の移譲，および脱法的捜査(取調べのための身柄拘束)の根絶を主張したのである。それは，「人権擁護の推進」を念頭に置いたうえで，「糾問的捜査の徹底」を図ろうとする動きにほかならなかった$\left(\begin{smallmatrix}松尾・上\\134頁\end{smallmatrix}\right)$とされる。

(c) **現行刑訴法と糾問的捜査観**

現行刑訴法は，糾問的捜査観に立脚する原案からスタートし，これに多くの修正を加えて成立した。その「修正」は，「糾問的捜査」そのものを廃棄したと解される部分が少なくない。そこで，弾劾的捜査観の主張は，これらの部分については**「解釈論の指針」**としての性格を有し，逮捕・勾留されている被疑者と弁護人との接見交通の原則的自由化，取調べに対する受忍義務の否定，差押・捜索令状などの発付に際する裁判官の必要性判断権の承認などは，弾劾的捜査観を基軸とする捜査構造論の「解釈論的成果」であるとされ

る。一方，現行法には糾問的捜査を否定していないと考えられる部分も多く，これに対して弾劾的捜査観の立場からは，立法論が展開されてきた($\substack{松尾・\\上135\\頁}$)。

(d) **捜査構造論の将来**

捜査構造論は，「今も多くの争点を残しているというほかないが，その理由を考えておくことは，同時に将来への見通しをつけることにもなろう」と指摘されている($\substack{松尾・上\\135頁}$)。その意味において，それは今後も重要な論点として生き続けることになるはずである。

(2) **訴訟との関係に基づく手続きの性格による区別**

上記の捜査構造論とは別の観点からの**捜査の意義**を考える立場がある。学説は，次の2つに分かれている。

(i) **訴訟のための準備手続き説—通説**

通説によれば，**捜査**とは，刑事事件について**公訴の提起・追行の準備**として，犯人の発見および証拠の発見・収集を目的とする捜査機関の諸活動をいう($\substack{平野・82頁，松尾・上35頁，田宮・40頁，渥美・47頁，田口・36頁，\\福井・58頁，池田＝前田・72頁，白取・77頁，寺崎・87-8頁など}$)。捜査は，通常，公訴提起前になされるのが原則であるが，これに限られない。公訴提起後であっても，公判を維持するためにも捜査がなされる。しかし，捜査機関の権限は，公訴提起の前後（または第1回公判期日の前後）によって両者においてそれぞれ異なる。

(ii) **独自の手続き説**（**訴訟的捜査観**）

通説が捜査を公訴提起・追行の準備行為として把握するのに対して，独自の手続き説は，捜査を**起訴・不起訴の決定**を目的とする捜査機関による手続きとして把握する($\substack{井戸田・28頁，\\石川・92頁}$)。

この見解の特徴は，次の点にあるとされる($\substack{田宮・\\50頁}$)。すなわち，(a)捜査は，公判とはまったく独立した手続き段階で，検察官による起訴・不起訴のふるい分けを目的とし，(b)したがって，検察官を頂点として，司法警察職員と被疑者（弁護人）が対立する三面構造をとるとする。ここから，(α)検察官に働きかける弁護人の活動の意義が強調され，(β)起訴後の強制捜査は一切否定され，(γ)被疑者の取調べも，ふるい分けに必要な弁解・主張の聴取の限度でしか許

されないなどの帰結が導かれる。しかし，最大のポイントは，(δ)捜査の頂点に立つ検察官の——司法警察職員と分断された——**準司法官性**の主張である。これは，従来の捜査構造論が軽視しがちであった検察官と司法警察職員との関係や検察官の捜査における独自の地位に光を当てて，あわせてそれに対する被疑者の防御活動を強調するものであるとされる。

　この見解は，被告人にとって公訴提起が著しい法律的・社会的不利益をもたらすものであることに着目すると，捜査が有する事件の第一次的ふるい分け機能を重視し，検察官による司法警察活動に対する規制的作用や被疑者・弁護人が検察官の決定への働きかけの機会を考慮することも重要であり，捜査を犯罪の嫌疑を明らかにし公訴を提起すべきか否か，を決するという独自の目的を有する手続きであると解し，検察官を判断者として司法警察職員と被疑者・弁護人とが相対立する訴訟構造を有する手続きとする「**訴訟的捜査観**」をとるものである（井戸田・28頁，石川・94頁，）。

(iii)　**本書の立場**

　捜査に登場する**訴訟主体**という観点から見たばあい，実体形成に焦点を合わせると，検察官—司法警察職員—被疑者・弁護人の三面関係が重要であるのに対して，**強制処分**に焦点を合わせるならば，裁判官—検察官・司法警察職員—被疑者・弁護人の三面関係が重要性を有する。また，捜査における検察官や被疑者の地位が，将来起訴されれば公判において当事者となることを予想するプレ当事者的性格をもつことも否定できないであろう（鈴木・58頁）。しかし，独自の手続き説の立場は，**糾問的捜査観**を前提とせざるを得ない点で妥当でない。また，検察官の準司法官性を過度に強調する点にも，実質的に見て妥当でないものがある（田宮・50頁参照）。

　たしかに，**形式的**には捜査に訴訟的側面がみとめられるが，しかし，捜査は，**実質的**には公訴のための準備活動なのである。すなわち，捜査の目的は，**被告人・被疑者の保全**および**証拠の収集保全**にある。被告人・被疑者の保全とは，その公判への出頭，および，これに対する刑の執行を確保することを意味する。現在の訴訟では，被告人の出頭なしには，原則として，公判を開くことができないし，判決を言い渡すこともできないので，公訴を提起する

ことが予測されるばあいには，あらかじめ被告人の身柄を確保しておく必要がある。証拠の収集保全は，まず，捜査機関自身の心証を形成するためにおこなわれ，また，これを公判で使用するためにおこなわれるのである（平野・82頁）。

このようにして，**通説**の立場が妥当であると解する。

(3) **捜査ではない行為**

(ⅰ) **「調査」**

捜査ではない「調査」として，国税犯則事件についての収税官吏の調査（国税犯則取締法1条, 2条など），地方税犯則事件についての徴税吏員の調査（地方税法72条の73など），独占禁止法違反事件についての公正取引委員会の調査（独禁法45条～47条）などがある。これらの調査は，刑事事件として**公訴提起の準備**のためのものではない点，および，**捜査機関**によるものでない点において，捜査と区別されている。

(ⅱ) **私人の行為**

捜査は，捜査機関がおこなうものに限られるので，刑事事件について私人がおこなう犯人・証拠の発見・収集は，捜査ではない。したがって，私人による現行犯逮捕（213条）も捜査ではない。

第2款 証拠保全の手続き

1 総説

捜査機関がおこなう証拠の収集は，被疑者に不利なものに限られるべきではなく，公訴を提起すべきか否かを判断し，また提起された公訴を維持・遂行するために被疑者にとって有利か不利かを問わず収集しなければならない（通説）。とくに検察官は，「**公益の代表者**」であり「**準司法官的地位**」を有するので（松尾・上221頁，田口・153頁など参照），**被疑者にとって有利な証拠**をも収集しなければならないのである。しかし，当事者主義構造の下においては，捜査機関は，一方当事者としての攻撃者側であるから，公訴の維持・遂行のための証拠収集に重点がおかれ，いきおい被疑者に有利な証拠を見逃しやすい傾向があるだけでなく，時には意識的・無意識的にこれを握りつぶすことがないとはいえないとされる。そういうばあいには，裁判所が公正な判断を下すことが阻害

されることになるから、当事者である被告人の地位に立つべき被疑者側に、捜査機関の捜査に対応する証拠保全の手段を与えて、防御の準備をさせる必要がある。そのために、現行法は、あらたに**証拠保全の手続き**をみとめたのである($^{高田・}_{314頁}$)。つまり、**当事者主義および真実発見の観点**からみとめられるわけである($^{田宮・}_{141頁}$)。それは、被疑者側から裁判官に対して強制処分の請求をし、これに基づいて裁判官が強制処分をおこなう手続きである。

この請求権は、被告人にもみとめられているが、**起訴状一本主義**の建前から、公訴提起後も第1回公判期日までは証拠調べの請求ができないので($^{規188}_{条ただ}_{し書き}$)、これに代わるものとしてみとめられたものとされている。たとえば、①**書証・証拠物**については、滅失・散逸・改ざん・性状の変更などの可能性、②**証人**については、死亡・海外移住・証言不能の可能性、③**鑑定**については、対象物の滅失・棄損の可能性があるので、証拠を確保しておく必要が生ずるのである($^{田宮・}_{142頁}$)。この手続きは、実際上は、弁護人によっておこなわれることになろうとされる($^{松尾・上}_{126頁}$)。

2 請求

(1) 請求権者

被告人・被疑者または弁護人は、あらかじめ証拠を保全しておかなければその証拠を使用することが困難な事情があるときは、第1回公判期日前にかぎり、裁判官に押収・捜索・検証・証人尋問・鑑定の処分を請求することができる($^{179条1項。その手続きにつ}_{いては、規137条、138条}$)。

(2) 請求の時期

請求は、**第1回公判期日前**になされればよく、公訴提起の前後を問わない。第1回公判期日後は、証拠調べの請求($^{規188}_{条本文}$)によることになる。

「第1回公判期日前」とは、起訴状一本主義の趣旨から、事件の実体に関する手続きが開始される時より前、すなわち、検察官の冒頭陳述($^{296}_{条}$)がおこなわれる前と解すべきである。したがって、第1回公判期日が開かれたばあいであっても、冒頭陳述がおこなわれていないときは、なお「第1回公判期日前」に当たる。

(3) **裁判官の権限**

上記の請求を受けた裁判官は，その処分に関して裁判所・裁判長と同一の権限を有する（179条2項。なお，規302条1項）。

「**同一の権限を有する**」とは，受訴裁判所または裁判長がこれらの処分をおこなうばあいについての**総則中の規定**が全面的に**準用**されることをいう。これらの処分の関係者の権利に関する規定や処分を受ける者に対する規定もすべて準用される。

「**処分に関し**」とは，当該強制処分と必然的な関係を有する処分をも含むことをいう。したがって，たとえば，押収の請求があれば，その前提としての捜索をすることもできると解されている。

3 書類・証拠物の閲覧・謄写

(1) **閲覧権・謄写権を有する者**

検察官・弁護人は，裁判所において，証拠保全処分に関する書類・証拠物を閲覧・謄写することができる。ただし，弁護人が証拠物の謄写をするばあいには，裁判所の許可が必要である（180条1項。なお，規31条・301条）。証拠保全手続きによって得られた物やこれに関して作成された書類は，当該処分をした裁判官が所属する裁判所に保管される。

検察官にも閲覧・謄写の権利を与えたのは，検察官が単なる当事者ではなくて，**公益の代表者**としての地位にあることが根拠となっていると解されるが，これは，被疑者・被告人側が捜査記録を閲覧する権利を全面的に奪われているのに対して著しく不均衡であるとの指摘（高田・315頁）がある。

(2) **制限**

被告人・被疑者は，**弁護人がないときに限って**閲覧の権利のみがみとめられる（180条2項。なお，規301条）。弁護人がいるときは，弁護人に閲覧権・謄写権がみとめられているので，それによればよいが，弁護人がいないときは，被告人・被疑者にその権利をみとめることによって，**実質的**に当事者としての地位を保障する必要があるのである。

第3款　捜査と訴訟条件

1　問題の所在

　訴訟条件は，**公訴の適法性の条件**であるから，直接的には捜査と関係を有しない。しかし，捜査が公訴の提起・遂行のための**準備活動**である以上，訴訟条件が間接的には一定の制約的効果をもつに至ることは否定できない。たとえば，事件がわが国の裁判権に服しないものであること，または大赦があったことが判明したときには，**公訴提起の可能性**が消滅するので，捜査をおこなうことはもはや無意味となる。このばあい，**任意捜査**は後始末をつける範囲内では許されるが，**強制捜査**はすべて許されないと解すべきである（高田・316頁）。

　訴訟条件の存否が未確定のばあい，つまり，差し当たっては具備していないが具備する可能性が残されているばあいには，強制捜査も許される。

2　告訴

(1)　判例・通説の立場

　親告罪についてまだ告訴がないばあい，告訴がなければ公訴権は発生しないことを理由にして告訴前の捜査一般を否定する見解も主張されたことがあったが，**通説・判例**は，強制捜査を含む捜査一般を無条件に肯定している（平野・45頁，田宮・45-6頁など。大判昭7・10・31刑集11巻1558頁，福岡高宮崎支判昭28・10・31特26巻116頁）。

(2)　強制捜査禁止説

　告訴がないかぎり強制捜査は差し控えるべきであるとする説（井上(治)・刑訴講座Ⅰ137-8頁，鈴木・62頁，光藤・Ⅰ188頁，白取・88頁など）や告訴なくして逮捕状・勾留状を発することは許されないとする説もある（江里口・実例刑訴119頁）。

(3)　本書の立場

　訴訟条件を具備する可能性が存在する以上，**公訴提起の可能性**も存在するので，その準備活動としての捜査を一般的に禁止すべきではなく，強制捜査も，その必要性があるかぎり同様である（高田・316頁，田宮・46頁など）。

　親告罪は，その処罰の必要性を告訴権者の意思にかからせているので，捜査の開始・実行には一般に慎重さが要求され，さらに強姦罪・強制わいせつ

罪などのばあいには被害者の名誉の保護という観点から一層の配慮が必要である（捜査規70条参照）。とくに，強制捜査については，その必要性だけでなく，緊急性や告訴の可能性の大小（捜査規121条参照）なども併せて考慮されるべきである（高田・316頁）。

3 告発・請求

判例は，告訴のばあいと同様の見解をとっている（国税犯則事件における当該公務員の告発につき，最決昭35・12・23刑集14巻14号2213頁）。しかし，ここでも前述と同様の配慮が払われるべきであり，とくに捜査権の介入じたいを告発・請求にかからせていると解されるばあい（たとえば，議員証言法8条に規定する告発）には，告発・請求があるまでは捜査は許されないと解するのが妥当である（平野・85頁，高田・316頁，田宮・46頁，光藤・Ⅰ187-9頁など）。

第4款　捜査の条件

1 意義

捜査，とくに強制捜査一般を通じる条件としては，**捜査の「必要性」と「相当性」**についての配慮が必要である。個々の捜査行為については，上記の必要性・相当性だけでなく，その行為に特有の種々の条件がさらに必要とされることはいうまでもない。

2 捜査の必要性

たとえば，逮捕・勾留などは，当該事件につき起訴・不起訴の決定が可能な段階に至ったばあいには，その「必要性」が失われる。なぜならば，これらは，このような処分決定までの猶予期間を訴追者に与えるものにすぎないからである（鈴木・57頁）。

「必要性」の観点からは，そのほかに公訴提起ないし維持の可能性が問題となり，**公訴提起の可能性**がない事件については，捜査の必要性はみとめられないことになる。

3 捜査の相当性

捜査の「相当性」に関しては，とくに**捜査上の信義則**や**捜査比例の原則**などが重要であるとされる（鈴木・57頁）。「**おとり捜査**」も，単なる**機会供与型**のものはともかく，**犯意誘発型**のものは，捜査上の信義則に反して許されない。

したがって，それによって得た証拠は用いることができない。なお，「おとり捜査」の詳細については後述する。

他方，捜査処分は，その目的を達するための必要最小限度においておこなわれなければならない。そして，捜査の結果得られる利益と捜査による法益侵害とが不当に均衡を欠くときは，その捜査処分は控えられなければならない。これを，**捜査比例の原則**という。法91条1項・217条などは，この原則に基づくものであり，一般に逮捕・勾留の許容性を判断するに当たって，この原則は重要な役割をはたすとされる（鈴木・57頁）。

4 効果

捜査条件に違反した違法捜査に対しては，訴訟法上，直接的には準抗告がみとめられ（429条以下），間接的には違法収集証拠の排除や訴訟条件の欠缺を理由とする**手続き打切り**などによる救済が考えられる。詳細については，後述する（本章第6節）。

訴訟手続き外の措置として，懲戒処分（国家公務員法82条，地方公務員法29条），刑事制裁（たとえば，刑法193条），損害賠償（民法709条），国家賠償（国家賠償法1条）などがある。

第2節　捜査機関

第1款　総説

1 意義

捜査機関とは，法律上，捜査をおこなう権限を与えられたものをいう。司法警察職員，検察官，検察事務官がこれに当たる。捜査機関は，大別すると，**司法警察系統**と**検察官系統**とがある。

2 検察官と司法警察職員との関係

司法警察職員が**第一次的な捜査機関**として性格づけられているが，両者の捜査権の競合が生ずる。捜査は，もともと**公訴提起の準備**としてなされるものであり，公訴権の行使に当たるのは検察官であるから，検察官と司法警察職員とが相互に無関係であっては，捜査の円滑は期し難いので，刑訴法は，

両者の協力を求める($^{192}_{条}$)ほか，一定の範囲内で検察官に主導権をみとめているのである($^{高田・317頁，松尾・上91-}_{3頁，田宮・43-5頁など}$)。

第2款　司法警察職員

1　司法警察職員の意義・種類
(1)　司法警察職員
司法警察職員は，司法警察員と司法巡査とから成る($^{39条}_{3項}$)。これらは，官名でも職名でもなく，**刑訴法上の資格**であるとされる。

（i）　**一般司法警察職員**

警察官は，それぞれ，他の法律または国家公安委員会・都道府県公安委員会が定めるところにより，司法警察職員として職務をおこなう($^{189条}_{1項}$)。これを，一般司法警察職員という。

（ii）　**特別司法警察職員**

森林，鉄道その他特別の事項について司法警察職員として職務をおこなうべき者およびその職務の範囲は，別に法律で定めるものとされている($^{190}_{条}$)。これを特別司法警察職員という。

（iii）　**司法警察員と司法巡査**

この両者について司法警察員・司法巡査の区別があるが，一般的にいえば，**司法警察員**が個々の事件の捜査の中心となりその一応のしめくくりをつける責めに任ずるのに対して($^{199条2項・218条3項・224条1項・225条}_{2項・203条1項・241条・242条・246条}$)，**司法巡査**は司法警察員の下にあって個々の事実行為的捜査をおこなう建前になっている($^{高田・317}_{頁，池田＝前田・30頁など}$)。

2　一般司法警察職員
(1)　意義
一般司法警察職員は，警察法($^{昭和29年}_{法律162号}$)に規定する警察官が司法警察職員となるばあいである。

(2)　種類
（i）　**階級**

警察官には**9階級**（警視総監，警視監，警視長，警視正，警視，警部，警部補，巡査

部長，巡査）がある。
(ii) 警察庁長官
警察庁長官は，警察官ではあるが（警34条3項），階級をもたない（警62条）。
(iii) 司法警察員と司法巡査
原則として，巡査部長以上は司法警察員であり，巡査は司法巡査とされる（昭29年国公委規5条，1条）。
(iv) 巡査長
巡査のうち一定の者は選考により巡査長に任命され得るが（昭和42国公委規3 巡査長に関する規則），これは階級ではない。

3 特別司法警察職員
(1) 意義
特別司法警察職員は，本来の職務と密接な関連があること，またはその職務上の特殊知識を利用するのが便宜であることを理由に，**特定の事項**について司法警察職員とされるのである（高田・318頁，松尾・上25頁，渥美・145頁，田宮・42頁，池田＝前田・34頁，寺崎・33-4頁など）。

(2) 種類
(i) 根拠法令
特別司法警察職員として，司法警察職員等指定応急措置法（昭和23年法律234号），司法警察官吏及司法警察官吏ノ職務ヲ行フヘキ者ノ指定等ニ関スル件（大12効528）でみとめられるもののほか，麻薬取締官・同取締員（麻薬取締法54条［司法警察員］），労働基準監督官（労働基準法102条，じん肺法43条［司法警察員］），船員労務官（船員法108条［司法警察員］），鉱務監督官（鉱山保安法37条［司法警察員］），郵政監察官（郵政省設置法23条［司法警察員］），自衛官（自衛隊法96条［司法警察員または司法巡査］）などがある。

(ii) 職務の対象と職務との関係による区別
特別司法警察職員の中には，①一定の区域・施設内の**すべての犯罪**につき職務をおこなうものと，区域・施設を問わないが**特定の犯罪**についてのみ職務をおこなうものとが区別されるもの，および，②本来の職務にあることにより**当然に**司法警察職員となるものと，それらの者のうちにとくに**指命**によるものとがある。

4 司法警察職員ではないが捜査権を有する者
司法警察職員とはされないが，**特定の事項**につき捜査権をみとめられたも

のがある。たとえば，国税庁の監察官や査察官（財務省設置法）がこれに当たる（田宮・42頁，池田・前田＝31頁など）。

第3款　検察官・検察事務官の権限

1　検察官・検察事務官の権限

(1)　検察官の権限

(i)　権限規定

検察官は，必要とみとめるときは，みずから犯罪を捜査することができる（191条1項。なお，検6条1項）。

(ii)　第二次的捜査機関

「必要とみとめるときは……できる」という表現は，検察官の捜査権の行使が司法警察職員のそれに対して**補充的**ないし**補正的**になされるべきことを意味する（団藤・条解348頁）。このことから，検察官は**第二次的・補充的責任**を有する捜査機関であるといわれる。

(2)　検察事務官の権限

(i)　権限規定

検察事務官は，検察官の指揮を受け，捜査をしなければならない（191条2項）。

(ii)　従属的捜査機関

検察事務官は，検察官直属の**司法警察官**という性質を有するが，司法警察職員と異なって，独立の捜査機関としての地位を有するものではないとされる。

(iii)　管轄の制限

検察事務官の捜査権についての管轄の制限は，検察官のばあいと同様に考えるべきである。

(iv)　管轄区域外における職務

検察官および検察事務官は，捜査のため必要があるときは，管轄区域外で職務をおこなうことができる（195条）。

2 検察官と司法警察職員との関係

(1) 原則―対等協力関係

刑訴法は，前述のとおり，検察官と司法警察職員とを原則として対等協力関係に立つものと定めている。すなわち，検察官と都道府県公安委員会および司法警察職員とは，捜査に関し互いに協力しなければならないとされているのである（$\substack{192\\条}$）。都道府県公安委員会は，捜査機関ではないが，都道府県警察を管理する権限を有する（$\substack{警38\\条3項}$）。

(2) 例外―検察官の優位

(i) 優位の根拠

捜査は司法警察職員から検察官に引き継がれるという形をとらざるを得ないこと，また，検察官は法律的な知識判断に優れており，かつ身分保障を有するので，**困難な法律問題**を含む事件や警察に対して**政治的影響**が及びやすい事件については，検察官に捜査につき**主導権**を与えることが必要であること，などを根拠にして，次のように，一定の限度内で検察官に優位をみとめている（$\substack{高田・320頁，田\\宮・42-3頁など}$）。

(ii) 一般的指示権

(a) 権限規定

検察官は，その管轄区域により，司法警察職員に対し，その捜査に関し必要な一般的指示をすることができ，この指示は，捜査を適正にし，その他公訴の遂行を全うするために必要な事項に関する**一般的な準則**を定めることによっておこなう（$\substack{193条\\1項}$）。これを，一般的指示権という。一般的な準則の例として，各地の検事正による**微罪処分の準則**などが挙げられる。

(b) 内容

一般的指示権は，検察官が捜査を最終的に処理する立場にあるのでみとめられ，「公訴の遂行を全うする」ことに重点がおかれる。それは，「一般的指示」であるから，特定の種類の犯罪について特別な準則を定めることは許されないと解する見解もある（$\substack{高田\\320頁}$）が，**通説**は**特別な準則**の制定をみとめる。

(iii) 一般的指揮権
(a) 権限規定

検察官は，その管轄区域により，司法警察職員に対し，捜査の協力を求めるため必要な一般的指揮をすることができる$\left(\substack{193条\\2項}\right)$。これを**一般的指揮権**という。

(b) 内容と範囲

一般的指揮権は，捜査に関する**司法警察職員の協力**$\left(\substack{192\\条}\right)$を検察官において確保するためにみとめられる。したがって，現に検察官が一定の犯罪について捜査をしているか否かは問わないが，**検察官の捜査**につき司法警察職員の協力を求めるばあいに限られるべきである。

司法警察職員じしんがおこなう捜査について一般的指揮をすることは許されず，また，司法警察職員相互の協力のみにつき一般的指揮をすることも許されない$\left(\substack{なお，犯捜\\規47条参照}\right)$。

「指揮」は，**具体的な事件**を前提とするものと考えられる。193条2項は，このような具体的事件に関して一定の範囲内の司法警察職員一般を指揮する権限をみとめたものである。

(iv) 具体的指揮権（個別的指揮権）
(a) 権限規定

検察官は，**みずから犯罪を捜査する**ばあいにおいて必要があるときは，司法警察職員を指揮して捜査の補助をさせることができる$\left(\substack{193条\\3項}\right)$。これを**具体的指揮権**（個別的指揮権）という。

(b) 内容と範囲

具体的指揮権は，検察官がみずから**特定の犯罪**を捜査するばあいに，司法警察職員をその指揮下において**捜査の補助**をさせる権限である。このばあい，司法警察職員は，独立の捜査機関としての地位を一時的に失うことになるが，その職務の執行は固有の執行地域$\left(\substack{警61条1項・\\64条・66条}\right)$によるべきで，指揮をする検察官の管轄区域によるべきではないとされる（通説）。

193条3項に「その管轄区域により」という文言がないのは，検察官が管轄区域外で職務をおこなうばあい$\left(\substack{195\\条}\right)$には，その他の司法警察職員を直接に

指揮して捜査の補助をさせることができる趣旨と解されている。

(v) **司法警察職員の服従義務**

(a) **義務規定**

上記(ii)・(iii)・(iv)のばあいにおいて，司法警察職員は，検察官の指示・指揮に従わなければならない（193条4項）。

(b) **義務違反への対処**

上記の服従義務を実効的にするため，検事総長，検事長または検事正は，司法警察職員が正当な理由なく検察官の指示または指揮に従わないばあいにおいて必要とみとめるときは，公安委員会または懲戒・罷免する権限を有する者に，**懲戒または罷免の訴追**をすることができる（194条1項）。

公安委員会または懲戒・罷免する権限を有する者は，上記の訴追が理由のあるものとみとめるときは，別に法律の定めるところ（刑事訴訟法第194条に基く懲戒処分に関する法律〔昭和29法律64号〕）により，訴追を受けた者を懲戒または罷免しなければならない（194条2項）。

第3節　捜査の開始

第1款　総　説

1　捜査機関と捜査の端緒

捜査は，主たる捜査機関である司法警察職員が，「犯罪があると思料するとき」（189条2項）に開始される。検察官は，必要とみとめるとき，捜査を開始する（191条1項）。

犯罪があると思料するに至った事由（**捜査の端緒**）には，制限がない。法は，捜査の端緒としていくつかの事由を規定しているが，これらに限られないのである。

2　捜査の端緒の分類

(1) **分類の基準**

捜査の端緒は，便宜上，①犯人や被害者の申告・告知によるばあい，②第

三者の申告・告知によるばあい，③**警察官の活動**に由来するばあいに分けられ，それぞれ次のようなものが挙げられる(松尾・53頁)。

すなわち，①としては，告訴や被害届，自首，私人による現行犯逮捕など，②としては，告発，請求，第三者の届出，匿名の申告，質屋・古物商の確認・申告など，③としては，聞込み，風説，新聞その他出版物の記事，質屋・古物商への立入り，変死体の検視，職務質問，自動車検問，他事件の捜査での認知，警察官による現行犯逮捕などがある。

(2) **捜査の端緒の確実度と捜査の進め方**

捜査の端緒の**確実度**には差があるので，その後の捜査に次のような違いが生ずる(松尾・上46-7頁)。警察官が現行犯人を発見したばあい，嫌疑がきわめて確実であるから，ただちに証拠を収集・保全し，必要があれば犯人を逮捕するなど，本格的な捜査がおこなわれることになる。匿名の申告や風説などのばあいには，その**内容の真偽**に関する準備的な段階の捜査（**内偵**(ないてい)）がなされる。

捜査の対象となる事件の種類および発覚の態様の差異に応じて，捜査の進め方に違いが生じる。すなわち，犯行後間もなく発覚した事件のばあい，早期解決のための急速な捜査活動，つまり**初動捜査**が重視される。犯人捕捉のため緊急の必要があるときは，**緊急配備**がおこなわれる。

犯罪現場で捜査資料が得られる事件のばあい，**現場臨検**および**現場保存**の必要が大きい。

事件が重大で，捜査を統一的かつ強力に推進しなければならないばあい，**捜査本部**が開設され，捜査は**本部長の統制**のもとにおこなわれることになる。

(3) **捜査の端緒の実務による利用**

捜査の端緒としてどのようなものを利用するかについて，実務上は「警察官は，新聞紙その他の出版物の記事，匿名の申告，風説その他広く社会の事象に注意するとともに，警ら，職務質問等の励行により，進んで捜査の端緒を得ることに努めなければならない」とされている(犯捜59条)。

「**犯罪捜査規範**」(昭和32年国家公安委員会規則2号)は，捜査に当たる警察官のための準則として**国家公安委員会が制定**したものである。それは，「守るべき心構え，捜査の方法，手続その他捜査に関し必要な事項」を定めており，「心構え」として，

真実発見の信念と基本的人権の尊重が対立並置され，また，迅速適確，公正誠実，法令厳守などの注意が掲げられている。そのほか，合理的な捜査，総合的な捜査，着実な捜査などがうたわれ，さらに，関係者に対する配慮，とくに資料提供者に対する保障などが要求されているのである（松尾・上37頁）。

(4) **捜査資料の収集方法**

(i) **具体的方法の内容**

捜査に当たる警察官などは，捜査の精度を高める目的で，捜査資料の収集をおこなうが，具体的には次のような方法でなされる（松尾・上47-8頁）。すなわち，警察官は，関係者と**面接**し（聞込み，参考人の取調べなど），公務所などに対する必要な事項を**照会**し（報告要求など），場所や物や身体の状況を**確認**し（実況見分，検証など），さらに**隠密の活動**をもおこなう（張込み，尾行，密行など）。これらのうち，若干のものについては刑訴法に個別的な規定がおかれているが，その他はすべて，任意捜査の一般規定である197条1項に包括されると理解されている。犯人以外の第三者からの情報収集は，主として聞込みと参考人の任意出頭がある（松尾・上47頁）。

(ii) **第三者からの情報収集**

聞込みとは，犯人以外の第三者から，犯罪に関する直接または間接の情報を聞き出すことをいう。第三者の範囲は，被害者，目撃者，届出人など犯行と関係の深い者から，単なる現場付近の居住者やもよりの駅の職員や商店の店員などまで，または被疑者の親族，友人など，きわめて広い範囲にわたる。第三者に対して出頭を求めて取り調べる必要があるときは，**参考人の任意出頭の手続き**によって，これを取り調べることができる。

(iii) **実況見分**

実況見分とは，犯罪の現場その他の場所，身体または物について，その**状況を正確に観察**し，その結果を**調書に記載**する捜査方法をいう。実況見分は，通常，事実を発見するためにおこなわれるが，証拠物を発見したばあいの実況見分は，証拠物の証明力を確保するためにおこなわれる。実況見分に対して，場所の管理者，身体検査のばあいの本人など，権利者が承諾を与えないときは，裁判官の発する令状（**検証令状**または**身体検査令状**）を得て，強制処分と

しておこなうことになる。検証などの結果も，調書に記載される($^{松尾・上}_{47-8頁}$)。

(iv) **張込み，尾行，密行など**

張込み，尾行，密行などについては，刑訴法に規定がない。これらは，隠密裡(おんみつり)におこなわれるので，人権の侵害が生じないように格別の慎重さが要求されることになる($^{松尾・}_{上48頁}$)。

第2款 捜査の端緒各説

刑訴法は，捜査の端緒として若干のものについて規定をおいており，本款において，これらを中心に説明することにする。

1 現行犯人の逮捕

「現行犯人」の逮捕が捜査の端緒となる。**現行犯人**とは，「現に犯罪を行い，又は現に罪を行った者」をいい($^{212条}_{1項}$)，一定の者が現行犯人とみなされる($^{同2}_{項}$)。現行犯の詳細については，後で逮捕の個所において述べることとする（第4節第3款6(2)）。

2 職務質問

(1) **意義**

(i) **意義・権限規定**

警察官は，異常な挙動その他周囲の事情から合理的に判断して，何らかの犯罪を犯し，もしくは犯そうとしていると疑うに足りる相当な理由のある者，またはすでにおこなわれた犯罪についてもしくは犯罪がおこなわれようとしていることについて知っているとみとめられる者を**停止**させて，**質問**することができる($^{警職2}_{条1項}$)。これを**「職務質問」**という。

(ii) **職務質問の技法**

職務質問をおこなう際の警察官の心得は，次のようなものであるとされている($^{松尾・上}_{41-2頁}$)。すなわち，まず，相手方の挙動，服装，携帯品などに特異な点がないかを**観察**し，また，時間や場所の関係を考慮して，**不審者の発見**に努める。手配や通報によって，被疑者の人相や衣服が判明しているばあいもある。

職務質問の対象とすべき者と判断したときは，タイミングを見はからって

呼び止め，または呼びかける。

　質問は，通常，行先や用件から始まり，必要に応じて本籍，出生地，住所，職業，氏名，年齢などを尋ねる。その間，相手方の表情や態度に注意し，疑念が深まるようなときは，さらに突っ込んだ質問や所持品を見せてもらうなどの工夫をするとされるのである。

　(iii)　**任意同行の意義・権限規定**

　一定のばあいには，職務質問をするために，**付近の警察署**などに同行することを求めることができる（警職2条2項）。これを「**任意同行**」という。

　(iv)　**効果**

　職務質問の結果，犯罪の嫌疑が明らかになった時に，**捜査が開始**されることになる。

(2)　**停止行為・任意同行における有形力の行使の限界**

　(i)　**問題の所在**

　職務質問に関連して，停止行為または任意同行における**有形力の行使**の限界が問題となる。警職法上の行為は，「**行政警察活動**」であるから，秩序維持という行政目的のために有形力の行使がひろくみとめられ得る。しかし，職務質問のための停止行為・任意同行は，行政警察活動ではあるが，犯罪にかかわるものであって，大きく「**司法警察活動**」に接近しているので，停止行為または任意同行における有形力の行使の限界についても，任意捜査における考え方を**準用**することが必要である（田口・57頁）。

　(ii)　**判例**

　判例は，職務質問中に逃げ出した者を130メートル追跡して背後から腕に手をかけ停止させた行為を適法とし（最決昭29・7・15刑集8巻7号1137頁），また，酒気帯び運転の疑いがあるばあいに，自動車の窓から手を差し入れエンジンキーを回転してスイッチを切り運転を制止した行為を適法としている（最決昭53・9・22刑集32巻6号1774頁）。

　(iii)　**学説**

　学説は，(a)実力行使をみとめない説（井上(治)・刑訴法講座1巻115頁），(b)**犯罪の重大性**と**嫌疑の濃厚性**を要件として例外的に実力行使をみとめる説（松尾・上44頁），(c)執拗な説得の続行をみとめる説（半谷恭一・捜査法大系I 20頁，田口・58頁），(d)強制に至らない実力行使を

みとめる説（出射義夫『検察・裁判・弁護』144頁），(e)身柄拘束に至らない自由の制限をみとめる説（田宮・58-9頁）などに分かれている。

(iv) 本書の立場

職務質問の目的を達成するためには，ある程度の有形力の行使をみとめなければならないが，無制限にこれをみとめるのは，政策的に見て妥当でない。一定の条件の下では例外的に肯定されるべきである。このようにして，わたくしは(b)説が妥当であると解する。すなわち，①**重大な犯罪**（殺人，強盗，重い傷害など）を犯したと疑われている者について，②その**容疑がきわめて濃厚**で，緊急逮捕も不可能ではないが，なお慎重を期するというようなばあいに，例外的に実力行使がみとめられるのである。

(3) 違法な停止行為・任意同行と勾留請求の許否

(i) 原則

停止行為・任意同行が違法であるばあいには，**実質的には**その時点で逮捕がなされたことになるので，その時点から，身柄拘束に関する**制限時間**（203条・205条）が始まる。したがって，制限時間を超過して勾留請求がなされたときには勾留請求は却下され，実質的逮捕の時点から起算しても制限時間内に勾留請求がなされたときには，違法性の程度を考慮して勾留請求の許否を決定することになる（田口・58頁）。

(ii) 実務の取扱い

実務上は，実質逮捕の時点で緊急逮捕の要件が存在し，かつ，制限時間内に勾留請求がなされたばあいには勾留をみとめる傾向にあるとされる。たとえば，東京高判昭和54・8・14（刑月11巻7=8号787頁）は，違法な任意同行であっても，①緊急逮捕の理由と必要があったこと，②実質的逮捕の約3時間後には通常逮捕手続きがとられていることなどから，実質的逮捕を違法にする程重大なものではないとしている。

(4) 所持品検査

職務質問に伴って所持品検査が問題となる。

(i) **所持品検査の意義と態様**

(a) **意義**

所持品検査とは，携帯品や身体への装着物を調べることをいう。

(b) **態様**

所持品検査には，次のような4段階の態様があるとされる（田口・58-9頁）。すなわち，①所持品の外部を観察して質問する行為，②所持品の開示を要求し，開示された所持品を検査する行為，③所持人の承諾がないときに，所持品の外部に触れる行為，④所持人の承諾がないときに，内容物を取り出し，検査する行為が存在するのである。

(ii) **検査の可否**

上記のうち，①・②は職務質問として，これをおこなうことが許される。なぜならば，これらは，**所持人の承諾**に基づくものと解することができるので，所持人の権利侵害は存在しないからである。

③・④については，疑問が生ずる。なぜならば，これらのばあいには，所持人の承諾が存在しないので，権利侵害が問題となるからである。所持品検査の対象物件が**凶器**であり，かつ，その携帯を疑うに足りる**相当の理由**があるばあいには，その凶器の捜検は，銃砲刀剣類所持等取締法24条の2によって可能であるから，問題はない。問題となるのは，**凶器以外の証拠物一般**の所持品検査である。

(iii) **判例**

判例は，職務質問に付随しておこなう所持品検査は，所持人の承諾を得て，その限度においておこなうのが原則であるが，**捜索に至らない程度の行為**は，強制にわたらないかぎり，所持品検査の**必要性，緊急性**，これによって侵害される**個人の法益と保護されるべき公共の利益との権衡**などを考慮し，具体的状況の下で**相当とみとめられる**限度で許容されるばあいがあるとする（最判昭53・6・20刑集32巻4号670頁。米子銀行強盗事件）。すなわち，本判決は，「警職法は，その2条1項において同項所定の者を停止させて質問することができると規定するのみで，所持品の検査については明文の規定を設けていないが，所持品の検査は，口頭による質問と密接に関連し，かつ，職務質問の効果をあげるうえで必要性，有

効性の認められる行為であるから，同条項による**職務質問に付随して**これを行うことができる場合があるとすると解するのが，相当である。所持品検査は，任意処分である職務質問の付随行為として許容されるのであるから，所持人の承諾を得て，その限度においてこれを行うのが原則であることはいうまでもない。しかしながら，職務質問ないし所持品検査は，犯罪の予防，鎮圧等を目的とする行政警察上の作用であって，流動する各般の警察事象に対応して迅速適正にこれを処理すべき**行政警察の責務**にかんがみるときは，所持人の承諾のない限り所持品検査は一切許容されないと解するのは相当でなく，**捜索に至らない程度の行為**は，強制にわたらない限り，所持品検査においても許容される場合があると解すべきである」とする。

　所持品検査が**許容されるための要件**について，「もっとも，所持品検査には種々の態様のものがあるので，その許容限度を一般的に定めることは困難であるが，所持品について捜索及び押収を受けることのない権利は憲法 35 条の保障するところであり，捜索に至らない程度の行為であってもこれを受ける者の権利を害するものであるから，状況のいかんを問わず常にかかる行為が許容されるものと解すべきでないことはもちろんであって，かかる行為は，限定的な場合において，**所持品検査の必要性**，**緊急性**，これによって**害される個人の法益と保護されるべき公共の利益との権衡**などを考慮し，具体的状況のもとで相当と認められる限度においてのみ，許容されるものと解すべきである」と判示している。そして本件所持品検査の適法性の肯否について，「これを本件についてみると，所論の B 巡査長の行為は，猟銃及び登山ナイフを使用しての銀行強盗という重大な犯罪が発生し犯人の検挙が緊急の警察責務とされていた状況の下において，深夜に検問の現場をとおりかかった C 及び被告人の両名が，右犯人としての濃厚な容疑が存在し，かつ，兇器を所持している疑いもあったのに，警察官の職務質問に対し黙秘したうえ再三にわたる所持品の開披要求を拒否するなどの不審な挙動をとり続けたため，右両名の容疑を確める緊急の必要上されたものであって，所持品であるバッグの施錠されていないチャックを開披し内部を一べつしたにすぎないものであるから，これによる法益の侵害はさほど大きいものではなく，上述の経過に

照らせば相当と認めうる行為であるから，これを警職法2条1項の職務質問に付随する行為として許容されるとした原判決の判断は正当である」として適法性を肯定しているのである。

そうすると，判例によれば，所持品検査の根拠は，**職務質問に付随する行為**であることに求められ，その要件として，所持品検査の①**必要性**，②**緊急性**および③**相当性**が挙げられているわけである。

そして，銀行強盗の容疑が濃厚な者を職務質問中に，承諾がないままバッグのチャックを開けて中を一瞥した行為は，これらの要件を充足しているとされることになる。しかし，覚せい剤所持の容疑がかなり濃厚な者を職務質問中，承諾がないまま，その上衣左側内ポケットに手を差し入れて所持品を取り出したうえ検査した行為は違法とされる（最判昭53・9・7刑集32巻6号1672頁）。

(iv) **学説**

否定説が従来の通説である（田宮・59頁参照）。その理由は，警職法2条から所持品検査を基礎づけることはできないこと，昭和33年に所持品検査を盛り込んだ警職法改正案が否定された経緯があることなどにあった。

判例の**職務質問付随行為説**を肯定する立場の中に，事態の非常例外性から判例の法形成機能をみとめる見解（田宮・60頁），憲法35条を根拠として所持品検査をみとめる見解（渥美・106頁）や行政警察活動としての任意処分について，判例がその根拠と要件を形成することは，必ずしも強制処分法定主義と矛盾するとまではいえないので，所持品検査は，判例が提示した任意処分性および必要性，緊急性，相当性の要件を厳密にチェックすることで，職務質問に付随する行為として，これを肯定することができると解する説（田口・60頁）が主張されている。

(v) **本書の立場**

わたくしは，**判例の立場が妥当であると解し，これを支持する**ものである。

(5) **自動車検問**

(i) **意義と種類**

(a) **意義**

自動車検問とは，犯罪を予防したり犯人を検挙したりするために，警察官

が走行中の自動車を停止させ，当該車両を見分し，当該車両の運転者や同乗者などに対して必要な事項を質問することをいう。自動車検問は，「**職務質問の一変型**」である（松尾・上45頁）。

　(b)　**種類**

　自動車検問には，**特定車両に対する検問**と**不特定車両に対する検問**とがある。

　(ii)　**特定車両に対する検問**

　特定車両に対する検問には，たとえば，①**逮捕行為**としての停止，②**交通違反車両に対する捜査**としての停止行為，③道交法61条（危険防止の措置），63条1項（整備不良車両の検査など）または67条1項（危険防止の措置）などの事由があるばあいにおける**行政行為**としての停止行為がある。これらのばあいは，捜査行為，職務質問または道交法を直接の根拠とする検問行為に当たる。

　(iii)　**不特定車両に対する検問**

　不特定車両に対する検問には，(a)特定犯罪に対する**捜査活動**としての検問と(b)不特定犯罪に対する**行政活動**としての検問とがある（田宮・61頁）。

　(a)　**特定犯罪に対する捜査活動としての検問**

　これは，特定の犯罪に対する捜査活動の一環としていわゆる「**緊急配備活動**」として検問をおこなうばあいである（犯捜規93条～95条）。この検問は，職務質問または任意捜査として，それぞれの要件の下でおこなわれる。

　(b)　**不特定犯罪に対する行政活動としての検問**

　これには，不特定の一般犯罪の検挙を目的とするいわゆる「**警戒検問**」と不特定の交通違反に対するいわゆる「**交通検問（一斉検問）**」とがある。警戒検問については，一般犯罪（たとえば強盗罪）の予防や検挙にとって自動車検問がどれだけ有効かは疑わしいとされる。

　(iv)　**交通検問**

　交通検問のばあい，交通違反が頻発しているので，交通検問が交通違反の予防と検挙に一定の効果を有するが，しかし，その法的根拠と要件については見解の対立がある。

(a) **最高裁の判例**

　最高裁の判例は，**警察法2条1項**が「**交通の取締**」を警察の責務としているので，**交通違反の予防検挙**のための交通検問が可能であるとする。すなわち，まず，交通違反の予防・検挙を目的とする自動車の一斉検問の法的根拠について，最高裁は，「なお，所論にかんがみ職権によって本件自動車検問の適否について判断する。警察法2条1項が『交通の取締』を警察の責務として定めていることに照らすと，交通の安全及び交通秩序の維持などに必要な警察の諸活動は，強制力を伴わない**任意手段**による限り，一般的に許容されるべきものである」と判示している（最決昭55・9・22 刑集34巻5号272頁）。

　そして，自動車の一斉検問の**適法性の要件**について，次のように判示している。すなわち，「それが国民の権利，自由の干渉にわたるおそれのある事項にかかわる場合には，任意手段によるからといって無制限に許されるべきものでないことも同条2項及び警察官職務執行法1条などの趣旨にかんがみ明らかである。しかしながら，自動車の運転者は，公道において自動車を利用することを許されていることに伴う当然の負担として，合理的に必要な限度で行われる交通の取締に協力すべきものであること，その他現時における交通違反，交通事故の状況などをも考慮すると，警察官が，交通取締の一環として交通違反の多発する地域等の適当な場所において，交通違反の予防，検挙のための自動車検問を実施し，同所を通過する自動車に対して走行の外観上の不審な点の有無にかかわりなく短時分の停止を求めて，運転者などに対し必要な事項についての質問などをすることは，それが相手方の**任意の協力**を求める形で行われ，自動車の利用者の**自由を不当に制約することにならない方法，態様**で行われる限り，適法なものと解すべきである。原判決の是認する第一審判決の認定事実によると，本件自動車検問は，右に述べた範囲を越えない方法と態様によって実施されており，これを適法であるとした原判決は正当である」と判示しているのである。

　これは，適法性の要件として，①**交通違反の多発する地域**であること，②**短時分の停止**であること，③相手方の**任意の協力**を求める形でおこなわれること，④自動車利用者の**自由を不当に制約することにならない方法・態様**で

おこなわれること，を挙げ，この要件を具備するかぎり，外観上の不審な点の有無に関わりなく自動車を停止させて質問することができるとするものである。
　(b)　**学説**
　(α)**違法説**は，交通検問では異常挙動が基準となっていないので職務質問には当たらず，その他根拠条文はないとする（光藤・I 14頁，鈴木・71頁，白取・110頁，福井・81頁など）。
　(β)**警職法２条１項説**は，自動車のばあいには停止させなければ職務質問もできないとして，交通検問を職務質問の一形態とみる（大阪高判昭38・9・6高刑集34巻5号272頁。寺崎・79頁）。職務質問であれば，一定の実力行使をみとめることになる。
　(γ)**警察法２条１項説**は，判例（最決昭55・9・22刑集34巻5号272頁）と同じ立場である（池田＝前田・111-2頁）。この説によれば，交通の取締りに関する純粋な任意処分となるので，実力行使はみとめられないことになる。**本説が妥当**であると解する。
　(δ)**憲法31条説**は，憲法31条を根拠として交通検問をみとめつつ，判例による必要性と相当性の限定を加えようとする見解である（田宮・61頁，田口・62頁。なお，渥美・106-7頁）。その限度で実力を行使できることになるので，(β)説と(γ)説の中間説といえる（田口・62頁）。

3　検視
(1)　意義
検視とは，変死または変死の疑いがある死体について，その状況を五官の作用で見分することをいう。これは，「**司法検視**」といわれる。不自然な原因や態様による死者であって犯罪によらないことが明らかなものについては，「**行政検視**」がなされる。**行政検視**とは，犯罪とは無関係に死因の確認や身元照合などのために死体の状況を調べることをいう。
(2)　検視の義務
　(i)　**義務規定**
　変死者または変死の疑いのある死体があるときは，その所在地を管轄する地方検察庁または区検察庁の検察官は，検視をしなければならない（229条1項）。
　検察官は，検察事務官または司法警察員に検視させることができる（229条2項）。これは「**代行検視**」と称される。

(ii) 変死の意義

変死とは，事故死であること（自然死でないこと）が明らかで，かつ，犯罪によるものではないかの疑いがあるものをいい，変死の疑いとは，事故死であるかどうかが不明で，犯罪によるものではないかの疑いのあるものをいう（大正12年12月5日刑事局通牒参照）。

(3) 検視の効果

検視は，変死の疑いを確かめるためにおこなわれるものである。すなわち，検視は，**犯罪の嫌疑の有無を発見**するためになされるものであって，犯罪の嫌疑の存在を前提とするものではないから，捜査ではなくて**捜査の端緒**にとどまるのである。

犯罪の嫌疑が始めから明らかであるばあいや検視の結果，犯罪の嫌疑が明らかになったばあいは，捜査を開始し，令状を得て**検証**をおこなうべきであって，検視を始め，またはこれを続けてはならない。検視の結果，犯罪の嫌疑がなくなったときは，捜査は開始されない（平野・87頁）。

(4) 令状不要の合憲性

(i) 問題の所在

検視については，令状が必要とされていない。憲法35条との関係で，とくに**住居などに立ち入っておこなう検視**について問題がある。

(ii) 学説

(a) 通説

令状なしで住居などに立ち入って検視をおこなう点について，**通説**は，一種の緊急処分として憲法に違反しないと解している。固有の刑事手続きではないこと，および，一般に緊急を要することが根拠とされる（高田・322頁）。

(b) 住居主の同意必要説

この説は，住居主の同意がなければ，住居に立ち入って検視をおこなうことはできないとする（平野・87頁，松尾・上94頁，田宮・54頁，渥美・42頁，石川・103頁，鈴木・61頁，田口・62頁など）。

(c) 本書の立場

憲法35条が保障する住居の安全を保障する見地からは，(b)説が妥当である。

4 告訴

(1) 意義

(i) 告訴の意義

告訴とは，犯罪の被害者その他一定の者が，捜査機関に対して，犯罪事実を申告し，その**訴追を求める意思**を表示することをいう。単なる犯罪事実の申告（盗難届・被害始末書の提出など）は，訴追を求める意思が表示されていないので，告訴ではない。

(ii) 告訴と被害届の相違

被害届は，犯罪による**被害の事実を申告**するにとどまり，処罰を求める意思の表示をしない点で告訴と決定的に異なる。告訴に関する法律効果（親告罪のばあいの起訴条件，通知・告知を受ける権利，故意・重過失のばあいの費用負担義務〔183条〕など）を生じない。しかし，捜査の端緒となること，虚偽であるばあいに虚偽告訴罪が適用されること（刑172条。なお，軽犯罪法1条16号）などの点では，告訴も被害届も同じである（松尾・上38頁，田宮・54頁，田口・63頁，池田＝前田・100頁，白取・95頁，寺崎・75頁など）。

(2) 告訴権者

告訴権者とは，告訴する権利を有する者をいう。告訴権者は，次のとおりである。

(i) 被害者（230条）

(a) 意義

犯罪により害を被った者（被害者）は，告訴をすることができる。**被害者**とは，犯罪によって侵害された法益の主体をいう。

(b) 数個の法益侵害と被害者の個数

1個の犯罪が，数個の法益を侵害し，その主体が異なるばあいは，各主体がともに被害者である。

(c) 被害者の種類

被害者は自然人に限られない。法人または人格なき社団・財団が被害者であるばあい，それらは告訴することができる。法人のばあいは，代表者が告訴をおこなう（大判昭11・7・2刑集15巻857頁）。

(ii) **被害者の法定代理人**（231条1項）
(a) **告訴権の独立性**

被害者の法定代理人は，独立して告訴をすることができる。法定代理人が被疑者，被疑者の配偶者，または被疑者の一定範囲の親族であるときは，被害者の親族は，独立して告訴することができる（232条）。

これらの者は，被害者の意思如何にかかわらず，かつ，告訴期間の徒過・告訴の取消しによって被害者が告訴権を失った後でも，告訴できるのである。

(b) **告訴権の性質**

法定代理人の告訴権の性質について，判例は**固有権説**をとっているが（最決昭28・5・29刑集7巻5号1195頁），学説は，固有権説（平野・88頁，松尾・上41頁，田宮・54頁，光藤・Ⅰ358頁，石川・105頁など）と**独立代理権説**（団藤・条解446頁，平場331頁，高田・308頁など）に分かれている。

独立代理権説によれば，とくに親告罪のばあい，告訴をするかどうかは，一般に被害者じしんの微妙な心理をも含めた判断によるものであるという意味において，一身専属的性格が強い訴訟行為であって，このような訴訟行為をおこなう権限を他人が固有権として有すると解するのは妥当でないとされる。

法定代理人がおかれるのは，本人が無能力のばあいであるから，その権利行使は本人から「独立して」おこなわれる固有の権限と解する**固有権説が妥当**である（松尾・上41頁）。

(iii) **被害者の配偶者，直系の親族，兄弟姉妹**（231条2項）
(a) **告訴権の従属性**

被害者の配偶者，直系の親族または兄弟姉妹は，被害者が死亡したとき告訴することができる。ただし，被害者が明示した意思に反することはできない。このばあいは，被害者の**告訴権が承継**されるのであるから，被害者が告訴権を失った後に死亡したときは，これらの者は告訴できないわけである。

(b) **告訴権の性質**

このばあいの告訴権の性質について，これを独立代理権とする見解（団藤・条解447頁）もあるが，むしろ本人の**地位の承継**と解するのが妥当である（平野・88頁，高田・325頁，鈴木・62頁など）。なぜならば，法益の主体である歴史的存在としての死者による告

(iv) **死者の親族および子孫**($\substack{233\\条}$)
(a) **告訴権の従属性**

死者の名誉を毀損した罪($\substack{刑230\\条2項}$)については，死者の親族または子孫は告訴することができる。兄弟姉妹は，名誉棄損の被害者が告訴をしないで死亡したときも，その親族および子孫は告訴できる。しかし，被害者の明示した意思に反することはできない。

(b) **告訴権の性質**

このばあいの告訴権の性質について，これを端的に**固有権**と解するのが妥当である($\substack{高田・325頁,\\鈴木・62頁}$)。

(v) **検察官が指定した者**($\substack{234\\条}$)

親告罪について告訴をすることができる者がないばあいには，検察官は，利害関係人の申立てにより，告訴ができる者を指定することができる。

(3) **告訴の手続き**
(i) **告訴の方式**

告訴は，**書面または口頭**で，検察官または司法警察員にこれをしなければならない($\substack{241条\\1項}$)。

検察官または司法警察員は，口頭による告訴を受けたときは**調書**を作らなければならない($\substack{241条\\2項}$)。

(ii) **外国代表などの告訴の特別方式**

外国の君主または使節の名誉に対する罪($\substack{刑230条・\\231条}$)については，外国の代表者または使節は，**外務大臣**に告訴することができる($\substack{244\\条}$)。

(iii) **告訴の代理**

告訴は，代理人によりこれをすることができる($\substack{240\\条}$)。

(4) **告訴の効果**
(i) **原則**
(a) **告訴を受けた司法警察員の書類・証拠物の送付義務**

司法警察員は，告訴を受けたときは，速やかにこれに関する**書類および証拠物を検察官に送付**しなければならない($\substack{242\\条}$)。

(b) **告訴人に対する起訴・不起訴などの通知**

　検察官は，告訴のあった事件について，公訴を提起し，またはこれを提起しない処分をしたときは，速やかにその旨を告訴人に通知しなければならない。公訴を取り消し，または事件を他の検察庁の検察官に送致したときも，同様である（$^{260}_{条}$）。この通知制度は，検察官の**不当な不起訴処分**を間接的に抑制する機能を有するとともに，検察審査会の審査や準起訴手続きをとるきっかけを関係者に与えることを目的とするものである（$^{福井・}_{74頁}$）。

(c) **告訴人に対する不起訴理由の告知**

　検察官は，告訴のあった事件について公訴を提起しない処分をしたばあいにおいて，告訴人の請求があるときは，速やかに告訴人にその理由を告げなければならない（$^{261}_{条}$）。

(d) **告訴人の費用負担**

　告訴により公訴の提起があった事件について被告人が無罪または免訴の裁判を受けたばあいにおいて，告訴人に故意または重大な過失があったときは，その者に訴訟費用を負担させることができる（$^{183}_{条}$）。

　告訴があった事件について公訴が提起されなかったばあいにおいて，告訴人に故意または重大な過失があったときも，その者に訴訟費用を負担させることができる（$^{同条}_{2項}$）。本項は，平成16年の法改正（$^{平成16年法}_{律第62号}$）により追加されたものである。

(ii) **親告罪の告訴**

(a) **効力の及ぶ範囲**

　親告罪については，告訴は**訴訟条件**でもある。

　告訴，とくに親告罪のばあいの告訴については，その効力の及ぶ範囲が問題となる。

　告訴は，原則として**主観的・客観的に不可分**である。これを「**告訴不可分の原則**」という。公訴の効力と異なって，主観的にも不可分であり，また，客観的不可分には例外がみとめられる。

(b) **主観的不可分**

　告訴は主観的に不可分である。すなわち，親告罪について共犯の1人また

は数人に対してした告訴は，他の共犯に対しても，その効力を生ずる（238条1項）。

告訴は，「**犯罪事実**」について，訴追を求める意思表示であるから，犯人を指摘する必要はなく，また誤った犯人を指摘したばあいでも，告訴の効力は真実の犯人にも及ぶ。

主観的不可分には**例外**がある。すなわち，いわゆる「**相対的親告罪**」，たとえば，親族相盗のように，被害者と犯人との間に一定の身分関係があることによって親告罪となるものについては，身分関係のない共犯者に対してなされた告訴の効果は，身分のある他の共犯者には及ばない。身分関係のない者に対する告訴は，性質上，親告罪の告訴とはいえないので，身分のある共犯者に対しては効力がないのである（松尾・上160-1頁，田宮・55頁）。

(c) **客観的不可分**

告訴は客観的に不可分である。すなわち，**単一の犯罪の一部について告訴**があったばあいには，その効果は，犯罪の全部に及ぶことになる。

これには**例外**がある。すなわち，①科刑上の一罪の各部分が，被害者を異にするばあいは，ある1人の被害者の告訴は，他の部分に効果を及ぼさない（松尾・上160頁，田宮・55頁，光藤・Ⅰ360頁，池田＝前田・200頁など）。これは，告訴権者の意思を尊重するためである。

②被害者を同じくするが，一方が親告罪，他方が非親告罪であるばあい（たとえば，住居に侵入して強姦したばあい），**非親告罪に限定した告訴**の効力は，親告罪に及ばないと解すべきである。これらのばあい，検察官は，告訴のなかった部分については，公訴を提起できず，公訴を提起しても，その部分については無効である（平野・90頁，松尾・上160頁，田宮・55頁，光藤・Ⅰ360頁，池田＝前田・223-4頁など）。

これに対して，科刑上一罪について一般的に可分性を肯定して告訴人の訴追意思の合理的解釈を通して妥当な解決をめざすべきであるとする見解もある（鈴木・68頁，田口・64頁，白取・100頁など）。

公訴事実が同一であるかぎり，**訴因が変更**されても告訴の効力は及ぶ（田宮・56頁）。したがって，名誉毀損として告訴のあった事件が，侮辱の事件となっても，公訴を棄却する必要はない。とくに**非親告罪**（たとえば，営利目的の

誘拐）として告訴したばあいには，親告罪（たとえば，わいせつ目的の誘拐）として処罰するのは，告訴人の感情を考慮に入れると，疑問があるとされる。しかし，被害については，被害者がもっともよく知っているのであり，事実の変化が意外な結果になることはないから，告訴の効果が及ばないとする必要はない（平野・90頁）。

　(ii)　**親告罪である略取誘拐罪で，被拐取者または被売者が犯人と婚姻したとき**（刑229条参照）

　本条における「婚姻」は，**法律上の婚姻**に限られる。これは，婚姻を尊重する趣旨から，婚姻継続中の告訴の効力を否認するものである。したがって，公訴提起後であっても，婚姻をすれば本条による告訴無効の効果が生ずる（名古屋高裁金沢支判昭32・3・12高刑集10巻2号157頁）。

　協議上または裁判上の離婚があったばあい，婚姻の無効または取消しの裁判に準じて告訴できるものと解される（川端・刑法各論189頁）。告訴は，婚姻の無効または取消しの裁判が確定した時から6ケ月以内にしなければその効力がない（刑訴235条2項）。

(6)　**告訴権の消滅**

告訴権は次のばあいに消滅する。

(i)　**期間の経過**

(a)　**原則**

親告罪の告訴は，犯人を知った日から6ケ月を経過したときは，これをすることができない（235条1項本文）。すなわち，告訴権の消滅期間は，犯人を知った日から6ケ月である。

このように期間の経過により告訴権の消滅をみとめたのは，親告罪の告訴は**公訴提起の条件**であるので，**刑事訴追の可否**を必要以上に長い期間私人の意思にかからせ，**不安定な状態**を持続するのは妥当でないとされるからである。一方，被害者側にも，告訴をするかどうか，を判断するための**考慮期間**が与えられる必要がある。したがって，「犯人を知った」とは，「犯人」がどういう人物であるか，について認識を得たこと（住所氏名などまで知る必要はない）をいうと解すべきである（松尾・上160頁）。

(b) **例外**

次に掲げる告訴については，例外がみとめられる($\substack{235条1項た\\だし書き}$)。

(α)刑法176条から178条まで，225条もしくは227条1項（225条の罪を犯した者を幇助する目的に係る部分に限る），もしくは3項の罪またはこれらの罪に係る未遂罪につきおこなう告訴。

(β)刑法232条2項の規定により外国の代表者がおこなう告訴および日本国に派遣された外国の使節に対する同法230条または231条の罪につきその使節がおこなう告訴

これらについては，告訴期間がみとめられないのである。これらの規定は，2000年に成立した改正法($\substack{平成12年\\法律74号}$)によって追加されたものである。被害者の意思を尊重するために法改正がなされた。

(c) **「犯人を知る」の意義**

「犯人を知る」とは，犯人の氏名までも知る必要はなく，特定の者が犯人であることを識別できる程度に知れば足りる($\substack{最決昭39・11・10\\刑集18巻9号547頁}$)。また，共犯者があるばあいに，その1人を知ったときは，「犯人を知った」ことになる($\substack{団藤・\\条解453頁，\\平野・91頁}$)。ただし，相対的親告罪のばあいには，当該犯人を知ることが必要である。

(d) **告訴期間の独立**

告訴をすることができる者が数人あるばあいには，1人の期間の徒過は，他の者の告訴権に対しその効力を及ぼさない($\substack{236\\条}$)。すなわち，告訴権が数人あるばあいには，各人の告訴期間は独立して進行し，他の告訴期間に影響を及ぼさないのである。

(ii) **婚姻**

親告罪である略取誘拐罪で，被拐取者または被売者が犯人と婚姻したときは，告訴権は消滅する。ただし，この婚姻の無効または取消しの裁判が確定したときはこのかぎりではない。このばあいには，裁判確定後6ケ月は告訴権がある。略取され，誘拐され，または売買された者が犯人と婚姻したときは，婚姻の無効または取消しの裁判が鑑定した後でなければ，告訴の効力がない($\substack{刑法229条\\ただし書き}$)。公訴提起後に婚姻したばあいも，告訴は失効する($\substack{名古屋高判\\昭32・3・}$

12刑集10巻157頁)。

(iii) **告訴の取消し**
(a) **根拠規定**
告訴は，公訴の提起があるまでこれを取り消すことができる(237条1項)。つまり，告訴の取消しは，公訴提起までに限られることになる。

(b) **再告訴の禁止**
告訴を取り消した者は，さらに告訴をすることができない(237条2項)。なぜならば，告訴の取消しにより告訴権が消滅するからである(田宮・55頁)。

(c) **告訴権の放棄の可否**
判例は，告訴権の放棄をみとめず，放棄の意思を表示した者の告訴も有効であるとしている(大判昭4・12・16刑集8巻662頁，大判昭9・6・29刑集13巻904頁。いずれも私和をみとめない)。

これに対して，**告訴の取消しと同じ方式**で，捜査機関に対して**放棄の意思を表示**したときは，告訴権の放棄をみとめる説がある。告訴権の放棄をみとめてもとくに弊害がないだけでなく，かえって親告罪の捜査を早く打ち切ることができるという利点もあるから，これを肯定するのが妥当である(高田・327頁，鈴木・62頁など)。ただし，告訴の取消しと同様の方式によるべきである(団藤・358頁，平場・335頁，石川・106頁)。

(7) **告訴の追完**
(i) **意義**
いわゆる**補正的追完**の1つとして，告訴の追完，すなわち，親告罪につき公訴提起後にはじめて告訴を得ることによって公訴を適法にすることがみとめられるか否か，が問題となる。

(ii) **判例**
判例は告訴の**追完を否定**している(大判大5・7・1刑録22輯1191頁，名古屋高判昭25・12・25特14巻115頁)。しかし，告訴の追完をみとめる下級審の裁判例は，「非親告罪として起訴された後にこれが親告罪と判明した場合について起訴の時点では告訴がなかった点をどう考えるべきかについて付言するに，当初から検察官が告訴がないにもかかわらず敢えてあるいはそれを見過ごして親告罪の訴因で起訴したのとは全く異なり，本件のように，訴訟の進展に伴ない訴因変更の手続等によって親告罪

として審判すべき事態に至ったときは，その時点で初めて告訴が必要となったにすぎないのであるから，現行法下の訴因制度のもとでは，右時点において有効な告訴があれば訴訟条件の具備につきなんら問題はなく実体裁判をすることができると解する」と判示している（東京地判昭58・9・30判時1091号159頁）。

(iii) **学説**

学説は，**否定説**と**肯定説**に分かれている。

(a) **否定説**

否定説は，追完を許す規定がないこと，告訴は訴訟成立の条件であってこれを後に追完することはあり得ないことなどを根拠とする（田宮・229頁，鈴木・130頁，高田・330頁，光藤・Ⅰ341頁，田口・187頁など）。

(b) **肯定説**

肯定説は，訴訟の動的性格という観点から，事件が親告罪であるか否かは起訴時には必ずしも明らかでなく，はじめに非親告罪として起訴したものが後に親告罪と判明するばあいがあり，否定説はこのような訴訟の性格に適合しないだけでなく，このばあいにいったん公訴棄却を言い渡したうえで再起訴をまつのは訴訟経済にも反するとする（団藤・360頁）。

(c) **本書の立場**

手続きの明確性を要求する見地からは，**否定説が妥当**である。

5 **告発**

(1) **意義**

(i) **定義**

告発とは，告訴権者および犯人以外の者が，犯罪事実を申告し，その訴追を求める意思表示をいう。

(ii) **告発権者**

何人でも，犯罪があると思料するときは，告発をすることができる（239条1項）。告発は一般には権利である。

(b) **告発義務**

官吏または公吏は，その職務をおこなうことにより犯罪があると思料するときは，告発をしなければならない（239条2項）。このばあいの告発は，義務であ

(iii) **効果**

　告発は，一般には単なる**捜査の端緒**であるが，ばあいによっては，明文により，または解釈によって，**訴訟条件**となることがある。

　たとえば，独占禁止法89条ないし91条の罪については公正取引委員会の告発が，公職選挙法253条1項の罪については当該選挙管理委員会の告発が，また関税法所定の犯則事件については税関長などの告発が，それぞれ訴訟条件とされている$\left(\begin{smallmatrix}独禁法96条1項, 公選法253\\条2項, 関税法140条1項\end{smallmatrix}\right)$。

(2) **告発の手続き**

(ⅰ) **告訴の規定の準用**

　告発が**捜査の端緒**であるばあいは，一般の告訴についての規定が適用または準用され$\left(\begin{smallmatrix}241条・242\\条・243条\end{smallmatrix}\right)$，**訴訟条件**であるばあいは，親告罪の告訴の規定が準用される$\left(\begin{smallmatrix}238条\\2項\end{smallmatrix}\right)$。

　告発人に対して訴訟費用を負担させることができる$\left(\begin{smallmatrix}183\\条\end{smallmatrix}\right)$。

(ⅱ) **告訴との相違点**

　告発は，次の点で告訴と異なる。

(a) 代理人による告訴の規定は準用されていないので，**代理人**による告発およびその取消しはみとめられない。

(b) 告発には**期間の制限**がない。

(c) 訴訟条件である**告発の取消し**は，公訴提起後も許され，告発取消し後も**再告発**が許される。告発の取消しが可能なことは243条で明らかであるが，237条3項は，告発の取消しについて，237条1項・2項を準用していない。判例もこれと同旨である$\left(\begin{smallmatrix}東京高判昭28・6・\\26刑集6巻1159頁\end{smallmatrix}\right)$。特別規定$\left(\begin{smallmatrix}たとえば, 独\\禁法96条4項\end{smallmatrix}\right)$があるばあいは別である。

6 請求

(1) **意義**

　一定の罪については，一定の者の請求を待って論ずることとされている$\left(\begin{smallmatrix}刑92条, 労\\調法42条\end{smallmatrix}\right)$。

(2) **手続き**

請求には，**親告罪の告訴**の規定が準用される$\binom{237条3項・}{238条2項}$。ただし，一般の告訴の規定は準用されない。

訴訟費用の負担も命じ得る$\binom{183}{条}$。

(3) **請求および取消しの方式**

請求およびその取消しの方式については，特別の規定がないが，その性質上，告発のばあいに準ずるべきである。刑92条の罪についての外国政府の請求については，244条の準用をもみとめるべきである$\binom{高田・}{332頁}$。

7　自首

(1) **意義**

自首とは，犯罪事実または犯人が誰であるかが発覚しない前に，犯人が，捜査機関に犯罪事実を申告し，その訴追をみとめることをいう$\binom{自首の意義と効果については，}{川端・刑法総論682-3頁参照}$。

(2) **手続き**

自首の手続きは，告訴のばあいと同じである$\binom{245条・}{241条}$。

告訴の代理の規定は，明文で準用されてはいないが，犯人がいつでも捜査機関の支配内に入る態勢にあるばあいであれば，代理は許されるものと解される$\binom{最判昭23・2・}{18刑集2巻104頁}$。

(3) **効果**

自首は，刑法上は刑の減軽事由となるが$\binom{刑42}{条}$，訴訟法上はたんに**捜査の端緒**であるにとどまる。

第4節　捜査の実行

第1款　捜査の方法

1　意義
(1)　**取調べの権限**
(i)　権限規定

　捜査は，通常，**第一次的捜査機関**である司法警察職員によって**開始・実行**され，それが**検察官に引き継がれる**。捜査機関は，捜査についてはその目的を達成するため必要な取調べをすることができる（197条1項本文）。ただし，それは原則として**任意の取調べ**に限られ，強制の処分は，刑訴法に特別の定めがあるばあいでなければ，これをおこなうことができない（197条ただし書き）。

(ii)　「取調べ」という用語の意義

　取調べという用語は，刑訴法上，次の4つの意味で用いられているとされる（松尾・上48頁）。①197条の用例で，**捜査活動一般**を指す広い意味である。②43条3項などにおける「事実の取調」で，**裁判官の認識活動一般**を指し，これも広い意味である。③は，282条，305条における用例で，裁判官が法定の証拠調べの方式に従って**証拠の内容を認識**することをいう。④は，198条および223条における「取調」で，情報をもっている人（被疑者または被疑者以外の者）に対し，捜査官が質問をし，答えを求めて，その**情報を取得**することをいう。それは，対象者との面接活動であり，質問に際しては，物や写真などを示したり，状況の詳しい説明を与えて意見を聞いたり，返答の表面的な意味を超えて，その態度や語調などから情報が得られたりすることもある。なお，「取調べの技術」という観念は，④の意味に関するとされる。

(2)　**任意捜査と強制捜査**

　任意の取調べによる捜査を任意捜査といい，**強制処分による捜査**を強制捜査という。任意の処分と強制の処分の区別に関しては，見解が分かれており，それについては項を改めて見ることにする。

(3) 捜査関係者が注意すべきこと

検察官，検察事務官および司法警察職員ならびに弁護人その他の職務上捜査に関係のある者は，被疑者その他の者の**名誉**を害しないように注意し，かつ，**捜査の妨げ**とならないように注意しなければならないとされている（196条）。

2 強制処分の意義に関する学説

強制処分の意義に関して，学説は，まず強制処分を定義したうえで，その残りの処分を任意処分と解してきている。強制処分の意義について，学説は，次のように分かれている。

(1) 従来の通説

従来の通説は，強制処分の意義について，①直接的な物理力（有形力）を行使することを伴う手段（**直接強制**）と②制裁を予告して義務を課す手段（**間接強制**）を内容とする処分を強制処分と解してきた。さらに，これに③観念的な義務を課すばあいも間接強制に含める見解（平野・82頁）もある。この見解によれば，197条2項も強制処分に含まれることになる。

(2) 法益侵害説

法益侵害説は，個人の権利・利益（法益）を侵害するばあいを強制処分と解する。

最近，盗聴，写真撮影などの**科学技術的手段**を使用する新たな捜査方法が広くおこなわれるようになっているが，これらの新しい捜査方法は，従来の通説における①②③のどれにも該当しないので，通説によれば強制処分に含まれず，任意処分として刑訴法に規定がなくても許容され（197条1項ただし書き参照），また，令状なくしても許容されることになる。しかし，これらの手段は，個人のプライバシーなどの権利・利益の侵害ないし侵害の危険を伴うことがあるので，個人の権利・利益を侵害するか否かをも考慮するべきであるとされる（田宮・71頁。光藤・129頁，白取・92頁，福井・94頁など）。

(3) 重要利益侵害説

重要利益侵害説は，重要な利益の侵害があるばあいを強制処分と解する（田口・44頁）。この見解は，法益侵害説に限定を加え，強制処分の範囲を比較的狭

くみとめつつ，任意処分にも一定の限界があるとする点に特徴がある。
(4) 本書の立場
　強制の本来の語義から見ると，たしかに，従来の通説のように解するのが素直であるといえる。しかし，科学技術の進歩に伴いこれらを利用した捜査をすべて任意処分として広く公認すると，個人の重要な法益や利益が侵害されるおそれが大きい。逆に，これらをすべて禁止すると，捜査が適切になされ得なくなる。そこで，**重要利益侵害説**のように解して，具体的に適切な結果を求めるのが**妥当**であるとおもう。
3　判例の立場
　判例は，197条1項ただし書きの強制処分に関して，「ここにいう強制手段とは，有形力を伴う手段を意味するものではなく，個人の意思を制圧し，身体，住居，財産等に制約を加えて強制的に捜査目的を実現する行為など，特別の根拠規定がなければ許容することが相当でない手段を意味するものであって，右の程度に至らない有形力の行使は，任意捜査においても許容される場合があるといわなければならない。ただ，**強制手段にあたらない有形力の行使**であっても，何らかの法益を侵害し又は侵害するおそれがあるのであるから，状況の如何を問わず常に許容されるものと解するのは相当でなく，**必要性**，**緊急性**などをも考慮したうえ，具体的状況のもとで**相当**と認められる限度において許容されるものと解すべきである」と判示している（最決昭51・3・16 刑集30巻2号187頁）。これは，有形力を伴わないばあいでも，個人の意思を制圧し，権利・利益の侵害があれば，強制処分に該当することをみとめる一方，有形力の行使について，その程度の低いものを任意処分とし，必要性，緊急性，相当性の3要件による限定機能は微弱になると評されている（光藤・128-9頁）。
　上記の最高裁の判例と同一線上に位置づけられるものとして最決昭和29・7・15（刑集8巻7号1137頁），最判昭和53・6・20（刑集32巻4号670頁），集団の中に紛れ込んだ犯人検挙のため，当該集団を停止させるに際して有形力を行使した措置を任意捜査として適法とした判例（最決昭59・2・13 刑集38巻3号395頁），最決昭和59・2・29（刑集38巻3号479頁）などがある。

第2款　任意捜査

1　任意捜査の原則
(1)　強制処分法定主義
捜査については，刑訴法197条は，前述のように，「強制の処分は，この法律に特別の定のある場合でなければ，これをすることができない」として，**強制処分法定主義**を規定している。そして，憲法33条・35条の**令状主義**は，強制処分を前提にした規定である。

(2)　捜査比例の原則と任意捜査の原則
任意捜査であれ，強制捜査であれ，捜査は，実力装置を備えた捜査機関の活動であり，被疑者等の人権を侵害する危険をつねにはらんでいる。他方，「生命，自由及び幸福追求に対する国民の権利については，公共の福祉に反しない限り，立法その他の国政の上で，最大の尊重を必要とする」($\substack{憲13\\条}$)のであり，憲法31条の「法律の定める手続」による基本的人権($\substack{憲11条\\参照}$)の制限も，「合理的な必要最小限度の制限」でなければならない。そして，憲法33条は不逮捕の自由を定め，かつ，「何人も，正当な理由がなければ拘禁されず」($\substack{憲34条\\後段}$)，また，「何人も，その住居，書類及び所持品について，侵入，捜索及び押収を受けることのない権利は，第33条の場合を除いては，正当な理由に基づいて発せられ，且つ捜索する場所及び押収する物を明示する令状がなければ，侵されない」($\substack{憲35条\\1項}$)のであるから，「捜査上の処分は，**必要性に見合った相当なものでなければならないという捜査比例の原則**」($\substack{田宮・\\64頁}$)は，憲法上の原則と考えられる。そして，捜査比例の原則から，捜査目的が強制処分でも任意の手段でも達成され得るばあいには，任意の手段によるべきである，という**任意捜査の原則**が生まれる($\substack{福井・\\82-3頁}$)。

(3)　刑訴法の規定と任意捜査の原則
197条1項($\substack{なお，犯捜\\99条参照}$)は，この任意捜査の原則を採用していると解される($\substack{田宮・\\63-4頁}$)。

2 任意捜査の規制
(1) 任意捜査の法的規制

任意捜査のばあいにも，捜査機関は，「被疑者その他の名誉を害しないように注意し」($\binom{196}{条}$)なければならない。法は，その他に**任意捜査の在り方**については，格別規定していない。そうすると，問題となる**捜査方法・程度**などについては，**個々的に検討**する必要があることになる。

(i) **法益を侵害しない行為**

何人の権利・利益をも侵害しないことが明らかな行為（たとえば，公道などにおける実況見分）は，当然に許容される。

(ii) **非権力的な事実行為**

内偵，聞込み，尾行などは，非権力的な事実行為であるから，明文の法的根拠は不要とされる。さらに警察法2条を根拠にしてそれらの合法性が肯定されている。しかし，この点については個人のプライバシーとの関係で問題がある。尾行の態様などによっては，それらが**警察比例の原則**との関係で違法となるばあいもあり得る（福井・83頁，大阪高判昭51・8・30判時855号115頁参照）。

(iii) **被処分者の承諾があるばあい**

処分を受ける者がそれを承諾しているばあいには，**権利の放棄**として許容されることがある。しかし，官憲を相手に真に任意の権利の放棄があったと言えるためには，権利の内容や放棄の効果を熟知して放棄したことが必要であり，その点を捜査機関が積極的に立証することが必要であるとされる（福井・83頁）。

犯罪捜査規範は，任意の家宅捜査や女子の裸の身体検査を禁止している（犯捜107条・108条）。

(2) 任意同行・任意の取調べ
(i) **任意同行**
(a) **意義**

任意同行とは，被疑者の出頭を確保するために，捜査官がその居宅などから警察署などへ同行させることをいう。

(b) **許容性**

警職法2条2項において任意「同行」がみとめられているが，刑訴法上は任意「出頭」は許され，任意「同行」は許されないとする見解もある。しかし，真の**同意による任意処分**であるかぎり，許容されると一般に解されている($\substack{田宮・67頁\\三井・(1)84頁}$)。その許容性の限度を超えていないか，とくに実質的に逮捕となっているのではないか，が実務上しばしば問題になる。

(c) **判例の立場**

判例は，**採尿手続き**前の一連の手続きについて「被告人宅の寝室まで**承諾**なく立ち入っていること，被告人宅からの任意同行に際して**明確な承諾**を得ていないこと，被告人の退去の申し出に応ぜず警察署に留め置いたことなど，任意捜査の域を逸脱した違法な点が存する」ことを考慮して，その採尿手続きを違法としている($\substack{最判昭61・4・25\\刑集40巻3号215頁}$)。

また，「二名の警察官が両側から両腕を抱える行為は，警察官らの主観のいかんを問わず，社会通念上，被告人の**身体の束縛**があったと認められる客観的情況があったというべきであるから，その方法において任意同行，すなわち任意捜査の域を逸脱した違法な点が存する」($\substack{大阪高判昭61・9・\\17判時1222号144頁}$)としている。

このように**判例**は，刑訴法上の任意同行については，警職法上の任意同行のばあいと比較して厳格な態度をとっているとされる($\substack{福井・77頁\\三井・(1)85頁}$)。もっとも，最高裁の判例は，「強制手段にあたらない有形力の行使であっても，何らかの法益を侵害し又は侵害するおそれがあるのであるから，状況のいかんを問わず常に許容されるものと解するのは相当でなく，**必要性，緊急性**などをも考慮したうえ，具体的状況のもとで**相当**と認められる限度において許容されるものと解すべきである」($\substack{最決昭51・3・16\\刑集30巻2号187頁}$)，と判示しているので，この判例を前提にすると，任意同行においても，ある程度の有形力の行使がみとめられる可能性があることになる($\substack{福井・\\84頁}$)。

(d) **任意同行の適法性と関連する諸問題**

任意同行の適法性は，さらに次のような問題として検討されることになる。すなわち，①任意同行を拒否して抵抗する行為と**公務執行妨害罪または正当防衛**の成否，②その間に採られた証拠（自白や尿など）の**証拠能力**，③任意同行

の違法性を理由とする**国家賠償請求**の認容の肯否，④任意同行後の**逮捕・勾留手続き**の適法性などが問題として発現する（三井・(1)/84-5頁）。

(e) **違法な実質的逮捕と勾留請求の却下**

④の問題のばあい，**違法な任意同行**が実質的逮捕に当たると，違法な逮捕がなされたことになるが，**判例**は，違法逮捕に対する準抗告（429条1項2号）をみとめていない（最決昭57・8・27/刑集36巻6号726頁）。そこで裁判例の中には，逮捕とされた時点を基準に205条2項などの**制限時間を超過**するとして，勾留請求を却下したもの（たとえば，神戸地決昭43・7・9下刑集10巻7号801頁，東京地決昭55・8・13判時972号136頁，大阪地決昭62・7・22判タ671号271頁など），制限時間内に勾留請求があったときでも，憲法の定める**令状主義に反する**として勾留請求を却下したもの（青森地決昭52・8・17判時871号113頁，富山地決昭54・7・26判時946号137頁など）がある。

実質的逮捕の時点で**緊急逮捕の要件**が存在し，かつ，**制限時間内**に勾留請求があるばあいには，違法性は重大ではないとして勾留をみとめる裁判例もある（たとえば，東京高判昭54・8・14判タ402号147頁，福岡地裁久留米支決昭62・2・5判時1223号144頁等）。

(ii) **身柄を拘束されていない被疑者の任意の取調べ**

(a) **問題の所在**

身柄を拘束されていない被疑者の任意の取調べが問題となる。198条1項は，身柄を拘束されていない被疑者は「出頭を拒み，又は出頭後何時でも退去することができる」と規定している。

(b) **長時間にわたる取調べに関する最高裁の判例**

最高裁の判例は，殺人事件の被疑者を4夜にわたり捜査官の手配したホテルなどに宿泊させて，前後5日間にわたり，**連日長時間の取調べ**をした事案について，「任意捜査として許容される限界を越えた違法なものであったとまでは断じ難い」（最決昭59・2・29/刑集38巻3号479頁）と判示し，また，強盗致死事件の被疑者を午後11時過ぎに警察署に任意同行した後，翌日の午後9時すぎまで一睡もさせずにおこなわれた**徹夜の取調べ**につき，「特段の事情がない限り，容易にこれを是認できるものではな〔い〕」としたうえで，その「特段の事情」として事案の性質・重大性などを挙げて，「社会通念上任意捜査として許容される限度を逸脱したものであったとまで断ずることはでき〔ない〕」としている（最決平元・7・4刑集43巻7号581頁）。

これらの判例は，諸般の事情を総合評価するという**利益較量的方法**によったものである（この判例が先の最決昭51・3・16と同じ方法論で任意取調べの適法性を判断したことについては，批判がある〔酒巻匡「任意取調べの限界について」神戸法学年報第7号281頁以下（1991年）参照〕）。

差し当たって最高裁判例の意義は，逮捕に至らないと判断されるばあいでも，任意捜査それ自体として許されないことがあり得ることを一定の基準で明らかにした点にあると解されている（田宮：69頁，福井：86頁）。

(c) **下級審の裁判例**

下級審の裁判例の中には，任意同行した殺人事件の被疑者を，その承諾を得て逮捕前に2夜にわたり捜査官6名とともにビジネスホテルに同宿させ，終日取調べをしたことは，**実質的逮捕**に当たるとして，勾留は許されないとし（東京地決昭55・8・13判時972号136頁），警察署に任意出頭した被疑者を，午後から翌日の午前3時頃まで，警察官がつねに在室してその動静を監視する状況下で，警察署内の取調べ室で取り調べた後，令状に基づく逮捕，勾留請求がなされた事案につき，その取調べは**実質的逮捕**に当たり，違法性は重大であるとして勾留請求を却下したもの（福岡地久留米支決昭62・2・5判時1223号144頁）などがある。また，午後9時20分ころ派出所へ任意同行し，翌朝午前4時ころに至るまでほぼ間断なく徹夜で取り調べ，時価3千円相当のウィスキー1本の窃盗に関する自白を得た事案につき，上記の最決昭和59・2・29を援用して，「任意捜査として許容される社会通念上相当な限度を逸脱し違法である」として，その自白の証拠能力を否定した裁判例（大阪高判昭63・2・17刑集41巻1号62頁）がある。

(3) **おとり捜査**

(i) **おとり捜査の意義**

(a) **意義**

おとり捜査とは，捜査官またはその協力者がおとり（囮）となって人に犯罪をおこなうように働きかけて，その者が犯行に出たときにその者を検挙する捜査方法をいう。

(b) **種類**

おとり捜査には，①**犯意誘発型**と②**機会提供型**の2つの類型がある。①犯

意誘発型**とは，おとりとなる者が相手方に働きかけて犯意（故意）を生じさせて犯罪を実行させる形態をいい，②**機会提供型**とは，すでに犯意を有している者におとりとなる者がその犯罪を実行する機会を提供する形態をいう。

(c) 特別法におけるおとり捜査

　麻薬及び向精神薬取締法58条およびあへん法45条は，犯罪の捜査のため麻薬取締官などが厚生労働大臣の許可を受けて第三者から麻薬・あへんなどを譲り受けることをみとめ，また銃刀法27条の3も，警察官または海上保安官が公安委員会の許可を受けてけん銃などを譲り受けることができることをみとめている。これらは，**おとり捜査を合法化**したものである（平野・86頁，土本・143頁，京都地判昭26・10・1刑集7巻3号498頁参照，東京高判昭28・3・16東京高刑時3巻3号120頁など参照）。

(ii) 許容性

(a) 問題の所在

　おとり捜査に関する一般的な規定は存在しない。その許容性は解釈にゆだねられていることになる。

(b) 最高裁の判例

　最高裁の判例は，捜査機関の**わな行為**による麻薬の不法所持につき，「他人の誘惑により犯意を生じ又はこれを強化された者が犯罪を実行した場合に，わが刑事法上その誘惑者が場合によっては麻薬取締法53条のごとき規定の有無にかかわらず教唆犯又は従犯としての責を負うことのあるのは格別，その他人である**誘惑者**が一私人でなく，**捜査機関であるとの一事を以て**その犯罪実行者の犯罪構成要件該当性又は責任性若しくは違法性を阻却し又は公訴提起の手続規定に違反し若しくは公訴権を消滅せしめることのできないこと多言を要しない」と判示している（最決昭28・3・5 刑集7巻3号482頁）。その後の最高裁の判例として，最判昭29・8・20（刑集8巻8号1239頁），最決昭29・9・24（裁判集刑事98号739頁），最判昭33・10・3（刑集12巻14号3205頁），最決昭36・8・1（裁判集刑事139号1頁）などがある。そして「少なくとも，直接の被害者がいない薬物犯罪等の捜査において，通常の捜査方法のみでは当該犯罪の摘発が困難である場合に，機会があれば犯罪を行う意思があると疑われる者を対象に**おとり捜査**を行うことは，刑訴法197条1項に基づく**任意捜査として許容される**」と判示しておとり捜査が許容される条件を明

示している（最決平16・7・12 刑集58巻5号333頁）。

このような最高裁の見解の背後には，①おとり捜査は，組織性・秘密性が強く被害者もいない**薬物事犯**などの**捜査に必要かつ有効**であること（たとえば，東京高判昭26・11・26高刑集4巻13号1933頁は，横浜地判昭26・6・19を破棄するに当たって麻薬事犯の特殊性を強調しているし，東京高判昭28・3・16東京高刑時3巻3号120頁も，同旨の判示をしている），②その理論的前提として，**捜査の違法は公訴の効力に影響を及ぼさないこと**（たとえば，東京高判昭26・12・11高刑集4巻14号2074頁は「捜査の端緒の不法と，起訴の不法若しくは無効とは区別すべきである」と判示している），③捜査官の行為が不法なものであれば，それに対してはその教唆または幇助の責任を問えばよいこと，④おとり捜査であったという事情は**情状**として考慮すれば足りることがあると解されている（福井・88頁）。

(c) **学説**

学説は，①最高裁の見解を支持して，捜査の違法を抑えるには，おとりの行政責任を追及ないしおとりを教唆犯として処罰すれば足りるとする見解（平野・86頁など）と，②アメリカ法の**わなの理論**を参考にしつつ，犯人が当初から少なくとも犯意を抱いていて，おとりがたんに犯行のための機会を提供したにすぎない**機会提供型は適法**であるが，犯人がわなにかけられたことによって犯意を生じ犯罪を実行した**犯意誘発型は違法**であると解する見解（松尾・上128頁，田口・45頁，寺崎・67頁，池田＝前田・94頁など）とに分かれている。②説が妥当である。

(iii) **おとり捜査の許容性の限界**

(a) **おとり捜査が許容される対象犯罪**

おとり捜査が許容される犯罪は，被害者なき犯罪などのように**捜査が困難な犯罪**であって，**被害法益が重大**で，かつ，おとり捜査が**政治的に悪用される**などの**危険が乏しい**ものでなければならない（三井・(1)91頁，田口・46頁）。殺人や傷害などの人身侵害犯罪は含まない（田宮・70頁）。

(b) **捜査手段の許容性**

(α) **犯意誘発型**

捜査手段としては**犯意誘発的**なものは**許容されない**。すなわち，おとり捜査の時点で犯意があるという客観的状況，つまり犯罪の嫌疑が存在しなけれ

ばならないのである。したがって，その時点では犯罪の嫌疑はないが，将来犯されるであろう犯罪を見込んでおとり捜査をおこなうことは許されない（三井・(1)89頁，田口・47頁）。

　(β)　機会提供型で異常に強力な働きかけがあるばあい
　(c)　犯意の誘発があったか否かという基準からは機会提供型とされるおとり捜査であっても，そこで用いられた捜査手段が常軌を逸するような**強い働きかけ**であったばあいは，そのような手段は通常は犯意を誘発するであろうと考えられるから，違法と解すべきである（田口・47頁）。

　(iv)　**違法なおとり捜査の法的効果**
　(a)　証拠排除説（高田・340頁）
　この説は，違法なおとり捜査によって獲得された証拠について，違法収集証拠の排除法則を適用すべきであるとする。
　この説に対しては，おとり捜査の違法性の問題は，個々の証拠の許容性の問題を超えた問題であるから，違法なおとり捜査については，訴訟手続きそのものを打ち切るべきであるとの批判がある。
　(b)　公訴棄却説（田宮・70頁など）
　この説は，おとり捜査の違法性は手続きの不公正が理由となるので，これに対しては，デュー・プロセス違反として公訴棄却を言い渡すべきであるとする。本説が**多数説**となっている。
　(c)　免訴説（鈴木・63頁）
　この説は，おとり捜査が違法なばあいは国家の処罰適格が欠けるので免訴を言い渡すべきであるとする。
　(d)　二分説（光藤・I 33頁。なお，松尾・上128頁）
　この説は，犯意誘発型のおとり捜査は**公訴棄却**とし，常軌を逸した機会提供型のおとり捜査については**違法収集証拠の排除法則を適用**すべきであるとする。後者については免訴とすべきとする見解もある（田口・47頁）。
　(e)　本書の立場
　わたくしは，公訴棄却と違法収集証拠の排除法則の適用をみとめる**二分説が妥当**であると解する。

(4) コントロールド・デリバリー

(i) 意義

コントロールド・デリバリー（Controlled delivery「**監視つき移転**」）とは，禁制品の不正取引きを知った取締り当局が，禁制品であることを知りながらその場で押収せず，捜査機関の監視下でそれを流通させ，その不正取引きの関与者を特定するための捜査方法をいう。

(ii) 種類

コントロールド・デリバリーには，①禁制品を押収しないで流通させる**ライブ・コントロールド・デリバリー**と，②禁制品をすり替える**クリーン・コントロールド・デリバリー**とがある。いわゆる麻薬特例法（「国際的な協力の下に規制薬物に係る不正行為を助長する行為等の防止を図るための麻薬及び向精神薬取締法等の特例等に関する法律」〔平3法94〕）3条・4条は，ライブ・コントロールド・デリバリーを許容し，同法8条および銃刀法31条の17は，クリーン・コントロールド・デリバリーを前提とする規定である。

(iii) 効果

コントロールド・デリバリーは，犯意を誘発するものでも機会を提供するものでもなく，おとり捜査とは区別され**任意捜査**として適法とされる（田口・48頁，福井・92頁）。

(5) 国際捜査

(i) 国際捜査の必要性

国際交流が進むにつれ，日本国民が**犯罪の被害者**となるケースが増加している。そこで自国民保護の見地から刑法に自国民以外の者の国外犯処罰規定が新設された（刑3条の2）。また，**犯罪の国際化**に伴って，外国における証拠収集や犯人保全などの国際捜査の必要性が強くなっている。

(ii) 問題点

国際捜査に関して次のような問題点が指摘されている（田口・49頁）。

(a) 外国における捜査活動の可否

第1の問題は，わが国の捜査官が，わが国の刑訴法に基づいて，外国で捜査活動をおこなうことができるか，である。捜査権は国家主権の発動である

から，外国主権から捜査活動の承認が得られないかぎり，国際捜査共助としておこなわれる相手国の捜査への立会いにとどまる。

外国主権が，わが国の法律による捜査活動をみとめたばあいには，**刑訴法の場所的適用範囲**が問題となる。この点について，①刑訴法はわが国の領域内に限定されるが，外国主権の承認があれば，その部分につき外国にも拡張されるとする**限定説**と，②刑訴法は外国でも適用されるが，外国では外国主権が優先するので制限を受けているにすぎず，外国主権の承認があれば，この制限はなくなるとする**外国主権制限説**とがある。国外犯処罰規定との調和などから，**外国主権制限説が妥当**である。

(b) **国際捜査共助**

第2の問題は，外国に対して**捜査を嘱託**する国際捜査共助である。外国からわが国に対して捜査の要請があったばあいは，「国際捜査共助法」（昭和55年法律69号）による。国際捜査共助については，国際捜査共助法の趣旨から，①相互に相手国から受ける待遇が均衡しているという**相互主義の保証**があること，が要請される。この要請は，外交ルートによるのが原則であるが，**国際刑事警察機構**（ICPO。通称インターポール［Interpol］）を通じて，外国警察に調査を依頼することもできる。このばあいは，迅速な捜査情報を入手することができるが，証拠を入手することはできないとされている。

(c) **国際司法共助**

第3の問題は，**外国の司法機関**に対して共助を要請する国際司法共助の問題である。**共助によって得られた証拠の証拠能力**については，供述証拠および非供述証拠について問題となる。外国（オーストラリア）の捜査官憲が，令状に基づいて実施した電話傍受により得られた通話の録音テープなどにつき，わが国の憲法および刑訴法の精神に照らして，事実認定の証拠として許容できない事情は窺われないとした事案として，大阪高判平8・7・16（判時1585号157頁）がある。

(d) **わが国の対応**

外国の裁判所からわが国に要請があったばあいは，「外国裁判所ノ嘱託ニ因ル共助法」（明治38年法律63号）による。また，わが国に逃亡した**犯罪人の引渡し**を外

国から請求されたばあいは,「逃亡犯罪人引渡法」($\substack{昭和28\\年68号}$)による。なお，日米間には「日本国とアメリカ合衆国との間の犯罪人引渡しに関する条約」($\substack{昭和55年\\条約3号}$)がある。

第3款　強制捜査

1　強制捜査の種類

強制捜査とは，捜査のための強制処分をいい，刑訴法に特別の定めがあるばあいに限って許される($\substack{197条1項た\\だし書き}$)。このように，捜査をおこなうためには刑訴法にそれをみとめる特別の規定がなければならないとする原則を**強制処分法定主義**という。強制処分には，①**捜査機関**が**裁判官の令状**を得ておこなうもの，②捜査機関の請求によって**裁判官**がおこなうもの，③**捜査機関が令状なしにおこなうことができるもの**がある。

2　令状の性質

令状による強制処分は，裁判官が発付する令状に基づいておこなう強制処分を意味する。裁判官の令状による強制処分には，①被疑者の逮捕，②差押え，③捜索および④検証の4つがある。これらのばあいの令状の性質について，見解の対立がある。

(1)　許可状説

許可状説は，これらのばあいの令状は，裁判官が捜査機関に対して一定の**強制処分をおこなう権限を付与**する許可状としての性質を有すると解する。実務においては，許可状説の見地から，逮捕状では「逮捕を許可する」という文言を用い，また，差押え・捜索・検証については，それぞれ差押許可状・捜索許可状・検証許可状という名称を用いている。この説によれば，捜査機関は，付与された権限を行使するのであり，令状が発付されてもその後の事情の変化などにより必ずしもその権限を行使する必要はない。

(2)　命令状説

命令状説は，弾劾的捜査観の下では逮捕状などはすべて命令状としての性質を有するものと解する($\substack{平野\cdot\\84頁}$)。

(3) 本書の立場

弾劾的捜査観＝命令状説，糾問的捜査観＝許可状説という図式化がなされがちである。しかし，これらの間には論理的必然性はみとめられないし，英米法の逮捕状と違って，**裁判官の面前に引致**することを必要としないだけでなく，**被逮捕者の処置**について裁判官に何らの権限もみとめていないわが国の制度において，逮捕状を命令状と解するのは無理であろう。さらに，**緊急逮捕**のばあいの逮捕状を命令状と解するのはきわめて困難であって，これらを統一的に理解するうえからも**許可状説が妥当**である。

3 令状の請求手続き

(1) 請求の宛先

令状の請求は，当該事件の管轄にかかわらず，請求者の所属の官公署の所在地を管轄する地方裁判所または簡易裁判所の裁判官に対してこれをしなければならない。ただし，やむを得ない事情があるときは，最寄りの下級裁判所の裁判官に対してこれをすることができる（規299条）。

(2) 書面主義

令状の請求は，すべて書面による（規139条1項）。

(3) 請求書の記載事項

請求書の記載事項は，請求する**令状の種類**によって異なる。規則は，逮捕（規142条），勾留（規147条），差押え・捜索・検証（規155条），身体検査（規157条），鑑定留置（規158条の2），鑑定処分許可（規159条），証人尋問（規160条）について，その内容をそれぞれ規定している。

(4) 逮捕状のばあい

逮捕状の請求書には謄本1通の添付を要する（規139条2項）。これは，他の令状の請求に比して数が最も多く，また最も人権に直接関係があるので，その要件も厳重であるから，裁判所で謄本を保管しておく必要があることによるとされている。

(5) 請求の却下

裁判官が令状請求を却下するには，請求書にその旨を記載し記名押印してこれを請求者に交付すれば足り（規140条），特別な裁判を必要としない。

(6) 請求書の返還

裁判官は，令状を発しまたは令状の請求を却下したときは，140条のばあいを除いて速やかに請求書を請求者に返還しなければならない（規141条）。

(7) 有効期間

令状の有効期間は**令状発付の日から7日**（発付の日は算入しない，55条）を原則とするが，裁判官は，相当とみとめるときは7日を超える期間を定めることができる（規300条）。

4 被疑者の逮捕

現行犯のばあいを除いて令状によらなければ何人も逮捕されない（憲33条）。被疑者の逮捕には，①事前に発付された逮捕状による逮捕（**通常逮捕**）と②逮捕直後に逮捕状を発付する方法（**緊急逮捕**）がある。

逮捕は，勾留と同様に，**被疑者の逃亡および罪証隠滅の防止**を目的としてみとめられる強制処分と解すべきである。

(1) 通常逮捕

(i) 逮捕の要件

(a) 「逮捕の理由」

逮捕の第1の要件は，「逮捕の理由」が存在することである。すなわち，逮捕を根拠づけるものとして**「嫌疑の相当性」**があることが要求される。検察官，検察事務官または司法警察職員は，被疑者が罪を犯したことを疑うに足りる**相当な理由**があるときは，裁判官のあらかじめ発する逮捕状により，これを逮捕することができる（199条1項）。

(b) 「逮捕の必要性」

逮捕の第2の要件は，**「逮捕の必要性」**が存在することである。「逮捕の必要」は，積極的な形では示しにくいが，次のように**消極的な形**で示すことができるとされる（松尾・上52頁）。すなわち，逃亡のおそれもなく，罪証隠滅のおそれもないようなばあいは，明らかに逮捕の必要がないと判断され，被疑者の年齢・境遇・犯罪の軽重・態様などに応じて，逮捕の必要のないばあいがあるとされるのである。逮捕の理由があっても，明らかに「逮捕の必要」がないときは，裁判官は逮捕状を発することができない（199条2項ただし書）。

(c) **軽微事件のばあいの特例**

30万円以下の罰金（刑法，暴力行為等処罰に関する法律および経済関係罰則の整備に関する法律の罪以外の罪については，当分の間，2万円），勾留または科料に当たる罪については，通常逮捕は，被疑者が**定まった住居を有しないばあい**，または正当な理由がなく198条の規定による**出頭要求に応じないばあい**に限られる（199条1項）。

(d) **国会議員の特例**

国会議員の逮捕については，憲法50条，国会法33条ないし34条の3・100条による制限がある。

(ii) **逮捕の可否**

逮捕の可否について，次のことが問題となる。

(a) **被疑者を取り調べる目的による逮捕**

現行法は，被疑者に逃亡のおそれ・罪証隠滅のおそれがあるばあいに逮捕の必要性をみとめているので，**被疑者を取り調べる目的**で逮捕することは許されない。この点については見解の対立はない。

(b) **被疑者が数回の呼び出しにも応じないばあいの逮捕**

不出頭それ自体は逮捕の理由とはならないが，**不出頭が重なることにより**逮捕の必要性がみとめられることがある。最判平10・9・7（判時1661号70頁）は，5回にわたる任意出頭の求めに応じなかったなどの事情がある事案につき，逮捕の必要がなかったとはいえない，とする。しかし，住居も明らかで，罪証隠滅の可能性もないときには，逮捕の必要性はみとめられない。このようなばあいは，そのまま公判請求して，裁判所が被告人として召喚し（57条），それでも不出頭のばあいは勾引（58条）するほかないであろう（田口・66-7頁）。

(c) **被疑者の自殺のおそれと逮捕の必要性の肯否**

被疑者が自殺するおそれがあるばあいには，被疑者の身柄保全よりも**被疑者の保護**を優先的に考えるべきであるから，警職法上の保護（警職3条）の問題とすべきである（田口・67頁）。

(iii) **逮捕状の発付**

裁判官は，被疑者が罪を犯したことを疑うに足りる相当な理由があるとみ

とめるときは，検察官または司法警察員（警察官たる司法警察員については，国家公安委員会または都道府県公安委員会が指定する警部以上の者に限る）の請求によって，逮捕状を発する。ただし，明らかに逮捕の必要がないとみとめるときは，この限りでない($\substack{199条2項。\\ お，規143条の3}$)。このただし書きは，裁判官に逮捕の必要性の有無を判断する**権限と責任**があることを明らかにしたものであるとされる。

請求により**数通の逮捕状**を発することは許されており，被疑者の所在が明らかでないばあいなどに役立つとされる($\substack{松尾・\\上53頁}$)。

検察官または司法警察員は，逮捕状を請求するばあいにおいて，**同一の犯罪事実**についてその被疑者に対し前に逮捕状の請求またはその発付があったときは，その旨を裁判所に通知しなければならない($\substack{199条\\3項}$)。

この規定は，**同一犯罪事実**に対して重ねて逮捕状が発付されることを予想するとともに，そのばあいの取扱いを慎重にする趣旨である($\substack{高田・\\350頁}$)。これは，前に手続きが逮捕まで進み，したがって再逮捕に当たるばあいはもとより，前には逮捕状の発付に至らなかったばあいでも，裁判官は，そのことを認識したうえで，次の逮捕状請求に対する許否を判断すべきであるからであるとされる。最初の請求が却下された後，**事情の変更**もないのに別の裁判官に**請求をくり返すという弊害**は，この規定によって防止されるとされるのである($\substack{松尾・\\上56頁}$)。

これをうけて，逮捕状請求書に，その旨を記載することが要求されている($\substack{規142条\\1項8号}$)。

逮捕状請求には一定の事項を記載しなければならず($\substack{規142\\条}$)，また逮捕の理由および必要についての**資料を提供**しなければならない($\substack{規143\\条}$)。

請求を受けた裁判官は，必要とみとめるときは，請求者の出頭を求めてその陳述を聴き，または書類・物の提示を求めることができる($\substack{規143\\条の2}$)。

(iv) **逮捕状の方式**

逮捕状には，被疑者の氏名および住居，罪名，被疑事実の要旨，引致すべき官公署その他の場所，有効期間およびその期間経過後は逮捕することができずこれを返還しなければならない旨，ならびに，発付の年月日その他裁判所の規則で定める事項($\substack{規144条・\\157条の2}$)を記載し，裁判官が，これに記名押印しなけ

ればならない$\binom{200条}{1項}$。被疑者の氏名が明らかでないときは，人相・体格その他被疑者を特定するに足りる事項で被疑者を指示することができ，その住居が明らかでないときは記載を要しない$\binom{200条}{2項}$。

  (v) **逮捕の手続き**

  逮捕状により被疑者を逮捕するには，逮捕状を被疑者に示さなければならない$\binom{201条}{1項}$。これを「**事前呈示の原則**」という。

  73条3項が準用されるので，急速を要するときは，逮捕状を所持していなくても，被疑者に対し被疑事実の要旨と逮捕状が発せられている旨を告げて逮捕することができる$\binom{201条}{2項}$。このばあい，逮捕状は，できるかぎり速やかにこれを示さなければならない。これを逮捕状の「**緊急執行**」という。いわゆる「**指名手配**」は，逮捕状の緊急執行を基礎にしてみとめられている。

  (vi) **逮捕後の手続き**

  (a) **司法巡査による逮捕**

  司法巡査が逮捕状により被疑者を逮捕したばあいは，ただちに**司法警察員に引致しなければならない**$\binom{202}{条}$。

  (b) **司法警察員による逮捕**

  司法警察員は，司法巡査から被疑者を受け取ったばあい，またはみずから逮捕状により被疑者を逮捕したばあいは，ただちに犯罪事実の要旨および弁護人を選任できる旨を告げたうえ，弁解の機会を与え，留置の必要がないと思料するときはただちにこれを釈放し，留置の必要があると思料するときは，被疑者が身体を拘束された時から**48時間以内**に書類および証拠物とともにこれを**検察官に送致**する手続きをしなければならない$\binom{203条}{1項}$。1項のばあいにおいて，被疑者に弁護人の有無を尋ね，弁護人があるときは，弁護人を選任することができる前は，これを告げることを要しない$\binom{2}{項}$。

  実務においては，(a)・(b)の段階で**逮捕手続書および弁解録取書**が作成される$\binom{松尾・}{上54頁}$。

  上記の制限時間内に送致の手続きをしないときは，ただちに被疑者を**釈放**しなければならない$\binom{203条}{4項}$。

  法がみとめている**留置時間の有する意義**が問題となる。この点について

は，次のように解すべきである$\left(\substack{松尾・上\\54-5頁}\right)$。すなわち，もし逮捕が，被疑者の公判への出頭を確保するためにのみみとめられた制度であるとすれば，法は，警察に48時間の余裕を与えずに，むしろ被疑者の速やかな送致を要求したはずである。しかし，逮捕は，たんに逃亡の防止だけに向けられた処分ではなく，また積極的に被疑者の取調べを目的としてみとめられた処分でもないのである。48時間を警察による被疑者取調べのための手持時間と見ることは，被疑者の黙秘権と両立せず，憲法の趣旨に反する。したがって，この48時間は，警察が，**被疑者の逃亡および罪証隠滅を阻止した**状態で**捜査を続行**できる時間であると考えるべきである。被疑者の留置場所の変更も，この観点から制限的に解釈し，取調べの便宜のためにする変更は許されないとするのが妥当であるとされる$\left(\substack{最決昭39・4・9刑集\\18巻4号127頁参照}\right)$。

検察官は，送致された被疑者を受け取ったばあい，**弁解の機会**を与え，留置の必要がないと思料するときは，ただちにこれを**釈放**し，留置の必要があると思料するときは，被疑者を受け取った時から**24時間以内**で，かつ被疑者が身体を拘束された時から**72時間以内**に，裁判官に被疑者の**勾留を請求**しなければならない$\left(\substack{205条1\\項・2項}\right)$。ただし，上記の制限時間内に**公訴を提起**したときは，勾留の請求を要しない$\left(\substack{205条\\3項}\right)$。

上記の制限時間内に勾留の請求または公訴の提起をしないときは，ただちに被疑者を**釈放**しなければならない$\left(\substack{205条\\4項}\right)$。

(c) **検察事務官による逮捕**

検察事務官が逮捕状により被疑者を逮捕したばあい，ただちにこれを**検察官に引致**しなければならない$\left(\substack{202\\条}\right)$。

(d) **検察官による逮捕**

検察官は，逮捕状により被疑者を逮捕したとき，または逮捕状により逮捕された被疑者（203条により送致された被疑者を除く。）を受け取ったときは，ただちに犯罪事実の要旨および弁護人を選任できる旨を告げたうえ，**弁解の機会**を与え，留置の必要がないと思料するときはただちにこれを**釈放**し，留置の必要があると思料するときは，被疑者が身体を拘束された時から**48時間以内**に裁判官に被疑者の**勾留を請求**しなければならない$\left(\substack{204条1項\\本文後段}\right)$。ただし，そ

の時間の制限内に**公訴を提起**したときは，勾留の請求をすることを要しない（204条1項ただし書）。検察官は，37条の2第1項に規定する事件について弁護人選任権を告げるに当たっては，被疑者に対し，資力申告書を提出すべき旨などを教示しなければならない（204条2項）。

上記の制限時間内に勾留の請求または公訴の提起をしないときは，ただちに被疑者を**釈放**しなければならない（204条3項）。

検察官が制限時間内に勾留請求をしないで公訴を提起したときは，280条2項に定める手続きがとられる。

(vii) **逮捕の完了時**

逮捕行為がいつ完了したことになるのかについて，**通説**は，被疑者の身柄を官公署に引致した時に完了すると解している。したがって，逮捕完了後の逃走に対しては新たな逮捕状が必要となる（田口・68頁）。

(viii) **制限時間を遵守できなかったばあい**

検察官または司法警察員がやむを得ない事情によって203条ないし205条の48時間，24時間，72時間という時間の制限に従うことができなかったときは，検察官は，裁判官にその**事由を疎明**して被疑者の**勾留を請求**することができる（206条1項）。

上記の請求を受けた裁判官は，その遅延がやむを得ない事由に基づく正当なものであるとみとめるばあいでなければ，勾留状を発することができない（206条2項）。

裁判官は，勾留状を発することができないときは，勾留状を発しないで，ただちに被疑者の**釈放**を命ずるのである（207条4項ただし書）。

(ix) **準用規定**

逮捕状による逮捕については，勾引状の執行に関する規定が若干準用されている（209条）。

(2) **緊急逮捕**

(i) **意義**

(a) **根拠条文**

検察官，検察事務官または司法警察職員は，死刑または無期もしくは長期

3年以上の懲役もしくは禁錮に当たる罪を犯したことを疑うに足りる**充分な理由**があるばあいで，**急速を要し**，裁判官の逮捕状を求めることができないときは，その理由を告げて被疑者を逮捕することができる。これを**緊急逮捕**という。

このばあいには，ただちに裁判官の**逮捕状を求める手続き**をしなければならない。

逮捕状が発せられないときは，ただちに被疑者を**釈放**しなければならない（210条1項）。

緊急逮捕は，「罪を犯したことを疑うに足りる充分な理由がある」ばあいに許される。「**充分な理由**」は，「**相当な理由**」（199条1項）よりは嫌疑の程度が高いことを要すると解されている。

(b) 緊急逮捕の実際

緊急逮捕が実際におこなわれるのは，犯罪自体がすでに発覚しているにせよ，未発覚であるにせよ，多くは警察官が職務質問などの機会に犯人を知りその場で逮捕しようとするばあいであるが，自首，任意出頭などから緊急逮捕に移行するばあいもあるとされる（松尾・上59頁）。

(ii) **合憲性**

(a) 問題の所在

憲法がみとめているのは**逮捕状による逮捕**と**現行犯逮捕**だけであるが，刑訴法は，ほかに**緊急逮捕**をみとめている。そこで，緊急逮捕が憲法33条に違反するのではないか，という疑問が生ずる。

(b) 学説

(α) 違憲説

この説は，憲法33条は**令状主義の例外**として現行犯逮捕だけをみとめているのであるから，緊急逮捕は違憲であると主張する（平場・353頁）。

(β) 令状による逮捕として把握して合憲と解する説

この説は，緊急逮捕を**逮捕状による逮捕**と構成する。すなわち，「事後とはいえ逮捕に密着した時期に逮捕状が発せられるかぎり，逮捕手続を全体としてみるときは逮捕状にもとづくものということができないわけではない」と

解するのである（団藤・340頁）。

(γ) 合理的逮捕として把握して合憲と解する説

この説は，憲法33条はアメリカ合衆国憲法の「不合理な捜索及び逮捕・押収の禁止」にならって，「合理的な」捜索・逮捕・押収などは令状を要しないと解し，緊急逮捕を現行犯逮捕と並んで令状の保障が除外されるばあいに含める（後掲最高裁昭和30年12月14日判決中の斉藤裁判官補足意見）。

(δ) 実質的観点から合憲性をみとめる説

この説は，実質的に**社会治安上の必要**を考慮し，現在のように都市化し移動性のはげしい社会においてはつねに事前に令状を要求することには無理があることを考えると，緊急の状態のもとで重大な犯罪について例外をみとめることの合憲性をかろうじて肯定し得ると解する（平野・95頁）。

(ε) 本書の立場

一種の緊急行為として緊急逮捕のような逮捕形態もみとめざるを得ないので，違憲説は妥当でない。また，緊急逮捕のばあい，令状が発付されないこともあるので，緊急逮捕を令状に基づく逮捕として解するのは妥当とはいえない。憲法33条は，司法的抑制を働かせなくても逮捕が**合理的なばあい**として現行犯逮捕をみとめているのであり，これに準ずる合理性があるばあいには令状主義の例外をみとめることが可能であり，緊急逮捕は，**令状主義の例外としての合理性**がみとめられるので，合憲であるといえる（田口・68頁）。しかし，運用においては，緊急逮捕が**変則的な制度**であることを念頭に置いて，厳格な処理を旨としなければならない（松尾・上59頁）。

(c) **判例**

判例は，合憲説をとり，「法の定めるような厳格な要件の制約の下に，罪状の重い一定の犯罪のみについて，緊急已むを得ない場合に限り，逮捕後直ちに裁判官の審査を受けて逮捕状の発付を求めることを条件とし，被疑者の逮捕を認めることは，憲法33条の趣旨に反するものではない」と判示している（最判昭30・12・14刑集9巻13号2760頁）。

(iii) **裁判官の権限**

逮捕状の請求を受けた裁判官が**逮捕の必要性**を判断し得ることは，通常逮

捕のばあいと同じである。

(iv) 逮捕状発付の要件

逮捕状発付の要件は，逮捕当時において緊急逮捕の要件が具備していたこと，および，逮捕状発付時において少なくとも通常逮捕の要件が存在すること，である（平野・98頁など）。

(v) 逮捕状の方式

裁判官が発付する逮捕状の方式・記載事項などは，通常逮捕のばあいと同じである（210条2項）。

(vi) 逮捕状の請求

逮捕状の請求は，ただちになされねばならない。これは，逮捕から逮捕状発付の許否についての裁判官の判断までの全体の手続きが迅速になされるべきことを要求するものと解されている。逮捕状の請求は，ただちにしなければならないが，実務上，法律の要求である被疑事実の要旨の告知，弁護人選任権の告知，弁解の機会の付与のほか，逮捕手続書の作成や指紋の採取および照会，写真その他鑑識資料の作成などがおこなわれ，ある程度の時間を要することが多いようである。制度の趣旨に照らして，**請求の迅速性**は守られる必要がある。したがって，**不当な遅延**があったときは，その請求は不適法になる（松尾・上60-1頁）。

(vii) 逮捕後の手続き

緊急逮捕によって被疑者が逮捕された後の手続きは，通常逮捕のばあいと同じである（211条）。

5 差押え，捜索および検証

(1) 権限規定

検察官・検察事務官・司法警察職員は，犯罪の捜査をするについて必要があるときは，**起訴の前後を問わず**（ただし，第1回公判期日後を除く。なぜならば，それ以後は受訴裁判所に対して請求すべきものであるからである。）裁判官が発する令状により，差押え，捜索または検証をすることができる。このばあいにおいて身体の検査は，身体検査令状によらなければならない（218条1項，憲35条）。

令状の請求権者は，検察官・検察事務官・司法警察員である（218条3項）。

(2) **差押えおよび捜索**

差押え・捜索のための令状の請求書には，一定の事項の記載が必要であり$\left(\substack{規155条1\\項\cdot 3項}\right)$，また一定の資料を提供しなければならない$\left(\substack{規156\\条}\right)$。

令状の方式・記載事項は，総則に定める差押状・捜索状のばあい$\left(\substack{107\\条}\right)$とほぼ同じである$\left(\substack{219条,\ 規\\157条の2}\right)$。記載事項について注意すべき点も同じである。

捜査機関が令状によっておこなう差押え・捜索については，裁判所の差押え・捜索に関する規定の多くが準用されている。すなわち，差押えの目的物$\left(\substack{99条,\ 100条,\\103\sim105条}\right)$，捜索の場所$\left(\substack{102\\条}\right)$，差押え・捜索の方式$\left(\substack{110\sim112条,\\114\sim120条}\right)$，差押え物の処置$\left(\substack{121\sim\\124条}\right)$などが準用されるのである。ただし，差押え・捜索をするについて必要があるときは，被疑者を立ち会わせることができる$\left(\substack{222条\\6項}\right)$。これは，**被疑者の意思**に反して立ち会わせることをみとめるものである。

(3) **検証**

検証のための令状請求書には一定の事項を記載しなければならず$\left(\substack{規155\\条}\right)$，また一定の資料を提供しなければならない$\left(\substack{規156\\条Ⅰ}\right)$。

令状の方式・記載事項は，差押え・捜索のばあいに準ずる$\left(\substack{219条,\ 規\\157条の2}\right)$。捜査機関が令状によっておこなう検証について，裁判所の検証に関する多くの規定が準用されている$\left(\substack{222条\\1項}\right)$。すなわち，110条（**令状の提示**），112条（**出入禁止**），114条（**立会い**），118条（**執行中止の際の処分**），129条（**検証の処分の種類**），131条（**身体検査の注意**）および137条ないし140条（**身体検査拒否に対する身体検査の強制**）の規定が準用されるのである。ただし，**夜間の検証**は，原則として令状にこれを許す旨の記載があるばあいのみ許され$\left(\substack{222条4\\項\cdot 5項}\right)$，被疑者・被告人・弁護人の**立会権**はみとめられず$\left(\substack{113条の\\準用なし}\right)$，検証をするについて必要があるときは被疑者を立ち会わせることができる$\left(\substack{222条\\6項}\right)$。

検証のうち身体検査については，裁判所による身体検査と同様に，さらに慎重に配慮されている。

（ⅰ）身体検査による検証は，とくに**身体検査令状**によらなければならない$\left(\substack{218条1\\項後段}\right)$。身体検査令状の請求をするには，身体検査を必要とする理由，被検者の性別・健康状態その他規則で定める事項$\left(\substack{規155条,\\156条}\right)$を示すことが必要である$\left(\substack{218条\\4項}\right)$。

裁判所は，身体検査に関し適当とみとめる条件を付することができる($\substack{218条5\\項}$)。令状の方式・記載事項は，検証のばあいに準ずる($\substack{219条，規157\\条，157条の2}$)。

(ii)裁判所の検証のばあいと同様に，被検者の性別・健康状態などを考慮したうえ，とくにその方法に注意し，その者の名誉を害しないように注意するを要し，女子の身体を検査するばあいには医師または成年の女子を立ち会わせなければならない($\substack{222条1項，\\131条}$)。

被検者が正当な理由なく身体検査を拒んだときは，過料・費用賠償および刑罰の制裁がある($\substack{222条1項・\\137条・138条}$)。過料・費用賠償の制裁は，捜査機関の請求($\substack{規\\158条}$)によって裁判所が課する($\substack{222条7項。なお，\\222条1項，140条}$)。

捜査機関は，上記のような間接強制が効果がないとみとめるときは，そのまま身体検査をおこなうことができる($\substack{222条1項，\\139条}$)。

検察官・検察事務官・司法警察職員の検証の結果を記載した書面である**検証調書**は，一定の条件の下に証拠能力がみとめられる($\substack{321条\\3項}$)。

(4) 鑑定に必要な処分

捜査機関の任意処分による鑑定の嘱託($\substack{223条1\\項後段}$)を受けた者（**鑑定受託者**）は，裁判官の許可を受けて，168条1項に規定する処分（人の住居，人の看守する邸宅・建造物・船舶内に入り，身体を検査し，死体を解剖し，物を破壊すること）をおこなうことができる($\substack{225条\\1項}$)。

この許可の請求は，検察官，検察事務官または司法警察員から一定の事項を記載した請求書でしなければならず($\substack{225条2項，\\規159条}$)，裁判官は，請求を相当とみとめるときは，許可状を発しなければならない($\substack{225条\\3項}$)。

この許可状に関しては，168条2項ないし4項・6項の規定が準用される($\substack{225条\\4項}$)。170条は準用されていないから，検察官・弁護人の立会権はみとめられない。

身体検査に関しては139条（直接強制）・173条（裁判官に対する請求）は準用されないので，被検者が拒否したばあいは，検察官等が218条による検証としての身体検査をおこない，鑑定受託者がこれに立ち会って鑑定をおこなうほかはないと解されている($\substack{団藤・条解430頁，小野等・\\423頁，平野・120頁など}$)。

6 令状によらない強制捜査

(1) 憲法の規定

憲法33条および35条は，人の身体・自由を拘束しまたは人の所有物・占有物・住居に侵害を加える強制処分を司法官憲の令状なしにおこない得るものとして，①**現行犯逮捕**，②**現行犯逮捕後**のばあいおよび**令状による犯人逮捕**のばあいにおける住居・書類・所持品に対する侵入・捜索・押収をみとめている。

(2) 現行犯逮捕

(i) 現行犯逮捕の権限

(a) 原則

現行犯人は，**何人でも**，逮捕状なくてこれを逮捕することができる($\frac{213}{条}$)。したがって，捜査機関に限らず，**私人**も現行犯人を逮捕することができるのである。

(b) 例外

30万円以下の罰金，拘留または科料に当たる現行犯については，犯人の住居もしくは氏名が明らかでないばあい，または犯人が逃亡するおそれがあるばあいにかぎり，何人でも令状なくしてこれを逮捕することができる($\frac{217}{条}$)。

(ii) 現行犯人の意義

(a) 「現行犯人」

現行犯人とは，現に罪をおこない，または現に罪をおこない終わった者をいう($\frac{212条}{1項}$)。

(b) 「現に罪を行い」の意義

「現に罪を行い」とは，犯罪の**実行行為**を現におこなっているばあいをいう。予備・陰謀が処罰されるばあいは，実行行為に含まれる。

(c) 「現に罪を行い終った」の意義

「現に罪を行い終った」とは，**実行行為を終了した直後**であることをいう。結果発生の有無は，問題とならない。

(ii) 無令状の根拠

現行犯人の逮捕に令状を必要としない根拠は，犯人であることが逮捕者に

明らかで，**誤認のおそれがない**と考えられること，および，ただちに逮捕を許す**必要性**が大きいことに求められる。したがって，相手方が「現に罪を行い，又は現に罪を行い終わった者」であることは，逮捕者自身が犯行ないし犯行の終了を**目撃**するか，または犯罪現場や被害者の身体・衣服の状況および犯人の挙動から**合理的に認識**しなければならないことになる。

また，罪をおこない終わっているばあいには，時間の経過とともに客観的な明白性は急減するから，犯行の終了と逮捕とは**時間的に接着**していなければならない。このような逮捕者による**犯人性の直接認識**および犯行中または犯行直後という**時間的状況**が，現行犯逮捕を正当化するわけである（松尾・上56-7頁）。

(iii) **準現行犯**

(a) **意義**

以下に掲げる者（①〜④）が，罪をおこない終ってから間がないと明らかにみとめられるときは，現行犯人とみなされる（212条2項）。これを「**準現行犯**」という（いわゆる「みなし現行犯人」）。

①犯人として**追呼**されているとき，②**贓物**または明らかに犯罪の用に供したとおもわれる**兇器**その他の物を所持しているとき，③身体または被服に犯罪の**顕著な証跡**があるとき，④**誰何**され逃亡しようとするとき。

(b) **罪をおこない終ってから「間がない」の意義**

準現行犯は，フランスにおいて本来の現行犯を拡張してみとめられた概念であって，旧刑訴法ではかなり広範囲にみとめられていた。しかし，これは，憲法33条の解釈上問題があるとされ，「罪を行い終ってから間がないと明らかに認められるとき」という制限を付して**準現行犯の概念を存置**したのである。このような経緯を考慮すると，「間がない」というのは厳格に解する必要があり，犯罪をおこない終ってから最大限数時間を出ないばあいに限るべきであるとされる（高田・342頁）。

「間がない」かどうかは，結局，具体的事案に即して判断せざるを得ないのであり，**通説**は最大限数時間内とみるのが妥当であるとする。

判例は，いわゆる内ゲバ事件が発生したとの無線情報を受けて逃走犯人を

警戒，検索中の警察官らが，犯行終了の**約1時間ないし1時間40分後**に，犯行現場からいずれも**約4キロメートル**離れた各地点で，それぞれ被疑者らを発見し，その挙動や着衣の汚れ等を見て職務質問のために停止するよう求めたところ，いずれの被疑者も**逃げ出した**上，腕に籠手を装着していたり，顔面に新しい傷跡が認められたなどの判示の事実関係の下においては，被疑者らに対して行われた本件各逮捕は，刑訴法212条2項2号ないし4号に当たる者が罪を行い終わってから間がないと明らかに認められるときにされたものであって，適法であるとしている（最決平8・1・29刑集50巻1号1頁）。

(iv) **逮捕後の手続き**
(a) **私人による現行犯人の逮捕**
(α) 捜査機関以外の者による逮捕

捜査機関以外の者は，現行犯人を逮捕したときは，ただちに地方検察庁もしくは区検察庁の検察官または司法警察職員に**引致**しなければならない（214条）。

司法巡査は，現行犯人を受け取ったときは，速やかに司法警察員に引致しなければならない（215条1項）。

司法巡査が現行犯人を受け取ったばあいには，逮捕者の氏名，住居および逮捕の事由を聴き取らなければならない。必要があるときは，逮捕者に対しともに官公署に行くことを求めることができる（215条2項）。

(β) 捜査機関による逮捕

捜査機関が現行犯人を逮捕したばあいの手続きは，逮捕状によって被疑者を逮捕したばあいと同じである（216条）。

(3) **捜索・差押え・検証**
(i) **逮捕の現場における差押え・捜索・検証**
(a) **権限**

検察官，検察事務官または警察職員は，被疑者を逮捕するばあいにおいて，**必要**があるときは，**令状なくして**人の住居または人の看守する邸宅，建造物もしくは船舶内に入り被疑者の捜索をし，逮捕の現場で差押え，捜索または検証をすることができる（220条1項2号）。

「**逮捕の現場**」とは，逮捕行為に時間的・場所的に接着していれば足り，現実に逮捕したことは必要でないと解するのが**通説**である。

(b) **根拠**

　憲法上の問題としては，次のように解すべきである$\left(\substack{松尾・上\\56頁}\right)$。すなわち，これは，「捜索」という観点から見るかぎり，令状によらない強制処分ということになるが，憲法は，住居などの不可侵を保障するに際して，「第33条の場合」，すなわち適法な逮捕のばあいを除外しているので，**形式的**には，令状によらない捜索も違憲ではない。**実質的**にも，逮捕のために被疑者の身柄を捜索する合理的な必要性は肯定できる。しかし，捜索を受ける者の利益を不当に害してはならないから，物の捜索のばあいの要件に準じて，被疑者以外の者の住居などを捜索するときには，被疑者が現にその住居にいることをみとめるに足りる状況があることを要求すべきである$\left(\substack{102条2\\項参照}\right)$。また，事情が許すかぎり，住居主にも逮捕状を呈示したり，立入りの目的を告げたりするなどの配慮をすべきである。

　このばあいに令状なしに差押えなどが許されるのは，**沿革的**に見たばあい，人身拘束がおこなわれるときは，**付随的**に被拘束者の支配内にある場所・物について強制力の行使がみとめられ，**証拠隠滅の防止**および**逮捕行為の確実**を期するために捜索・差押えなどが許されるという**英米法の法理**に由来するので，憲法35条が「第33条の場合を除いては」と規定しているのも，まさにこのような法理を継受したことを意味するから，現実に被疑者を逮捕したばあいにその現場で，という意味に解すべきであるとする見解もある$\left(\substack{高田・\\344頁}\right)$。

　この点に関して，**判例**は，緊急逮捕に向かった捜査官が被疑者不在のため，まず住居に入って捜索・差押えをし，その終り頃に帰宅した被疑者を逮捕したばあいには，**逮捕の現場**でなされた捜索・差押えとして適法であるとしている$\left(\substack{最［大］判昭36・6・\\7刑集15巻6号915頁}\right)$。

　逮捕に伴う捜索・差押えの根拠は，**証拠の損壊・隠滅を防ぐこと**，および，**逮捕行為を安全・確実にすること**にあるので，その**対象**は，当該逮捕の理由となっている犯罪事実に関する物件および凶器に限られる。前記最高裁昭和

36年判決も、捜索・差押えは「当該逮捕の原因たる被疑事実に関する証拠物件を収集保全するためになされ、且つ、その目的の範囲内と認められる」べきことを当然の前提としている。したがって、**逮捕の際、他の犯罪に関する証拠物**が発見されても、それを差し押さえることはできないのである。そのばあい、①任意提出を求めて領置すべきであり、その見込みがないときは、②隠匿、散逸等を防止するため適切な措置をとりつつ、ただちに令状を請求すべきである（犯捜154条）。③たまたま発見された物が禁制品（所持自体が違法となる物）であるばあいには、所持の現行犯で逮捕した際の差押えとして無令状でも適法とすることはできる（光藤・156頁）。

(c) **逮捕と別件捜索**

逮捕と別件捜索の関係について、**判例**は次のように判示している。すなわち、暴行被疑事件について逮捕状を得て被疑者の住居に逮捕に赴いた警察官が、部屋中くまなく、ぬいぐるみの犬を壊してその中まで捜索した事案について札幌高判昭58・12・26（判時1111号143頁）は、「警察官らは右暴行事件による被告人の逮捕の機会を利用し、右暴行事件の逮捕、捜査に必要な範囲を越え、余罪、特に被告人又はA子による覚せい剤の所持、使用等の嫌疑を裏付ける証拠の発見、収集を意図していたものと認められる」と判示し、別件捜索のための逮捕の違法性をみとめたが、覚せい剤は敷いてあった布団のすぐ傍らの木箱の中から容易に発見され、被疑者を重ねて現行犯逮捕のうえ差し押さえられたので、証拠排除するまでの**重大な違法性**はないとした。

(d) **プレイン・ビュー（明認）の法理の適用の肯否**

捜索の過程でたまたま他事件の証拠を発見したばあい、その物の差押えをおこなうことができるであろうか。

(α) 肯定説

アメリカの**プレイン・ビュー（明認）の法理**（plain view doctrine）を採用する余地をみとめる見解がある。その**要件**として、①適法な職務執行中に、②偶然の事情で、③明白な犯罪関連物件を発見し、④それ以上の捜索を要せずただちに差押えが可能であり、以上により、その物件について単なる不審事由でなく「相当な理由」が肯定されることが挙げられている（田宮・105頁）。

(β) 否定説

適法な捜索・差押令状に基づく捜索の実施中に，発見された他の犯罪の証拠物の隠滅を防ぎこれを保全する必要性・緊急性のあるばあいがないとはいえないが，強制処分につき，手続きの法定―すなわち立法府による事前の制度設定―を要請する憲法31条とそれを受けた刑訴法の強制処分法定主義から，プレイン・ビューの法理の適用をみとめるべきではないとする見解も有力である（光藤・157頁，松尾・上76頁，福井・148頁，田口・85頁，平良木『捜査法』249頁など）。

(γ) 本書の立場

わたくしは，**否定説が妥当**であると解する。

(e) **捜索をなし得る場所的限界**

適法な逮捕を完遂するに必要な範囲で同時的に捜索をおこなうことが許されるにすぎないと解する**緊急処分説**によれば，捜索の場所は，被疑者の身体または被疑者の直接支配下にあるとみとめられる場所に限られることになる。

これに対して，220条を，すでに逮捕という強力な処分が許されているうえ，被疑者の周辺からは証拠の存在する蓋然性が高いためみとめられた規定と解する**相当説**によれば，逮捕に伴ってある程度ゆるやかな証拠収集が許されることになる。場所的には，令状によれば許容され得る範囲で許されることになる（光藤・157頁，田宮・注釈246頁参照）。被疑者方住居の一室で逮捕がおこなわれたときは，当然に被疑者方住居全部（付属建物・敷地を含む）が逮捕の現場であるとするのが**一般的慣行**であるとされる。

(ii) **勾引状・勾留状の執行時における捜索・差押え・検証**

検察事務官または司法警察職員が，被疑者に対して発せられた**勾引状または勾留状を執行**するばあいにおいて，必要があるときは，**令状なしに**，人の住居または人が看守する邸宅，建造物もしくは船舶内に入り被疑者を捜索し，執行の現場で差押え，捜索または検証をすることができる（220条4項後段）。

以上のばあいの差押え・捜索・検証については，総則中のこれらに関する規定の多くが**準用**される（222条1項）。ただし，220条の規定により被疑者を捜索するばあいにおいて急速を要するときは，住居主などの立会い（114条2項）を必要

としない($\substack{222条 \\ 2項}$)。

 (iii) **領置**

　検察官，検察事務官または司法警察職員は，被疑者その他の者が**遺留した物**または所有者，所持者もしくは保管者が**任意に提出した物**を，領置することができる($\substack{221 \\ 条}$)。占有取得の過程に強制力が行使されないので，令状を必要としないとされるのである。

 (iv) **身体拘束中の被疑者の指紋の採取など**

　身体の拘束を受けている被疑者の指紋もしくは足型を採取し，身長もしくは体重を測定し，または写真を撮影するには，**被疑者を裸にしないかぎり**，218条1項の令状によることを要しない($\substack{218条 \\ 2項}$)。

　これらは，実質的には**検証としての身体検査**に属する処分であるが，この程度のものは身体の拘束という強制処分の内容に含まれており，新たな法益侵害を伴わないと考えられるからである($\substack{高田・ \\ 346頁}$)。したがって，これらの処分は，身体拘束（逮捕・勾留・鑑定留置）の原因となっている**当該被疑事実に関するもののみ**に限ると解すべきである($\substack{団藤・条解411-2 \\ 頁，高田・346頁}$)。

　実務上，逮捕した被疑者については，引致後，速やかに指紋を採取し，写真その他の鑑識資料を作成するとともに，余罪および指名手配の有無を照会することとされている($\substack{松尾・ \\ 上79頁}$)。

 (v) **逮捕された者についての兇器の検査**

　警察官は，刑事訴訟に関する法律により逮捕されている者については，その身体について兇器を所持しているかどうかを調べることができる($\substack{警職2 \\ 条4項}$)。

　これは，一種の身体捜索であるが，(iv)のばあいと同様に，逮捕という強制処分の内容に含まれるし，保安上の必要もあるので，令状を必要としないものとされるのである。したがって，ここにいう「**逮捕**」は，**広義の逮捕**を意味し，勾引状・勾留状を執行したばあいもこれに含まれると解すべきである($\substack{高田・346頁， \\ 柏木・69頁}$)。

　発見した**兇器を押収**するためには，任意提出による領置($\substack{221 \\ 条}$)以外は**差押え令状**によらなければならない。

(4) **公務所などに対する照会**
(i) **権限規定**
　捜査については，公務所または公私の団体に照会して必要な事項の報告を求めることができる（197条2項）。
(ii) **法的性質**
　報告を求められた公務所などは**報告の義務**を負う。**通説**は，これを**強制処分**に含めている。強制処分であっても一般私人の権利義務には関係がないし，また，たんに義務を課するだけでこれを直接・間接に強制するものではないから，令状を必要としないとしたと解する見解もある（高田・347頁）。これに対して，これを任意処分と解する見解も有力である（田口・43頁）。
(5) **通信履歴の電磁的記録の不消去の求め**
　検察官，検察事務官または司法警察員は，差押えまたは記録命令付差押をするため必要があるときは，電気通信をおこなうための設備を他人の通信の用に供する事業を営む者または自己の業務のために不特定もしくは多数の者の通信を媒介することのできる電気通信をおこなうための設備を設置している者に対し，その業務上記録している電気通信の送信元，送信先，通信日時その他の通信履歴の電磁的記録のうち必要なものを特定し，30日を超えない期間を定めて，これを消去しないよう，書面で求めることができる。このばあいにおいて，当該電磁的記録について差押えまたは記録命令付差押えをする必要がないとみとめるに至ったときは，当該求めを取り消さなければならない（197条3項）。
　前項の規定により消去しないよう求める期間については，とくに必要があるときは，30日を超えない範囲内で延長することができる。ただし，消去しないよう求める期間は，通じて60日を超えることができない（同条4項）。
　第2項または第3項の規定による求めをおこなうばあいにおいて，必要があるときは，みだりにこれらに関する事項を漏らさないよう求めることができる（同条4項）。

7　被疑者の勾留・証人尋問および鑑定留置の請求

(1)　総説

(i)　旧刑訴法の建前

旧刑訴法においては，捜査機関は，現行犯および要急事件のばあいを除いてみずから強制処分をおこなうことができないものとされ，強制処分の必要があるときは，すべて裁判官に請求して裁判官がこれをおこなうという建前であった。しかし，この建前は，一方では強制処分が迅速におこなわれるのを阻害すると同時に，他方ではそれが形式的におこなわれるために請求を受ける裁判官が検察官に隷属する形となり，結局は双方の権威のみを失墜させることになるとの批判が強かった。

(ii)　現行刑訴法の建前

現行刑訴法は，この点にかんがみて，捜査機関が**裁判官の令状（許可状）**を得てみずから強制処分をなし得る範囲を大幅にみとめることとし，少数のとくに重要でかつ捜査機関みずからがおこなうに適しない強制処分については**裁判官に請求**することとしたのである$\left(\substack{高田\\360頁}\cdot\right)$。すなわち，①**被疑者の勾留**，②**証人尋問および鑑定留置**がそうである。

(2)　被疑者の勾留

(i)　勾留の請求

検察官は，被疑者が逮捕されたばあいに，留置の必要があると思料するときは，**一定の制限時間内に裁判官に被疑者の勾留を請求しなければならない**$\left(\substack{204条1項，205条1\\項，206条，216条}\right)$。

(ii)　書面主義

勾留の請求は，一定の事項を記載した**勾留請求書**によってなされる$\left(\substack{規\\147\\条}\right)$。その際，一定の**資料を提供**しなければならない$\left(\substack{規148\\条}\right)$。

(iii)　勾留状の発付と釈放

勾留の請求を受けた裁判官は，**速やかに勾留状**$\left(\substack{207条1項，64\\条，規149条}\right)$を発しなければならない$\left(\substack{207条\\4項}\right)$。ただし，勾留の理由がないとみとめるとき，および，206条2項の規定により勾留状を発することができないときは，勾留状を発しないで，ただちに被疑者の**釈放**を命じなければならない$\left(\substack{207条ただし\\書き前段}\right)$。

(iv) **勾留の理由と勾留の必要性**

「勾留の理由」が60条1項に定める理由を意味することは明らかであるが，さらに**勾留の必要性**を包含するか否かについて，見解の対立がある。

(a) **消極説**

勾留の必要性は裁判官が判断すべき事項ではないとする消極説は，207条1項によって準用される87条は勾留の理由と必要とを区別しているが，207条2項ただし書きは，「勾留の必要」を積極的に排除する趣旨であると主張する。

(b) **積極説**

この問題は，単なる文理解釈の問題ではなく，およそ裁判官に強制処分の必要性についての判断権をみとめるべきかどうかに関する基本的見解の相違によるのであり，逮捕状という許可状の発付について逮捕の必要性を判断する権限をみとめたにもかかわらず，命令状である勾留状の発付につき勾留の必要性を判断し得ないとするのは，不合理である。そこで積極説は，裁判官は勾留の必要性につき判断することができ，必要でないとみとめるときは勾留請求を却下すべきであると解する（高田・361頁など。**通説**）。

(c) **本書の立場**

わたくしは，**積極説**が妥当であると考える。この点は，後述の証人尋問および鑑定留置についても同様である。

(v) **不適法な勾留請求**

勾留の請求が不適法なばあい，勾留状を発しないで被疑者の**釈放**を命ずべきである。

勾留請求についての時間制限に違反したばあいも不適法であるから，やむを得ない遅延とみとめられないかぎり，同様の取扱いを受ける（207条2項ただし書き後段）。

(vi) **勾留請求却下の裁判に対する準抗告と裁判の執行停止**

(a) **積極説**

勾留請求却下の裁判（命令）に対し準抗告（429条1項2号）がなされたばあいに，上記裁判の執行停止が許されるかにつき，**実務および多数説**は，積極説をとっ

ている(平野・104頁など)。
　(b)　**消極説**
　消極説は，勾留請求却下の裁判には執行停止の対象となるべき**執行力**というものが考え得られないことを根拠とする。すなわち，法律は「直ちに被疑者の釈放を命じなければならない」と規定しているが，裁判としては勾留請求を却下する旨の裁判があるだけで(規140条参照)，そのほかに別に釈放命令という裁判があるわけではなく，前者は，これ以上拘束を継続しないとの消極的な裁判であって，検察官としてはこの趣旨に従って釈放手続きをする義務を負うに止まり，上記裁判の執行として釈放するわけではないとされる。かりに裁判の執行停止が可能だとしても，釈放命令があった以上ただちに執行すべきものであるから，執行停止があり得ることを見込んで被疑者の拘束を継続することは許されないとされる。
　(c)　**本書の立場**
　わたくしは，**積極説が妥当**であると解する。
　(vii)　**裁判官の権限**
　勾留の請求を受けた裁判官は，その処分に関し裁判所または裁判長と同一の権限を有する(207条1項本文，規302条1項)。したがって，特別の定めがないかぎり，60条以下の勾留に関する規定が全面的に**準用**される。ただし，保釈に関する規定は準用されないから(207条1項ただし書)，起訴前の保釈はみとめられないことになる。
　(viii)　**逮捕前置主義**
　207条1項が「前3条の規定による勾留の請求」と規定しているところから，現行法は，**逮捕を経ないで直接に被疑者の勾留を請求**することは許されないとする**逮捕前置主義**を採用したものと解されている。**まったく身体の拘束を受けていない者**(いわゆる在宅者，任意出頭した者を含む)に対して直接，勾留請求をすることができない点については，見解が一致している。
　しかし，**他の犯罪ですでに身体拘束を受けている者**(他の犯罪で逮捕・勾留されている被疑者・被告人，自由刑執行中の受刑者など)に対し**別の犯罪事実**につき直接，勾留請求ができるか，については，見解が分かれている。

(a) **積極説**

積極説は、204条ないし207条は通常のばあいを予想したものであって、上記のようなばあい必ず逮捕を先行させなければならないとするのは**無用**であるだけでなく、直接、勾留請求をみとめれば**被疑者**にとって**有利**になることを根拠とする（団藤・条解388頁、平場・363頁、小野等・378頁）。

(b) **消極説**

消極説（**多数説**）は、身体拘束中の者に対しても逮捕前置主義を徹底させて、裁判官による司法的抑制を重視する立場から、事情変動が生じやすい捜査段階においては、逮捕と勾留に関しそれぞれの段階で身体拘束の理由につき審査の関門を設け、無用な拘束がおこなわれるのを防止すべきであるとする。

(c) **本書の立場**

わたくしは、**積極説が妥当**であると考える。

(ⅸ) **逮捕理由と勾留請求**

逮捕の理由であるA事実と別のB事実とともに勾留請求ができるか、が問題となる。このばあいには、A事実につき**逮捕前置主義に基づいて勾留請求がなされている**のであり、それにたまたまB事実が加わったにすぎないので、両事実による勾留請求をみとめてもよいとされる。

たとえば、窃盗だけで逮捕し、勾留の際に傷害を追加するばあい（A→A＋B）は、次のようになる（松尾・108頁・上）。すなわち、逮捕前置主義に照らすと、傷害については、逮捕を省略してただちに勾留したことになるので、許されないのではないか、という疑問が生ずる。しかし、窃盗については、適法に逮捕・勾留がおこなわれる以上、勾留の段階で傷害を付加することをみとめると否とにかかわらず、被疑者が勾留されることは動かないので、窃盗の方を基準として逮捕前置主義が守られていれば足りると解すべきである。したがって、窃盗については容疑が薄らいで勾留できないばあいには、傷害で勾留すること（A→B）は許されないことになる。

(ⅹ) **不起訴と被疑者の釈放**

被疑者を勾留した事件について、**勾留の請求をした日から10日以内**に公訴を提起しないときは、検察官は、ただちに被疑者を**釈放**しなければならな

い($\substack{208条\\1項}$)。10日の期間満了とともに勾留の裁判が失効するので，裁判官の特別な裁判を必要としない。

　(xi)　**勾留期間満了前の被疑者の釈放**

　10日の期間満了前に被疑者を釈放するについて裁判官の裁判（勾留の取消し）を要するかについて，見解が分かれている。

　(a)　**検察官裁量説**

　この説は，明確な規定はないが，勾留の請求者である検察官も，裁判官とは別個に勾留の要件の存続・消滅に対してつねに注意を払うべきであるから，要件が消滅したと判断すれば，被疑者を釈放してよいし，また釈放すべきであると主張する($\substack{松尾・上105頁,\\田宮・86頁など}$)。

　実務上も，検察官の判断でみずから釈放している($\substack{同旨の見解とし\\て，石川・130頁}$)。

　(b)　**勾留取消し必要説**

　被疑者の勾留も裁判である以上，勾留取消によらない検察官の釈放処分は許されないとする見解は，勾留の開始について裁判官による規制をみとめる以上，その終了についても裁判に関する一般原則によるべきであり，勾留取消しによるのが妥当であると主張する($\substack{平野・103頁，高田・\\364頁，鈴木・80頁など}$)。

　(c)　**本書の立場**

　釈放は被疑者にとって有利であるから，勾留の理由が消滅した以上，期間満了前であっても，一刻も早い釈放をみとめる**検察官裁量説が妥当**である。

　(xii)　**勾留の期間の延長**

　裁判官は，**やむを得ない事由**があるとみとめるときは，検察官の請求により，208条1項の期間を延長することができる。この期間の延長は，通じて10日を超えることができない($\substack{208条\\2項}$)。

　実務上，「やむを得ない事由がある」として勾留期間の延長が請求されるのは，被疑者多数，被疑事実多数などの**事案が複雑**なばあいや，重要参考人の病気，鑑定の遅延などの**特別な事情**を伴うばあいであるとされる。裁判官は，本来の勾留の要件が存続していることを前提に，延長がやむを得ないものであるかどうかを判断しなければならないとされる($\substack{松尾・上\\105頁}$)。

⒳　勾留の再延長

裁判官は，刑法第2編第2章ないし第4章または第8章の罪（**内乱罪・外患罪・国交に関する罪・騒乱罪**）に当たる事件については，検察官の請求により，208条2項の規定により延長された期間をさらに延長することができる。

この期間の延長は，通じて5日を超えることができない（208条の2, 規150条の2）。

これらの勾留期間延長の請求および延長の裁判の手続き・方式については，規則151条ないし154条を参照されたい。

(3) 証人尋問の請求

(i) 検察官の請求権限

検察官は，次のばあいに裁判官に証人尋問を請求することができる。

(a) 第1回公判期日前

犯罪の捜査に欠くことのできない知識を有すると明らかにみとめられる者が，223条1項の規定による取調べ（**任意の取調べ**）に対して出頭または供述を拒んだばあいには，第1回の公判期日前にかぎり，検察官は，裁判官にその者の証人尋問を請求することができる（226条。なお,規299条）。

捜査の手段として，裁判官に対し，証人尋問の請求をすることは，**検察官**だけにみとめられた権限である。司法警察職員は，参考人の出頭を求めて，これを取り調べることができるが，同じことは，検察官および検察事務官にも許されている（223条1項）。しかし，このばあいの出頭要求・取調べは，性質上，任意の処分であるから，参考人が出頭を拒むとき，または出頭しても供述を拒むときは，捜査機関としては，強いて協力を求めることはできない。しかし，その参考人が重要な情報を握っているばあいには，その**打開策**として法は，裁判官に対する証人尋問請求という方法を採択したわけである（松尾・上95頁）。

(b) 第1回公判期日後

第1回公判期日後は，裁判所に**証拠調べの請求**としてなすべきである（298条1項, 規188条参照）。

(ii) 書面主義と資料の提出

証人尋問の請求は，**一定の事項を記載した書面**でしなければならず（規160条），かつ，請求事由があることをみとめるべき**資料を提供**しなければならな

い($\substack{規161 \\ 条}$)。

(iii) 矛盾する供述の可能性と尋問請求

　223条1項の規定による検察官，検察事務官または司法警察職員の取調べ（任意の取調べ）に際して任意の供述をした者が，公判期日においては前にした供述と**異なる供述**をするおそれがあり，かつ，その者の供述が**犯罪の証明に欠くことができない**とみとめられるばあいには，**第1回の公判期日前**にかぎり，検察官は，裁判官にその者の証人尋問を請求することができる($\substack{227条 \\ 1項}$)。

　上記の請求をするには，検察官は，証人尋問を必要とする理由およびそれが犯罪の証明に欠くことができないものであることを**疎明**しなければならない($\substack{227条 \\ 2項}$)。

(iv) 裁判官の権限

　上記の証人尋問の請求を受けた裁判官は，証人尋問に関し，裁判所または裁判長と同一の権限を有する($\substack{228条1項。な \\ お，規302条1項}$)。したがって，裁判所がおこなう証人尋問に関する規定($\substack{143条\sim \\ 164条}$)が**準用**される。

(v) 尋問への立会い

　裁判官は，捜査に支障を生ずるおそれがないとみとめるときは，被告人，被疑者または弁護人を尋問に立ち会わせることができる($\substack{228条2項， \\ 規162条}$)。

(vi) 証人尋問調書の証拠能力

　証人尋問の手続きにおいて作成された証人尋問調書($\substack{規38条。な \\ お，規163条}$)の証拠能力は，321条1項1号による。

(4) 鑑定留置の請求

(i) 捜査機関による請求

　捜査機関が任意の処分として**鑑定を嘱託**するばあい($\substack{223条1 \\ 項後段}$)において，167条1項に規定する処分（**鑑定留置**）を必要とするときは，検察官，検察事務官または司法警察員は，裁判官にその処分を請求しなければならない($\substack{224条1項。 \\ なお，規 \\ 299条 \\ 1項}$)。

(ii) 書面主義

　鑑定留置の請求は，書面であることを要し，請求書には一定の事項を記載しなければならない($\substack{規158 \\ 条の2}$)。

(iii) **裁判官による処分**

裁判官は，鑑定留置の請求を**相当**とみとめるときは，167条のばあいに準じてその処分をしなければならない($\frac{224条2}{項前段}$)。

(iv) **裁判官の権限**

規則についても，上記の請求を受けた裁判官は裁判所・裁判官と同一の権限を有する($\frac{規302}{条2項}$)。

鑑定留置の処分をしたときは，167条の2の規定が**準用**される($\frac{224条2}{項後段}$)。

8 逮捕・勾留の諸問題

(1) **逮捕前置主義——逮捕と勾留の関係**

(ⅰ) **意義**

逮捕前置主義とは，前に見たとおり，被疑者の勾留請求をするには，**同一事実**について被疑者が逮捕されていることを必要とする原則をいう($\frac{207条,204}{条ないし}$ $\frac{206条}{参照}$)。

(ⅱ) **根拠**

逮捕前置主義の立場からは，逮捕を経ないで勾留請求をすることはもとより，A事実で逮捕し，別のB事実で勾留請求することも許されない。逮捕前置主義は，**逮捕，勾留の2段階**において，司法審査をおこなうことによって被疑者の拘束に関して**司法的抑制を徹底**されるためにみとめられたものであるとされる。

(2) **事件単位の原則——逮捕・勾留の効力の及ぶ範囲**

(ⅰ) **意義**

事件単位の原則とは，逮捕・勾留の効果は逮捕状または勾留状に記載されている犯罪事実にのみ及ぶことをいう。つまり，逮捕・勾留は，**事件ごと**におこなわれることになる。

(ⅱ) **根拠**

事件単位の原則に従うと，A事件につき勾留されている者を，さらにB事件で勾留することが許されることになる(**勾留の競合・二重勾留**)。二重勾留を避けるために被疑者を単位とする**人単位説**も主張されているが($\frac{平場}{273頁}$)，身柄拘束の根拠を明確にするためには，事件単位の原則が妥当であるとされる

（松尾・上109頁，田宮・93頁，田口・78頁，白取・172頁，池田＝前田・137頁，寺崎・155頁など。**通説・実務**）。すなわち，逮捕・勾留の効力を令状に記載されている犯罪事実に限定することによって，身柄拘束の根拠を明確にし，被疑者の人権を保障できるとされるのである。

(iii) **逮捕・勾留の手続き**

事件単位の原則によると，逮捕・勾留の手続きは，**事件を単位**にして進められることになる。したがって，**逮捕・勾留の要件，勾留延長，勾留更新の事由の存否**の判断は，逮捕事実についてのみなすべきであるから，たとえば，A 事件について勾留請求がなされた際，A 事実については勾留の理由はないが，勾留請求されていない B 事実（余罪）については勾留の理由があるようなばあいには，B 事実を考慮に入れることは許されない。

A 事件の勾留期間を，B 事件を理由に延長したり，A 事件で勾留されている被疑者について，B 事件の捜査を理由として接見指定したりすることはできない。

(iv) **他事件による勾留の効果**

A 事件の勾留中に，二重勾留をしないで，B 事件の捜査がなされるばあいには，二重勾留がなくても，**被疑者に利益な効果**をみとめるべきであるとされる（松尾・上110頁，田口・78頁）。たとえば，B 事件につき有罪となったばあいに，A 事件についての未決勾留日数を B 事件の刑に算入し（最判昭30・12・26刑集9巻14号2996頁），あるいは B 事件につき無罪となったばあいに，A 事件の勾留について刑事補償をみとめるのが妥当であるとされる（最［大］決昭31・12・24刑集10巻12号1692頁）。

(3) **別件逮捕・勾留**

(i) **意義**

(a) **最広義の別件逮捕・勾留**

最広義の別件逮捕・勾留とは，A 事件の捜査過程で別件の B 事件による被疑者の逮捕・勾留がおこなわれるばあいをいう。

(b) **広義の別件逮捕・勾留**

広義の別件逮捕・勾留とは，本件について取り調べる目的で，**逮捕・勾留の要件を具備している別件**で逮捕・勾留するばあいをいう。

(c) **狭義の別件逮捕・勾留**

狭義の別件逮捕・勾留とは，本件について取り調べる目的で，**逮捕・勾留の理由も必要もない軽微な別件**で逮捕・勾留するばあいをいう。

(ii) **狭義の別件逮捕・勾留の適法性に関する学説**

狭義の別件逮捕・勾留の**典型例**は，**重大な本件**（A罪）について逮捕できるだけの証拠がないが，被疑者がA罪の犯人であるとの見込みをつけて，**軽い別件**（B罪）で逮捕・勾留しておいて，その間にA罪の自白を得て，あらためてA罪で被疑者を逮捕・勾留しようとする**捜査手法**である。この捜査手法の適法性の肯否について学説は次のように分かれている。

(a) **別件基準説（適法説）**

この説は，B罪につき逮捕の理由と必要性が具備していれば，A罪の取調べがなされても，B罪による逮捕・勾留は適法であるとする。この説によれば，**逮捕の時点**に立って，逮捕・勾留の適否を判断するので，取調べの内容は，逮捕・勾留の適否とは直接関係がないこととなる（田口・79頁参照）。

(b) **本件基準説（違法説）**

この説は，A罪の取調べを目的とするB罪の逮捕・勾留は違法であるとする。**取調べの時点**に立って，逮捕の適否を判断することになる（松尾・上111頁，高田・354頁，田宮・97頁，鈴木・81頁，石川・127頁，田口・79頁，福井・124頁など。**多数説**）。

(c) **本書の立場**

この点については，①逮捕の目的が別罪の取調べにあるばあいは**実質的に見て令状主義に反する**こと，②別件逮捕・勾留の後，本件逮捕・勾留がなされると，身柄拘束に関する**法定期間を潜脱**する結果となること，③そもそも逮捕・勾留の目的は取調べにはないので，**取調べを目的とする身柄拘束は違法**であることなどから，**本件基準説が妥当**である（田口・72-3頁，東京地判昭45・2・26刑月2巻2号137頁，〔東京麻布連続放火事件〕など参照）。

本件基準説からすれば，①別件逮捕時点で，本件取調べの目的が明白なばあいは，**逮捕状の請求**は却下され，②逮捕・勾留の後に，その逮捕が違法な別件逮捕であったことが判明したばあいには，**勾留の延長**は許されず，③**釈放後の本件逮捕**も許されず，④**別件逮捕中の自白**の証拠能力も否定されるこ

とになる($\substack{田口\cdot\\79頁}$)。
  (iii) **別件逮捕・勾留に関する判例**
  (a) **最高裁の判例**
　①いわゆる**帝銀事件**に関する最高裁の昭和30・4・6判決($\substack{刑集9巻4\\号661頁}$)は，被告人が，別件である私文書偽造行使，詐欺等被告事件（日本堂事件）で起訴され，その勾留中に，余罪に当たる本件強盗殺人事件（帝銀事件）につき，約50回にわたる取調べを受けた事案について，「検事がはじめから帝銀事件の取調べに利用する目的または意図を持ってことさらに日本堂事件を起訴しかつ勾留を請求したと確認するに足る事実は認められず」，また起訴後の勾留中の余罪取調べを違法とすることはできないとして，**自白の証拠能力**を肯定した。この判決は，逮捕・勾留（この事件では起訴後勾留）の要件が備わっていることを前提に，該逮捕・勾留の目的がもっぱら本件の取調べにあったか否かという**捜査官の意図**を問題にしているとされている($\substack{平良木\cdot\\168頁}$)。
　②いわゆる**狭山事件**に関する最高裁の昭和52・8・9決定($\substack{刑集31巻\\5号821頁}$)は，「第一次逮捕・勾留は，その基礎となった被疑事件について逮捕・勾留の理由と必要性があったことは明らかである。そして，『別件』中の恐喝未遂と『本件』とは社会的事実として一連の密接な関連があり，『別件』の捜査として事件当時の被告人の行動状況について被告人を取り調べることは，他面においては『本件』の捜査ともなるのであるから，第一次逮捕・勾留中に『別件』のみならず『本件』についても被告人を取調べているとしても，それは，専ら『本件』のためにする取調というべきではなく，『別件』について当然しなければならない取調をしたものにほかならない。それ故，第一次逮捕・勾留は，専ら，いまだ証拠の揃っていない『本件』について被告人を取調べる目的で，証拠の揃っている『別件』の逮捕・勾留に名を借り，その身柄の拘束を利用して，『本件』について逮捕・勾留して取調べるのと同様な効果を得ることをねらいとしたものであるとすることはできない」と判示した。本決定は，この事案では，「別件」と「本件」との間に，**社会的事実として一連の密接な関係**があるので，「本件」についての取調べも「別件」についての捜査とみなし得るとして，違法な別件逮捕に当たらないとしたものであるとされている

(平良木・169頁)。

③　いわゆる**布川事件**に関する最高裁の昭和53・7・3決定（判時897号114頁）は，逮捕，勾留が「専ら」余罪取調べに利用する意図でおこなわれたとはみとめられないとして，違法な別件逮捕であるとの主張を退けている。最高裁の判例は，「**専ら**」**余罪の取調べを目的**とするような逮捕・勾留であるかを問題にしているが，しかし，具体的にどのようなばあいに違法な別件逮捕となるかについては，まだ**明確な判断**は示されていないとされる（平良木・169頁など）。

(b)　**下級審の裁判例**

下級審裁判例は，**違法な別件逮捕であることを肯定した事案**が多く見られるが，しかし，その**基準**については次の3つの**類型**があるとされる（平良木・169頁以下）。

(α) **別件について，身柄拘束の要件，ことに逮捕・勾留の必要性が欠けていることを理由とするもの**（第一類型）

たとえば，佐賀地裁唐津支判昭51・3・22（判時813号14頁），福岡高判昭52・5・30（判時861号125頁），大阪高判昭55・3・25（高刑集33巻1号80頁）などがこの類型に属する。

近年では，浦和地判平2・10・12（判時1376号24頁）が，「未だ重大な甲事件について被疑者を逮捕・勾留する理由と必要性が十分でないのに，主として右事件について取り調べる目的で，甲事件が存在しなければ通常立件されることがないと思われる軽微な乙事件につき被疑者を逮捕・勾留する場合」に違法な別件逮捕，別件勾留として許されないと判示している。

(β) **当初から検察官は本件を取り調べる意図を有し，かつそれを実行し，別件についても逮捕・勾留の理由と必要が存在したことを理由に適法性をみとめるもの**（第二類型）

六甲山事件に関する大阪高判昭47・7・17（高刑集25巻3号290頁）は，捜査官がはじめから本件たる強盗殺人事件を取り調べる意図をもっており，かつそれを実行したことをみとめつつも，別件たる詐欺事件について逮捕および勾留の理由と必要が存在したことを理由に，捜査手続きを適法としており，これは**別件基準説**に立つものであると解されている（平良木・170頁）。また**富士高校放火事件**に関する東京高判昭53・3・29（刑月10巻3号233頁）は，当初から本件（現住建造物等放火）を取

り調べる意図があり，かつ別件（窃盗）より本件の取調べ時間の方が圧倒的に長いからといって，専ら本件取調べの目的をもって別件の逮捕，勾留に名を借り，実質的に令状主義を潜脱したものとまではみとめられないと判示しており，これも**別件基準説**に立つものと解されている（平良木・170頁）。

(ｧ) **本件基準説に立つもの**（第三類型）

まず，**蛸島事件**に関する金沢地裁七尾支判昭44・6・3（刑裁月報1巻6号657頁）は，16歳の少年がレコード4枚の窃盗および住居侵入を理由とする逮捕，勾留中，学童殺しの殺人，死体遺棄の容疑についての取調べがおこなわれたという事案について，「専ら適法に身柄を拘束するに足りるだけの証拠資料を収集し得ていない重大な本来の事件（本件）について被疑者を取調べ，被疑者自身から本件の証拠資料（自白）を得る目的で，たまたま証拠資料を収集し得た軽い別件に籍口して，被疑者を逮捕・勾留し，結果的には別件を利用して本件で逮捕，勾留して取調べを行ったのと同様の実を挙げようとするが如き捜査方法は，いわゆる別件逮捕・勾留であって見込捜査の典型的なものという」べきである旨を判示している。これは，①逮捕・勾留が自白獲得の手段とされていること，②別件逮捕・勾留の後に，本件での逮捕・勾留を予定していることなど，起訴前の身柄拘束の期間を厳しく制約した刑訴法の趣旨を損なうこと，③実質上本件の捜査を目的とする身柄拘束であるのに別件を理由として逮捕・勾留されたため，本件についての司法審査がおこなわれず，憲法33条の令状主義や同34条の保障に反する違法があることを理由に，別件逮捕・勾留の間に得られた自白を排除している。**東十条事件**に関する東京地判昭42・4・12（下刑集9巻4号410頁），**東京ペット事件**に関する東京地判の昭45・2・26（刑月2巻2号137頁），**曲川事件**に関する福岡地裁小倉支判昭46・6・16判決（刑裁月報3巻6号783頁），東京地判昭57・3・17（判時1098号452頁）などが第三類型に属する例として挙げられている（平良木・171頁）。

別件逮捕・勾留に関する裁判例の多くは，**証拠の採否**の段階，または最終的に**罪となるべき事実を認定**する際に，判断を示している。その理由は，被告人について，被疑者段階の取調べの状況からして，別件のための身柄拘束の期間が，もっぱら余罪である本件についての取調べに利用されていたこと

が判明したため，これらの事情を総合して，事後的に，捜査官が逮捕・勾留を請求した当初から，本件の取調べを予定していたことを推認することができるというばあいが多いことに求められている（平良木・172頁）。そうすると，違法な別件逮捕・勾留であるか否かは，事後的に，とくに自白調書の証拠能力を判断するに際して，その前提として余罪（本件）の取調べがどの程度なされたかが問題にされるのであるから，別件逮捕・勾留の問題は，余罪の取調べの限界に帰着することになる（平良木・172頁）。

(4) **再逮捕・再勾留**

(i) **逮捕・勾留の１回性の原則**

逮捕・勾留の１回性の原則とは，**同一事実**についての逮捕・勾留は１回しか許されないことをいう。**１個の被疑事実**についての再度の逮捕・勾留は，この原則に違反することになる。

(ii) **派生的原則**

逮捕・勾留の１回性の原則から，①**一罪一逮捕・一勾留の原則（分割禁止の原則）**，および，②**再逮捕・再勾留禁止の原則**が導かれる（田口・80頁）。すなわち，①個々の犯罪行為を基準にして逮捕・勾留をみとめると，分割逮捕・勾留をみとめることになるので，罪数を基準とした単一の罪については１回の身柄拘束を原則とすべきである（一罪一逮捕・一勾留の原則，分割禁止の原則）。②１個の被疑事件について時を異にして逮捕・勾留を繰り返すことはできない（再逮捕・再勾留禁止の原則）。

(iii) **例外**

この原則には例外がある。

(a) **再逮捕の可否**

再逮捕が許されることは，法律が**再度の逮捕状の請求**をみとめていることから明らかである（199条3項，規142条1項）。

例外の基準は，再逮捕の合理的必要性とされるが，そのためには**犯罪の重大性と事情の変更**，すなわち，新たな重要な証拠の発見あるいは逃亡のおそれ・罪証隠滅のおそれの新たな出現が必要となる。言い換えると，①新証拠や逃亡・罪証隠滅のおそれなどの新事情の出現により再捜査の必要性があり，

②犯罪の重大性その他諸般の事情から，被疑者の利益と対比してもやむを得ないばあいであって，③逮捕の不当なむし返しといえないときは，ある程度ゆるやかに再逮捕が許されるのである（田宮・94頁）。

(b) **再勾留の可否**

再勾留の可否について，法は何も規定していない。現行法の採用する**強制処分法定主義**を純粋に貫くならば，規定が存しない再勾留は禁止されるべきであると解することも不可能ではない。しかし，再逮捕と再勾留は，一連の密接不可分の手続きであり，**逮捕前置主義**を採用した結果，すでに勾留された事実であるか否かは，容易に知ることができるので，逮捕と同様に，例外的に再勾留をみとめることも必ずしも不可能ではない（平良木・152頁。松尾・上112頁，田宮・94頁参照）。再勾留を例外的にみとめるばあいであっても，再逮捕に比べて，かなり制限されたものとならざるを得ないことになる。たとえば，当初から勾留期間を短縮した形での勾留状の発付を考え，事件単位の原則に基づき，できるかぎり前の逮捕・勾留の期間をも考慮して勾留期間を定めるべきであるとされる（平良木・152-3頁）。

再勾留の可否に関して，例外的にこれをみとめた**判例**がある。すなわち，20日間の勾留の後，処分保留で釈放された後の再勾留の可否について，①先行勾留期間の長短，②捜査の経過，③事情変更の内容，④事案の軽重，⑤検察官の意図その他諸般の事情から，⑥社会通念上捜査機関に強制捜査を断念させることが首肯し難く，⑦拘束の不当な蒸し返しでないとみとめられるばあいに，再勾留が例外的に許容されるとしている（東京地決昭47・4・4刑月4巻4号891頁）。

(iv) **先行逮捕が違法であるとして被疑者を釈放した後の再逮捕の許否**

たとえば，緊急逮捕が違法であるとして令状請求が却下された後に，再逮捕が可能か否か，が問題となる。

このようなばあいに再逮捕の可能性を肯定すると，違法な緊急逮捕を助長する危険があるので，原則として，このような再逮捕は許容すべきではない。ただし，例外として，**犯罪の重大性**，および，**先行逮捕の違法性の軽微性**を条件として再逮捕は許容され得る（田口・80頁）。

9 科学的な捜査方法
(1) 問題の背景

高度に産業化・複雑化した現代社会において，科学技術が発展し，情報機器の発達とともに**情報化社会**が形成されるに至っている。それに伴って犯罪形態にも重要な変化が生じている。すなわち，犯罪が**広域化**，**国際化**，**組織化**または**密行化**するようになったのである。そして，これに対応した捜査方法が要請され，また，供述証拠の収集を中心とする捜査手法が反省され，物的証拠の収集が重視されるようになり，いわゆる**科学的捜査の重要性**が増してきている。科学的捜査は，個人的法益を侵害することが多い。そのような捜査方法が許されるとして，その法的根拠は何か，などが問題となるわけである（松尾・上129-30頁，田口・92頁）。

(2) 写真撮影
(i) 問題の所在

写真撮影には，①犯行現場の撮影，②捜索・差押えの際の撮影，③身体の拘束を受けている被疑者の撮影，④実況見分や検証の際の撮影などがある。

科学的捜査方法として写真撮影がとくに問題になるのは，**人物の撮影**である。人物を撮影するばあいには，**プライバシーの侵害**が問題となるからである。この点につき刑訴法は，218条2項において**身体の拘束を受けている被疑者の写真撮影**について規定している。すなわち，218条2項は，「身体の拘束を受けている被疑者の指紋もしくは足型を採取し，身長もしくは体重を測定し，または写真を撮影するには，被疑者を裸にしない限り，前項の令状によることを要しない」と規定しているにとどまるのである。それ以外のばあいについては何ら触れていないので，解釈に委ねられていることになる。

この点については，次のように解すべきである（松尾・上79-80頁）。すなわち，犯罪捜査のための写真撮影について，法は218条2項以外の写真撮影を禁止する趣旨ではなく，**任意捜査の一環として許容**しているのである。憲法35条が個人のプライバシーを守ろうとしている趣旨は尊重されなければならないから，社会通念上，不当な方法・態様で，人の住居内や所持品などの写真を撮影することは許されない。また，公開の場所であっても，人の容貌や姿態を

みだりに撮影することはやはり違法である。このばあい，適法な写真撮影の要件として，**被疑事実の重大性と蓋然性**，および，**証拠保全の必要性と緊急性**をみとめるべきであるとされる。

(ii) **学説**

学説は，次のように分かれている。

(a) **任意処分説**

この説は，写真撮影は何ら**有形力を行使**するものではないと解する。任意処分説に対しては，有形力の有無のみを基準に用いている点で疑問があるとの批判がある。

(b) **重要利益侵害説**

この説は，**撮影態様**によって任意処分と強制処分とを区別し，重要なプライバシー権が侵害されるばあいを強制処分とする重要利益侵害説は，任意処分としての写真撮影をみとめつつ，許される任意処分の基準を判例法によって画定すべきであるとする。

(c) **新強制処分説**

この説は，写真撮影が**プライバシーを侵害**するので強制処分であるとする法益侵害説を前提にしたうえで，197条1項ただし書きは刑訴法制定当時の古典的強制処分に関するものであり，写真撮影などの新たな**非類型的強制処分**は憲法31条の令状主義の趣旨に合致すれば許容されるとする（田宮・72頁）。新強制処分説に対しては，犯罪の嫌疑が明認できるばあいに新たな強制処分を創造したうえで，必要性，緊急性，相当性の絞りをかけようとするものであるが，判例による法創造は，本来，立法の問題を解釈論として展開している疑いがあるとの批判がある。

(d) **218条2項・220条1項2号類推説**

この説は，218条2項・220条1項2号を類推適用して，実質的に逮捕できる状況があるばあいには**証拠保全の必要性**をみとめて写真撮影を許容する（光藤・169頁）。この説に対しては，逮捕をともなわない以上緊急検証をみとめることになるとの批判がある。強制処分法定主義を厳格に解し，写真撮影については規定がない以上禁止されるとする。法益侵害に程度差をみとめない点

(e) **本書の立場**

　写真撮影は個人のプライバシーを侵害する点において**重大な法益を侵害**するものであるから，基本的に**強制処分**に当たる。しかし，個人のプライバシーも，**住居の中**と**公道**とでは**保護の程度**に差異がみとめられる。公道でのプライバシーは住居内のそれに比べて保護の期待権が減少している。したがって，公道における写真撮影はなお任意処分にとどまる。しかし，任意処分であっても一定のプライバシー権の侵害は存在するのであるから，写真撮影の**必要性，緊急性，相当性**がみとめられない写真撮影は違法となるばあいがある（田口・85頁）。

(iii) **判例**

　最高裁の判例は，警察官が，違法なデモ行進をおこなっている者につき，被撮影者の同意を得ず，令状なくして写真撮影をした事案について，次のように判示している。すなわち，「憲法13条は，『すべて国民は，個人として尊重される。生命，自由及び幸福追求に対する国民の権利については，公共の福祉に反しない限り，立法その他の国政の上で，最大の尊重を必要とする。』と規定しているのであって，これは，国民の私生活上の自由が，警察権等の国家権力の行使に対しても保護されるべきことを規定しているものということができる。そして，**個人の私生活上の自由**の一つとして，何人も，その承諾なしに，みだりにその容ぼう，姿態（以下，『容ほう等』という。）を撮影されない自由を有するものというべきである。これを肖像権と称するかどうかは別として，少なくとも，警察官が，正当な理由もないのに，個人の容ぼう等を撮影することは，憲法13条の趣旨に反し，許されないものといわなければならない。しかしながら，個人の有する右自由も，国家権力の行使から無制限に保護されるわけでなく，公共の福祉のため必要のある場合には，**相当の制限**を受けることは同条の規定に照らして明らかである。そして，犯罪を捜査することは，公共の福祉のため警察に与えられた国家作用の一つであり，警察には，これを遂行すべき責務があるのであるから（警察法2条1項参照），警察官が**犯罪捜査の必要上**写真を撮影する際，その対象の中に犯人のみならず第三者であ

る個人の容ぼう等が含まれても，これが**許容**される場合がありうるものといわなければならない。

そこで，その**許容される限度**について考察すると，身体の拘束を受けている被疑者の写真撮影を規定した刑訴法218条2項のような場合のほか，次のような場合には，撮影される本人の同意がなく，また裁判官の令状がなくても，警察官による個人の容ぼうの撮影が許容されるものと解すべきである。すなわち，**現に犯罪が行なわれもしくは行なわれたのち間がない**と認められる場合であってしかも**証拠保全の必要性および緊急性**があり，かつその撮影が一般的に許容される限度をこえない**相当な方法**をもって行なわれるときである。このような場合に行なわれる警察官による写真撮影は，その対象の中に，犯人の容ぼう等のほか，犯人の身辺または被写体とされた物件の近くにいたためこれを除外できない状況にある第三者である個人の容ぼう等を含むことになっても，憲法13条，35条に違反しないものと解すべきである」と判示されているのである（最判昭44・12・24刑集23巻12号1625頁。**京都府学連事件**）。

本判決は，①行為の現行犯性，②証拠保全の必要性と緊急性，③撮影方法の相当性を条件として，写真撮影を適法としたものであると解されている（田口・97頁）。本判決に対しては，「写真撮影は強制処分か任意処分か」の判断が必要であるにもかかわらず，これを避けているとの批判がある（寺崎・70頁）。

最高裁の判例は，さらに上記の判決において提示されたのと同様の基準に従って，**自動速度監視装置**による速度違反車両の運転者および同乗者の容貌を写真撮影することの合憲性について次のように判示している。すなわち，「速度違反車両の自動撮影を行う本件自動速度監視装置による運転者の容ぼうの写真撮影は，**現に犯罪が行われている**場合になされ，犯罪の性質，態様からいって緊急に**証拠保全をする必要性**があり，その方法も一般的に許容される限度を超えない**相当なもの**であるから，憲法13条に違反せず，また，右写真撮影の際，運転者の近くにいるため除外できない状況にある同乗者の容ぼうを撮影することになっても，憲法13条，21条に違反しないことは，当裁判所昭和44年12月24日大法廷判決（刑集23巻12号1625頁）の趣旨に徴して明らかである」と判示したのである（最判昭61・2・14刑集40巻1号48頁）。

(3) **ビデオ撮影**
(i) **問題の所在**

　ビデオは，動く影像に同時的に音声が伴うものであり，原理的には**写真撮影と音声の録音が合体したもの**として把握することができる。したがって，写真撮影が一定のばあいに許容され得る以上，ビデオ撮影も許容され得る。しかし，ビデオ撮影には**時間的契機**が包含されているので，特殊な問題が生ずる。すなわち，長時間撮影が可能なビデオ撮影においては，犯罪発生を予想してビデオ撮影することも許容されるか，が問題となる。このような撮影形態を許容するとすれば，写真撮影のばあいにおける**行為の現行犯性**と**証拠保全の緊急性**の要件をある程度緩和せざるを得なくなる。少なくても犯行の高度の蓋然性のないばあいには，たとえ公道であっても不当な撮影となるのである($\substack{田口・\\98頁}$)。

(ii) **判例**

　東京高判昭63・4・1($\substack{判時1278\\号152頁}$)は，派出所にビデオを設置して撮影した事案について，犯行の相当高度の蓋然性があり，証拠保全の必要性，緊急性および撮影方法の相当性をみとめて，適法としている。

(4) **体液の採取**
(i) **問題の所在**
(a) **本人の同意と令状**

　体液，たとえば，**血液**や**胃液**などの検査のためにそれらを採取するばあいには，身体に対する侵害(**身体侵襲**)が伴うので，本人の同意が不可欠となる。本人の同意が得られたばあいには，**任意の処分**といえるから，令状がなくてもこれをおこなうことができる。しかし，本人の同意が得られないばあいには，令状が必要となる。このばあいには，**鑑定処分許可状**に基づいて鑑定の嘱託を受けた者が体液の採取をおこなうことになる($\substack{225条\cdot\\168条}$)。

(b) **鑑定処分許可状があるばあいにおける本人の採取拒否**

　鑑定処分許可状が発付されているにもかかわらず，本人が体液の採取を拒否したばあい，強制的に採取することができるのであろうか。

　鑑定人による身体検査のばあい，身体検査を受ける者が検査を拒んだとき

には，鑑定人は，**裁判官**にその者の身体の**検査を請求**することができる（172条1項）。

その請求を受けた裁判官は，第10章（**検証**）の規定に準じ身体の検査をすることができる（同条2項）。

ところが，225条は172条を準用していないので，このばあいの鑑定処分許可状の直接強制はできないことになる。そこで**通説**は，直接強制を可能にする身体検査令状も必要であると解して，2つの令状が必要であるとする**併用説**をとってきたのである。

(c) **覚せい剤事犯における強制採尿**

体液の採取がとくに争われるものに身体内の**尿の採取**がある。覚せい剤事犯における尿の採取に当たっては，**カテーテル**（ゴム製の導尿管）を尿道に挿入して強制的に採尿する方法がとられている。これは，被採取者にとっては，きわめて屈辱的な方法であり（これは屈辱感など精神に打撃を与えるものであるとされる，田宮・116頁），強制的になされたばあいには精神的に耐え難いものといえる。しかし，覚せい剤事犯においては，**尿中の覚せい剤成分**を検出しなければ，**覚せい剤使用の事実**を立証することは困難である。そこで，強制採尿の可否，可能であるとしたばあい，その要件などが問題となるのである（覚せい剤事犯における捜査上の問題の背景については，松尾・上80頁参照）。

(ii) **強制採尿**

(a) **強制採尿の許容性**

身体内の尿の採取は，前述のとおり，とくに**覚せい剤自己使用罪**について問題となる。採尿の**必要性の根拠**は，次の2点にある。すなわち，①覚せい剤の自己使用の事実それ自体の**捜査・立証が困難**であり，血液中の覚せい剤の**残留時間が短い**（通常は1〜2時間といわれている）こと，②これに対して**尿の残留期間は1〜2週間と比較的長い**ため，尿中の覚せい剤成分を検出すれば，覚せい剤使用の事実を立証できることがその根拠である。そのような必要性があるとしても，そもそも強制採尿という採証方法が許容されるかが問題となるのである（田口・95頁）。

(b) **学説・判例**

(α) 学説

多数説は，**肯定説**をとっている（渥美・122頁，池田＝前田・172頁など）。**捜査の必要性**がその根拠となる。

これに対して，**否定説**は，人間の尊厳を侵すものであるとして強制採尿という採証方法は許容されないとする（田口・95頁，光藤・Ⅰ167頁，福井・152頁，白取・141頁など）。これと同じ立場の下級審裁判例がある（名古屋高判昭54・2・14判タ383号56頁）。

(β) 最高裁の判例

最高裁の判例は，「被疑事件の重大性，嫌疑の存在，当該証拠の重要性とその取得の必要性，適当な代替手段の不存在等の事情に照らし，犯罪の捜査上真にやむをえないと認められる場合には，最終的手段として，適切な法律上の手続を経〔たうえ〕，被疑者の身体の安全とその人格の保護のため十分な配慮が施されるべき」であるとする（最決昭55・10・23刑集34巻5号300頁）。

(γ) 本書の立場

わたくしは，捜査の必要上，強制採尿はやむを得ないと考えるので，**肯定説を支持**する。しかし，強制採尿が人間の尊厳を害するおそれのある捜査方法である以上，その**許容範囲は厳格に**画定されなければならない。

(c) **強制採尿の手続き**

従来，身体内部に侵襲するばあい，強制処分の根拠を何に求めるかをめぐって，学説は，身体検査令状説，鑑定処分許可状説および身体検査令状と鑑定処分許可状との併用説とに分かれていた。前述のとおり，**通説**は，身体検査は人体の外表部分の検査に限られるので，身体内に侵襲する以上，鑑定処分許可状が必要となり，鑑定処分は直接強制ができないので，直接強制を可能とする身体検査令状も必要であるという**併用説**を採用していたのである。

上記の**最高裁の判例**は，身体内部に侵襲するばあいであっても「捜査機関が強制採尿をするには捜索差押令状によるべきであり，右令状には，医師をして医学的に相当と認められる方法で行わせなければならない旨の条件の記載が不可欠である」と判示している。これは，身体内の尿はいずれ排出されるもので価値のない物であるから，捜索差押令状によって採取できるが，身

体検査に準ずる配慮が必要であるとするものであり，いわば**条件付捜索差押令状説**をとるものであるとされる（田口・96頁）。この令状は，実務上，**強制採尿令状**と称されている。捜索差押令状である以上，直接強制が可能であり，そのため必要な処分も可能である。

最高裁の判例の立場に対しては，身体の内部を侵襲する行為を捜索として捉える点，および条件付捜索差押令状は新たな強制処分令状を判例によって立法したことになるのではないかという点に基本的疑問があるとの批判がある（田口・97頁）。これは，併用説からの批判であるが，しかし，併用説には直接強制が可能なのは身体外表に限定されるべきことになるという難点がある。この点は，鑑定と検証とを性質の異なる処分と考えるのではなく，鑑定は**検証の特別形態**であると解することによって検証についての直接強制は鑑定にも及ぶと構成することができるとされる（井上正仁「刑事手続における体液の強制採取」法学協会百周年記念論文集2巻655頁以下参照）。

(d)　**強制採尿手続きの適法性**

強制採尿手続きの適法性の判断は，採尿手続きそれ自体の適法性・違法性だけでなく，採尿に**先行する手続きの適法性・違法性をも考慮**して，全体としてなされるべきである（最判昭61・4・25刑集40巻3号215頁）。したがって，強制採尿と違法な先行手続きとの間に**同一目的・直接利用の関係**がみとめられるばあいには，その採尿手続きは違法となり得る。逆に，適法な捜索によって覚せい剤が発見された後に，その捜索とは関係なく警察官の違法行為がおこなわれたばあいには，後の手続きの違法性が先の手続きの適法性・違法性に影響を与えないことになる（田口・97頁。最決平8・10・29刑集50巻9号683頁）。

(e)　**強制採尿と有形力の行使**

強制採尿が強制処分である以上，その際，有形力を行使することも可能である。

令状の執行に関して，強制採尿令状によって被疑者を**採尿場所まで強制連行**することができるか否か，が問題となる。

学説は，積極説と消極説に分かれている。

(α)　**積極説**

積極説は，その根拠をめぐって，(ア)111条の「必要な処分」として連行でき

ると解する必要処分説 $\binom{松尾・上}{81頁}$，(イ)**強制採尿令状の効力**として連行できると解する令状内在説，(ウ)強制採尿令状に強制連行を許可する旨の条件記載をしたばあいには，連行できるとする条件記載説などが主張されている。

本書は，**令状内在説**が妥当であると解する。

(β) 消極説

消極説は，強制処分法定主義の観点から，採尿の付随的効果として強制連行はできないと解している $\binom{田宮・118頁，寺}{崎・103頁など}$。

(γ) 判例

判例は，任意同行が不可能なばあいは，「強制採尿令状の効力として，採尿に適する最寄りの場所まで被疑者を連行することができ，その際，必要最小限度の有形力を行使することができる」とする $\binom{最決平6・9・16刑}{集48巻6号420頁}$。これは**令状内在説**をとるものであるとされている。これに対しては，人の身体を拘束し，連行するためには逮捕要件が具備していることが基本であり，捜索差押令状または身体検査令状により逮捕と同程度の自由拘束が可能となるとすることには疑問があるとの批判がある $\binom{田口・}{97頁}$。

(iii) 採血・呼気採取・嚥下物(えんかぶつ)の採取

(a) **採血**

採血は，強制処分であり，その実施に当たっては**鑑定処分許可状**が必要である。被疑者が意識不明のばあいも，同様に扱われる $\binom{仙台高判昭47・1・}{25刑月4巻1号14頁}$。

(b) **呼気採取**

呼気採取は，**飲酒運転**などにつき体内のアルコール保有の有無を検査するためにおこなわれる。被採取者の同意があるばあいには，任意処分であるから，呼気採取が可能であることは言うまでもない。意識不明の者の自然呼気を採取するばあいには，身体侵襲がないので任意捜査として許容され得る $\binom{福井地判昭56・6・10}{刑月13巻6=7号461頁}$。

(c) **嚥下物(えんかぶつ)の採取**

嚥下物の採取は，鑑定処分許可状（および差押令状）により，強制が必要なばあいには身体検査令状をも併用しておこなわれてきた。しかし，強制採尿に関する前掲の**判例の見地**からは，嚥下物の採取（そのための下剤投与，留め置きな

第4節　捜査の実行　161

どを含む）も**条件付捜索差押令状**によって可能となるとされる（田口・98頁）。

(4) 通信傍受
(i) 問題の所在

　通信傍受とは，他人間の通信について，当該通信の当事者のいずれの同意も得ないで，その内容を受けることをいう（犯罪捜査のための通信傍受に関する法律［以下，通信傍受法と略記する］2条2項参照）。通信傍受は，従来，電話回路に盗聴器をセットする**電話盗聴**（wiretapping）の方法でなされてきたが，近時，**コンピュータ通信の傍受**も可能となっている。薬物・銃器犯罪などの**組織的犯罪**については，従前の捜査方法によるだけでは末端の行為者の検挙にとどまり，犯罪組織の幹部を捕捉することができないので，捜査手段としての通信傍受が必要であるとされてきた。傍受行為は，捜査上，きわめて効果的であるが，その反面，**個人のプライバシー権**（憲13条・21条・35条）を侵害する（通信傍受とプライバシーの保護については，井上正仁『捜査手段としての通信・会話の傍受』［以下，『通信傍受』と略記する］5頁以下参照）。したがって，これは**強制処分**であると解されるべきことになる（通信傍受の強制処分性については，井上『通信傍受』85頁以下参照）。

　判例も，「電話傍受は，通信の秘密を侵害し，ひいては，個人のプライバシーを侵害する**強制処分**である」と解している（最決平11・12・16刑集53巻9号1327頁）。通信傍受法の制定前は，実務は，検証令状によって電話傍受をおこなってきた。

　判例は，①重大な犯罪に係る被疑事件について，②被疑者が罪を犯したと疑うに足りる十分な理由があり，③当該電話により被疑事実に関連する通話のおこなわれる蓋然性があるとともに，④電話傍受以外の方法によってはその罪に関する重要かつ必要な証拠を得ることが著しく困難であるなどの事情が存するばあいにおいて，⑤電話傍受により侵害される利益の内容，程度を慎重に考慮した上で，なお電話傍受をおこなうことが犯罪の捜査上真にやむを得ないとみとめられるときには，⑥法律の定める手続きにしたがってこれをおこなうことも憲法上許されるとし，⑦その手続きとして，適当な条件を付した検証許可状によることも許されるとした（前掲最決平11・12・16）。

　しかし，このような強制処分については**立法**が必要であると解されるに至った。そこで，1999年の「刑事訴訟法の一部を改正する法律」（平成11年法律138号）により規定された刑訴法222条の2は，「通信の当事者のいずれの同意も得な

いで電気通信の傍受を行う強制の処分については，別に法律の定めるところによる」とし，**強制処分法定主義**に従って「犯罪捜査のための通信傍受に関する法律」が制定されたのである。その結果，通信傍受法以外の方法による通信傍受はできなくなったのである。

(ii) **通信傍受法に基づく傍受**

(a) **実体的要件**

傍受令状の要件として，(α)犯罪の嫌疑の要件，(β)蓋然性の要件および(γ)補充性の要件が必要である($\substack{通信傍受\\法3条1項}$)。

(α) 犯罪の嫌疑の要件

犯罪の嫌疑の要件として，(ア)対象犯罪が犯されたこと($\substack{同条1\\項1号}$)，(イ)対象犯罪が犯され，引き続き同一または同種の対象犯罪または当該対象犯罪の実行を含む一連の犯行の計画にもとづき対象犯罪が犯されること($\substack{同条1\\項2号}$)，(ウ)死刑または無期もしくは長期2年以上の懲役・禁錮に当たる罪が対象犯罪と一体のものとしてその実行に必要な準備のために犯され，引き続き当該対象犯罪が犯されること($\substack{同条1\\項3号}$)，のいずれかを疑うに足りる十分な理由があり，それらの犯罪が数人の共謀によるものであると疑うに足りる状況であることが必要であるとされる($\substack{対象犯罪と嫌疑については，井\\上『通信傍受』132頁以下参照}$)。

(β) 蓋然性の要件

蓋然性の要件として，それらの犯罪に関する通信（犯罪関連通信）がおこなわれると疑うに足りる状況があることが必要であるとされる($\substack{蓋然性の要件につい\\ては，井上『通信傍\\受』168頁以下参照}$)。

(γ) 補充性の要件

補充性の要件として，他の方法によっては捜査が著しく困難であることが必要であるとされる($\substack{補充性の要件については，井\\上『通信傍受』171頁以下参照}$)。

(b) **令状請求の手続き**

(α) 令状の請求

傍受令状の請求権者は，検事総長が指定する検事，国家公安委員会もしくは都道府県公安委員会が指定する警視以上の警察官，厚生労働大臣が指定する麻薬取締官または海上保安庁長官が指定する海上保安官である($\substack{通信傍受\\法4条1項}$)。

(β) 傍受令状の発付

傍受令状の発付権者は，地方裁判所の裁判官である($\substack{同条\\1項}$)。

(γ) 傍受の期間

傍受ができる期間は10日以内である($\substack{同法5\\条1項}$)。この期間は，10日以内の期間を定めて延長することができるが，通じて30日を超えることはできない($\substack{同法7\\条1項}$)。

(c) **傍受の実施**

傍受の実施に当たっては，①**傍受令状を提示**し($\substack{通信傍\\受法9条}$)，通信手段の傍受の実施をする部分を管理する者またはこれに代わるべき者を**立ち会わせ**なければならない($\substack{同法12\\条1項}$)。立会人は，傍受の実施に関し意見を述べることができる($\substack{同法12\\条2項}$)。傍受の記録媒体については，傍受の実施を中断しまたは終了したときは，速やかに立会人にその封印を求めなければならない($\substack{同法20\\条1項}$)。

②検察官または司法警察員は，傍受すべき通信に該当するかどうかを判断するため，**必要最小限度の範囲**にかぎり，当該通信の傍受をすることができる($\substack{いわゆる該当性判断のた\\めの傍受。同法13条1項}$)。必要最小限度の範囲に限る方法としては，傍受の開始と中断を繰り返す**スポット・モニタリング**という傍受方法がとられる。

③検察官または司法警察員は，傍受の実施をしている間に，傍受令状に被疑事実として記載されている犯罪以外の犯罪であって，別表に掲げるものまたは死刑もしくは無期もしくは短期1年以上の懲役もしくは禁錮に当たるものを実行したこと，実行していることまたは実行することを内容とするものと明らかにみとめられる通信がおこなわれたときは，当該通信の傍受をすることができる($\substack{いわゆる他の犯罪の実行を内容\\とする通信の傍受。同法14条}$)。このばあいには，裁判官は，当該通信が同法14条に規定する通信に該当するかどうかを審査し，これに該当しないとみとめるときは，当該通信の傍受の処分を取り消さなければならない($\substack{同法21\\条2項}$)。

傍受した通信は，**記録媒体に記録**し($\substack{同法19\\条1項}$)，**封印**し($\substack{同法20\\条1項}$)，**裁判官に提出**され($\substack{同法\\3項}$)，刑事手続きに利用するための**傍受記録**が検察官または司法警察職員によって作成される($\substack{同法22条\\1項〜4項}$)。

被傍受者の権利を保障するために，①傍受記録に記録された当事者に対す

る通知(同法23条1項)，②傍受記録などの聴取および閲覧(同法24条・25条)，ならびに，③当事者の不服申立て(同26条)などが規定されている。

(d) **最高裁判所規則・国家委員会規則**

通信傍受の手続きについては，法律のほかに，最高裁判所規則(「犯罪捜査のための通信傍受に関する規則」(平成12年最高裁規則6号))および国家公安委員会規則(「通信傍受規則」(平成12年国家公安委員会規則13号))が制定されている(いずれも，2000年8月15日に施行された)。

これらの規則が定められたのは，通信傍受が，他の逮捕や捜索・押収などの強制処分に比べて，その性質上，本来的に**秘密裏**におこなわれる処分であり，その適正な執行を担保する必要が高いためであるとされている(田口・102-3頁)。通信傍受の手続きについては，裁判官は，傍受原記録を保管したり，傍受実施状況書の提出を受けるなどの他の強制処分と異なり，傍受手続きに関与する機会の多い強制処分となっているので，裁判官による司法的抑制の機会は，令状審査以外にも多くあり，裁判官の審査機能が大きな意味をもつことに注意すべきであるとされている(田口・103頁)。

(iii) **通信傍受法における問題点**

(a) **将来の犯罪**

傍受対象に将来の犯罪が含まれているが(通信傍受法3条1項2号3号・14条)，このような犯罪について憲法35条の要請する**犯罪の特定性**を充たし得るか，が問題となる。この点について，「将来」という形で無限定な時間軸を前提に一般論を展開するのは疑問であるとの批判が主張されている(田口・103頁)。

(b) **将来の犯罪と捜査概念との整合性**

将来の犯罪の捜査は，従来の捜査概念を変更することとなるか，が問題とされている。すなわち，捜査とは**過去の犯罪**を対象とするものであって，**将来の犯罪は，犯罪予防を目的とする行政警察活動の対象**であると一般には考えられてきたから，従来の捜査概念との整合性に疑問が提示されるのである。従来の捜査概念も，必ずしも過去の犯罪に限定されていたわけではなく，むしろ司法警察活動と行政警察活動の区別は，過去と将来に対応させて理解するのではなく，犯罪がすでに**具体的に特定**されているときは捜査としての司法警察活動の対象となり，まだ**不特定**のときは行政警察活動の対象となると

(c) 他犯罪傍受と令状主義の要件の充足の可否

他犯罪傍受（通信傍受14条）が令状主義の要件を充たすか，が問題とされている。法律の定める重大犯罪要件，明白性要件および事後審査要件からすれば，令状主義の合理的例外の範囲内にあるとされる（田口・103頁）。いわゆる**緊急押収の法理**による必要はないとされるのである。令状審査や傍受の実施などの現実の運用がどの程度厳格になされるかは，今後の課題である。いずれにせよ，運用状況の国会報告（通信傍受法29条）などを吟味して，慎重に検討を続ける必要があるとされる（田口・104頁）。

第5節　被疑者側の防御

第1款　被疑者の黙秘権

1　憲法および刑訴法の規定
(1)　黙秘権とその告知
(i)　学説

憲法38条1項は，「何人も，自己に不利益な供述を強要されない」と規定し，これを受けて刑訴法198条2項は，「被疑者に対し，あらかじめ，自己の意思に反して供述をする必要がない旨を告げなければならない」と規定している。**通説**は，両者の関係について，刑訴法が憲法の趣旨を拡張したものであると解している（田宮・335頁など）。すなわち，黙秘権の告知は，**憲法上の要請**ではないと解されているのである。

これに対して，黙秘権が憲法上の権利である以上，黙秘権の告知は憲法上の要求であると解する見解も主張されている（田口・125頁，光藤・Ⅰ111頁，福井・170頁，白取・184頁など）。

(ii)　判例の立場

最高裁の判例は，被告人のばあいと同様に，被疑者についても，黙秘権の告知（198条2項）は，憲法38条1項の要請ではないと解している（最判昭25・11・21刑集4巻11号2359頁）。しかし，判例の立場に対しては，被告人のばあいにもまして被疑者につ

いては黙秘権の実効性を担保する必要性が高いから，これは疑問があるとの批判が加えられている（三井・(1)146頁，福井・170頁）。

(2) **自己負罪拒否特権の沿革と黙秘権との関係**

憲法38条1項は，アメリカ合衆国憲法ないし各州憲法に規定されている**「自己負罪拒否特権」**（privilege against self-incrimination）に由来し，わが国では，一般に**「黙秘権」**と呼ばれている（松尾・上117頁）。「自己負罪拒否の特権」は，もともと17世紀のイギリスで成立し，アメリカ合衆国憲法では，"No person shall be compelled in any criminal case to be a witness against himself." という形で成文化され，各州憲法にも，大同小異の規定をもつものが多い。この規定は，法律上の供述義務をとくに免除するものにすぎないという意味で，従来「特権」と呼ばれてきたが，最近ではそれ自体が「権利」であると考えられるようになり，端的に「黙秘権」（right to silence；right to remain silent）と表現されることもあるとされる（松尾・上119-20。田宮・334-5頁参照）。

自己負罪拒否特権には2つの**側面**があるとされる（田宮・335頁）。すなわち，①**被告人**（被疑者）**の特権**と②**それ以外の者**（第三者）**の特権**である。

証人は尋問されれば，出頭・宣誓・供述の義務があり，証人に対する質問の中で当人が刑事訴追を受けるおそれがある事項については，個別的に返答を拒否してもよいし，特権を放棄して供述してもよい。このばあいには，**一般的義務**を前提として，個別的な事項について**免除**がみとめられるので，「特権」といえることが理解しやすい。

これに対して，被告人は，証人となること自体を拒否でき，自己にとって利益・不利益を問わず一切の供述を包括的に拒否できる。被告人には，およそ供述義務は前提とされていないので，被告人については（供述義務が前提とされないという意味では被疑者も同じ），義務から解放される「特権」ではなく，むしろ**拒否**の「**権利**」であるから，通常，黙秘権と称されるのである。

(3) **自己負罪拒否特権と自白法則**

(i) **共通点と相違点**

いずれも**強制**ないし**不当な誘引**を回避させるための原則である点で共通するが，次の諸点で相違するとされる（田宮・336頁）。すなわち，①**歴史的起源**を異に

し，自己負罪拒否特権は17世紀には確立したが，自白法則は18世紀後半になって生まれた。②自己負罪拒否特権は**裁判上の手続き**（公判廷がその典型）において適用があり，自白法則は**裁判外の手続き**（捜査が典型）において問題とされる。③自己負罪拒否特権は**供述義務**を課することによる法律上の強要，自白法則は**物理的手段**を使う事実上の強制が問題となる。④自己負罪拒否特権は被告人以外の第三者にも，したがって**刑事手続き外**（たとえば，民事手続き）にも適用があるが，自白法則は，**刑事手続き**において被疑者・被告人にのみ適用がある。⑤**保護されるべき範囲**にずれがあり，一方で，自白は強制に基づくばあいだけでなく欺罔（ぎもう）や約束によるばあいも排除されるので適用範囲が広くなるが，他方で，自白法則は犯罪事実，少なくてもその重要部分をみとめる供述に関わる。自己負罪拒否特権は，有罪の手掛りになる媒介的事項にも及ぶので，その方が広くもなる。被告人について，強制の性質と適用範囲のいずれも接近し融合する傾向がみえる。すなわち，今日では，自己負罪拒否特権は捜査にも適用があるとされ，したがって，事実的強制に関しても妥当し，他方，自白法則についても，実際上は不利益な事実の承認にまで拡大適用されるすう勢にあるとされる。

(ii) **黙秘権と自白強要の防止との関係**

捜査機関に対する黙秘の権利の承認は，次のようにして**自白の強要防止**に役立つとされる（松尾・上118-9頁）。旧憲法ないし旧刑訴法のもとにおいても，被疑者に法律上の供述義務はなく，また，取調べの際に暴行・脅迫などの手段を用いることは許されていなかった。しかし，人はいつでも，したがって取調べに対しても真実を述べるべきであるという**道徳的義務**が暗々裏に肯定されていた。そうすると，検察官も警察官も，被疑者が事件の真相を語るように説得することが自己の任務であると考えるようになるが，取調官対被疑者という状況下において「真相への説得」がおこなわれれば，それは，自白の強要と一歩を隔てるにすぎないので，**黙秘権の告知**は，このような取調べの場の心理的な構造を変革する点に重要な意義を有することになる。すなわち，被疑者は，取調べの開始に際して，当の取調官から供述義務がないことの確認を受け，**自由な意思決定の可能性**を回復するとされるのである。

(4) 黙秘権の対象

被疑者の黙秘権は，「包括的黙秘権」である$\binom{田宮・}{131頁}$。したがって，**被疑者の氏名**にも黙秘権は及ぶことになる$\binom{松尾・上120頁,田口・132頁,光藤・Ⅰ106頁,鈴}{木・46頁,三井・(1)146頁,白取・184-5頁など}$。

氏名を黙秘したままの弁護人選任届，準抗告の申立て，勾留理由の開示請求などの有効性に関して，**判例**は，氏名を黙秘したままの弁護人選任届を無効と解しており$\binom{最[大]判昭32・2・}{20刑集11巻2号802頁}$，これを支持する学説が主張されている$\binom{田宮・}{340頁}$。しかし，これらの訴訟行為が有効であるためには，被疑者としての同一性が確認されれば足りるので，このばあいにも氏名の黙秘権を肯定する学説もある$\binom{田口・}{127頁}$。

(5) 黙秘権の限界

黙秘権において提供することを拒絶できる「供述」に関して，文字どおり**「口から」言語による証拠を提供**するばあいに限定されるのかどうか，が問題となる。とくに麻酔分析とポリグラフ検査（うそ発見器テスト）が議論される。

(i) 麻酔分析

麻酔分析とは，麻薬を施用して人を麻酔状態に陥らせ，その意思抑制を弛緩させて内心にあるものを引き出す方法をいう。麻酔分析によって被検査者の意識下のもの，忘却したものも知ることができるといわれ，精神医学上の診療手段に利用されている。これを犯罪に関する供述採取の目的で使えるか，が問題とされた。これは，人の**精神の内奥**をその尊厳性を無視する形でのぞき見するものもあり，**内心の抑制力**を奪い黙秘権の侵害となるから否定されるべきである$\binom{田宮・34頁,鈴木・94頁,光藤・Ⅰ106}{頁,池田=前田・179頁,寺崎・169-70頁}$。

麻酔分析は，第二次大戦中に進歩したので，戦後，各国においてこれを捜査方法として使用できるかが問題となったが，否定された。現在ではむしろ証拠の観点から議論される$\binom{松尾・上}{130頁}$。すなわち，精神状態を鑑定するためにおこなう**麻酔精神鑑定**の結果得られた供述を証拠として使用できるかにつき，東京高判昭27・9・4$\binom{高刑集5巻}{12号2049頁}$は，任意性の存否や関係人の同意の有無などに論及したうえで，証拠として採用しなかったが，端的に**証拠能力**を否定するのが妥当である$\binom{松尾・上}{130頁}$。

(ii) **ポリグラフ検査**
(a) **意義**

ポリグラフ検査とは，被検者に一定の質問をし，それに対する生理的反応のうち，呼吸，皮膚電気反射および血圧脈派を測定し，それを分析して被検者の供述の真偽を判断する方法をいう。

(b) **学説・判例**

ポリグラフ検査と黙秘権侵害の肯否について，学説・判例は，次のように分かれている。すなわち，①ポリグラフ検査は，一種の心理鑑定であり，被検査者の生理的変化を非供述証拠として使用するにすぎないので，黙秘権の問題は生じないとする説（東京高決昭41・6・30高刑集19巻4号447頁。平野・107頁）と，②生理的変化は独立に証拠となるのではなく，質問との対応で証拠的意味をもつので，供述証拠の性質があり，黙秘権の侵害となるとする説（鈴木・46頁，光藤・Ⅰ107頁，渥美・84頁，白取・185頁など）が対立している。被検査者の同意があれば，黙秘権は放棄され適法となるとする見解もある（田宮・341頁，田口・128頁）。

(c) **本書の立場**

単なる生理的反応は供述証拠とはいえないが，ポリグラフ検査は，**質問内容との関連**で**内心の表出**としての意義を有するので，実質的に黙秘権の侵害となり得ると解すべきである。黙秘権の放棄はみとめられるので，被検者の同意があれば，ポリグラフ検査をおこなうことは許される。

伝聞法則との関係では，①説によれば検査結果回答書は321条4項によって規律され，②説によれば心理テストという鑑定を被告人の「供述」と解釈するわけであるから，同条項のほか322条が重畳的に適用されることになる（田宮・341頁）。

(6) **黙秘権の効果**

被疑者が黙秘権を行使したばあい，次の効果が生じる。

(i) **被疑者の取調べ**

黙秘権を行使している被疑者を取り調べることができるか，が問題となる。**取調べ受忍義務肯定説**によれば取調べ可能となり，**取調べ受忍義務否定説**によれば取調べは不可能となるが，取調べに応ずるよう説得することは可能で

あるとされる（田宮・133頁）。

(ii) **勾留期間の延長**

黙秘権の行使を理由として勾留期間の延長（208条2項）をみとめることができるか，が問題となる。黙秘権の行使それ自体は勾留延長の理由となり得ないが，黙秘権行使の結果として，住居不定，罪証隠滅のおそれなどの勾留理由（60条1項参照）がなお存続しているばあいには，それらの勾留理由から勾留延長がなされ得る（田口・128頁）。

(iii) **犯罪事実の認定**

被疑者・被告人の**黙秘権行使の事実**から，**犯罪事実を認定**することができるか，が問題となる。被疑者・被告人の権利である黙秘権行使の事実から不利益な事実を推認することは許されない。有罪証拠として挙示することはもとより，証拠評価の資料とすることも許されない（田口・133頁）。札幌高判平14・3・19（判時1803号147頁〔札幌小4殺害事件〕）は，被告人が捜査・公判を通じて黙秘した態度を，殺意認定の情況証拠とすることは許されないとした。

(iv) **量刑事情としての使用**

量刑事情として考慮できるかどうか，が問題となる。この点について，黙秘権行使の事実それ自体を被告人の**不利益事情**として考慮することは許されないが，被告人に**反省がないことの一資料**として考慮されることはあり得る（田宮・342頁，田口・128頁）。

第2款　被疑者の弁護人の援助を受ける権利

1　意義

(1) **憲法および刑訴法の規定**

憲法34条は，「何人も，……直ちに弁護人に依頼する権利を与へられなければ，抑留又は拘禁されない」と規定している。身柄の拘束を受けた被疑者の弁護人の援助を受ける権利は，憲法上の保障である。そして刑訴法は，「……被疑者は，何時でも弁護人を選任することができる」（30条1項）と規定して，身柄拘束の有無を問わず被疑者に弁護人選任権を保障し，憲法の趣旨を拡張している。

さらに刑訴法は，37条の2において請求による**被疑者の国選弁護人制度**を，37条の4において**職権による**被疑者の国選弁護人制度をそれぞれ規定している。これらの規定は，平成16年の法改正によって追加されたものである。**被疑者段階における国選弁護人制度**の新設は，きわめて重要であり歓迎されるべきものである。

　37条の2は，次のように規定している。すなわち，死刑または無期もしくは長期3年を超える懲役もしくは禁錮に当たる事件について，被疑者に対して勾留状が発せられるばあいにおいて，被疑者が貧困その他の事由により弁護人を選任することができないときは，裁判官は，その請求により，被疑者のため弁護人を付さなければならない。当該請求は，37条の2第2項に規定する事件について勾留をされた被疑者も，これをすることができる。

　37条の4は，次のように規定している。すなわち，裁判官は，37条の2第1項に規定する事件について被疑者に対して勾留状が発せられ，かつ，これに弁護人がないばあいにおいて，精神上の障害その他の事由により弁護人を必要とするかどうかを判断することが困難である疑いがある被疑者について，必要があるとみとめるときは，職権で弁護人を付することができる。ただし，被疑者が釈放されたばあいは，この限りでない。

(2) **弁護人選任権の告知**

(i) **趣旨**

　弁護人の援助を受ける**権利を実効的**にするために，被疑者に対して弁護人選任権を告知する制度が設けられている（203条1項，204条1項，211条，216条，209条，211条，216条，78条）。

(ii) **判例の立場**

　最高裁の判例は，弁護人選任権の告知は憲法の要請するところではないと解している（最［大］判昭28・4・1刑集7巻4号713頁）。

2　接見交通権

(1) **意義**

(i) **趣旨**

　39条1項は，身体の拘束を受けている被告人または被疑者と，弁護人または弁護人を選任することができる者の依頼により弁護人となろうとする者

(以下,「弁護人等」という)との「立会人なくして接見し,又は書類若しくは物の授受をすることができる」権利を規定し,被疑者・被告人と弁護人等との**自由かつ秘密の接見交通権**を保障している。

(ii) 判例の立場

最高裁の**判例**によれば,「右規定〔刑訴法39条1項〕は,…被疑者に対し,弁護人を選任した上で,弁護人に相談し,その助言を受けるなど弁護人から援助を受ける機会を持つことを実質的に保障しているもの」であり（最[大]判平11・3・24民集53巻3号514頁）,「刑訴法39条1項が,…被疑者と弁護人等との接見交通権を規定しているのは,憲法34条の右の趣旨にのっとり,身体の拘束を受けている被疑者が弁護人等と相談し,その助言を受けるなど弁護人等から援助をうける機会を確保する目的で設けられたものであり,その意味で,刑訴法の右の規定は,憲法の保障に由来するものであ〔り〕」,「〔刑訴法39条1項の〕弁護人等との接見交通権は,身体を拘束された被疑者が弁護人の援助を受けることができるための刑事手続上最も重要な基本的権利に属するものであるとともに,弁護人からいえばその固有権の最も重要なものの一つであ〔る〕」とされる（最判昭53・7・10民集32巻5号820頁）。

　自由かつ秘密の接見交通権が保障されなければ,被疑者・被告人の弁護人の援助を受ける権利が実質的に保障されないことになるし,被疑者・被告人の黙秘権の保障も覚束無いものになるので,判旨は妥当であるといえる（三井・(1)157頁参照）。そして,この理は被疑者・被告人が身柄拘束中であるか否かによって変わりはない（福井・173頁）。

(2) **接見交通の指定**

(i) 刑訴法の規定

　刑訴法39条3項は,「検察官,検察事務官又は司法警察職員（司法警察員及び司法巡査をいう。以下同じ。）は,捜査のため必要があるときは,公訴の提起前に限り,第1項の接見又は授受に関し,その日時,場所及び時間を指定することができる。但し,その指定は,被疑者が防禦の準備をする権利を不当に制限するようなものであってはならない」と規定している。

第5節 被疑者側の防御 173

(ii) **規定の合憲性**

この規定につき，**判例**は，「被疑者の取調べ等の捜査の必要と接見交通権の行使との調整を図る」趣旨で置かれたもので「憲法34条前段の弁護人依頼権の保障の趣旨を実質的に損なうものではない」（前掲最[大]判平11・3・24民集53巻3号514頁）として，その合憲性をみとめている。

(iii) **「捜査のため必要があるとき」の意義**

(a) **非限定説**

捜査機関は，この「捜査のため必要があるときは」を，**捜査全般**の必要性を意味すると解し（非限定説），とくに，否認ないし黙秘する被疑者について罪証隠滅のおそれがあるとして指定権を行使することがある。

(b) **限定説**

限定説は，取調べなど被疑者の**身柄を利用しておこなう捜査**の必要に限定されるべきであると解する。

(iv) **例外的措置**

39条3項による指定は「飽くまで必要やむを得ない例外的措置」（前掲最[大]判平11・3・24〔安藤・斉藤事件〕）である。そこで**最高裁の判例**は，「捜査機関の有する右の接見等の日時等の指定は，あくまで必要やむをえない例外的措置であって，被疑者が防禦の準備をする権利を不当に制限することは許されるべきではない（同項〔39条3項〕但し書）。捜査機関は，弁護人等から被疑者との接見の申出があったときは，原則として何時でも接見の機会を与えなければならないのであり，現に被疑者を取調中であるとか，実況見分，検証等に立ち会わせる必要がある等捜査の中断による支障が顕著な場合には，弁護人等と協議してできる限り速やかな接見のための日時等を指定し，被疑者が防禦のため弁護人等と打ち合わせることのできるような措置をとるべきである」と判示している（前掲最判昭53・7・10民集32巻5号820頁）。

その後，「捜査の中断による支障が顕著な場合には」の意義について，「間近い時に取調べ等をする確実な予定があって，弁護人等の必要とする接見等を認めたのでは，右取調べ等が予定どおり開始できなくなるおそれがある場合も含む」と判示している（最判平3・5・10民集45巻5号919頁，同旨，最判平3・5・31判時1390号33頁）。これは，非限定説

を斥け**限定説**をとるものであると解されている。

　最高裁が,「現に被疑者を取調中であるとか,実況見分,検証等に立ち会わせる必要」があるばあい,「間近い時に〔被疑者の〕取調べ等をする確実な予定があって,弁護人等の必要とする接見等を認めたのでは,右取調べ等が予定どおり開始できなくなるおそれがある場合」に,接見を制限することができると考えるのは,それによって一個しかない身柄の調整を図ろうとするものであるとされる。すなわち,それは,身柄を拘束された被疑者の**取調べ受忍義務**,実況見分・検証などへの**立会い義務**を前提にしていると解されるのである（$\frac{三井\cdot(1)}{159頁参照}$）。

　これに対して,被疑者の取調べ受忍義務を否定すべきこと,および,実況見分が任意処分であることを根拠に検証への立会い義務を否定する立場もある（$\frac{福井\cdot}{175頁}$）。

(v)　**接見指定の実情**

　接見指定の実情は,次のようである（$\frac{松尾\cdot上}{124-5頁}$）。

(a)　**経緯**

　実務上,指定の権限を有するのは,逮捕の初期段階では**捜査主任官**（$\frac{捜規}{20条}$）,検察官への送致後はいわゆる**主任検察官**である。一般的指定書の制度は,法務大臣訓令によって定められ,検察官が指定の必要をみとめた被疑者について,まず「その日時,場所及び時間を別に発すべき指定書のとおり指定する」旨の文書を作成し,その謄本を被疑者,弁護人および刑事施設の長に交付した。そして,弁護人は,日時,時間などを特定した書面（具体的指定書）を検察官から受領したうえで接見した。これは,当該被疑者について接見をひとまず禁止し,具体的指定書によってはじめてこれを解除するにひとしく,原則・例外の転倒であるとの批判を受けたのである。指定の内容となる接見の回数・時間も限定されたものになりがちであった。接見指定の実情に関して,鳥取地決昭42・3・7（$\frac{下刑集9巻}{3号375頁}$）が一般的指定を違法としたが,その後弁護人からの準抗告を認容する判例が増加するに至った。そして,昭和63年には,法務大臣訓令の一般的指定に関する部分は廃止され,また運用として指定はファックスや口頭（電話も含む）でも良いとされ,さらに指定の頻度も低下の

傾向を示して**運用上の対立**は減少した。しかし，**理念上の対立**は残っており，39条3項違憲の主張として現れているとされる。

(b) **最高裁判所判例の発展**

最判昭53・7・10（民集32巻5号820頁。杉山事件）は，判決理由において，被疑者の接見交通権は「刑事手続上最も重要な基本的権利」に属し，「憲法（34条前段）の保障に由来する」と述べたうえで，弁護人から接見の申出があったときは「原則として何時でも接見の機会を与えなければなら〔ず〕」，指定による制限は「捜査の中断による支障が顕著な場合」に限られ，またそのばあいも，弁護人と協議して「速やかな接見のための日時等を指定」すべきであると判示している。その後の最判平3・5・31（判時1390号33頁。若松事件）および最判平3・5・10（民集45巻5号919頁。浅井事件）も同趣旨の判示をしている。なお，接見交通に関する指定をみとめた39条3項が違憲無効だとの主張に対しては，最判平11・3・24（民集53巻3号514頁）は，憲法に違反しないという大法廷の判断を示している。「接見交通権の行使と捜査権の行使との間〔の〕合理的な調整」が理由とされている。

(3) **余罪と接見指定**

最高裁の判例は，ある犯罪につき被告人であると同時に余罪の関係では被疑者であるばあいに，余罪被疑事実についても逮捕・勾留されているときは，39条3項の指定権を行使できると判示している（最決昭55・4・28 刑集34巻3号178頁）。

第3款　弁護人以外の者との外部交通

1　一般接見など

勾留されている被疑者は，弁護人または弁護人となろうとする者以外の者と，法令の範囲内で，接見し（**一般接見**），または書類もしくは物の授受をすることができる（207条1項）。ただし，逮捕中の被疑者については，209条が80条を準用していないので，この権利は保障されていない。

2　接見禁止など

裁判所は，逃亡しまたは罪証を隠滅すると疑うに足りる相当な理由があるときは，検察官の請求により，または職権で，勾留されている被疑者と弁護人または弁護人となろうとする者以外の者との接見を禁じ，またはこれと授

受すべき書類その他の物を検閲し，その授受を禁じ，もしくはこれを差し押さえることができる。ただし，糧食の授受を禁じ，またはこれを差し押さえることはできない$\binom{207 条 1}{項，81条}$。

第4款　被疑者・被告人のための証拠保全の請求

1　被疑者の防御活動の必要性

捜査段階における被疑者の防御活動は，①不起訴処分を受けられるようにすること，②公判において無罪の立証や不当に重く処罰されないようにすることを目標にしてなされる。被疑者としては，**自己に有利な証拠を収集**するために，独自の活動が必要となる。たしかに，警察は，「取調に当つては，予断を排し，被疑者その他関係者の供述，弁解等の内容のみにとらわれることなく，あくまで真実の発見を目標として行われなければならない」$\binom{捜}{犯166条}$し，検察官は「公益の代表者」$\binom{検4}{条}$として，捜査機関も被疑者に有利な証拠を収集する。しかし，相手方当事者としての捜査機関に多大な期待をしこれのみに依存することはできないであろう。**被疑者自身による独自の防御活動**が必要である所以である。

2　証拠保全の請求権

(1)　趣旨

被疑者側には，捜査機関のように強制処分をおこなう権限は与えられていないので，法は，被疑者側に**証拠保全の請求権**をみとめている。すなわち，被告人，被疑者または弁護人は，あらかじめ証拠を保全しておかなければその証拠を使用することが困難な事情があるときは，**第1回の公判期日前に**かぎり，裁判官に押収，捜索，検証，証人の尋問または鑑定の処分を請求することができる$\binom{179条，規137}{条，138条}$。

(2)　裁判官の権限

179条1項の請求を受けた裁判官は，その処分に関し，裁判所または裁判長と同一の権限を有する$\binom{同条}{2項}$。

(3)　弁護人の書類・証拠物の閲覧・謄写権

弁護人は，裁判所において，179条1項の処分に関する書類および証拠物

を閲覧し，かつ謄写することができる。ただし，弁護人が証拠物の謄写をするについては，裁判官の許可をうけなければならない($\frac{180条}{1項}$)。

(4) **被疑者の書類・証拠物の閲覧・謄写権**

被疑者は，裁判官の許可を受け，裁判所において，本条1項の書類および証拠物を閲覧することができる。ただし，被疑者に弁護人があるときはこの限りではない($\frac{180条}{2項}$)。この**証人尋問調書**は，321条1項1号により**証拠能力**がみとめられる。

第5款　証拠開示

1　証拠開示の重要性

証拠保全の制度は，あまり利用されていないとされる。被疑者にとっては，**捜査機関・訴追機関の手元にある書類・証拠物を閲覧**することによって，防御の準備をすることの方がより重要であるとされる。すなわち，証拠開示は，被疑者の防御にとってきわめて重要な意義を有するのである。

被疑者の防御に当たっては，捜査の進展に対応して，準抗告を申し立てたり，勾留の執行停止ないし取消しを請求したりして，あるいは不起訴や起訴猶予に持ち込むなどとして，捜査段階における違法・不当な人権侵害に対処し，誤起訴ひいては無辜の処罰を避けるために捜査段階から十分な防御の準備をおこなう必要があり，そのためには証拠開示は被疑者段階においても重要な意味があるとされる($\frac{福井・}{178頁}$)。

第6節　違法捜査に対する救済

1　総説

捜査は，刑事手続きにおける**国家機関の第一次的な活動**であり，刑罰権を実現するための不可欠の過程として，重要な意義を有する。しかし，捜査は，関係人の**人権との鋭い対立**をはらんで進行することが多いので，つねに法令のわくを順守して適法におこなわれるよう，十分な注意が必要である。「正当な目的」の達成のために「違法な手段」が用いられるようなことがあって

は，刑事司法はそれ自体矛盾した存在になりかねない。そこで，**違法な捜査活動の発生**を**防止**し，もし発生したときはこれを**是正**し，また関係人の**救済**をはかるために，各種の対策が考えられている。それには，**当該刑事手続き内での措置**および**当該刑事手続き外での措置**がある（松尾・上 130頁以下）。

2 刑事手続き内における対策

(1) 準抗告（429条 以下）

準抗告の制度は，押収や鑑定留置などの違法を争うためにも広く利用される。

(2) 証拠排除

違法な捜査活動によって取得された証拠は，公判手続きでその使用をみとめないとすることによって，違法捜査の防止のための有効な方法となる。

(3) 公訴棄却（338条 4号）

捜査の過程における違法がとくに重大なばあいには，公訴の提起が許されず，もし起訴しても裁判所が公訴を棄却することも考えられる。しかし，これはもっとも極端な方法なので，実際にはほとんど用いられず，まれに下級裁判所が公訴棄却の判決をしたばあいも，これまでのところ最高裁判所の段階ではすべて破棄されている。暴力的な逮捕がおこなわれたばあい（いわゆるウィップラッシュ傷害事件。最判昭41・7・21刑集20巻6号696頁），捜査の遅延のため少年が成年に達し，家庭裁判所送致の機会が失われたばあい（最判昭44・12・5刑集23巻12号1583頁，最判昭45・5・29刑集24巻5号223頁）などがこれに当たる。これらは，**公訴権濫用論**の一部として扱われている。

3 刑事手続き外における対策

(1) 懲戒処分（国家公務員法82条，地方公務員法29条）

検察官および検察事務官は国家公務員であり，警察官は国家公務員または地方公務員であるから，**違法な捜査活動**は「職務上の義務に違反し，又は職務を怠った」ものとして，**懲戒処分の事由**となり得る。懲戒処分は，むろん所定の手続きを順守しておこなわれる。

(2) 刑罰（刑193 条など）

捜査に当たった職員の行為が，刑罰法令の構成要件に該当し，かつ違法・有責と評価されることがあれば，その者に対する刑事訴追の可能性がある。

これには，検察官による公訴の提起が必要であるが，とくに**職権濫用罪**については，付審判請求の途も開かれている。

(3) **損害賠償**（民709条）

捜査に当たった職員の行為が，民法の**不法行為**を成立させるばあいには，それによって権利を侵害された者は，損害賠償を請求して民事訴訟を提起することができる。

(4) **国家賠償**（国家賠償法1条）

国家賠償法に基づいて，国または地方公共団体に損害の賠償を求める方法がもっとも実効性を有するとされる。

第7節 捜査の終結

1 司法警察員による検察官への事件送致

(1) **原則**

司法警察員は，犯罪の捜査をしたときは，刑訴法に特別の定めのあるばあいを除いては，速やかに書類および証拠物とともに事件を検察官に送致しなければならない。ただし，検察官が指定した事件については，この限りでない（246条）。すなわち，警察捜査は，①**検察官送致**（送検）および②**微罪処分**によって終結する。さらに③少年事件については**家庭裁判所への送致**によって，④告訴・告発事件については**検察官への送付**によって，それぞれ終結する（242条）。

検察官送致後は，検察官が**事件の処分**をすることになる。

(2) **例外**

(i) **刑訴法に特別の定めがあるばあい**

刑訴法に特別の定めがあるばあいとは，203条，211条，216条の規定により，逮捕された被疑者を一定の制限時間内に検察官に送致すべきばあいが，これに当たる。

(ii) **検察官が指定した事件**（微罪処分）

「検察官が指定した事件」は，検察官にいわゆる「**微罪処分事件**」を指定す

る権限を与えたものと解されている。その指定は一般的であると個人的であるとを問わない。指定された事件については，司法警察員は，事件送致をする必要はなく，**微罪処分**をすることができる。

微罪処分とは，司法警察員が検察官の一般的指示により$\binom{193条}{1項}$，一定の微罪について検察官に送致することなく，これらの事件を毎月1回一括して検察官に報告すれば足りる制度をいう。微罪処分は，いわゆる犯罪の**非刑罰的処理**の一種であるとされる。これは，訴訟経済または司法の負担軽減だけでなく，犯罪者の社会復帰という刑事政策的意義をも考慮にいれたものであり，さらに微罪処分基準として被害回復の有無も考慮されているので，被害者の利益も考慮されているといえる$\binom{田口・}{144頁}$。

(3) **送致の効果**

検察官への事件送致は，必ずしも捜査の完了を意味しない。検察官への送致によって司法警察員は捜査の主宰者としての地位を失い，送致後の捜査は，検察官の具体的指揮$\binom{193条}{3項}$によることになる$\binom{ただし，犯}{捜193条参照}$。

送致を受けた検察官は，みずから捜査をおこなうことができる$\binom{191}{条}$。

2 検察官がおこなう処分

(1) **検察官による処分の種類**

検察官は，事件の送致を受け，またはみずから捜査をおこなった結果に基づいて，次の処分をする。

(i) **他管送致**

検察官は，事件がその所属検察庁の対応する**裁判所の管轄**に属しないものと思料するときは，書類・証拠物とともにその事件を管轄裁判所に対応する検察庁の検察官に送致しなければならない$\binom{258}{条}$。

(ii) **起訴または不起訴**

起訴の手続きについては，第4章において述べる。

(iii) **中止**

中止とは，捜査を開始したが，被疑者または重要な参考人の所在不明などの理由によって**一時的に捜査を取り止めること**をいう。中止は，法的な処分ではなくて，まったく**事実上の処分**である。

(2) 処分後の捜査

(1)において掲記した処分によって，捜査が終局的に打ち切られるわけではない。したがって，さらに捜査をおこなうことができるのである。

(i) **起訴処分のばあい**

起訴後でも**必要な捜査**をおこなうことができる。ただし，制限がある。

(ii) **不起訴処分のばあい**

不起訴処分は，確定力を有しないから，いったん不起訴にした犯罪を後に起訴しても憲法39条に違反しない$\left(\substack{最判昭32・5・24刑\\集11巻5号1540頁}\right)$。いつでも**捜査を再開**することができるのである。

(iii) **中止のばあい**

中止は，事実上の処分にすぎないから，必要なときは**捜査を再開**することができる。

(3) 処分後の手続き

(i) 検察官は，事件につき**公訴を提起しない処分**（不起訴処分）をしたばあいにおいて，被疑者の請求があるときは，速やかにその旨を被疑者に告げなければならない$\left(\substack{259\\条}\right)$。

(ii) 検察官は，告訴，告発または請求のあった事件について，公訴を提起し，または公訴を提起しない処分をしたときは，速やかにその旨を**告訴人に通知**しなければならない。公訴を取り消し，または事件を他の検察庁の検察官に送致したときも，同様である$\left(\substack{260\\条}\right)$。

(iii) 検察官は，告訴，告発または請求あった事件について公訴を提起しない処分をしたばあいにおいて，告訴人，告発人または請求人の請求があるときは，速やかに告訴人，告発人または請求人にその**理由**を告げなければならない$\left(\substack{261\\条}\right)$。

第4章　公訴の提起

公訴の提起（起訴）とは，検察官が特定の刑事事件について裁判所の**審判を求める訴訟行為**である。公訴の提起によって固有の意味における**訴訟が開始**されることになる。

第1節　基本原則

1　国家訴追主義・起訴独占主義
(1)　意義
法は，「公訴は，検察官がこれを行う」と規定している（247条）。この規定は，刑事事件について公訴を提起し，かつ，これを遂行する権限を検察官という**国家機関に専属**させるものである。これは，国家機関だけが公訴の提起（訴追）をおこなうという意味において**国家訴追主義**であり，**検察官**だけがこの権限をもつという意味において**起訴独占主義**である。

(2)　沿革と性格
国家訴追主義と起訴独占主義は，「改革された刑事訴訟」以来，大陸法系の国においてみとめられてきており，わが国においては，明治以来，これを採用している。しかし，起訴独占主義は官僚主義的な運用を招きやすく，いわゆる「検察ファッショ」との批判をひき起こす虞もないわけではない。そこで，後に見るように，国家訴追主義および起訴独占主義の弊害を是正するための**規制的措置**がみとめられている。

2　起訴便宜主義・起訴変更主義
(1)　起訴便宜主義
(i)　意義
公訴を提起するに足りる嫌疑があり，かつ，訴訟条件を具備していても，検察官はなお起訴しなくてもよいとする主義を**起訴便宜主義**という。このよ

うなばあいに起訴しないことを**起訴猶予**というので，起訴便宜主義とは起訴猶予をみとめる主義であるといえる。

(ii) **起訴法定主義との対比**

起訴猶予をみとめない主義を**起訴法定主義**という。起訴法定主義は，検察官が事件によって不公平な取り扱いをすることを防ぎ法的安定性を確保するのに適している。しかし，犯罪の大小・情状をまったく考慮しないで画一的に処理せざるを得ず，司法政策的にも刑事政策的にも不都合を生じさせる。このような政策的観点から**具体的合目的性を追求**しようとするのが，起訴便宜主義である。

(iii) **沿革**

わが国においては，治罪法も明治刑訴も起訴便宜主義をみとめなかったが，実際上は，「**微罪不検挙**」の名の下に起訴便宜主義的な運用がある程度おこなわれてきた。旧刑訴が明文でこれをみとめ（旧279条），現行法もこれを受け継ぎ，248条は「犯人の性格，年齢及び境遇，犯罪の軽重及び情状並びに犯罪後の情況により訴追を必要としないときは，公訴を提起しないことができる」と規定している。

(iv) **運用**

上記の規定においては，犯人の性格・年齢・境遇のような人格的要素と犯罪の軽重のような客観的要素を考慮して，刑事政策的に**特別予防的観点**だけではなくて，**一般予防的観点**も重視されているのである。このように，起訴便宜主義は，無用な刑罰による害悪を避け刑事司法の運用を具体的に妥当にする長所をもつと解されている（その沿革，運用および評価については，松尾・上162―9頁参照）。

(2) **起訴変更主義・不変更主義**

(i) **意義**

公訴の取消しをみとめる立法主義を変更主義といい，取消しをみとめない立法主義を**不変更主義**という。

(ii) **制度趣旨**

起訴便宜主義の立場を推し進めていくと，いったん公訴を提起したばあいでも公訴を取り消すことをみとめるべきことになる。なぜならば，本来なら

ば起訴猶予にすべきであった事情が起訴後に判明することがあり得るし、「犯罪後の情況」には起訴後の情況も含まれると解するのが制度の目的から見て妥当であるからである。そこで、257条は、第1審の判決があるまで公訴を取り消すことができると規定している（なお、公訴取消しの方式については、規168条）。

(iii) **時期的制限**

「第1審の判決があるまで」に制限しているのは、裁判所による終局的判断がなされたときは、検察官の意思によってこれを無意味とするのは妥当でないからであると解されている。したがって、上訴審による破棄差戻し・移送後の第1審においては、判決前であっても、公訴の取消しはできないのである（**通説**）。

(iv) **公訴取消しの理由**

公訴取消しの理由が起訴猶予をすべき事情のみに限定されていないので、**訴訟条件の欠缺**を発見したばあいや、**証拠不十分**によって公訴を維持し難いことが判明したばあいでも、公訴を取り消すことができると解されている。

(v) **手続き**

公訴が取り消されたときは、公訴棄却の決定がなされる（339条1項3号）。

(vi) **再起訴の可否**

公訴棄却の決定が確定したときは、公訴の取消し後犯罪事実につき新たに重要な証拠を発見したばあいにかぎり、同一事件についてさらに公訴を提起することができる（340条）。旧刑訴法は、公訴取消しによる公訴棄却の決定があった後は再起訴を許さなかったが（旧315条3号、364条3号）、現行法が再起訴を許しているのは、起訴前の被疑者の身体拘束の時間が制限され、かつ、黙秘権がみとめられたので、完全な捜査を終わった後に起訴することが困難となり、それゆえ無罪判決を甘受せざるを得ないような不都合が生ずるのを防止するためであると解されている。

しかし、これは、起訴便宜主義に基づく公訴取消し制度の本来の趣旨に反し、被告人の**法的安定性**を害するので、立法論上、疑問がある（団藤・371頁）。現実の運用は、例外的になされているにすぎない（松尾・上268頁参照）。

3 国家訴追主義・起訴独占主義・起訴便宜主義の控制

国家訴追主義・起訴独占主義・起訴便宜主義には，前述の欠陥もあるので，起訴・不起訴の処分をコントロール（控制）するための制度として次のようなものがみとめられている。

(1) 検察審査会法による検察審査会の制度

(i) 意義

検察審査会は，英米法における**大陪審**の制度から示唆を得て，「公訴権の実行に関し民意を反映させてその適正を図る」ことを目的として設けられたものであり，政令で定める地方裁判所およびその支部の所在地に置かれる（検察審査会法1条）。

(ii) 構成

審査会は，衆議院議員の選挙権を有する者の中からくじで選定された任期6ケ月の11人の検察審査会会員で組織される（同法4条, 14条）。

(iii) 権限

審査会は，①検察官の**不起訴処分の当否**の審査に関する事項，②検察事務の改善に関する建議または勧告に関する事項を掌る（同法2条1項）。不起訴処分の当否に関する審査は，告訴人，告発人，請求を訴訟条件とする事件の請求人または被害者の申立て（同法30条）があるときは必ずしなければならず，また職権で審査することもできる（同法2条2項, 3項）。

(iv) 議決

審査会議の議決は過半数によるが（同法27条），**起訴相当の議決**は，とくに8人以上の多数が要求される（同法41条の6第1項）。議決したときは，理由を付した議決書を作り，その謄本を当該検察官を指揮監督する検事正および検察官適格審査会に送付する（同法40条）。

(v) 議決の効力

(a) 旧法における効力

従来，起訴相当の議決も検察官を拘束する効力はなく，検事正は，その議決を参考にして公訴を提起すべきものと思料するときは起訴の手続きをしなければならないとされるにとどまっていた（同法41条）。したがって，検察審査会

による審査の議決は，起訴独占主義が適正に運用されるように心理的な抑制を加えるものにすぎなくなっていたのである。

(b) **改正法における効力**

そこで，**司法制度改革の一環**として本法の改正がなされ$\binom{平成16年法}{律8号，62号}$，同法41条も改正され，議決に一定の**法的拘束力**がみとめられるに至っている。すなわち，検察官は，速やかに，当該議決を参考にして，公訴を提起すべきか否か，または，当該公訴を提起しない処分の当否を検討したうえ，公訴を提起し，またはこれを提起しない処分をしなければならないのである。

(c) **再度の審査**

検察審査会は，検察官からあらためて不起訴処分とした旨の通知を受けたとき$\binom{同法41}{条3項}$は，**当該処分の当否の審査**をおこなわなければならない$\binom{同法41条}{の2第1項}$。また，起訴相当の議決に係る議決書の謄本を送付した日から3ヶ月以内に検察官からの通知がなかったときも，当該処分の当否の審査をおこなわなければならない$\binom{同条2項。ただし，期}{間の延長規定がある}$。

(d) **起訴議決**

再度の審査において，起訴を相当とみとめるときは，8人以上の多数により，起訴をすべき旨の議決（以下「**起訴議決**」という。）をする$\binom{同法41条}{の6第1項}$。この審査をおこなうに当たっては，審査補助員を委嘱し，法律に関する専門的知見をも踏まえつつ，その審査をおこなわなければならない$\binom{同法41}{条の4}$。

起訴議決に先だって検察官に意見を述べる機会を与えなければならない$\binom{同法41条}{の6第2項}$。検察審査会は，起訴議決をしたときは，議決書にその認定した犯罪事実を記載しなければならない。このばあいにおいて，検察審査会は，できるかぎり日時，場所および方法をもって犯罪を構成する事実を特定しなければならない$\binom{同法41条}{の7第1項}$。その謄本は裁判所に送付しなければならない$\binom{同条}{3項}$。

(e) **指定弁護士**

議決書の謄本の送付があったときは，裁判所は，起訴議決に係る事件について公訴の提起およびその維持に当たる弁護士を指定しなければならない$\binom{同法41条}{の9第1項}$。指定弁護士は，**検察官の職務**をおこなう$\binom{同条}{3項}$。

(f) 審査補助員の委嘱
(α) 審査補助員の資格および人数

検察審査会は，審査をおこなうに当たり，法律に関する専門的な知見を補う必要があるとみとめるときは，弁護士の中から事件ごとに審査補助員1人を委嘱することができる（同法39条の2 第1項・第2項）。

(β) 必要的委嘱

再度の審査をおこなうに当たっては，審査補助員の委嘱は必要的である（同法41条の4）。

(γ) 審査補助員の職務

審査補助員は，①当該事件に関係する法令およびその解釈を説明し，②当該事件の事実上および法律上の問題点を整理し，ならびに当該問題点に関する証拠を整理し，③当該事件の審査に関して法的見地から必要な助言をおこなう（同法39条の2第3項）。

(δ) 議決書作成の補助

検察審査会は，審査補助員に議決書の作成を補助させることができる（同条4項）。

(ε) 審査補助員の職務遂行上の注意

審査補助員は，その職務をおこなうに当たっては，検察審査会が公訴権の実行に関し民意を反映させてその適正を図るため置かれたものであることを踏まえ，その自主的な判断を妨げるような言動をしてはならない（同条5項）。

(g) 起訴議決制度に対する評価

新たな検察審査会制度は，起訴議決制度の創設により，公訴権の行使に関する民意の反映をより実効化して国家訴追主義を修正するものとして注目すべきであるとされている。さらに起訴議決制度は，市民だけによる起訴法定制度ではなく，弁護士である審査補助員の協力や検察官の意見聴取を必要とするなどして，市民と法律専門家との一種の「協働システム」であるとされる（田口・163頁）。

(2) 準起訴手続き（付審判の決定）
(i) 意義

262条以下にいわゆる準起訴手続きが規定されているが，これは，ドイツ

法における**起訴強制手続き**から示唆を得て設けられた制度である。
  (ii) 制度趣旨
  従来，職権濫用罪について起訴猶予の率が高く被害者の保護に欠ける点がなかったか，が反省されるとともに，憲法36条の公務員による拷問禁止の趣旨を実効的にするため，被害者ないし一般国民によるコントロールをみとめたものである。準起訴手続きは，訴訟法が正面から「**起訴独占主義の例外**」をみとめたものである($\substack{高田\cdot\\371頁}$)。その詳細については節を改めて説明する($\substack{本章\\第4\\節}$)。

 (3) 告訴人等への告知
  (i) 内容
  起訴・不起訴の処分の公正を維持し，検察審査会に対する審査申立てや準起訴手続きによる付審判の請求の権利行使を実効的にするために，公訴・告発・請求のあった事件について**起訴・不起訴の処分**をしたときは，速やかにその旨を告訴人・告発人・請求人に通知しなければならず，ときに**不起訴処分**についてはこれらの者の請求により**その理由**を告げなければならないものとされている($\substack{260条前\\段,261条}$)。

  (ii) 性質と影響
  告訴・告発・請求は起訴を義務づけるものではないが，この種の意思表示があったばあいに不起訴処分の通知，とくに不起訴理由の告知を必要とすることは，実際上，検察官に対してかなり**心理的抑制作用**を及ぼすものと解されている。

第2節　公訴提起の手続き

1　公訴提起の方式
 (1) 起訴状の提出
  (i) 原則
  公訴の提起は，起訴状を提出してしなければならない($\substack{256条\\1項}$)。
  旧法は一定のばあいに口頭または電報による公訴の提起を許していたが

$\binom{旧290条}{2,3項}$，現行法はこのような例外をみとめていない。これは，**手続きの確実性**を確保し，被告人を保護するためである。

　(ii)　**起訴状謄本の送達**

　被告人には起訴状謄本が送達される$\binom{271}{条}$。

　(iii)　**起訴状の記載事項**

　起訴状には，次の事項を記載しなければならない$\binom{256条}{2項}$。

　(a)　**被告人の氏名その他被告人を特定するに足りる事項**（同項1号）

　(α)　**原則**　規則は，被告人の年齢・職業・住居・本籍の記載を，被告人が法人であるときは，事務所，代表者・管理人の氏名・住居の記載を要求し，これらの事項が明らかでないときはその旨を記載すべきものとしている$\binom{規164}{条1項1号，2項}$。被告人が逮捕・勾留されているときは，その旨を記載しなければならない$\binom{規164条}{1項2号}$。

　(β)　**氏名黙秘のばあい**　被告人が氏名を黙秘したため明らかでないときは，その人相・体格などによって被告人を特定すること$\binom{64条2}{項参照}$もみとめられる。あるいは，被告人の留置番号の表示や被告人の写真$\binom{218条2}{項参照}$の添付によって特定することも可能であるとされている。

　(2)　**公訴事実**（同項2号）

　(1)　**公訴提起の対象・審判の対象**

　法律の文言上，「公訴提起の対象」，したがって，「審判の対象」となる「犯罪構成事実」は公訴事実である。

　旧法は，「犯罪事実を示すべし」と規定していたが$\binom{旧291}{条1項}$，現行法は，訴因の概念を導入して公訴事実は**訴因**を**明示**して記載しなければならず，訴因を明示するには，できるかぎり日時・場所・方法をもって罪となるべき事実を特定しなければならないとする$\binom{256条}{3項}$。

　(2)　**訴因との関係**

　訴因は，英米法から導入された概念であるが，これと公訴事実との関係をどのように解すべきかをめぐって，今なお見解の対立がある。訴因制度については本章第5節で見ることにする。

(i)　**構成要件にあてはめられた事実形象としての訴因**

　訴因を明示することが公訴事実を記載する方法とされ，また訴因を明示するには罪となるべき事実を特定すべきものとされているので，少なくても訴因は，検察官によって公訴事実として把握されたものを**一定の構成要件にあてはめて構成し提示した事実形象**と解するのが妥当である。すなわち，公訴事実そのものが単なる裸の事実ではなく，刑法的に意味があり，かつ，一定の構成要件に指導されて取捨選択された事実形象なのであるが，訴因は，このような事実形象をさらに特定の構成要件に正確にあてはめて**審判の主題**として提示されたものなのである（高田・382頁，田口・191頁，池田＝前田・207頁，小林・126頁など）。

(ii)　**訴因の明示**

　訴訟において「審判の対象」の「内容」は，**具体的・歴史的な事実**であるから，「訴因を明示するには，できる限り日時・場所及び方法を以て罪となるべき事実を特定」しなければならない。日時・場所・方法が分からない犯罪事実は，およそ公訴事実としての適確性を欠くので，「できる限り」というのは「できる限り正確に」という意味であって，日時・場所などが分からないときはこれを欠いてもよいということではない。訴因の特定は，審判に当たる裁判所としても，防御に当たる被告人としても，きわめて重要な意味を有している。**訴因が不確定であるときは，起訴状は無効となる**（高田・382頁，松尾・上174—5頁，田口・193頁以下，小林・126—7頁，池田＝前田・209—10頁など）。

(iii)　**余事記載**

　訴因の「明示」と関連して，余事記載の問題がある。

　訴因の明示という要請は，**訴因の特定**のほかに**訴因の簡潔な記載**をも要求する。すなわち，**構成要件的事実を中心としてこれと密接不可分の事実**だけを記載すべきとされ，それ以外の事実を記載すること（**余事記載**）は，いたずらに争点を曖昧にさせ審理を混乱させることになる。余事記載は，このように**審理の混乱**を招くという観点から禁止されるのであるから，公訴提起を無効にするものではなく，事後に削除すれば足りる（**通説**）。

(iv)　**訴因の予備的・択一的記載**

　1個の公訴事実について数個の訴因を構成することが許されるばあいがあ

る。たとえば，検察官の心証形成が不十分であるため，殺人罪か傷害致死罪かがはっきりしないばあいや，占有の有無によって窃盗罪か横領罪のいずれかという法的評価の相違をもたらすようなばあいに，数個の訴因を予備的または択一的に記載することができるのである（256条5項）。

訴因の予備的記載とは，第1次的訴因が認定されることを解除条件として第2次的訴因の認定を求めるばあいをいう。**訴因の択一的記載**とは，2つの訴因のいずれか1つが認定されることを解除条件として審判を求めるばあいをいう。

予備的記載がなされたばあいには，裁判所は**訴因の順位**に従って審判しなければならず，択一的記載がなされたばあいには裁判所は裁量によっていずれの訴因から審判してもよいと解されている。

(3) **罪名**（同項3号）

(i) **意義**

罪名とは，犯罪の**類型的性質**を指示する名称をいう。たとえば，殺人罪・窃盗罪などがこれに当たる。

(ii) **記載方法**

罪名は**適用すべき罰条**を示して記載しなければならないとされるが（256条4項本文），特別法上の罰則ではこれに相当する罪名が存在しないのが一般であるから，適用罰条を示すことによって罪名が記載されたことになる。したがって，罰条が記載されていれば，いわゆる罪名を別に記載する必要はない（**通説**）。

(iii) **罰条の範囲**

記載を要する罰条の範囲は，次のように解されるべきである（高田・384頁）。

(a) **原則**

当該構成要件を規定する各本条を記載すべきであり，その類型的性質を具体化しその処罰根拠を示す規定，すなわち，未遂についての刑43条および各則中の未遂の処罰に関する規定，教唆犯についての刑61条，従犯についての刑62条，共同正犯についての刑60条の諸規定が記載されるべきである。

(b) **数個の行為を起訴したばあい**

数個の行為を起訴したばあいに，これを一罪とするか数罪とするかは，構成要件的評価に影響を及ぼすので，刑45条，54条前・後段の記載も必要である。

(iv) **罰条の記載の誤り**

罰条の記載の誤りは，被告人の防御に実質的な不利益を生ずるおそれがないかぎり，公訴提起の効力に影響を及ぼさない（256条4項ただし書き）。

本規定の趣旨は次のように解されている。すなわち，罰条を示して**訴因の法律構成**を明確にすることによって，主として**被告人の防御**を十分におこなわせるところに，罰条記載の意義があるので，訴因から看取される構成要件とその構成要件を規定する罰条との間に食い違いがあっても，それによって公訴事実の法律構成に疑いが生ぜず被告人の防御のうえで実質的な不利益をこうむるおそれがないかぎり，起訴状を無効にするまでもないとするのである。

2　起訴状一本主義

(1) **意義**

「起訴状には，裁判官に事件につき予断を生ぜしめる虞（おそれ）のある書類その他の物を添附し，又はその内容を引用してはならない」（256条6項）。これを**起訴状一本主義**という。

(2) **旧法との比較**

旧刑訴法においては，公訴提起と同時に**捜査記録**（いわゆる**一件記録**）および証拠物が裁判所に提出され，裁判所は，これらを熟読吟味したうえで公判に臨むことになっていた。**職権主義的訴訟構造**の下においては，このような手順の方が合理的であると解され得る。なぜならば，訴訟の進行に責任と権限を有する裁判所は，十分に事件の内容を把握しなければ，その職責を果たせないからである。

ところが，**当事者主義的訴訟構造**においては，「公平な裁判所」（憲37条1項）の理念を実現する必要があり，公訴提起に当たっては，裁判所が公判を開始するのに必要な事項を記載した**起訴状のみを提出**させ，裁判所は，事件について

白紙の状態で第1回公判期日に臨むべきことになる。そうすると，裁判所は，白紙の状態で公判に臨まなければならないので，当事者双方の公判廷における攻撃・防御によって心証を得なければならないことになり，そのことによって**公判中心主義**が実現される。その意味において起訴状一本主義は，裁判所の公判手続きにおいて中立化をもたらすことになるわけである（松尾・上179—80頁）。

(3) **予断を生じさせる虞のある書類その他の物**

(i) **意義**

「**事件につき予断を生ぜしめる虞のある書類その他の物**」とは，当該事件についての裁判官の**心証形成に影響を与えるおそれのある資料**をいう。その主なものは証拠である。

(ii) **禁止行為**

法律上禁止されるのは，起訴状に前記の資料を「添附」すること，および「内容を引用」することであるが，起訴状一本主義の趣旨からは，予断を生じさせるおそれのある事項を起訴状に記載することも禁止されるべきである（**通説**）。すなわち，**単なる余事記載**にすぎない事項を除き，裁判官に予断を生じさせるおそれのある次のような事項は記載すべきでない。

(a) **犯罪の遠因**

犯罪の動機については，その直接の動機は犯罪構成事実と密接不可分なものとして許されるが，犯罪の遠因は記載してはならない（宮下・152頁）。

(b) **悪経歴・悪性格**

被告人の悪経歴ないし悪性格は，被告人がそれらを利用して恐喝罪を犯したようなばあいを除いては，記載すべきではない（松尾・上180頁，小林・117頁，田口・200頁，池田＝前田・201頁など）。

(c) **前科**

前科については，**常習累犯窃盗**のように**前科そのものが犯罪構成事実の内容**となっているようなばあいのほかは，一般に記載を禁じられる（松尾・上180頁，小林・117頁，田口・199頁，池田＝前田・201頁など）。

(iii) **効果**

起訴状一本主義に違反したときは，公訴提起に関する重要な方式違反とし

て公訴提起は**無効**となる($\begin{smallmatrix}338条\\4号\end{smallmatrix}$)。

　この瑕疵は一たび裁判官に予断を生ずべきものであった以上，もはや治癒できないものと解すべきである($\begin{smallmatrix}通説・判例：最〔大〕判昭\\27・3・5刑集6巻1号74頁\end{smallmatrix}$)。

3　公訴提起の効果

　公訴が提起されると，**訴訟係属，公訴時効の進行の停止，二重起訴の禁止**という法的効果が生ずる。

(1)　訴訟係属

(i)　**意義**

訴訟係属とは，事件が裁判所によって審理・裁判され得べき状態のことをいう($\begin{smallmatrix}小林・118頁，田口・189頁，\\池田＝前田・220頁など\end{smallmatrix}$)。

(ii)　**効果**

　訴訟係属が生ずると，裁判所は当該事件について**審理・裁判**をおこなうべき**権限と義務**を有し，両当事者は当該事件について訴訟を追行し，または裁判所の審判を受けるべき権利義務を有することになる。

　しかし，訴因制度をとる現行法の下では，裁判所が審理・裁判する権限および義務を有するのは，訴因についてであって事件全体についてではない。たとえば，科刑上一罪の一部のみが訴因とされているときには，裁判所は，もっぱらその訴因について審判の権限・義務を有するだけで，他の部分についてはない。ただし，後になって検察官が他の部分についても審判を求めたいときは，別訴の形をとらずに訴因変更の手続きをとるべきであって，これが訴訟係属の効果であると解すべきである($\begin{smallmatrix}高田・387―8頁，\\田口・189頁など\end{smallmatrix}$)。

(iii)　**公訴提起によらないばあい**

　訴訟係属は，公訴の提起によらずに発生するばあいがある。たとえば，起訴状に記載された被告人以外の者について誤って公判手続きが進められたようなばあいが，これに当たる。このようなばあいにおいても，訴訟関係が生じている以上，裁判所は，**形式裁判**($\begin{smallmatrix}338条4項による\\公訴棄却判決\end{smallmatrix}$)によってこの関係を終了させる必要があるのである。

(2)　公訴時効の進行の停止

(i) **原則**

公訴の提起によって公訴時効の進行が停止される（254条1項前段）。公訴提起の存在自体がその要件とされているので，必ずしも訴訟条件を具備する必要はない。

(ii) **範囲**

法律は「当該事件について」と規定しているので，一般に，時効の進行停止は訴訟係属の範囲と一致し，したがって，科刑上一罪の一部についてのみ起訴があったときにも，他の部分についても時効停止の効力が生じると解されている。

しかし，訴訟係属は訴因について生ずると解すると，現実に起訴された訴因についてのみ時効の進行が停止することになる。

(iii) **二重起訴の禁止**

公訴が提起された事件については，重ねて公訴を提起することができない。同一裁判所に二重の起訴があったばあいには，後の起訴について**公訴棄却の判決を言い渡さなければならず**（338条3号），他の裁判所に二重の起訴があったばあいには，10条・11条によって処理し，その結果，審判することができなくなった裁判所は，**公訴棄却の決定**を言い渡さなければならないことになる（339条1項5号）。

(iv) **事件の同一性**

事件の同一性は，**被告人と訴因の同一性**によって決まる。前訴と後訴の起訴事実を比較して，本来的一罪とみとめられるばあいに，後訴が棄却されることになる。

(3) **公訴提起の効果が及ぶ範囲**

(i) **原則**

公訴提起の効果は，**公訴が提起された事件**についてのみ生じ，それ以外には及ばない。ただし，**共犯**については，公訴時効停止の効力は他の者にも及ぶ。

(ii) **客観的範囲**

公訴提起の効力は，**単一の事件全体に及び**，かつ**事件が同一であるかぎり**

において維持される。それ以外の事実については公訴提起の効力は及ばないので，裁判所は，公訴提起のない事件について審判することはできない$\binom{378条3号参照}{}$。

(iii) **主観的範囲**

公訴は，**検察官が指定した被告人**以外の者にその効力を及ぼさない$\binom{249条}{}$。

(iv) **不告不理の原則**

上述のように**公訴提起の効力の及ばない客観的範囲および主観的範囲**については裁判所は**審判してはならない**とする原則を，**不告不理の原則**という。

第3節　訴訟条件

1　公訴提起の条件

(1) **意義**

公訴提起の**適法性**の条件を，**公訴提起の条件**（または**起訴条件**）という。

(2) **公訴提起の条件と訴訟条件の範囲**

公訴提起の条件は訴訟条件と一致することが多いが，訴訟条件の範囲が少し広い。すなわち，第1に，**訴訟条件**は公訴提起が適法になされることだけでなく，さらにそれが**有効に存続**することを含んでいる。たとえば，その後に公訴取消しがないこと$\binom{339条1項3号}{}$。第2に，公訴提起があったことは訴訟条件の1つとされているが，公訴提起の条件とはいえない$\binom{高田・376頁，松尾・下352頁，田口・170頁，小林・137頁，池田＝前田・220—1頁など}{}$。

2　訴訟条件

(1) **訴訟条件の本質**

(i) **意義**

訴訟条件とは，公訴（検察官の訴追行為）の**有効要件**をいい，**訴訟要件**ともいわれる。

通説は，訴訟条件を，検察官側の負担ではなくて，もっぱら裁判所の側から見て，それを審理・判決するための要件として捉えている。これは，審判の対象（訴訟物）を，検察官から引き継がれ，裁判所が受けとめた実体そのも

のと見る見方と関係するが，訴訟物は，検察官側の主張であると解する立場においては，訴訟条件は，第一義的には，その訴訟物を追行していく要件であると解すべきであるとされている。

(ii) **効果**

訴訟条件を欠き公訴が有効でないばあいには，**検察官**が訴追してはいけないだけでなく，**裁判所**は審判できないので，訴訟条件は，裁判所の活動をもカバーするし，また，受動的当事者である**被告人**も審判を受ける必要がなくなるから，訴訟条件の有無は被告人にも影響を及ぼすことになる。

しかし，この現象は，検察官の訴追行為が無効であることから生ずる**反射的効果**であるにすぎないとされる。つまり，訴訟条件の欠如を理由とする公訴棄却は，訴追の無効を宣言するという本質をもち，無効は，訴追行為をした検察官に向けられるのである。裁判所が以降実体的審判をみずからしない，ということを自己宣言するところに本質があるわけではない（田宮・61頁）。

(2) **訴訟条件の種類**

(i) **種類**

訴訟条件は，種々の観点から分類され得る。**一般的訴訟条件と特殊的訴訟条件**（たとえば，親告罪における告訴），**絶対的訴訟条件と相対的訴訟条件**（たとえば，土地管轄のように，被告人の申立てを待って判断されるもの），**積極的訴訟条件と消極的訴訟条件**（訴訟障害。ある事項の不存在が要件となっているもの），**形式的訴訟条件と実体的訴訟条件**（実体との関係において訴訟条件の有無が判断されるもの）などの分類がおこなわれている。

(ii) **形式的訴訟条件と実体的訴訟条件**

形式的訴訟条件と実体的訴訟条件の分類は，団藤博士の提唱にかかる。

(a) **形式的訴訟条件**

形式的訴訟条件は，手続き面に関する事由を実体審判の条件としたもので，その存否の判断のために，実体に入る必要がないものであり，管轄違い，公訴棄却の事由がこれに当たる。

(b) **実体的訴訟条件**

実体的訴訟条件は，実体面に関する事由を条件としたもので，その存否の

判断をするためにある程度まで実体に入る必要のあるもので，免訴事由がこれに当たるとされる。

(c) **この説に対する批判**

この分析は，その根底にある実体面・手続き面の理論が疑問であるばかりか，実体的訴訟条件のばあい，審判に入るとするのは，そもそも訴訟条件の性質に反し，概念矛盾であるとの批判が加えられた。すなわち，訴訟条件は，実体判決の要件であるばかりでなく，実体審理に入るための許容性の要件でもあり，しかも，実体をいうならば，免訴事由以外にも，たとえば，親告罪かどうか，管轄があるかどうかなどは，まさに事件を標準にしなければ判断できないので，それを含ませないのでは一貫しないとされたのである。

(d) **本書の立場**

免訴事由について，ある程度実体の審理をしなければならないとする点には問題がある。そのような審理すら必要でないとするところに**免訴の本質**をみとめるべきであろう。この点については，後で免訴判決の効力の問題として考察する。免訴事由は，「およそ」訴訟の追行をみとめられない「訴訟追行条件」であり，その他のものは，「それが欠けたままの状態では」訴訟の追行をみとめられない「手続き条件」であるとする分類の方が妥当である（平野・148頁）。

(3) **裁判の種類による分類**

法は，訴訟条件を裁判の種類に従って，「管轄違い」，「公訴棄却」および「免訴」の事由に分類しているので，ここでは，その形式に従って列挙しておくことにする。

(i) **管轄違いを言い渡すべきばあい**

(a) **事物管轄がないとき**

簡易裁判所の専属管轄に属する事件を，地方裁判所に起訴したり，その逆のばあい（329条）。なお，高等裁判所のばあいは，管轄裁判所への移送がおこなわれる（330条）。

(b) **土地管轄がないとき**

被告人の申立てがあったときだけ顧慮される相対的条件である（313条）。

(ii) **公訴棄却を言い渡すべきばあい**（338条，339条。(a)〜(e)は決定，(f)〜(i)は判決）

(a) 起訴状謄本が起訴後2カ月以内に被告人に送達されなかったとき（$\frac{339条1}{項1号}$）。

(b) 起訴状に記載された事実が，何ら罪となるべき事実を包含していないとき（$\frac{339条1}{項2号}$）。

(c) 公訴の取消し（$\frac{339条1}{項3号}$）。

(d) 被告人の死亡，法人の消滅（$\frac{339条1}{項4号}$）。

(e) 同一事件の数個の裁判所への二重係属（$\frac{339条1}{項5号}$）。

(f) 裁判権の欠如（$\frac{338条}{1号}$）。

(g) 公訴の取消し後，新たな証拠がないのに再起訴したばあい（$\frac{338条}{2号}$）。

(h) 同一裁判所への二重起訴（$\frac{338条}{3号}$）。

(i) その他の一般的訴追無効の理由（$\frac{338条}{4号}$）。親告罪の告訴の欠如が典型的事例であるが，ほかにも，既判力違反の再起訴（二重の危険を除く），少年の保護処分を受けたのちの再起訴（$\frac{少年法}{46条}$）などのばあいもある。

(iii) **免訴を言い渡すべきばあい**（$\frac{337}{条}$）

(a) 確定判決を経たとき。

(b) 刑の廃止があったとき。

(c) 大赦があったとき。

(d) 公訴時効の完成（公訴時効については，次項参照）。

(iv) **免訴事由の列挙の性質**

(a) **例示的列挙説**

免訴事由は，制限的列挙ではないと解する（団藤・159頁，平野・150頁，田口・413頁，池田＝前田・462頁など・**通説**）。

(b) **制限列挙説**

338条4号の公訴棄却の総括規定があり，公訴棄却も免訴も本質において同じ性質の裁判である以上，この規定でまかなえるので，免訴事由は制限的に解すべきであるとする（$\frac{田宮・}{65頁}$）。

(c) **本書の立場**

通説の立場が妥当であると解する。

(4) 訴訟条件と訴因
(i) 訴訟条件具備の標準
　訴訟条件は，**公訴の有効要件**であるから，公訴の対象について要求される。したがって，公訴の対象（すなわち，**審判の対象**）が訴因であるとする立場においては，訴訟条件が具備するか否かは，訴因を標準に判断すべきことになる。これに対して，公訴事実説の立場においては，公訴事実が標準とされる。

(ii) 効果
　訴因を標準として訴訟条件を欠くと判断されるばあいは，**ただちに形式裁判で訴訟を打ち切る必要がある**。たとえば，検察官が強姦の訴因で告訴のないまま起訴してきたばあいは，強姦致傷ではないかを審理したうえで，公訴棄却か否かを判断すべきではない。ただし，現行法は訴因の変更を許しているから，実体審理の結果訴因が変更されたときは，その変更された訴因を標準とする。たとえば，強姦致傷の訴因でなされた起訴に対し，審判の結果，強姦ではないかという疑いが生じたばあいには，裁判所は，強姦に訴因を変更させたうえで，公訴を棄却すべきであるとされる。

(5) 効果
(i) 実体判決・実体審理の要件としての訴訟条件
　訴訟条件が欠けると，実体判決を下してもらうことができず，形式裁判で手続きを打ち切られる。そして，公訴の理由の有無を調べるための実体的審理もしてもらえないことになる。

　訴訟条件は，たんに**実体判決の要件**にすぎないのではなくて，**実体審理の要件**でもあるから，訴訟の始めから終わりまで存在しなければならないのである。

(ii) 公訴提起の要件としての訴訟条件
　訴訟条件の中には，公訴提起のとき存在すればよいものもある。たとえば，土地管轄は公訴提起時にあればよく，起訴後，被告人が管轄区域外に移住しても，管轄違いとはならない（$\substack{331条 \\ 2項}$）。

(iii) 訴訟条件の追完
　訴訟条件が公訴提起の時には存在しなかったが，後にこれが具備されたば

あいに，それまでの手続きが有効となるかどうか，という**訴訟条件の追完**の問題が生ずる。この点について，とくに問題となるのは，親告罪の告訴の追完である。

3 公訴の時効

(1) **公訴時効の意義**

(i) **意義**

公訴の時効とは，ある犯罪について，一定の期間が経過したときには公訴の提起を許さないとする制度をいう。

(ii) **刑の時効との差異**

公訴の時効は，**判決の確定しない事件**に関する時効である点において，刑の言渡しの判決が確定した事件についての時効である「刑の時効」とは異なる。公訴の時効は，刑訴法に規定され，刑の時効は刑法に規定されている（刑31条以下）。

(iii) **効果**

公訴の時効が完成したばあいには，前にも述べたように**免訴の判決**が言い渡される（337条4号）。

(iv) **公訴の時効の本質**

公訴の時効の本質の理解をめぐって，実体法説・訴訟法説・実体法訴訟法競合説・新訴訟法説の対立がある。

(a) **実体法説**

実体法説は，時効制度の存在根拠を，時間の経過により，社会の応報感情または犯人の悪性が消滅するため**刑罰権も消滅**することに求める。

この説に対しては，刑罰権が消滅したばあいには，無罪を言い渡すべきであって，免訴を言い渡す理由はないとの批判がある。

(b) **訴訟法説**

訴訟法説は，時効制度の存在根拠を**証拠の散逸**に求める。すなわち，時間の経過により，有罪の証拠も無罪の証拠も散逸し，真実の発見が困難となるはずであるとするのである。

この説に対しては，時効時間が刑の軽重に従って定められている点は，こ

の見地からは十分に説明できないとの批判がある。

　(c)　**実体法訴訟法競合説**

　実体法訴訟法競合説は，可罰性の減少と証拠の散逸とによって，訴訟を追行することが不当となる点に，時効制度の存在根拠を求める。

　(d)　**新訴訟法説**

　新訴訟法説は，一定の期間訴追されていないという事実状態を尊重して，被疑者の利益のために国家は訴追権を発動すべきでないと解する。これは，時効制度を被疑者の利益を守るための手続き上の制度として把握する立場である。

　(e)　**本書の立場**

　公訴時効の制度の存在理由は，実体法または訴訟法の一方だけから説明することが困難であり，**実体法訴訟法競合説**のように解するのが妥当である。すなわち，公訴の時効も，時効制度一般と同じように，一定期間継続した事実状態を尊重する制度なのであり，犯罪によって惹起された社会撹乱（かくらん）は，時間の経過によって希薄となり，これをあらためてあばきたてることは犯人に対して酷であるだけでなく，社会にとってもけっして利益になるわけではない。また，証拠が散逸してしまうことも多く，かえって実体的真実の発見にとっても障害となるのである。

　(2)　**公訴時効の期間**

　(i)　**期間の法定**

　(a)　**人を死亡させた罪の公訴時効の改正**

　人を死亡させた罪の公訴時効について，最近の法改正により重大な変更が加えられた。すなわち，「人を死亡させた罪であって死刑に当たるもの」については，公訴時効の対象から除外され，「人を死亡させた罪であって禁錮以上の刑に当たるもの（死刑に当たるものを除く。）」については，従前の時効期間よりも長期化されたのである。「刑法及び刑事訴訟法の一部を改正する法律」（平成22年法第26号）の立法理由は，次のとおりである。すなわち，「公訴時効制度については，近時，被害者の遺族の方々を中心として，殺人等の人を死亡させた犯罪について見直しを求める声が高まっており，この種事犯においては，時

間の経過による処罰感情の希薄化等，公訴時効制度の趣旨が必ずしも当てはまらなくなっているとの指摘がなされています。

　このような指摘等を契機として，人の生命を奪った殺人などの犯罪については，時間の経過によって一律に犯人が処罰されなくなってしまうのは不当であり，より長期間にわたって刑事責任を追及することができるようにすべきであるという意識が，国民の間で広く共有されるようになっているものと考えられます。

　そこで，この法律案は，これらの人を死亡させた犯罪をめぐる諸事情にかんがみ，これらの犯罪に対する適正な公訴権の範囲を確保するため，刑法及び刑事訴訟法を改正し，所要の法整備を行うものとするものであります」とされている。そして，改正の要点は，「刑事訴訟法を改正して，人を死亡させた犯罪の公訴時効に関する規定を整備するものであり，人を死亡させた罪のうち，死刑に当たる罪を公訴時効の対象から除外するとともに，無期の懲役又は禁錮に当たる罪については三十年に，長期二十年の懲役又は禁錮に当たる罪については二十年に，その他の懲役又は禁錮に当たる罪について十年に，それぞれ公訴時効の期間を延長するものです。また，この改正については，その施行前に犯した罪であって，その施行の際時効が完成していないものについても適用することとしています」とされている。

(b) **人を死亡させた罪であって禁錮以上の刑に当たるもの**

　時効は，人を死亡させた罪であって禁錮以上の刑に当たるもの（死刑に当たるものを除く。）については，次に掲げる期間を経過することによって完成する (250条1項。本条における「当たる」とは，すべて法定刑を意味する)。

　(α)　無期の懲役または禁錮に当たる罪については30年。

　(β)　長期20年の懲役または禁錮に当たる罪については20年。

　(γ)　前2号に掲げる罪以外の罪については10年。

(c) **人を死亡させた罪であって禁錮以上の刑に当たるもの以外の罪**

　時効は，人を死亡させた罪であって禁錮以上の刑に当たるもの以外の罪については，次に掲げる期間を経過することによって完成する (同条2項)。

　(α)　死刑に当たる罪については25年。

(β) 無期の懲役・禁錮に当たる罪については15年。
(γ) 長期15年以上の懲役・禁錮に当たる罪については10年。
(δ) 長期15年未満の懲役・禁錮に当たる罪については7年。
(ε) 長期10年未満の懲役・禁錮に当たる罪については5年。
(ζ) 長期5年未満の懲役・禁錮または罰金に当たる罪については3年。
(η) 拘留・科料に当たる罪については1年。

(ii) **併科・加重減軽などのばあい**

2個以上の主刑を併科または2個以上の主刑のうちのその1個を科すべき罪については，その重い刑に従って，また刑法により刑を加重・減軽すべきばあいには加重・減軽しない刑に従って，それぞれ時効期間が決定される（251条，252条）。

(iii) **両罰規定のばあい**

両罰規定による事業主（法人または人）の時効期間について，**判例**は，特別の規定があるばあい（公害犯罪処罰法4条参照）を除いて，事業主の罪についての法定刑を基準とすべきであると解している（最〔大〕判昭35・12・21刑集14巻14号2162頁，最判昭42・7・14刑集21巻6号825頁）。

(iv) **起算点**

公訴時効の起算点は，犯罪行為が終わった時である（253条1項。なお，時効期間の計算につき，55条1項ただし書き，3項ただし書き）。

「犯罪行為が終わった時」の意味をめぐって，行為時説と**結果時説**との対立があり，後者が**通説**である。

時効制度の存在理由（可罰性の減少と証拠の散逸）から見て**通説が妥当**である。したがって，構成要件上，結果発生を必要とする罪についてはその結果の発生した時から時効が進行する。

共犯については，最終の行為（共犯者間に共通した最終行為を意味する。大判昭13・6・16刑集17巻455頁）の終わった時からすべての共犯に対して時効が進行する（253条2項）。

ここにいう最終の「行為」も，構成要件的結果を含むと解すべきことになる。

公訴時効期間の起算点は客観的な犯罪事実の全体について考えるべきであるから，包括一罪については，各行為についてではなくて，最終の犯罪行為

が終わった時点から起算すべきである（**通説・判例**：最決昭31・10・25刑集10巻10号1447頁）。

科刑上一罪は，本来，別罪なのであるから，各個の犯罪事実につき独立に時効が進行し，かつ完成するものと解すべきである。ただし，判例は，最も重い罪の刑に従い一括して判定すべきものとしている（牽連犯につき，大判昭7・11・28刑集11巻1736頁，最判昭47・5・30民集26巻4号826頁。観念的競合につき，最判昭41・4・21刑集20巻4号275頁）。

(3) 時効の停止

(i) 意義

時効の停止とは，時効がその**進行を止める**ことをいう。

(ii) 時効の中断

現行法は時効の停止のみを規定しているが，旧刑訴法はさらに時効の中断もみとめていた。しかし，時効の中断は公訴時効制度の本来の趣旨に反し，犯人にとってはなはだしく不利であるから廃止されたのである（宮下・146頁，小林・121頁など）。ただし，特別法上，公訴時効の中断がみとめられているものがある（国税犯則取締法15条，関税法138条3項）。

(iii) 停止の事由

時効は，当該事件についてなされた**公訴の提起**によって進行を停止し，管轄違い・公訴棄却の裁判が確定した時からその進行を始める（254条1項）。

公訴提起が不適法であっても，時効は停止する。

起訴状謄本の送達または略式命令の告知が，一定期間内におこなわれなかったため公訴の提起がさかのぼって効力を失うばあい（271条2項，463条の2第1項），**判例・通説**は，時効停止効をみとめる（最決昭55・5・12刑集34巻3号185頁）。

このばあい，さかのぼって公訴の提起が効力を失うこと，および，国家機関の落度を被告人の不利益に帰することになることを理由にして，時効の停止の効力を否定する少数説もある。

(iv) 共犯のばあい

共犯者の1人に対してなされた公訴の提起による時効の停止は，他の共犯者に対してその効力を有する。このばあいにおいて，停止した時効は，当該事件についてなされた裁判が確定した時からその進行を始める（254条2項）。

(v) **犯人が国外にいるばあいや逃亡中のばあい**

犯人が国外にいるばあい，または犯人が逃げ隠れているため有効に起訴状謄本の送達もしくは略式命令の告知ができなかったばあいには，時効はその**国外にいる期間**または**逃げ隠れている期間**その進行を停止する（255条 1項）。

上記の事由の証明に必要な事項は規則で定められる（同条2項，規166条）。

通説・判例は，「犯人が国外にいる場合」には，犯人が国外にいた事実があれば足りるので，犯人が国外にいて，捜査機関が犯罪の発生も犯人も知らないでいるばあいに，なお本項の適用をみとめる（最決昭37・9・18刑集16巻9号1386頁）。これに対して，事情のいかんを問わずたんに国外にいるだけで時効の進行が停止するのは不合理であるとする見解もある。

(vi) **国務大臣のばあい**

憲法上，国務大臣は，その在任中，内閣総理大臣の同意がなければ訴追されないが，訴追の権利はこれによって害されないとされている（憲75条）。この規定の解釈をめぐって，その在位中または総理大臣の同意があるまで公訴時効の進行が停止すると解する説（団藤・379頁），在位中総理大臣の同意があるまで時効の進行が停止すると解する説（平野・155頁）とが対立している。

(vii) **少年法における特例**

少年法47条に公訴時効の停止に関する特例がある。

第4節　準起訴手続き

1　性　格

(1) **意義**

現行法は，前述のとおり，職権濫用罪につき検察官の不起訴処分に不服のある一定の者が，裁判所にその審判に付することを請求し，裁判所がこの請求をみとめて審判に付する決定をしたときは公訴提起があったものとみなす「**準起訴手続き（付審判請求手続き）**」の制度を設けている。

(2) **起訴強制手続きとの比較**

この制度は，ドイツ刑訴の起訴強制手続きに似ているが，検察官に起訴を

強制するものではない点で異なる。これは，あくまでも裁判所の決定によってはじめて公訴提起の効果を生じさせるものなのである。

2　審判に付する手続き

(1)　付審判の請求

(i)　請求権者

刑法193条ないし196条の罪または破壊活動防止法45条の罪について告訴・告発した者は，検察官の不起訴処分（起訴猶予処分を含む）に不服があるときは，その検察官所属の検察庁の所在地を管轄する地方裁判所に事件を裁判所の審判に付することを請求することができる（$\frac{262条}{1項}$）。

不起訴処分につき不服があれば足り，不起訴処分の理由のいかんは問わないので，検察官が，当該事件は職権濫用罪を構成しないとして不起訴処分にしたばあいであっても，なお請求をなし得る（$\frac{高田・}{390頁}$）。

(ii)　請求の取下げ

請求は，これに対する裁判所の決定（$\frac{262条}{1項}$）があるまで取り下げることができるが（$\frac{取下げは書面に}{よる。規170条}$），取下げをした者は，当該事件についてさらに請求することができなくなる（$\frac{263}{条}$）。

(iii)　請求の手続き

(a)　請求書の提出

付審判の請求は，260条の通知（不起訴処分または公訴取消の通知）を受けた日から7日以内に，審判に付せられるべき事件の犯罪事実と証拠を記載した請求書を不起訴処分をした検察官に差し出しておこなう（$\frac{262条2項,}{規169条}$）。

(b)　効果

検察官は，請求を理由があるものとみとめるときは，公訴を提起しなければならず（$\frac{264}{条}$），請求の理由がないとみとめるときは，請求書を受け取った日から7日以内に公訴を提起しない理由を記載した意見書を添えて書類・証拠物とともに，所属検察庁の所在地を管轄する地方裁判所に送付する（$\frac{規171}{条}$）。

(c)　裁判所書記官による通知

前記の送付があったときは，裁判所書記官は速やかに審判の請求があった旨を被疑者（付審判請求の対象となった者）に通知しなければならず，また送付

後に請求の取下げがあったときは，裁判所書記官は，速やかにこれを検察官および被疑者に通知しなければならない（規172条）。

(2) **請求に対する審判**

付審判の請求を受けた裁判所は，次の手続きに従って請求に対して審判をしなければならない。

(i) **合議体による審理・裁判**

請求についての審理・裁判は，合議体でしなければならない（265条1項）。

(ii) **審判の非公開**

審判は，すべて非公開でなされる（裁75条1項）。

(iii) **合議体構成員裁判官に対する事実の取調べの委任・他の裁判官への嘱託**

裁判所は，必要があるときは，合議体の構成員に事実の取調べをさせ，または地方裁判所・簡易裁判所の裁判官にこれを嘱託することができる。このばあいには，受命裁判官・受託裁判官は裁判所・裁判長と同一の権限を有する（265条2項）。

(iv) **忌避申立ての可否**

付審判請求を受けた者は裁判官の忌避を申し立てることができるかにつき，最高裁は，21条1項にいう「被告人」の文言にこだわる必要はなく，請求の審理に当たる裁判所は，広範な権限を有しこれを構成する裁判官の職務執行の公正を期する必要があるから，忌避の申立てをみとめるべきであると解している（最決昭44・9・11刑集23巻9号1100頁）。

(v) **請求人・被疑者などの関与**

請求人・被疑者などの関係人の審理手続きへの関与につき，**最高裁判例**は，付審判請求制度は「直接に検察官の不起訴処分の効力を争い，あるいは起訴命令を求めるがごとき本来の意味における行政訴訟ではなく，請求人はもとより，被疑者あるいは検察官も，当事者たる地位を有するものではなく」，「捜査に類似する性格をも有するもの」であるから，裁判所がみずから判断資料の収集をおこなうに先立って検察官送付の全記録の閲覧・謄写を請求人代理人に許したり，証人尋問に請求人や代理人を立ち会わせこれに発問を許すな

どは，被疑者・弁護人にも同様のことを許していても，密行性を重視すべきである以上，裁量権の範囲を逸脱した疑いがあるとする（最決昭47・11・16刑集26巻9号515頁）。

(vi) **記録などの閲覧・謄写の許可**

記録などの閲覧・謄写を請求人代理人に許可するのは，密行性の解除によってもたらされる弊害に優越すべき特段の必要性がないかぎり，裁量の範囲を逸脱し違法となると解されている（最決昭49・3・13刑集28巻2号1頁）。

(vii) **請求棄却の決定**

裁判所は，請求が法令上の方式に違反し，もしくは請求権の消滅後（262条2項，263条2項参照）にされたものであるとき，または請求が理由のないときは，いずれも請求棄却の決定をする（266条1項）。

「請求が理由のない」とは，検察官の不起訴処分が結果的に正当であったことをいう。しかし，裁判所の審判は，不起訴処分そのものに対する事後審査ではないから，請求の当否は，決定をする時を標準とすべきである。したがって，不起訴処分をした後に現れた証拠をも資料として決定をしてよいのである（高田・393頁）。

(viii) **管轄裁判所への付審判**

裁判所は，請求が理由のあるときは，事件を管轄裁判所の審判に付する（266条2号）。必ずしも，請求を受けた裁判所の審判に付せられるわけではない。

(ix) **通知**

裁判所は，同一事件について，検察審査会法2条1項1号に規定する審査をおこなう検察審査会または同法41条の6第1項の起訴議決をした検察審査会があるときは，これに当該決定をした旨を通知しなければならない（267条の2）。

(x) **管轄違いの言渡しの可否**

誤って管轄を有しない地方裁判所の審判に付する決定があったときは，その裁判所は管轄違いの言渡しをすることはできない（329条ただし書き）。

(3) **効果**

(i) **公訴提起の効果の発生**

審判に付する決定があったときは，その事件について公訴の提起があった

ものとみなされる($\substack{267\\条}$)。したがって，さきに述べた公訴提起の効果がすべて発生する。

(ii) **裁判書の記載事項・謄本の送達**
前記の決定の裁判書には起訴状に記載すべき事項を記載しなければならず，その謄本は，検察官および被疑者に送達しなければならない($\substack{規174\\条}$)。請求者については，一般原則に従って送達される($\substack{規34条\\本文}$)。

(iii) **裁判所による裁判書・書類・証拠物の送付**
裁判所は，付審判の決定をしたばあい，事件をその裁判所の審判に付したときは，裁判書を除いて書類・証拠物を事件について公訴の維持に当たる弁護士に送付し，事件を他の裁判所の審判に付したときは，裁判書をその裁判所に，書類・証拠物を事件について公訴の維持に当たる弁護士に，それぞれ送付する($\substack{規175\\条}$)。

裁判所は，付審判の決定をした旨を一定の検察審査会に通知しなければならない($\substack{267条\\の2}$)。

3 審判に付された事件の公判手続き

(1) **原則**
裁判所の審判に付された事件の公判手続きは，原則として一般の事件と同じようにおこなわれる。

(2) **公訴を維持する者**
公訴を維持する者については，一般事件と大いに異なる。

(i) **裁判所による指定**
裁判所は，事件がその審判に付されたときは，その事件についての公訴の維持に当たる者を弁護士の中から指定しなければならないのである($\substack{268条\\1項}$)。

(ii) **指定弁護士の職務**
指定を受けた弁護士は，事件について公訴を維持するため，裁判の確定に至るまで検察官の職務をおこなう。ただし，検察事務官・司法警察職員に対する捜査の指揮は，検察官に嘱託してしなければならない($\substack{268条\\2項}$)。

(iii) **指定の取消し**
裁判所は，指定を受けた弁護士がその職務をおこなうに適しないとみとめ

るときその他の特別の事情があるときは，いつでもその指定を取り消すことができる($\substack{同条\\4項}$)。

このばあいには，裁判所は，あらたに公訴の維持に当たる弁護士を指定し，この弁護士が職務を引き継ぐことになる。

(iv) 指定弁護士の地位

検察官の職務をおこなう弁護士は，法令により公務に従事する職員とみなされ($\substack{同条\\3項}$)，また政令で定める額の手当ての支給を受ける($\substack{同条\\5項}$)。

第5節　訴因制度

1　総　説

(1)　公訴事実と訴因との関係

現行刑訴法は，旧法以来の「公訴事実」の概念を温存しながら，新たに英米法のカウント（Count）に由来する「訴因」の制度を採用している。そして，公訴事実は訴因を明示してこれを記載すべきものとし($\substack{256条\\3項}$)，訴因は公訴事実の同一性を害しない限度において追加・撤回・変更を許さなければならないものとしている($\substack{312条\\1項}$)。それゆえ，訴因制度の意義を明らかにするためには，公訴事実と訴因との関係について根本的に考察する必要がある（松尾・上173頁以下，三井・Ⅲ159頁以下，田口・193頁以下，池田＝前田・205頁以下，福井・199頁以下，上口・304頁以下など）。訴因の把握に関する見解の相違が，個別的な論点について種々の解釈論上の帰結をもたらすことに留意しなければならない。

(2)　旧法における公訴事実

旧法のもとにおいても，不告不理の原則がみとめられており，訴訟は，検察官の公訴提起により開始され，「公訴ヲ提起スルニハ被告人ヲ指定シ犯罪事実及罪名ヲ示スヘシ」($\substack{旧291\\条1項}$)とされていた。しかし，起訴状一本主義は採用されておらず，犯罪事実を探求し確定する権限と義務は裁判所にあるとする職権主義が採られていたので，裁判所は，「犯罪事実」を手がかりとして審理を開始し，これに拘束されずに，自由に職権で証拠調べをおこなうこともできたのである。審判の対象は「公訴事実」である，という考え方は，職権

主義のもとでは当然のことであったといえる。

「公訴事実」は嫌疑とほぼ同義と解され、裁判所は、それについて当該の手続きで自由に真相を究明できるものと考えられていたのである。

(3) **現行法における審判の対象**

戦後、刑訴法の構造が、職権主義から当事者主義に変化したことにより、審判の対象を公訴事実と解する従来の考え方は維持し難くなった。すなわち、審判と訴追との分離という弾劾主義のもとで起訴状一本主義が採用された結果、「**捜査機関の嫌疑を裁判所が引き継ぐ**」という構成をとることができなくなったのである。そして当事者追行主義のもとでは、証拠の収集・提出の権限と義務を負うのは原則として当事者であり、裁判所の職権証拠調べは補充的なものとされるに至ったのである（$\binom{298}{条}$）。

訴訟の主体としての被告人の防御権の尊重という見地からは、検察官によって明確に範囲を限定された訴追の対象こそが、審判の対象と解されるべきこととなり、それが「訴因」にほかならないとされるのである。

このように、**訴訟構造の変化**を明確に把握しないと、訴因制度の本質の理解は困難となる。

2 審判の対象

(1) **意義**

公訴事実と訴因との関係に関する最も根本的な問題は、そのいずれが「審判の対象」とされるべきか、である。**審判の対象**とは、検察官が公訴提起の対象とし、裁判所が審理し裁判をおこなうべき対象を意味する。

(2) **学説の状況**

審判の対象をめぐって学説は、次の3つに大別され得る。

(i) **公訴事実対象説**

公訴事実対象説は、旧法以来の公訴事実の概念を維持し、それを審判の対象と解する（$\binom{岸・52}{頁など}$）。

この説によれば、訴因は、公訴事実を法律的に構成した検察官の表象であり、訴訟の技術的当事者主義化に伴って導入されたところの純粋に防御権保障のための手続き的制度であるにすぎない。すなわち、訴因は、被告人に防

御の機会を与え，防御の範囲を予告するためにみとめられた便宜的制度として理解されることになる。

　(ii)　**訴因対象説（通説）**

　訴因対象説は，当事者主義を純化して考え，英米法におけると同様に，訴因を審判の対象とし，公訴事実を実体概念ではなくて訴因変更の限界を画する機能的概念として理解する（平野・131―2頁，田宮・190頁，松尾・上174頁，三井・Ⅲ179頁，田口・299頁，白取・234頁，池田＝前田・209頁，上口・323頁など）。

　この説によれば，訴因は，それについて検察官が審判を請求する**具体的犯罪事実の主張**であって，単なる被告人の防御のための手続き的制度以上のものであるとされる。

　(iii)　**折衷説**

　折衷説は，訴因を現実的な審判の対象，公訴事実を潜在的な審判の対象と解する（団藤・205頁）。

　この説によれば，訴因は，公訴提起の段階では検察官の実体形成を，公判審理の段階では裁判所の実体形成をそれぞれ手続き面において反映したものとして把握されるべきであるとされる。

　(iv)　**本書の立場**

　上述のように，学説は分かれているが，より根本的には訴因対象説と公訴事実対象説とが対立していると見るべきであるとおもわれる。そこで，この観点から，両説の基本構造とその解釈論上の帰結について検討しておくことにしよう。

　それぞれについての個別問題は項を改めて，さらに詳しく検討する。

　現行法は，**当事者主義**を徹底し，**デュー・プロセスの理念**を強化しているので，この観点からは，訴因は，検察官が公訴提起の対象とした罪となるべき具体的事実の主張であり（**具体的事実記載説**），これが審判の対象となると解するのが妥当である。そうすると，裁判所は，訴因についてのみ審理する権限と責務を有するので，それを超えて審理し判決を下すことはできない（**不告不理の原則**）。

　訴因は，被告人のために，告知と防御の機会を保障する手続き的制約にす

ぎないものではなく、審判の内容とその範囲をも拘束する機能を有するものとして理解すべきなのである。

これに対して、公訴事実対象説は、審判の対象はあくまでも公訴事実であって、訴因は被告人の防御権を保障する手続き的制度にすぎないと解している。この見地からは、被告人は罰条ないし法律構成に即して防御活動をおこなうから、訴因などの構成要件に当たるか、という法律的評価を示すものであれば足りるとされることになる（**法律構成説**）。

(2) **訴因の特定**
(i) **訴因の特定と訴因対象説・公訴事実対象説**

訴因対象説と公訴事実対象説のいずれの立場に立つかによって、解釈上、異なる結論に到達する。まず、訴因の特定について見てみよう。

(ii) **訴因対象説**

訴因対象説をとり、**具体的事実記載説**を厳格に貫いたばあい、訴因の「明示」、すなわち構成要件間の区別を明らかにしているか否かの問題と訴因の「特定」の問題とを厳密に区別し、訴因の特定を厳格に要求することになる。

この見地においては、「**事実の具体性**」が重要なのであるから、日時・場所・方法などは、構成要件要素でなくても、訴因の構成要素として扱われる。

(iii) **公訴事実対象説**

公訴事実対象説をとり、法律構成説の立場に立つと、訴因は、構成要件の内容を示すものであれば足りる。日時・場所・方法などが明らかではないばあいには、その記載を省略しても訴因の特定に欠けるところはないと解されることになる。

(iv) **判例の立場**

判例は、**訴因対象説**の立場に立ち、**事実記載説**をとっていると解されているが、しかし、訴因の特定については、比較的ゆるやかに解している。すなわち、**最高裁**は、密出国事件において「被告人は、昭和27年4月頃より同33年6月下旬までの間に、……本邦より本邦外の地域たる中国に出国したものである」との記載のある起訴状について、「刑訴256条3項において、公訴事実は訴因を明示してこれを記載しなければならない、訴因を明示するには、

できる限り日時，場所及び方法を以て罪となるべき事実を特定してこれをしなければならないと規定する所以のものは，裁判所に対し**審判の対象を限定**するとともに，被告人に対し**防禦の範囲を示すこと**を目的とするものと解せられるところ，犯罪の日時，場所及び方法は，これら事項が，犯罪を構成する要素となっている場合を除き，本来は，罪となるべき事実そのものではなく，ただ訴因を特定する一手段として，できる限り具体的に表示すべきことを要請されているのであるから，犯罪の種類，性質等の如何により，これを詳らかにすることができない特殊事情がある場合には，前記法の目的を害さない限りの幅のある表示をしても，その一事のみを以て，罪となるべき事実を特定しない違法があるということはできない」と判示し，その起訴状を有効とした（最〔大〕判昭37・11・28刑集16巻11号1633頁。**白山丸事件**）。

また，**最高裁**は，「被告人は，法定の除外事由がないのに，昭和54年9月26日ころから同年10月3日までの間，広島県高田郡吉田町内およびその周辺において，覚せい剤であるフェニルアミノプロパン塩類を含有するもの若干量を自己の身体に注射又は服用して施用し，もって覚せい剤を使用したものである」との記載のある起訴状について「本件公訴事実の記載は，日時，場所の表示に**ある程度の幅**があり，かつ，使用量，使用方法の表示にも**明確を欠くところ**があるとしても，検察官において**起訴当時の証拠に基づきできる限り特定**したものである以上，覚せい剤使用罪の訴因の特定に欠けるところはないというべきである」と判示している（最決昭56・4・25刑集35巻3号116頁。同旨，東京高判昭54・10・24判時973号132頁，東京高判昭55・2・28判時973号135頁，東京高判昭57・3・24判時1063号214頁）。

(3) **訴訟係属**

公訴提起は，前にも述べたように，**審判の対象**を裁判所に提示するものであるから，訴訟係属も審判の対象と同じ範囲について生ずることになる。

(i) **訴因対象説**

訴因対象説によれば，訴訟係属は訴因についてだけ生じ，公訴の効力が訴因を超えて及ぶことはあり得ない。

(ii) **公訴事実対象説**

公訴事実対象説によれば，公訴の効力は，公訴事実の同一性の範囲に及ぶ

ことになり，これを**公訴不可分の原則**としてみとめる。
　(4)　**訴因変更の要否**
　(i)　**訴因対象説**
　訴因対象説をとり事実記載説の立場に立ったばあい，前述のように，訴因の特定が厳密に要求されるので，「訴因変更の要否」の問題については，深刻な事態が生ずることになる。なぜならば，訴因変更は，起訴状記載の訴因を変更しないで記載内容と異なる事実認定をすることが許される範囲の問題であるので，**訴因変更の「必要」性**の判断は，審判の対象としての同一性，つまり「**訴因の同一性**」の観点から判断されなければならないからである。その基準は，訴因事実を比較して，審判の対象としての同一性（訴因の同一性）いかんという観点から，決められることになる。
　(ii)　**公訴事実対象説**
　公訴事実対象説の見地においては，訴訟の具体的経過との関連を考慮して，被告人の防御権に実質的に不利益を与えるか否かという観点から，訴因変更の要否を決めることになる。その不利益が生じないばあいには，訴因を変更せずに，訴因を超えた事実を認定することが許されることになる。
　(5)　**訴因変更命令の法的性格と形成力の肯否**
　312条2項は，裁判所に訴因変更の命令権をみとめている。
　(i)　**訴因対象説**
　訴因対象説は，当事者主義を前提としているので，この見地においては，審判の対象は，本来，検察官が設定するものであると解されることになる。したがって，裁判所の訴因変更命令は，**例外的**にみとめられるものであり，かつ，**義務的なもの**ではないことになる。
　訴因変更命令には，**形成力はない**とされる。
　(ii)　**公訴事実対象説**
　公訴事実対象説の見地においては，裁判所は，公訴事実について審判の権限と義務を負っているので，公訴事実の同一性の範囲内で，訴因変更命令を出す義務を負うことになる。
　訴因変更命令には形成力があるとされる。

(6) 事実認定の範囲
(ⅰ) 訴因対象説

訴因対象説の見地においては、審判の対象は訴因であるから、**訴因を逸脱**して事実を認定したばあいには、それが「公訴事実の同一性」の範囲内であっても、刑訴法 378 条 3 号後段の「審判の請求を受けない事件について判決をした」という**絶対的控訴理由**に当たることになる。

(ⅱ) **公訴事実対象説**

公訴事実対象説においては、審判の対象は公訴事実の全体であるから、それが公訴事実の同一性の範囲内であるかぎり、事実認定をし判決を下してもよいはずであるが、しかし、訴因に対して判決すべきであるとする 312 条の手続き規範に反したことになるので、379 条の訴訟手続きの法令違反という相対的控訴理由に当たるとされる。

3 　訴因変更制度の意義

訴因変更制度とは、審理の途中で訴因の追加、撤回または変更することをみとめる制度をいう。

(1) **公訴事実対象説**

公訴事実対象説の見地においては、裁判所は訴因を超えて公訴事実の全体について審理の権限・義務を負っているので、訴訟を円滑に進めるためには、訴因変更制度をどうしても必要とする。

(2) **訴因対象説**

訴因対象説の見地においては、訴因の変更は新しく審判の対象を提示する訴訟行為であるから、起訴と同一の意義を有し、安易にこれをみとめるべきものではないことになる。すなわち、訴因変更制度は、当初起訴した訴因と異なる訴因について審判をみとめる制度であるので、検察官の**起訴時の判断を事後的に救済**する意味をもつ点において、有罪追求のための制度であり、被告人にとって不利益といえるであろう。しかし、その反面において、かりに訴因変更制度がないとすると、被告人は、当初の訴因で無罪判決を得たとしても、さらに別の訴因で起訴され有罪とされて無用の負担を強いられることになるであろう。そこで、訴因の変更をみとめたうえで同一手続きの中で

有罪判決を受ける方が、被告人にとって**負担軽減**となって利益になるといえるのである。しかしながら、訴因変更が可能な範囲について**一事不再理の効力**をみとめないと、被告人にとって不利益となるので、そのこととの整合性を考慮に入れなければならない。この問題については、さらに**判決の効力**の個所で検討する。

4 訴因変更の必要性
(1) 基準
(i) 意義

起訴状記載の訴因と裁判所が証拠に基づいて心証を形成した事実との間に、どの程度の食い違いが生じたばあいに、訴因を変更しなければならないのであろうか。これが「**訴因変更の必要性**」の問題である。この問題は、裏から見れば、いかなる条件のもとでは訴因変更をしなくても、起訴状記載の訴因と異なる事実を認定できるか、ということを意味する。これは、「**訴因の同一性**」の問題にほかならない。

(ii) **公訴事実対象説からの把握**

公訴事実対象説によれば、訴因は法的評価に違いが出てくれば、訴因の変更が必要となる。しかし、その基準については、いかなる構成要件に当たるかが重要であるとする**罰条同一説**（宮下・161頁）と公訴事実の法律構成のしかたが重要であるとする**法律構成説**（岸・52頁）とに分かれる。

罰条同一説は構成要件が変われば訴因変更が必要だとし、法律構成説は同一構成要件内であっても、たとえば、作為犯が不作為犯へというように法律構成が変われば訴因変更が必要であるとする。

(ii) **訴因対象説からの把握**

訴因対象説によれば、訴因は検察官の事実に関する主張であるから、その事実に違いが出てくれば、訴因変更が必要となる（**事実記載説**）。事実が変化すれば、同一構成要件内であっても、訴因変更が必要とされるのである（平野・136―7頁、田宮・55頁、松尾・上261―2頁など）。事実に変化がなく、その法的評価が異なるばあいは、罰条の問題にすぎないことになる。

事実が変化するとつねに訴因変更が必要であると解するのは、無用な手続

きをもたらし非実用的な考えである。それゆえ，事実の変化が重要であるばあいに限って訴因変更をみとめるのが現実的であるとされる。訴因変更を必要とする**事実の変化の重要性**の基準に関して見解が分かれている。いずれも訴因が有する「被告人の防御の実質的な保障という現実的な機能面を重視」する見解であるといえる（小林・130頁）。すなわち，学説は，防御上，具体的不利益が生ずるばあいに訴因変更手続きを必要とするとする**具体的防御説**と防御上，抽象的不利益が生ずるばあいに訴因変更が必要であると解する**抽象的防御説（通説）**とに分かれているのである。たとえば，被告人が公判廷で訴因事実（強盗）と異なる事実（窃盗）を自認しているばあい，具体的防御説によれば，窃盗については防御を尽くしているから，具体的不利益は生じておらず，そのまま窃盗の事実を認定してもよいことになる。これに対して抽象的防御説によれば，強盗と窃盗とでは類型的・抽象的には防御の不利益が存在するので，訴因変更の手続きが必要とされることになる。

　具体的防御説は，個々の訴訟の具体的展開によって訴因変更の要否が決定されることとなって，基準として不安定であるので，より一般的に，そのような事実の変更があれば通常は被告人の防御に不利益を及ぼすと考えられるばあいには訴因変更を必要とすると考える**抽象的防御説が妥当**であるとされる（田口・301頁）。さらに被告人の防御にとって具体的防御説の視点は重要であるから，その視点も補完的に考慮することが許されるべきである（小林・131頁，三井・Ⅱ 301頁など）。

　判例は，被告人が自認している事実であっても，その事実を認定するには訴因変更が必要であると解し，また，縮小認定をみとめているので，抽象的防御説に立つものと解されている（田口・301頁）。

　(iii) **本書の立場**

　わたくしは訴因対象説が妥当であると解しており，抽象的防御説が正当であるとおもう。

　(2) **判例における具体例**

　訴因変更が必要かどうかについて，判例に即して具体例をいくつか見ておくことにしよう。

第5節 訴因制度 221

(i) **構成要件が同一のばあい**

(a) **日時**

構成要件が同一のばあい，**最高裁判例**は，日時に関して，詐欺罪について欺罔の日時に1ケ月の相違があっても，訴因変更の必要はないとするが（最決昭35・2・11刑集4巻2号126頁），公選法違反について買収資金の受供与の2ケ月の相違（高松高判昭25・4・8高判特9号194頁），収賄罪について収賄時期の約2年の相違（東京高判昭26・12・28判時25号141頁）が存在するときに，訴因変更を要するとした下級審判例がある。

(b) **犯罪の方法・態様，被害者，被害額，場所など**

犯罪の方法，態様，被害者，被害額，行為の相手方などに相違が生じたばあいには，原則として，訴因変更が必要となる。

たとえば，横領金額が20万円から43万円に増加したばあい（東京高判昭27・7・7高判特34号55頁），麻薬譲渡の相手方が変わったばあい（大阪高判昭25・4・22高判特9号43頁），収賄の日時・場所が変わったばあい（福岡高判平16・10・8高検速報1445）には，それぞれ訴因変更が必要であるとされる。ただし，**最高裁の判例**には詐欺罪において欺罔の相手方が父から娘に変わったばあい（最判昭30・10・4刑集9巻11号2136頁）や欺罔内容・被害額・日時に変化があったばあい（最決昭35・2・11刑集14巻2号126頁）に訴因変更を必要としないと判示しているものもある。

(c) **過失犯の態様**

過失犯（とくに業務上過失致死傷罪）における訴因の記載方法，変更の要否が実務上，重要な問題となっており，過失の態様をめぐって議論が展開されている。

この点に関して，**最高裁の判例**は，「発進する際のクラッチペダルの踏みはずしによる過失」であるとする訴因を「停止の際のブレーキをかけるのを遅れた過失」と認定するには，訴因の変更が必要であると解している（最判昭46・6・23刑集25巻4号588頁）。これに対して，注意義務を課す根拠となる具体的事実や注意義務の内容の変化のばあいには，訴因変更は必要でないとされる（最決昭63・10・24刑集42巻8号1079頁）。

下級審の判例は，「前方注視義務違反」を「減速徐行義務違反」と認定したり（東京高判昭40・8・27下刑集7巻8号1583頁），「十分な車間距離をとらなかった過失」を「酒に酔って正常な運転ができない状態であるのに，あえて運転を継続した過失」と認定

したりするばあいには（仙台高判昭43・7・18／高刑集21巻4号281頁），それぞれ訴因変更が必要であると解している。

(ii) **構成要件が異なるばあい**

(a) **原則**

構成要件が異なるばあいには，原則として，**訴因の変更が必要**となる。

(b) **包摂関係があるとき**

一方の構成要件が他方の構成要件を包摂するときには，縮小事実の認定にほかならないので，いわゆる「**大は小を兼ねる**」の理論ないし縮小認定の理論によって訴因変更は不要とされる。

たとえば，強盗と恐喝（最判昭26・6・15／刑集5巻7号127頁），殺人と同意殺（最決昭28・9・30／刑集7巻9号1868頁），殺人未遂と傷害（最決昭28・11・20／刑集7巻11号2275頁），強盗致死と傷害致死（最判昭29・12・17／刑集8巻13号3147頁），傷害の共同正犯と単独犯（最決昭30・10・19／刑集9巻11号2268頁），枉法（おうほう）収賄と単純収賄（最決昭35・12・13判時255号30頁），業務上過失と重過失致死（最決昭40・4・21／刑集19巻3号166頁）について，それぞれ前者の訴因で後者を認定してもかまわないとされるのである。しかし，被告人の防御の観点からは，実質的に不意打ちになるばあいがあるとの疑問が提起されている。

(c) **法的評価の相違**

事実の変化はなく，法的評価に関して，構成要件が異なるばあいにも，訴因変更は不要とされる。たとえば，**判例**は，詐欺と背任（最判昭28・5・8／刑集7巻5号965頁），横領と占有離脱物横領（最判昭28・5・29／刑集7巻5号1158頁）について，前者の訴因で後者を認定するばあい，訴因変更は必要でないと解している。

5 訴因変更の限界――公訴事実の同一性と単一性

(1) **公訴事実の「狭義の同一性」と「単一性」**

(i) **「単一性」の概念が必要とされる理由**

訴因変更の必要性があるとされたばあい，訴因変更は，「公訴事実の同一性」の範囲内において許される（312条1項）。**通説**によれば，公訴事実の同一性には，公訴事実の「単一性」と「狭義の同一性」とがある。

単一性という概念が必要とされるに至った理由は次の点にある。すなわち，住居侵入と窃盗のような牽連犯における訴因変更のばあい，この両者に同一性を肯定するためには，同一性の判断基準に関する訴因共通説，構成要

件共通説，罪質同一説のいずれによっても困難である。しかし，**一事不再理の効力**は科刑上一罪に当然に及ぶべきだという要請に適合する必要があるし，また，実質的に被告人の防御権の侵害の有無という観点から見ても，けっして侵害ありといえないのである。むしろ訴因変更をみとめた方が実質的には被告人にとって有利といえる。そこで，公訴事実の単一性という概念を設定して，その「変更」の可能性を肯定したのである。

(ii) 「単一性」概念不要論

上述のように，結論的には訴因変更をみとめるにしても，その正当化の方法は，論者によって異なる。このばあいも，行為または結果に共通性があるばあいに準じて公訴事実の同一性をみとめればよく，公訴事実の単一性という概念は不要であるとする見解も主張されている。ひるがえって考えてみると，公訴事実の単一性の問題として議論されているのは，いずれも罪数などの問題であるから，単一性の問題は，実体法上の一罪か数罪かということで決まることになる（田宮・203頁）。

(2) **公訴事実の単一性が問題となるばあいにおける「公訴事実の同一性」の判断基準**

「公訴事実の単一性」が問題となるばあい，たとえば，住居侵入と窃盗のように牽連犯の関係に立つ訴因間においては，住居侵入も窃盗もともに成立する可能性がある。これに対して，「狭義の公訴事実の同一性」が問題となるばあいには，横領かそうでなければ詐欺，殺人かそうでなければ傷害致死，放火かそうでなければ失火，というように**両立し得ない事実**が変動するのである。このばあいに，何を基準にして公訴事実の同一性を判断するかが争われることになる。

(i) **公訴事実対象説**

公訴事実対象説は公訴事実が審判の対象であると解するので，その説によれば，訴因変更の限界が公訴事実ないしその同一性の範囲であることは明らかである。ただし，審判の対象である公訴事実（の同一性）の範囲をいかなる基準で決めるかについて，大別して，3説が主張されている。すなわち，①**歴史的・社会的事実同一説**，②**罪質同一説**，③**構成要件共通説**がこれである。

①説は，被告人のいつ，どこそこにおける行為という点で同一であればよいとする見解であり，後に見る**判例の立場**である**基本的事実同一説**（基本的な事実関係が同一であればよいとする説）もこれとほぼ同じである。これは，審判の対象を事実として捉え，その範囲を広く解する職権主義の訴訟構造によく適合するが，しかし，同一性の基準が明確でないこと，とくに法的観点が度外視されていること，および，被告人の防御対象の範囲が曖昧で広範囲にすぎることに疑問が提起されている。

②説（小野・111頁）によれば，公訴事実は裸のままの社会的事実ではなく構成要件的評価を経た事実であるから，罪名ないし構成要件の類型的本質＝罪質に制約され，その同一性が必要であるとされる。たとえば，収賄と恐喝，暴行と職権濫用の間の同一性は否定されることになる。

③説（団藤・150頁）は，A事実が甲という構成要件に当たり，B事実が乙という構成要件に当たるばあい，B事実が甲構成要件にも相当程度あてはまるときは，A・B両事実には同一性があるとする見解である。

これらは，いずれも**訴因と訴因の外**に共通の**実体的基礎**をみとめ，それによって限界を画そうとする立場であるといえる。

(ⅱ) **訴因対象説**

訴因対象説は，訴因と訴因の外に共通の実体的基礎を求めて，それによって限界を画するという考察方法をとらない。端的に**訴因と訴因とを比較**して，その**重要部分の共通性**を求めようとするのである。

その際，訴因変更の範囲を広げる方向で機能する，①訴訟経済，②被告人のための一事不再理の効力というファクターと，訴因変更の範囲を狭める方向で機能する，③捜査機関の捜査権限の強さ，④被告人の防御権，の4つのファクターを比較衡量して，訴因変更の可能な限界を機能的に決めることになる。そこで，限界確定の基準をできるかぎり客観的なものとするため，訴因と訴因を比較して**行為または結果**のいずれかが共通であれば，公訴事実の同一性を肯定するのである（平野・139頁）。

訴因対象説も公訴事実対象説も結論的には大きな違いがない理由は，公訴事実の同一性の範囲を広げた方が，一事不再理の効力の及ぶ範囲が広くなり，

被告人にとっても有利であるとする実質的配慮がなされていることに求められている。

　(iii)　**本書の立場**
　わたくしは，**訴因対象説による処理**が妥当であるとおもう。
　(iv)　**判例——基本的事実同一説**
　最高裁の判例は，前に触れたように，基本的事実同一説の立場に立っており，それを具体化するものとして比較される**両訴因の事実上の非両立性**という基準を設定している。すなわち，某年10月15日頃の長岡温泉における窃盗の事実と同月19日頃の東京における盗品等有償譲受け（贓物牙保）の事実につき，「二訴因はともにXの窃取された同人所有の背広一着に関するものであって，ただこれに関する被告人の所為が窃盗であるか，それとも事後における贓物牙保であるかという点に差異があるにすぎない。そして，両者は罪質上密接な関係があるばかりでなく，本件においては事柄の性質上両者間に犯罪の日時場所等について相異の生ずべきことは免れないけれども，その日時の先後及び場所の地理的関係とその双方の近接性にかんがみれば，**一方の犯罪が認められるときは他方の犯罪の成立を認め得ない関係**にあると認めざるを得ないから，かような場合には両訴因は基本的事実関係を同じくするものと解するを相当とすべく，従って公訴事実の同一性の範囲内に属するものといわなければならない」と判示されているのである（最判昭29・5・14 刑集8巻5号676頁）。

6　訴因変更の可否
　(i)　**312条1項との関係**
　312条1項は，「裁判所は，検察官の請求があるときは，公訴事実の同一性を害しない限度において，起訴状に記載された訴因又は罰条の追加，撤回又は変更を許さなければならない」と規定しているので，公訴事実の同一性の範囲内においては，つねに訴因変更を許さなければならないかの観を呈している。しかし，公訴事実の同一性が肯定されるばあいであっても，なお例外的に訴因変更がみとめられないことがある。

(ii) **訴因変更が許されないばあい**
(a) **時期に遅れた変更**

著しく時期に遅れた訴因の変更は許されない。なぜならば，被告人の防御活動がかなり進行し，無罪の見込みが確実になりかけた時点で訴因変更をみとめると，強大な証拠収集能力を有する検察官を有利に扱うこととなってきわめて不公平となるからである。そこで，訴訟のある段階以降は訴因変更をみとめるべきでないとされるのである。

判例にも，「検察官の［訴因変更請求の］権限といえども，被告人の防御に**実質的な不利益**を生ぜしめないこととの適正な釣合いの上に成り立っていることが明らかであって，もし，被告人の右不利益を生ずるおそれが著しく，延いては当事者主義の基本原理であり，かつ，裁判の生命ともいうべき公平を損なうおそれが顕著な場合には，裁判所は，公判手続の停止措置にとどまらず，検察官の請求そのものを許さないことが，例外として認められる」としたものがある(福岡高那覇支判昭51・4・5判タ345号321頁)。

原審において，前方左右注視義務違反の訴因を速度違反の訴因に変更しなかったのに，**控訴審において訴因変更を請求**するのは著しく時期を失したものとして許されないとされる(札幌高判平19・3・5高検速報169)。

起訴から約3年2か月経過後の**論告期日直前**になって強盗致傷から強盗殺人未遂への訴因変更の請求は，権利の濫用に当たり規1条に反する(大阪地判平10・4・16判タ992号283頁)。

(b) **不適当な訴因への変更**

不適当な訴因に変更することは許されない。たとえば，時効完成前の訴因から時効完成後の訴因に変更することや，告訴がなされていない非親告罪の訴因をそのまま親告罪の訴因に変更するのは，不適当であるからみとめられないと解されている。

7　訴因変更命令

(1) **意義**

(i) **法的性質に理解の相違の由来**

312条2項は，「裁判所は，審理の経過に鑑み適当と認めるときは，訴因

……を追加又は変更すべきことを命令することができる」と規定している。この訴因変更命令の法的性質についても，前述のとおり，公訴事実対象説と訴因対象説とで理解が分かれている。

(ii) 変更命令義務の肯否

裁判所は訴因変更命令義務を負うのかどうかについて，**最高裁の判例**は，312条1項を援用するとともに，「わが刑訴法が起訴便宜主義を採用し（刑訴法248条），検察官に公訴の取消を認めている（同条257）ことにかんがみれば，仮に起訴状記載の訴因について有罪の判決が得られる場合であっても，第1審において検察官から，訴因，罰条の追加，撤回または変更の請求があれば，公訴事実の同一性を害しない限り，これを許可しなければならないものと解すべきである」と判示して（最判昭42・8・31刑集21巻7号879頁），訴因変更命令の義務を**原則として否定**する。しかし，証拠上明白で犯罪が重大なときには，**例外的**に検察官に対し，訴因変更を促しまたは命ずべき義務があるとする（最決昭43・11・26刑集22巻12号1352頁）。その後の最高裁判例も，変更命令義務を否定している（最判昭58・9・6刑集37巻7号930頁，最決昭59・1・27刑集38巻1号136頁，最決平15・2・20判時1820号149頁など）。

下級審の裁判例の中にも，当初の訴因について有罪となし得るのに，変更後の訴因によると無罪となるような訴因変更を裁判所が許可し，訴因の再変更を促しまたは命ずる措置をとることなく無罪判決を言い渡したのは，審理不尽の違法があるとしたものがある（大阪高判昭56・11・24判タ464号170頁）。

(2) 訴因変更命令の形成力

訴因変更命令の形成力の肯否についても，前述のとおり，公訴事実対象説と訴因対象説とで理解が分かれており，**最高裁の判例**は，訴因変更命令の形成力を否定している（最〔大〕判昭40・4・28刑集19巻3号270頁）。

8 訴因変更の手続き

(i) 意義

訴因変更は，前述のとおり，公訴の提起と同視されるべき重要な訴訟行為であるから，公訴の提起に類似する**厳格な方式**が要求される。

(ii) 書面主義

訴因または罰条の追加，撤回または変更は，書面を差し出してこれをしな

ければならない$\left(\substack{規209\\条1項}\right)$。ただし，被告人が在廷する公判廷では，例外的に，裁判所は口頭による変更を許すことができる$\left(\substack{同条\\5項}\right)$。

(iii) 変更の通知

裁判所は，変更された部分を被告人に通知しなければならず$\left(\substack{312条\\3項}\right)$，それは，検察官の提出した書面の謄本を被告人に送達し$\left(\substack{規209\\条3項}\right)$，また，検察官が，公判期日において，その書面を朗読することによっておこなわれる$\left(\substack{同条\\4項}\right)$。

(iv) 公判手続きの停止

訴因の変更により被告人の**防御**に**実質的な不利益**を生ずるおそれがあるとみとめられるばあいには，被告人または弁護人の請求により，防御の準備に必要な期間，公判手続きを停止しなければならないとされる$\left(\substack{312条\\4項}\right)$。

9 訴訟条件の存否と訴因

訴訟条件の存否が**犯罪事実の内容**にかかっているばあい，その存否の判断は，公訴事実対象説によれば裁判所の実体形成の効果（公訴事実）を基準にし，訴因対象説によれば訴因を基準にしてなされることになる。

それは，現実の審判の対象である事実について訴訟の有効要件を考えなければならないからであるが，公訴事実対象説の見地からは，訴訟条件の不存在について形式裁判を言い渡す以上，裁判所の実体形成の効果を基準にしても被告人にとって不利益ではないとされるのである。

10 一事不再理の効力の及ぶ範囲と訴因

(i) 公訴事実対象説からの把握

顕在的であれ，潜在的であれ，公訴事実を審判の対象とする見地からは，判断の既判力ないし一事不再理の効力が公判事実のすべてに及ぶとすることの説明は容易になされ得る。まさにこの点に公訴事実対象説の特長があるといってもよいであろう。

(ii) 訴因対象説からの把握

訴因対象説によれば，本来，審判の対象は訴因であるから，一事不再理の効力も訴因に限定されるはずである。しかし，検察官としては，公訴事実の同一性の範囲内で訴因を変更して訴追していくことが可能であるのに，それをしなかったための不利益を被告人に負担させるのは不公平であるから，検

察官に「**同時訴追の義務**」を課することによって，訴因対象説の見地においても，公訴事実の同一性（単一性および狭義の同一性）の範囲内の事実について一事不再理の効力がみとめられることになる。

第5章 公判手続き

第1節 総説

第1款 公判手続きの意義

1 意義
(1) 広義の公判手続きと狭義の公判手続き
(i) 広義の公判手続きの意義

広義の公判手続きとは，公訴提起によって被告事件が裁判所に係属したときからその事件について審理がなされて裁判が確定するまでの手続き全体をいう。裁判所における刑事裁判は，3審制をとっており，第1審，控訴審，上告審と審級を追って（406条，規254条の飛躍上告を除く。）段階的に進行するが，広義の公判手続きはそのすべてを含む（石丸・231頁，小林・143頁など参照）。

(ii) 狭義の公判手続きの意義

狭義の公判手続きとは，**公判期日**に**公判廷**においてなされる訴訟手続きをいう。

(2) 公判期日
(i) 意義

公判期日とは，裁判所内の**法廷**（**公判廷**）において，裁判官，検察官や被告人・弁護人などの訴訟関係人が出席または出頭して，種々の訴訟行為をおこなうために**定められた時**をいう。訴訟関係人には，書記官，速記者，廷吏，看守，警備員，傍聴人などがある。

(ii) 公判期日における訴訟行為

(a) 指定の方法

公判期日は，**年月日および時刻**をもって指定される。

(b) **指定をおこなう者**

公判期日の指定は，裁判長がおこなう$\binom{273条, 規178}{条の4参照}$。

(c) **公判期日における訴訟行為**

公判期日でなされる訴訟行為の主たるものは，**証拠調べ手続き**であり，厳格な証明の手続きは公判期日においてのみなされる。

公判期日には，さらに**弁論，陳述**（冒頭手続き，双方の冒頭陳述，証拠申請，論告，最終弁論，最終陳述など）および**判決の宣告**などがなされる。

(3) **公判期日外の手続き**

(i) **意義**

公判期日外の公判手続きとは，公判廷以外でなされるすべての訴訟行為をいう。

(ii) **公判期日外の手続きの概要**

公判期日外の手続きの主たるものとして，起訴状および各種召喚状の送達の関係，弁護人の選任関係，勾留されている被告人の身柄関係，訴訟進行に関する事前準備および準備手続き関係，公判期日の指定・延期・変更・停止の関係，弁論の分離・併合・再開の関係，証拠の期日外採否決定の関係，公判準備（期日外）としての証拠調べの実施（証人，検証，鑑定など）の関係などがある$\binom{石丸・232頁, 小林・}{187—91頁など}$。

第2節　公判手続きの諸原則

第1款　公判手続きの原則の種類

公判手続きの諸原則として，**公開主義，弁論主義，口頭主義**および**直接主義**がある。それらの意義などについて，以下において詳述する。

第2款　公開主義

1 **意義**

公開主義とは，一般国民に公判の審判の傍聴をみとめる原則をいう。この

原則は、**一般公開主義**といわれ、一定の訴訟関係人だけに訴訟手続きへの立会いをみとめる**当事者公開**とは区別される。通常、公開主義というばあい、一般公開主義を意味する。

2　公開主義の根拠

公開主義は、憲法で保障されている。すなわち、憲法上、すべて刑事事件において、被告人は、公開裁判を受ける権利を有し$\binom{憲37条}{1項}$、裁判の対審および判決は、公開法廷でこれをおこなうとされている$\binom{憲82条}{1項}$。公開主義は、裁判を一般大衆の前にさらすことによって**裁判の公正**を保障し、その威信を維持し、被告人の裁判を受ける権利を擁護することになる$\binom{最〔大〕判昭33・2・}{17刑集12巻2号253頁}$。

3　公開すべき裁判

公開すべき裁判は、「対審」と「判決」である。**判決の宣告**は、必ず公開の法廷でおこなわなければならず、例外はみとめられない。

対審とは、検察官および被告人・弁護人という対立当事者が、公訴事実について主張および立証をおこなう公判廷をいう$\binom{石丸・235-}{6頁}$。審判の公開に関する規定に違反したばあいは、絶対的控訴理由となる$\binom{377条}{3号}$。

4　公開主義と他の原則との関係

公判手続きを公開するばあい、法廷にいる者が手続きを理解できるためには、その手続きは**口頭**でなされ、かつ、口頭で述べられた事項について裁判官による裁判がなされなければならない。その点において、公開主義は、**口頭主義**、**弁論主義**および**直接主義**と密接な関係を有することになる。

5　公開主義の限界

(1)　**公開主義の例外**

上述のとおり、公開主義は、判決のばあいには絶対的であるが、対審（審理）のばあいには次のように例外がみとめられる。

裁判所が、裁判官の全員一致で、**公の秩序、善良の風俗を害するおそれ**があると決したばあいには、対審は、公開しないでこれをおこなう$\binom{憲82条}{2項}$。ただし、**政治犯罪、出版に関する犯罪**、または**憲法第3章で保障する国民の権利**が問題となっている事件の対審は、つねにこれを公開しなければならない$\binom{憲82条}{2項}$。

(2) 政治犯罪の意義

ここにおける「**政治犯罪**」とは，信条・イデオロギーの違いにより**国家の政治的構造や法秩序を破壊または変革**することを目的とする犯罪をいい，内乱罪（刑77条），外患誘致罪（刑81条），破壊活動防止法違反（破防38条ないし40条）などがこれに当たる。一般の犯罪であっても，政治上の主義もしくは施策を推進し，または反対するために殺人罪や放火罪を犯したばあいは，政治犯罪に含まれる（石丸・236頁）。

(3) 出版に関する犯罪の意義

「**出版に関する犯罪**」とは，表現の自由としての出版の自由を公正な裁判によって保障するために，公判廷の公開を無制限に確保しようとする趣旨から，**出版そのものに関する犯罪**および**出版することを構成要件にしている犯罪**をいう。たとえば，公職選挙法223条の2第1項（新聞紙・雑誌の不法利用罪），著作権法119条1号（著作権，出版権等の侵害罪）などがこれに当たる（石丸・236頁）。

(4) 憲法が保障する国民の権利が問題となっている事件の意義

「**憲法第3章で保障する国民の権利が問題となっている事件**」とは，第3章の人権保障に直接間接にかかわるすべての事件を指称するのではなく，国民の基本的人権の制限や保障を直接的な構成要件にしている法律に関する犯罪であって，その法律の合憲・合法が問題となり，またはその制限・保障の違反・侵害が訴因となっている犯罪をいう。

(5) 非公開の理由の言渡し

裁判所は，対審を公開しないでおこなうには，公衆を退廷させる前に，その旨を理由とともに言い渡さなければならない（裁70条）。公開を禁止したこと，および，その理由は，公判調書の必要的記載事項である（規44条8号）。

(6) 訴訟記録の閲覧権

何人も，被告事件の終結後，訴訟記録を閲覧することができる。ただし，訴訟記録の保存または裁判所もしくは検察庁の事務に支障があるときは，この限りでない。憲法82条2項のただし書きに掲げる事件（政治犯罪・出版犯罪または基本的人権に関する事件）については，閲覧を禁止することはできない（53条）。

第2節　公判手続きの諸原則　235

訴訟に関する書類については，いわゆる行政情報公開法・行政個人情報保護法の適用が除外される$\binom{53条}{の2}$。

6　公開方法の制限

対審を公開するばあいであっても，公開方法について制限を加えることができる。

(1) 傍聴人の数の制限など

傍聴人の数の制限などの合理的制限をすることができる$\binom{裁判所傍聴}{規則1条}$。

一定数の報道記者に優先的に傍聴席を与えることは，公開主義の趣旨からみとめられる。

犯罪被害者などから，公判の傍聴の申出があるばあいには，傍聴席および傍聴を希望する者の数その他の事情を考慮しつつ，傍聴ができるように配慮しなければならない$\binom{犯罪被害者}{保護2条}$。

(2) 報道の自由の保障

(i) メモ行為の禁止

公開の原則は，報道の自由を保障することによって実効的となる。さらに**最高裁の判例**は，法廷内における一般傍聴人のメモをとる行為（絵画を含む）を原則として自由とし，一定の事由がみとめられるばあいには，メモ行為を禁止することができる旨判示している$\binom{最〔大〕判平元・3・}{8民集43巻2号89頁}$。

(ii) 写真撮影・録音・放送

公判廷における写真撮影，録音または放送は，裁判所の許可を得なければ，これをすることができない。ただし，特別の定めがあるばあいは，この限りではない$\binom{規215}{条}$。

最高裁の判例は，公判廷の状況を一般に報道するための取材活動であっても，その活動が公判廷における審判の秩序を乱し，被告人その他訴訟関係人の正当な利益を不当に害することは許されないと判示している$\binom{最〔大〕決昭33}{・2・17刑集12巻}$ 2号253頁〔北海 タイムス事件〕）。

実務上，開廷前の一定時間の写真・テレビの撮影をみとめている。欧米では実況中継放送が広範囲にみとめられているが，わが国においても「開かれた裁判」$\binom{田宮}{235頁}$をより促進するとの視点から，写真・テレビの撮影許容範囲

をさらに拡張する方向で検討すべきであるとする見解も主張されている($\substack{田口 \\ 235頁}$)。

7　訴訟記録の公開
(1)　公開主義と訴訟記録の公開との関係

公開主義は，ただちに訴訟記録の公開に結びつくわけではないが($\substack{田宮 \\ 235頁}$)，公開主義の**事後的補完**の観点から訴訟記録の公開もみとめられている($\substack{松尾 \\ 上290 \\ 頁}$)。すでに見たように，被告事件の終結後，何人も，訴訟記録を閲覧することができるのである。

(2)　確定記録の閲覧

確定記録は，検察官が保管し，閲覧に供するものとされている($\substack{刑事確定訴訟 \\ 記録法2条・4 \\ 条}$)。公開に当たっては，被告人などのプライバシーの保護に配慮する必要がある($\substack{同6条 \\ 参照}$)。弁論の公開を禁止した事件などについては，閲覧が制限される($\substack{53条 \\ 2項}$)。さらに，犯人の改善・更生を妨げたり，関係人の名誉または生活の平穏を著しく害するおそれがあるばあいなどにも，閲覧制限がなされることがある($\substack{4条 \\ 2項}$)。

(3)　公判係属中の事件の訴訟記録の閲覧・謄写

裁判所は，被害者などから申出があるときは，検察官および被告人または弁護人の意見を聞き，当該被害者等の損害賠償請求権の行使のために必要があるとみとめられるばあいその他正当な理由があって，犯罪の性質，審理の状況その他の事情を考慮して相当とみとめられるときは，公判係属中の当該被告事件の訴訟記録の閲覧または謄写をさせることができる($\substack{犯罪被害保 \\ 護3条1項}$)。

(4)　訴訟に関する書類

訴訟に関する書類は，公判開廷前には，公開を禁止される。ただし，公益上の必要その他の事由があって，相当とみとめられるばあいは，この限りではない($\substack{47 \\ 条}$)。これは，被告人・被害者などのプライバシーを保護するとともに，捜査・裁判に対する外部からの不当な影響を防止するためであるとされる。

第3款　弁論主義

1　意義
(1)　弁論主義・弁論の意義
弁論主義とは，当事者の弁論によって審理および判決をおこなうとする原則をいう。

弁論とは，当事者の主張および立証をいう。

(2)　広義の弁論
広義の弁論とは，公判期日に公判廷で，ある被告人についておこなわれる裁判所の訴訟指揮行為ならびに訴訟関係人がおこなう主張および立証の訴訟行為の一切をいう。

法は，口頭弁論（43条・349条の2），弁論（313条・388条・389条・408条，ただし393条4項は除く——これは意見の陳述である。）という文言を用いているが，これは広義の弁論を意味する。たとえば，被告人が3人いるばあいには3つの弁論があり，1人の被告人に2つの訴因が公訴提起されているばあいには，2つの弁論があることになり，それらを1つの公判廷で審理するには，併合決定をする必要がある。

(3)　狭義の弁論
狭義の弁論とは，当事者の主張をもって，その**審理の範囲**（冒頭陳述，論告，最終弁論，最終陳述）と判決の**範囲**（訴因）を律することをいう。弁論主義にいう弁論は，狭義の弁論を意味する。

(4)　検察官の主張
検察官のもっとも重要な主張は**訴因**である。裁判所は，この訴因に拘束され，その存否につき審理および判決する権限と義務を有する。

検察官は，冒頭陳述として，立証すべき事実を主張する。冒頭陳述における事実は，訴因事実よりも詳細である。

(5)　裁判所の職権調査
裁判所は，職権調査により，同一公訴事実内に属する事実については，弁論主義にかかわらず，これを調査することができる。しかし，訴因事実として顕在化されていないかぎり，弁論主義の見地から，その調査した事実に基

づいて判決することはできない。

2 検察官の弁論
(1) 犯罪事実に関する主張
検察官の犯罪事実に関する主張は，訴因，釈明に応じた事実，冒頭陳述，その訂正の陳述，論告に限定される。

(2) 弁論主義の対象とならないもの
証拠の立証趣旨，証拠申請の意見，証人尋問事項，証人の供述などの内容は，検察官の主張を形成するものではないから，弁論主義の対象とならない。

(3) 間接事実
間接事実は，つねに**経験則の適用**を前提とするものであり，その経験則の認定・適用は裁判官の自由な心証に属するから，その素材となる間接事実の取捨選択には弁論主義は適用されないことになる$\left(\begin{smallmatrix}石丸\cdot\\233頁\end{smallmatrix}\right)$。

3 被告人・弁護人の弁論
(1) 防御としての主張の範囲
訴因事実に対する被告人・弁護人の防御としての主張には，制限がない。したがって，いかなる事実または法律的評価を主張することも自由である。

被告人が，訴因事実に対して，いかなる事実（アリバイ，刑の免除，不罰の事由）を新たに主張しても，その主張事実の存否は，審理の対象となる。

(2) 検察官の主張・立証の範囲との関係
上記の事実は，被告人・弁護人の主張をまってはじめて審理の対象になるものではなく，訴因についての否定的事実の証明であるので，検察官の主張・立証の範囲には拘束されない$\left(\begin{smallmatrix}石丸\cdot\\233頁\end{smallmatrix}\right)$。

4 立証に関する弁論主義
立証に関する弁論主義は，当事者双方による立証を原則とするという意味においては，弁論主義であるが，これに対して裁判所は，職権証拠調べの権限を有し$\left(\begin{smallmatrix}298条\\2項\end{smallmatrix}\right)$，取調べた証拠を制約なしに訴因事実の存否に使用することができる。その意味においては，立証上の弁論主義は，職権証拠調べがまったくできない民事訴訟に比べて徹底していないとされる$\left(\begin{smallmatrix}石丸\cdot\\233頁\end{smallmatrix}\right)$。

第4款　口頭主義

1　意義

口頭主義とは，裁判所は口頭で提供された訴訟資料に基づいて審判すべきであるとする原則をいう。前述の**弁論主義**と**口頭主義**を合わせて**口頭弁論主義**という。

2　判決・証拠提出と口頭弁論

判決は，刑訴法において特別の定めがあるばあいを除いては，口頭弁論に基づいてしなければならない（43条1項）。すなわち，**判決の認定資料**となる証拠は，すべて公判廷で口頭によって提供されなければならないのである。

特別の定めとして，314条1項（無罪であることなどが明らかであるとき），341条（被告人が陳述せず，または退廷したとき），283条～285条（被告人の出頭を要しないばあい），390条・391条（控訴審），408条（上告審），416条（訂正の判決）がある。

3　法律上の規定

口頭弁論主義は，当事者が主張する事実その他の弁論および陳述ならびにその証拠資料は，すべて口頭によって公判廷に顕出すべきことを要求する。明文上，口頭によるべきことが規定されている手続きとして，証拠書類の取調べ方法としての朗読（305条・307条），判決主文と理由の朗読または理由の要旨の告知（規35条2項），釈明のための発問（規208条3項），公判更新の手続き（規213条の2）などがある。

4　文書による代替

実務上，当事者は，その主張について，口頭に代えて文書をもってすることが許されている。公判廷では，予めまたは当日提出した文書に基づいて，それを**朗読**するか，その**要旨を陳述**する方法で，**口頭主義**を実施している。なぜならば，弁論のすべてを口頭でおこなうことは，ばあいによっては，時間の空費になることがあり，訴訟の進行上も必要でなく，むしろ迅速な裁判を妨げることになりかねないからである。

さらに，訴訟関係人の全員がその内容を十分承知しているばあいであって

も，公判廷であらためて口頭で朗読・要旨の告知をすることによって，いかなる内容の手続きが進行しているかを公判廷に出席している者に知らせることになり，**公正と公平**を担保し，**公開の法廷**を維持することになるからである($\substack{石丸・\\234-5頁}$)。

第5款　直接主義

1　意義

直接主義とは，公判廷において，公訴を提起された事件につき判決をする裁判官の面前で取調べた証拠によってのみ，事実を認定し判決をする原則をいう。

2　直接主義の帰結

(1)　証拠の限定

直接主義から次のような帰結がみとめられる($\substack{石丸・\\235頁}$)。すなわち，証拠は，「公判廷」において取調べたものだけが訴因事実の存否の証拠となり，それ以外の資料は証拠とならない。

(2)　裁判官の面前性

「事実審の裁判官の面前」で，証拠の取調べがおこなわれることを要するから，受命裁判官または受託裁判官の面前での証拠調べは，直接主義を満たさないことになる。

「判決を下す裁判官の面前」で，証拠の取調べがおこなわれることを要するので，事実審の裁判官が関与したばあい，後任の裁判官にとって，それ以前の取調べ済みの証拠については**直接主義**を満たしていない。そこで，直接主義の要請として，**公判手続きを更新**しなければならないことになる($\substack{315条，規\\213条の\\2}$)。

3　直接主義と反対尋問権との関係

直接主義は公判廷における被告人や弁護人の反対尋問権の保障を含むと解する説がある。しかし，反対尋問権の保障は，**伝聞法則の帰結**であって直接主義とは関係を有しないので，この説は妥当でない。

第3節　訴訟指揮権と法廷警察権

第1款　意　義

　訴訟指揮とは，円滑な訴訟の進行とその秩序を図る裁判所の合目的的活動をいい，その権限と職責を**訴訟指揮権**という。
　法廷警察権とは，法廷の秩序を維持するために裁判所に与えられている権限と職責をいう。

第2款　訴訟指揮権

1　訴訟指揮権の根拠
　刑事手続きは，法1条の精神に即して適正かつ迅速になされなければならない。当事者主義の見地から当事者の双方に訴訟の進行を委ねたばあい，その進行は必ずしも円滑・迅速かつ公平適切になされるとは限らない。むしろ**公平な審判者としての裁判所**に訴訟進行の主導権を委ねた方が，刑事手続きの所期の目的を達成し，当事者主義の趣旨を実現できるのである。すなわち，裁判所が刑事手続きを主宰することによって，訴訟の状況に応じて適切かつ公正に訴訟の進行が合理的・合目的的になされることになる。

2　訴訟指揮権の主体
　訴訟指揮権は，原則として，**裁判所**が行使する。しかし，公判期日における訴訟の指揮は，**裁判長**がこれをおこなう($\substack{294\\条}$)。訴訟手続きの段階に即して，迅速を要する事項で，的確かつ敏速に処置することを要するばあい，または，合議を要せず，裁判長の判断をもって足りる事項については，明文で裁判長の権限としている。このばあい，裁判長は，1人の判断で処分することができるのであり，陪席裁判官の意見を徴する必要はない。

3　裁判所の具体的権限

(1) **法律上の訴訟指揮権**
　裁判所の訴訟指揮権として主要なものは，次のとおりである。すなわち，

国選弁護人の選任 $\binom{36条・37条・38条, ただし, 規29条によっ}{て裁判長にその選任が委ねられている。}$，公判期日外証人調べの決定 $\binom{158条・}{281条}$，鑑定留置 $\binom{167条}{1項}$，公判期日の変更 $\binom{276条}{規182条}$，公務所などに対する照会 $\binom{279}{条}$，期日外証人調べにおける被告人の退席 $\binom{281条}{の2}$，被告人の公判期日への不出頭許可 $\binom{285}{条}$，簡易公判手続きの決定 $\binom{291条の2・}{291条の3}$，証拠調べの範囲・順序などの決定と変更 $\binom{297}{条}$，職権による証拠調べ $\binom{298条}{2項}$，公判準備証拠の必要的取調べ $\binom{303}{条}$，公判廷証人調べにおける被告人の退席 $\binom{304条}{の2}$，証明力を争う機会の付与 $\binom{法308条。ただし, 規204条に}{より裁判長に委ねられている。}$，異議に対する裁判 $\binom{309条}{3項}$，訴因の追加・撤回・変更の許可 $\binom{312条}{1項}$，訴因変更命令 $\binom{312条}{2項}$，訴因変更による公判手続きの停止 $\binom{312条}{4項}$，弁論の分離・併合・再開 $\binom{313条,}{規210条}$ などがある。

(2) 規則上の訴訟指揮権

規則に規定されているもののうち，主要なものは，次のとおりである。すなわち，審理見込み時間の告知 $\binom{規178}{条の5}$，事前準備の促進 $\binom{規178条の9・}{178条の10}$，私選・国選弁護人差支えのばあいの迅速な処置 $\binom{規179条の5・}{179条の6}$，被告人の出頭拒否についての事実取調べ $\binom{規187}{条の3}$，証拠調べ請求の方式の具体的明確化 $\binom{規189}{条3項}$，準備手続き $\binom{規194条,}{194条の2}$，被告人・弁護人の冒頭陳述の許可 $\binom{規}{198}$，職権による証拠排除 $\binom{規207}{条}$，保護観察の判決の通知 $\binom{規222}{条の2}$ などがある。

4 裁判長の具体的権限

(1) 法律上の裁判長の権限

裁判長の法律上の権限として主要なものは，次のとおりである。すなわち，証拠物謄写の許可 $\binom{40条, 規}{31条}$，勾留理由開示の手続き $\binom{84}{条}$，証人調べにおける尋問の許可 $\binom{157}{条}$，公判期日の指定 $\binom{273条}{1項}$，被告人に対する退廷の許可，被告人の在廷処置および法秩序維持の処分 $\binom{288条1}{項2項}$，必要的弁護事件における弁護人の選任 $\binom{289条}{2項}$，被告人に対する黙秘権などの告知 $\binom{291条, 規}{197条}$，公判期日における訴訟指揮の一般的宣言 $\binom{294}{条}$，重複・関連性のない尋問・陳述の制限 $\binom{295}{条}$，証拠の取調べ $\binom{304条1項・305条1項・306条)}{307条, 規203条・203条の2}$，被告人に対する質問 $\binom{311条}{2項}$，被告人に対する退廷命令 $\binom{341}{条}$ などがある。

(2) 規則上の裁判長の権限

規則に規定されているもののうち，主要なものは，次のとおりである。すなわち，主任弁護人の指定 $\binom{規21条}{以下}$，国選弁護人の選任 $\binom{規29}{条}$，裁判の宣言

($\substack{規35\\条1項}$)，公判調書に記載を命じる権限($\substack{規44\\条2項}$)，公判調書中供述の要旨記載の許可($\substack{規44\\条の2}$)，公判調書の認印($\substack{規46\\条1項}$)，当事者の公判廷における速記録音の許可($\substack{規\\条47}$)，公判調書・公判準備調書に関する異議・朗読・速記の処分($\substack{規48条\\・50条\\・51条・52条の2第\\4項・52条の6第3項}$)，被告人の移監の同意($\substack{規80\\条}$)，勾留理由開示期日の指定($\substack{規\\82\\条}$)，開示期日の退廷命令($\substack{規85\\条の2}$)，証人等尋問事項不提出の許可($\substack{規106\\条4項}$)，宣誓の実施($\substack{規118\\条3項}$)，鑑定人の閲覧・謄写および質問・尋問の許可($\substack{規134\\条}$)，必要的弁護事件の国選弁護人の選任($\substack{規178\\条3項}$)，被告人の出頭拒否期日の審理実施の告知($\substack{規187\\条の4}$)，人定質問($\substack{規196\\条}$)，簡易公判手続きの趣旨の説明($\substack{規197\\条の2}$)，証人尋問に関する各種の処分($\substack{規204\\条}$)，求釈明と立証を促す権限($\substack{規208\\条}$)，弁論時間の制限($\substack{規212\\条}$)，公判手続きの更新($\substack{規213\\条の2}$)，判決宣告後の被告人に対する訓戒($\substack{規\\221\\条}$)。

5 明文規定がないばあいの訴訟指揮権

真相の究明が公正かつ迅速になされるための訴訟手続きが，適切，公平，円滑に進行するように，裁判所および裁判長は，臨機応変に対応しなければならない。したがって，明文がなくても，法1条の精神に基づいて必要と思料する事項については，適時適切に処置処分をする権限が与えられているのである。たとえば，証拠の開示命令がこれに当たる($\substack{最決昭44・4・25\\刑集23巻4号248頁}$)。

第3款 法廷警察権

1 意義と性質

法廷警察権とは，法廷または法廷外で訴訟指揮に従わない言動をする者に対して，裁判所が法廷などの秩序を維持するためにおこなう**権力的作用**をいう。法廷警察権は，広い意味では訴訟指揮に属する。しかし，事件の実質的審理の内容とは無関係に，もっぱら**進行の秩序を維持するための形式的手続き面**に関する権限である点において，実質的手続きの合目的な進行のためになされる訴訟指揮権と異なる。

2 法廷警察権の主体

法廷警察権は，ほんらい裁判所の権限であるが，実際上，秩序の維持に当たって，裁判長($\substack{裁71条1項2項・72\\条，法288条2項}$)，または開廷した1人の裁判官が，これを行

使する。

3 法廷警察権の内容

法廷警察権の内容は，次のように分類される（高田・404-5頁）。

(1) 妨害予防の作用

妨害を予防するために，傍聴券を発行して傍聴人を制限し，危険物などの持込みを禁じ，不相当な者の入廷を禁止すること（裁判所傍聴規則1条），開廷前において警察官の派出を要求すること（裁71条の2第1項後段，第2項・72条2項），被告人に看守者を付すること（287条2項）などがみとめられている。

(2) 妨害排除の作用

妨害を排除するために，法廷における裁判所の職務の執行を妨げまたは不当な行状をする者に対して，退廷を命じその他法廷における秩序を維持するのに必要な事項を命じ，または処置をとること（裁71条2項），被告人を在廷させるためまたは法廷の秩序を維持するため，相当の処分をすること（288条2項），被告人が暴力をふるいまたは逃亡を企てたばあいに，その身体を拘束すること（287条1項ただし書きも，ここに含まれる。），公判廷における写真の撮影，録音，放送の制限（規215条。ただし，録音につき，規47条・40条）などがみとめられている。

(3) 制裁の作用

法廷等の秩序維持に関する法律（昭27法186号。なお，法廷等の秩序維持に関する規則〔昭27最規20条〕）は，法廷などの秩序をみだす行為に対し一定の制裁（監置・過料）を課することをみとめているが，この制裁処分は法廷警察権に基づくものと解されている。

4 法廷警察権の行使

裁判長などは，法廷警察権の具体的な行使に当たって，これを次の補助機関に実施させる。その補助機関として，廷吏（裁63条2項），法廷警備，一般職で法廷等の警備に従事することを命じられた裁判所職員（法廷の秩序維持に当たる裁判所職員に関する規則1条），警察官（裁71条の2）などがある。

5 法廷警察権の範囲・限界

(1) 時間的範囲・限界

法廷警察権は，開廷宣告前に**関係人が入廷した時から**，閉廷宣告後全部の裁判官が現実にその法廷から退廷するまでの間，その効力が及ぶ。法廷外の

証人尋問，検証，鑑定のばあい，法廷警察権は，所定の場所に集合してその訴訟行為を実施するため，**裁判長（または1人の裁判官）の指揮下に入った時**から，**裁判長（または1人の裁判官）がその手続きの終了を宣言した時までの間**，その効力が及ぶ。

(2) **場所的範囲・限界**

法廷警察権は，法廷内はもとより法廷外であっても，裁判官が直接に目視または聞知することのできる場所であって，かつ秩序維持の処置がされる者に対しては，その間，その効力が及ぶ$\binom{最判昭31\cdot7\cdot14刑}{集10巻7号1127頁}$。

(3) **人的範囲・限界**

法廷警察権は，法廷内にいるすべての者に及ぶ。すなわち，傍聴人，証人，鑑定人，通訳人，看守，被告人，弁護人，検察官，および派遣依頼した警察官のすべてに対して効力が及ぶのである。法廷外の証人尋問や検証のばあいには，出頭した事件関係者に及ぶことになる。

第4節　被告人の召喚・勾引・勾留

第1款　被告人の出頭確保

1 開廷の開始・継続の要件としての被告人の出頭

被告人が，法定の例外$\binom{283条\cdot284}{条\cdot285条}$のばあいを除いて，法廷に出頭しないときは，開廷することはできない$\binom{186}{条}$。被告人は，裁判長の許可がなければ，退廷することができない$\binom{288条}{1項}$。

このように，被告人の公判廷の出頭は，**開廷開始の要件**であり，かつ，**開廷継続の要件**であるから，裁判長は，公判期日には，**被告人を召喚**しなければならない$\binom{273条}{2項}$。

2 被告人の勾引

裁判所は，被告人が，定まった住居を有しないとき，または，正当の理由がなく，召喚に応じないとき，もしくは応じないおそれがあるときは，被告人を勾引することができる$\binom{58}{条}$。勾留している被告人は，その意思に反して

でも法廷に出頭させることができる。

第2款　召　喚

1　意義

召喚とは，一定の日時に，裁判所または指定された場所に**出頭を義務づける裁判**（命令）をいう。

裁判所は，被告人（$\substack{57条\cdot \\ 273条}$），証人（$\substack{153 \\ 条}$），鑑定人（$\substack{171 \\ 条}$），通訳人・翻訳人（$\substack{178 \\ 条}$），身体検査を受ける者（$\substack{132 \\ 条}$）を召喚することができる。

2　不出頭に対する措置

(1)　**被告人のばあい**

召喚は出頭を義務づけるものであるから，召喚を受けた者が，正当の理由なく出頭を拒否したときは，被告人については，ただちに勾引することができる（$\substack{58 \\ 条}$）。

(2)　**証人・身体検査を受ける者のばあい**

証人と身体検査を受ける者については，過料・費用の賠償（$\substack{150条\cdot \\ 133条}$），不出頭罪（$\substack{151条\cdot \\ 134条}$）の制裁によって出頭を**間接的に強制**する。さらに再度召喚し，または勾引することができる（$\substack{152条\cdot \\ 135条}$）。

(3)　**鑑定人・通訳人・翻訳人のばあい**

鑑定人，通訳人および翻訳人については，勾引はできないが（$\substack{171条\cdot \\ 178条}$），前記の制裁および再召喚は可能である。

3　召喚の手続き

(1)　**時間的猶予**

被告人に対する召喚状の送達から出頭の間に **12時間**の猶予を置かなければならない（$\substack{規67 \\ 条}$）。被告人に異議がないときは，前記の猶予を置かないことができる（$\substack{規67 \\ 条2項}$）。

(2)　**召喚状**

(i)　**召喚状の発付**

被告人の召喚は，召喚状を発してこれをしなければならない（$\substack{62 \\ 条}$）。召喚状は，一定の方式に従い，所定の事項（$\substack{63条,規 \\ 102条}$）を記載し，その原本を送達する

($\begin{smallmatrix}65条\\1項\end{smallmatrix}$)。

 (ii) **送達**

 送達については，原則として民訴法の規定が準用される($\begin{smallmatrix}54\\条\end{smallmatrix}$)。ただし，刑訴規則62条ないし65条，25条1項に特別の定めがある。

 (iii) **送達の擬制**

 裁判所の構内にいる被告人に対し公判期日を通知したときは，召喚状の送達があったばあいと同一の効力を有する($\begin{smallmatrix}274\\条\end{smallmatrix}$)。

 4 **出頭命令・同行命令・勾引**

 (1) **出頭命令・同行命令**

 裁判所は，必要があるとき，たとえば，差押え，捜索，検証などに被告人を立ち会わせる必要があるときは，指定の場所に被告人の出頭または同行を命ずることができる($\begin{smallmatrix}68条\\前段\end{smallmatrix}$)。**同行命令**とは，出頭している被告人を，そこから一定の場所に移動させることをいう。

 (2) **勾引**

 上記のばあい，正当の理由がなくこれに応じないときは，その場所に勾引することができる($\begin{smallmatrix}68条\\後段\end{smallmatrix}$)。

第3款　勾　引

 1 **意義**

 勾引とは，被告人を**一定の場所に強制的に連行**（引致）することを命じ，かつ執行する**裁判**をいう。勾引は，前述のとおり，証人および身体検査を受ける者に対してもみとめられる。

 2 **勾引の理由**

 裁判所は，①被告人が住所不定であるとき，②被告人が，正当な理由がなく，召喚に応じないとき，または応じないおそれがあるときに，被告人を勾引することができる($\begin{smallmatrix}58\\条\end{smallmatrix}$)。正当な勾引は，裁判所の権限であるが，急を要するばあいには，裁判長または受命裁判官もこれをおこなう($\begin{smallmatrix}69\\条\end{smallmatrix}$)。

3 勾引の手続き

(1) 勾引状の発付

勾引は，所定の事項（64条1項，身体検査につき規102条）を記載した勾引状を発しておこなう。

(2) 勾引状の記載事項

勾引状には，被告人の氏名および住居，罪名，公訴事実の要旨，引致すべき場所，有効期間およびその期間経過後は執行に着手することができず令状はこれを返還しなければならない旨ならびに発付の年月日その他裁判所の規則で定める事項を記載しなければならない（64条1項）。

被告人の氏名が明らかでないときは，人相，体格，その他特定事項を記載して被告人を指示することができる。被告人の住居が明らかでないときは，これを記載するを要しない（64条2項・3項）。

4 勾引状の執行

(1) 執行者

勾引状は，検察官の指揮によって，検察事務官または司法警察職員がこれを執行する（70条1項本文・71条）。ただし，急速を要するばあいは，裁判長，受命裁判官または地方裁判所，家庭裁判所もしくは簡易裁判所の裁判官は，その執行を指揮することができる（70条1項ただし書き）。

(2) 執行指揮の方法

執行指揮の方法は，通常，勾引状の原本に認印をしておこなう（473条）。勾引状を執行するには，これを被告人に示したうえ，できる限りすみやかに，かつ，直接，指定された裁判所その他の場所に引致しなければならない（73条1項。なお73条3項。護送につき74条・75条）。

(3) 効力

勾引した被告人は，裁判所に引致した時から24時間以内にこれを釈放しなければならない。ただし，その時間内に勾留状が発せられたときは，この限りでない（59条）。

(4) 告知

被告人を勾引したときは，ただちに被告人に対して，公訴事実の要旨および弁護人を選任することができる旨ならびに貧困その他の事由により自ら弁

護人を選任することができないときは弁護人の選任を請求できる旨を告げなければならない($\substack{76条\\1項}$)。

受命裁判官または書記官にこれをさせることができる($\substack{同条\\2項}$)。

第4款 勾　留

1　勾留の意義

(1)　**意義と目的**

勾留とは，被告人を拘禁施設に**拘禁する裁判および執行**（強制処分）をいう。勾留は，被告人の公判廷への**出頭の確保**($\substack{60条1項1\\号・3号}$)と**罪証隠滅の防止**($\substack{同条1\\項2号}$)を目的とする。勾留は，未決拘禁であって，刑の執行としての拘留($\substack{刑9条・\\16条}$)とは異なる。法は，勾留を「**未決勾留**」と称している($\substack{495条，\\刑21条}$)。

(2)　**勾留と通算**

勾留については，未決通算($\substack{刑21\\条}$)と法定通算($\substack{495\\条}$)がみとめられている。

2　勾留の理由

(1)　**原則**

被告人を勾留できるためには，被告人が罪を犯したと疑うに足りる相当な理由があるばあいで，①被告人が定まった住居を有しないとき（**住居不定**），②被告人が罪証を隠滅すると疑うに足りる相当な理由があるとき（**罪証隠滅のおそれ**），③被告人が逃亡し，または逃亡すると疑うに足りる相当な理由があるとき（**逃亡のおそれ**），のいずれかの理由があるときである($\substack{60条\\1項}$)。

上記の理由があっても，**勾留の必要性**が備わっていないときは，勾留することはできない。

(2)　**例外**

(i)　**法定刑による制限**

2万円以下の罰金，拘留，科料に当たる事件については，被告人の**住居不定**のばあいに限って勾留できる($\substack{60条\\3項}$)。

(ii)　**国会議員のばあいの制限**

国会議員は，院外における現行犯のばあいを除いては，会期中その**院の許諾**がなければ，勾留されない($\substack{憲50条，国\\会法33条}$)。

(iii) **少年のばあいの制限**

少年については，勾留状は，**やむを得ないばあい**でなければ，発することができない（少48条1項）。

3　勾留の手続き

(1) **勾留の期間**

(i) **期間と更新**

勾留の期間は，公訴の提起があった日から2ケ月とする。とくに継続の必要があるばあいにおいては，具体的にその理由を付した決定で，**1ケ月ごとにこれを更新する**ことができる。ただし，89条1号，3号，4号または6号に当たるばあいを除いては，更新は，1回に限られる（60条2項）。

(ii) **勾留の効力**

被疑者の段階ですでに勾留され，かつ，起訴状の訴因事実と勾留状の被疑事実とが**公訴事実の同一性**を有するばあい，その勾留の効力は，起訴後の被告人にそのまま維持される。勾留期間は，公訴提起の時からあらためて計算されることになる。

(2) **勾留の主体**

(i) **裁判所の職権**

被告人に対する勾留は，裁判所の職権によりおこなわれる。検察官に請求権はない。

(ii) **職権発動要請のための起訴状への記載**

実務においては，裁判官に勾留のための職権発動を促す趣旨で，検察官は，起訴状に「逮捕中求令状」，「勾留中求令状」，「在宅求令状」，「別件勾留中求令状」，「受刑中求令状」と表示する（石丸・248頁）。

(3) **勾留質問**

(i) **意義**

被告人の勾留は，逃亡しているばあいを除いて，被告人に対し，被告事件を告げて，これに関する**陳述**を聴いた後でなければ，これをすることができない（61条）。これを**勾留質問**という。

第4節　被告人の召喚・勾引・勾留　251

(ⅱ)　**性質**

勾留質問は，勾留するかどうかを決めるために，被告人から直接に**意見・弁解を聴く機会**を意味するのであって，証拠調べではない。

(4)　**弁護人などへの通知**

裁判所は，被告人を勾留したときは，ただちに弁護人に通知しなければならない。被告人に弁護人がいないときは，被告人の法定代理人，保佐人，配偶者，直系の親族および兄弟姉妹のうち被告人が指定する者1人にその旨を通知しなければならない（$\frac{79条}{79条}$, 規）。

(5)　**勾留状とその執行**

(ⅰ)　**勾留状の発付**

勾留は，所定の事項（$\frac{64条・60条1項}{規70条・71条}$,）を記載した勾留状を発してこれを執行する（$\frac{62}{条}$）。

(ⅱ)　**執行に関する法律・規則の規定**

勾留状の執行については，勾引状の執行とほぼ同じであるが，別の定めもある（$\frac{70条・71条・72条・73条・}{74条, 規74条・75条・78条}$）。

(ⅲ)　**勾留状の執行**

勾留状を執行するには，これを被告人に示したうえ，できる限りすみやかに，かつ，直接，指定された刑事施設に引致しなければならない（$\frac{73条}{2項}$）。勾留状を所持しないためこれを示すことができないばあいにおいて，急速を要するときは，被告人に対し公訴事実の要旨を告げて，その執行をすることができる。ただし，令状は，できる限りすみやかにこれを示さなければならない（$\frac{73条}{3項}$）。

刑事施設にいる被告人に対して発せられた勾留状は，検察官の指揮によって，刑事施設職員がこれを執行する（$\frac{70条}{2項}$）。

(ⅳ)　**勾留された被告人の権利**

勾留状の執行を受けた被告人は，その謄写の交付を裁判所に請求することができる（$\frac{規74}{条}$）。

勾留された被告人は，裁判所または刑事施設の長もしくはその代理者に，弁護士または弁護士会を指定して弁護人の選任を申し出ることができる（$\frac{78条1}{}$

項)。その申出は，裁判所または刑事施設の長もしくはその代理者が，その指定した弁護士または弁護士会にその旨を通知しなければならない。数人の弁護士または数個の弁護士会を指定しても，そのうちの1人または1会に通知すれば足りる($\begin{smallmatrix}78条\\2項\end{smallmatrix}$)。

4 勾留中の被告人との接見・書類などの授受

(1) 弁護人・弁護人となろうとする者との接見交通権

(i) **意義**

勾留されている被告人は，弁護人または弁護人となろうとする者との接見交通権を有する。この権利は，被告人にとって**防御の重要な権利**として保障されており，いかなるばあいも，被告人は，弁護人らと，**立会人なくして接見**し，書類または物の授受をすることができる。

(ii) **刑事施設の職員の義務**

刑事施設の職員（留置場の係官を含む。）は，弁護人からの接見の申出があるときは，いつでも，執務時間内であるかぎり，時間を制限せずに，被告人に，立会人のない部屋で接見させなければならない($\begin{smallmatrix}刑事収容\\115\text{-}8条\end{smallmatrix}$)。

(iii) **余罪があるばあいの接見交通権**

被告人に余罪があってその取調べを受けているばあい，39条3項の制限を受けずに，被告人は弁護人と接見することができる($\begin{smallmatrix}石丸・\\250頁\end{smallmatrix}$)。

(iv) **被告人が裁判所構内にいるばあいの制限**

裁判所は，勾留中の被告人が裁判所構内にいるばあいにおいて，被告人の逃亡，罪証の隠滅または戒護に支障のある物の授受を防ぐため，必要があるときは，被告人と弁護人または弁護人を選任することができる者の依頼により弁護人となろうとする者との接見については，その日時，場所および時間を指定し，また，書類もしくは物の授受については，これを禁止することができる($\begin{smallmatrix}規30\\条\end{smallmatrix}$)。

(2) 弁護人・弁護人となろうとする者以外の者との接見・書類などの授受

(i) **接見交通権**

勾留されている被告人は，弁護人または弁護人となろうとする者($\begin{smallmatrix}39条\\1項\end{smallmatrix}$)以外の者と，法令の範囲内で，接見し，または書類もしくは物の授受をするこ

とができる$\binom{80}{条}$。

(ⅱ) **接見等禁止の決定**

裁判所は，被告人が，逃亡し，または罪証を隠滅すると疑うに足りる相当な理由があるときは，検察官の請求によりまたは職権で，勾留されている被告人と弁護人および弁護人になろうとする者$\binom{39条}{1項}$以外の者との接見を禁じ，またはこれと授受すべき書類その他の物を検閲し，その授受を禁じ，もしくはこれらの物を差押えることができる。ただし，糧食（りょうしょく）の授受を禁じ，またはこれを差押えることはできない$\binom{81}{条}$。これは，**接見等禁止の決定**と称される。

5 勾留期間の計算と勾留の更新

(1) **勾留期間の意義と計算**

(ⅰ) **意義**

勾留期間とは，被告人を勾留状に基づいて拘禁する効力が継続している時間をいう。勾留期間は，公訴のあった日から**2ケ月**である$\binom{60条}{2項}$。これは，勾留状の有効期間$\binom{64}{条}$とは関係がない。

(ⅱ) **勾留期間の起算日**

被告人に対する勾留期間は，被告人が被疑者として勾留中または逮捕中に公訴を提起されたばあいは，公訴提起の日から起算する。

(ⅲ) **初日**

初日は，公訴提起の時間にかかわらず，1日として計算する。在宅で公訴を提起されて，その後勾留された者は，その勾留開始の日（刑事施設に引致された日）を初日として計算する。勾留状は発付されたが，逃亡中または住所不明で執行できないときは，その執行開始の日を初日として計算する。

(ⅳ) **勾留期間の計算**

勾留期間は，前述のとおり，通常は公訴提起の日を初日として2ケ月である。暦に従って計算する。

この期間の途中で，保釈$\binom{89条・90}{条・91条}$，勾留の執行停止$\binom{95}{条}$，鑑定のための留置$\binom{167}{条}$があったときは，勾留期間に算入しない$\binom{鑑定留置につ}{き167条の2}$。

(2) 勾留の更新

(i) 更新決定

勾留は，とくに継続の必要があるばあいにおいては，具体的理由を付した決定で，1ヶ月ごとにこれを**更新**することができる$\left(\substack{60条\\2項}\right)$。

(ii) 更新の回数

逃亡のおそれがあるばあいの更新は，1回に限られるが，89条1号，3号，4号，6号の理由が存在するばあいは，その理由が続く間，更新を繰り返すことが可能となる$\left(\substack{60条2項た\\だし書き}\right)$。

(iii) 更新決定に対する不服申立て

勾留更新決定に対しては，抗告$\left(\substack{420\\条}\right)$，準抗告$\left(\substack{429\\条}\right)$をすることができる。

6 勾留の消滅

(1) 勾留による拘禁の効力の消滅

勾留状が失効したとき，または**勾留が取り消された**ときには，勾留による拘禁の効力は消滅し，被告人をただちに釈放しなければならない。

(2) 勾留状の失効

勾留状は，次のばあいに効力を失う。すなわち，①勾留の期間が満了し，更新がなかったばあいにおけるその**満了日の経過**，②無罪，免訴，刑の免除，刑の執行猶予，公訴棄却$\left(\substack{338条の4のば\\あいを除く}\right)$，罰金または科料の**裁判の告知**があったとき$\left(\substack{345\\条}\right)$，③**実刑判決**の終局裁判が確定したときに，失効するのである。

(3) 勾留の取消し

勾留の取消しは，勾留の理由または勾留の必要がなくなったとき$\left(\substack{87条\\1項}\right)$および勾留による拘禁が不当に長くなったとき$\left(\substack{91条\\1項}\right)$にみとめられる。いずれのばあいも，**検察官の意見**を聴かなければならない$\left(\substack{92条\\2項}\right)$。

7 勾留理由の開示

(1) 請求権者

勾留されている被告人は，裁判所に勾留の**理由の開示の請求**をすることができる$\left(\substack{82条\\1項}\right)$。

勾留されている被告人の弁護人，法定代理人，保佐人，配偶者，直系の親族，兄弟姉妹その他利害関係人も，勾留の理由の開示の請求をすることがで

(2) **開示の主体**

勾留の理由を開示する裁判官は，**受訴裁判所所属の裁判官**であり，勾留した裁判官である必要はない。第1回公判前のばあいは勾留を担当する裁判官が開示し，第1回公判後のばあいは受訴裁判所（受命裁判官）が開示する。

(3) **勾留の理由の開示**

(i) **公開の法廷**

勾留の理由の開示は，公開の法廷でこれをしなければならない（83条1項）。

(ii) **開示の請求と開示期日**

開示をすべき期日までとその請求があった日との間には，5日以上を置くことはできない（規84条）。

(iii) **開示の法廷**

開示の法廷は，裁判官および裁判所書記が列席してこれを開く（83条2項）。被告人およびその弁護人が出頭しないときは，開廷することはできない。ただし，被告人の出頭については，被告人が病気その他やむを得ない事由によって出頭することができず，かつ，被告人に異議がないとき，弁護人の出頭については，被告人に異議がないときは，この限りでない（83条3項）。すなわち，それぞれ不出頭のまま開廷することができるのである。

(iv) **理由の告知**

法廷においては，裁判長は，勾留の理由を告げなければならない（84条1項）。この理由とは，60条1項の理由である。

(v) **意見の陳述**

検察官または被告人および弁護人ならびにこれらの者以外の請求者は，意見を述べることができる。ただし，裁判長は，相当とみとめるときは，意見の陳述に代え意見を記載した書面を差し出すべきことを命ずることができる（84条2項）。開示期日において意見を述べる時間は，それぞれ10分を超えることができない。その意見の陳述に代えてまたはこれを補うため，書面を差し出すことができる（規85条の3 第1項・2項）。

第5款　保釈と勾留の執行停止

1　保釈

(1) 保釈の意義

保釈とは，一定の**保証**（保証金，有価証券，保証書）**を条件**として，被告人の勾留の執行を停止し，被告人を釈放することをいう。これは，遵守条件に違反したばあいには保証金などを没取することによって，**被告人の心理を間接的に圧迫して公判廷への出頭を確保する**ものである。

(2) 保釈の請求権者

勾留されている被告人，またはその弁護人，法定代理人，保佐人，配偶者，直系の親族もしくは兄弟姉妹は，保釈の請求をすることができる（88条1項）。

(3) 必要的保釈

(i) 意義

必要的保釈とは，保釈の請求があったときに法定の除外事由がないかぎり，必ず保釈を許可しなければならないばあいをいう（89条）。これは**権利保釈**とも称される。

(ii) 除外事由

必要的保釈の除外事由は，次のとおりである。

(a) **被告人が，死刑または無期もしくは短期1年以上の懲役もしくは禁錮に当たる罪を犯したものであるとき。**

(b) **被告人が前に，死刑または無期もしくは長期10年を超える懲役もしくは禁錮に当たる罪につき有罪の宣告を受けたことがあるとき。**

(c) **被告人が常習として長期3年以上の懲役または禁錮に当たる罪を犯したものであるとき。**

(d) **被告人が罪証を隠滅すると疑うに足りる相当な理由があるとき。**

(e) **被告人が，被害者その他事件の審判に必要な知識を有するとみとめられる者もしくはその親族の身体もしくは財産に害を加えまたはこれらの者を畏怖させる行為をすると疑うに足りる相当な理由があるとき。**

（f）被告人の氏名または住居が分からないとき。

除外事由は以上の6つに限られている。

(4) **裁量的保釈**

裁量的保釈とは，法定の除外事由があっても，裁判所が適当とみとめるときに，職権により，裁量で保釈を許可するばあいをいう（90条）。これは**職権保釈**とも称される。

(5) **保釈の許否**

裁判所は，事実の取調べ（43条3項）をすることができるので，必要に応じて，被告人，弁護人，参考人らに面接し，文書を提出させ，または，検察官からも必要資料を提出させたうえ，自由な証明によって，勾留状の事実の内容および性質，審理の見通し（開廷回数や証人の人数），立証の難易，被告人の職業経歴，行状，性格，家族関係，身柄引受人の存在と確実度などを考慮して，保釈の許否を決めることになる（石丸・254頁）。裁量保釈の許否の審査の一資料として，勾留されていない他の犯罪事実を考慮することは差し支えない（最決昭44・7・14刑集23巻8号1057頁。小林・157頁，池田＝前田・242頁など）。

(6) **検察官の意見の聴取**

裁判所は，保釈を許す決定または保釈の請求を却下する決定をするには，検察官の意見を聴かなければならない（92条1項）。

(7) **保釈保証金額の決定と納付**

(i) **保証金額の決定**

裁判所は，保釈を許すばあいには，保証金額を定めなければならない（93条1項）。保証金額は，犯罪の性質および情状，証拠の証明力ならびに被告人の性格および資金を考慮して，被告人の出頭を保証するに足りる相当な金額でなければならない（同条2項）。

(ii) **有価証券・保証書による代替**

裁判所は，有価証券または裁判所の適当とみとめる被告人以外の者が差し出した保証書をもって保証金に代えることを許すことができる（94条3項）。

保証書には，保証金額とその保証金をいつでも納める旨が記載されている。現金で納付した額以上の額の没取決定があったばあいには，その現金納付分

を差し引いた残額につき，保証書を差し入れた者は現金を納付しなければならない($\substack{石丸\\254頁}$)。

(iii) **保釈金の納付**

納付は検察官の発する納付命令によって執行される。この命令は，執行力のある**債務名義と同一の効力**を有する($\substack{490\\条}$)。したがって，納付しないときは，検察官の納付命令を債務名義として保証書の名義人の財産に対して，強制執行されることになる($\substack{490\\条}$)。

保証金が納付されると，裁判所は，その旨を検察庁に通知し，検察官の執行（釈放）指揮により，被告人の身柄が釈放されることになる($\substack{472条1項本\\文，473条}$)。

(8) **保釈の条件**

保釈を許可するばあいには，被告人の住居を制限しその他適当とみとめる条件を付することができる($\substack{93条\\3項}$)。

2 勾留の執行停止

(1) **勾留の執行停止の決定**

裁判所は，適当とみとめるときは，決定で，勾留されている被告人を親族，保護団体その他の者に委託し，または被告人の住居を制限して，勾留の執行を停止することができる($\substack{95\\条}$)。

(2) **職権による決定**

勾留の執行停止の決定は，職権によっておこなう。検察官，被告人，弁護人らからの申立てがあっても，それは職権の発動を促すものにすぎないから，裁判所は，その申請について裁判をする義務を負わず，それをみとめないばあいには，却下の裁判をしたり，これを申立人に告知したりする必要はない($\substack{最判昭24・2・17\\刑集3巻2号184頁}$)。

(3) **検察官の意見の聴取**

執行の停止をするには，検察官の意見を聴かなくてはならない。ただし，急速を要するばあいは，この限りでない($\substack{規88\\条}$)。

執行停止をするばあい，**住居の制限**のほかに，その**期間**を指定する($\substack{98条1\\項}$)。その期間内に拘置所に戻らなければならない。

勾留されている被告人を親族，保護団体その他の者に委託して勾留の執行

を停止するには，これらの者から何時でも召喚に応じ被告人を出頭させる旨の書面を差し出させなければならない（規90条）。

3 保釈・勾留執行停止の取消しと収容の手続き

(1) 保釈・勾留の執行停止の取消し

(i) 裁判所の権限

裁判所は，下記(ii)の1つに当たる理由があるばあいには，検察官の請求により，または職権で，決定をもって保釈または勾留の執行停止を取り消すことができる（96条1項）。

(ii) 取消しの理由

(a) 被告人が，召喚を受け正当な理由がなく出頭しないとき。

(b) 被告人が逃亡しまたは逃亡すると疑うに足りる相当な理由があるとき。

(c) 被告人が罪証を隠滅しまたは罪証を隠滅すると疑うに足りる相当な理由があるとき。

(d) 被告人が，被害者その他事件の審判に必要な知識を有するとみとめられる者もしくはその親族の身体もしくは財産に害を加えもしくは加えようとし，またはこれらの者を畏怖させる行為をしたとき。

(e) 被告人が住居の制限その他裁判所の定めた条件に違反したとき。

(iii) 保証金の裁量的没取

保釈を取り消すばあいには，裁判所は，決定で保証金の全部または一部を没取することができる（96条2項）。

(iv) 保証金の必要的没取

保釈された者が，刑の言渡しを受けその判決が確定した後，執行のため呼出しを受け正当な理由がなく出頭しないとき，または逃亡したときは，検察官の請求により，決定で保証金の全部または一部を没取しなければならない（96条3項）。

(v) 期間満了による失効

勾留の執行停止の期間が満了したときは，勾留の執行停止は，当然その効力を失う。

(vi) **保釈・勾留の執行停止の当然失効**

禁錮以上の刑に処する判決の宣告があったときは，保釈または勾留の執行停止は，その効力を失う。このばあいには，あらたに保釈または勾留の執行停止の決定がないときにかぎり，98条（収容）の規定を準用する($^{343}_{条}$)。

第5節　公判の準備

第1款　意　義

1　公判の準備

公判の準備とは，公判期日の審理を適正かつ迅速に進行させる目的で，裁判所および訴訟関係人がおこなう公判手続きの準備活動をいう。公判の準備には，**事前準備と準備手続き**とがある。

2　事前準備

事前準備とは，**第1回公判期日前**になされる準備活動をいい，原則として裁判官はこれに関与しない。

3　準備手続き

準備手続きとは，**第1回公判期日後**になされる準備活動をいい，裁判所が主導的にこれをおこなう。

公判の準備手続きにおいては，検察官が手持ちの証拠資料を，いつ，どの段階で，どの程度，弁護人に事前に閲覧させたり謄写を許したりする**証拠開示**が大きな問題となる。

4　公判前整理手続き

公判前整理手続きとは，**第1回公判期日前**に，受訴裁判所が主宰して事件の争点および証拠を整理するためにおこなう公判準備をいう。

5　期日間整理手続き

期日間整理手続きとは，受訴裁判所が，**第1回公判期日後**に，事件の争点および証拠を整理するためにおこなう公判準備をいう。

第2款　事前準備（第1回公判期日前の公判準備）

1　裁判所の事前準備
(1)　**起訴状謄本（とうほん）の送達**

(i)　**送達の主体**

裁判所は，公訴の提起があったときは，遅滞なく起訴状の謄本を被告人に送達しなければならない（271条1項）。

(ii)　**公訴提起の失効**

公訴提起から2ヶ月以内に起訴状の謄本が送達されないときは，公訴の提起は，さかのぼってその効力を失う（271条2項）。書類の発送は裁判所書記官がこれを取り扱う（規298条）。

(iii)　**送達の手続き**

送達は，原則として郵便または執行官によってなされ，例外的に書記官によってなされる（民訴100条）。送達吏員による送達は，執行官（民訴99条1項，裁62条3項），廷吏（裁63条3項）が，被告人と出会って，直接起訴状謄本を交付し，送達報告書に受領印を徴する（石丸・258頁参照）。

(iv)　**その他の送達方法**

その他の方法として被告人と出会った場所で送達（民訴105条），受取りを拒んだばあいの差置送達（民訴106条3項）がある。起訴状謄本の送達については，書留郵便等に付する送達をおこなうことはできない（規63条1項ただし書き）。

(v)　**裁判所書記官による送達（交付送達）**

裁判所書記官が起訴状謄本を被告人に交付したときは，その送達があったものとみなされる（規65条）。送達の場所および被告人との出会いの理由は問わない。

(2)　**弁護人選任権などの通知と照会**

(i)　**弁護人選任権の告知**

裁判所は，公訴の提起があったときは，遅滞なく被告人に対し，弁護人を選任することができる旨および貧困その他の事由により弁護人を選任することができないときは弁護人の選任を請求することができる旨を知らせなけれ

ばならない。ただし、被告人に弁護人があるときは、この限りでない（272条, 規177条・165条2項）。

裁判所は、272条1項の規定により弁護人の選任を請求することができる旨を知らせるに当たっては、資力申告書を提出すべき旨および資力が基準以上であるときは、あらかじめ、弁護士会に弁護士の選任の申出をしていなければならない旨を教示しなければならない（272条2項）。

(ⅱ) **請求の確認**

裁判所は、公訴の提起があったばあいにおいて、被告人に弁護人がないときは、遅滞なく、被告人に対し、死刑または無期もしくは長期3年を超える懲役もしくは禁錮に当たる事件（**必要的弁護事件**）については、弁護人の選任の請求をするかどうかを、その他の事件（**任意的弁護事件**）については、法36条の規定による弁護人の選任を請求するかを確かめなければならない（規178条1項）。

裁判所は、被告人に対し、一定の期間を定めて回答を求めることができる（規178条2項）。

(ⅲ) **弁護人の選任**

必要的弁護事件について、定められた期間内に回答がなく、または弁護人の選任がないときは、裁判長は、ただちに被告人のため弁護人を選任しなければならない（規178条3項）。

(3) **国選弁護人の選任**

(ⅰ) **原則**

裁判所は、被告人から国選弁護人の請求があったばあい、**任意的弁護事件**については、その理由が一応貧困を理由として請求しているかぎり、通常、国選弁護人を選任し、**必要的弁護事件**については、貧困の理由の有無にかかわらず、無条件に国選弁護人を選任している（石丸・259-260頁）。

(ⅱ) **請求がないばあい**

任意的弁護事件において、私選弁護人を選任せず国選弁護人の選任も請求しないばあい、裁判所は、起訴状の訴因事実を考慮に入れて国選弁護人を選任するかどうかを決める。

(4) **第1回公判期日の指定と変更**
(i) **公判期日の指定**
(a) **裁判長による期日の指定**
裁判長は，公判期日を定めなければならない（273条1項）。
(b) **被告人の召喚**
公判期日には，被告人を召喚しなければならない（同条2項）。
(c) **通知**
公判期日は，これを検察官，弁護人および補佐人に通知しなければならない（同条3項）。
(d) **送達の猶予期間**
第1回公判期日と被告人に対する召喚状の送達との間には，地方裁判所，家庭裁判所にあっては少なくても5日，簡易裁判所にあっては3日の猶予期間を置かなければならない（275条，規179条2項）。

被告人に異議がないときは，猶予期間を置かないことができる（規179条3項）。
(ii) **公判期日の変更**
(a) **裁判所の権限**
裁判所は，検察官，被告人もしくは弁護人の請求により，または職権で公判期日を変更することができる（276条1項）。
(b) **意見の聴取**
公判期日を変更するには，裁判所の規則の定めるところにより，あらかじめ，検察官および被告人または弁護人の意見を聴かなければならない。ただし，急速を要するばあいは，この限りでない（276条2項）。規則によれば，公判期日を職権または当事者の請求により，これを変更するばあい，職権によるときは双方当事者に，当事者の請求によるときは，相手方またはその弁護人の意見を聴かなければならない。ただし，急速を要するばあいは，この限りではないとされる（規180条）。
(c) **裁判所による権限濫用(らんよう)の救済**
裁判所がその権限を濫用して公判期日を変更したときは，訴訟関係人は，最高裁判所の規則または訓令の定めるところにより，司法行政上の監督を求

めることができる$\binom{277}{条}$。すなわち，訴訟関係人は，書面で，裁80条の規定により当該裁判官に対して監督権をおこなう裁判所に**不服の申立て**をすることができる$\binom{規182}{条2項}$。

(d) **検察官および弁護人の訴訟遅延行為に対する処置の請求**

裁判所は，検察官または弁護士である弁護人が，訴訟手続きに関する法律または裁判所の規則に違反し，審理または公判前整理手続きもしくは期日間整理手続きの迅速な進行を妨げたばあいには，検察官または弁護人に対し**理由の説明**を求めることができる$\binom{規303}{条1項}$。前項のばあいにおいて，裁判所は，とくに必要があるとみとめるときは，検察官については，当該検察官に対して指揮監督の権を有する者に，弁護人については，当該弁護士の属する弁護士会または日本弁護士連合会に通知し，適当な処置をとるべきことを請求しなければならない$\binom{規303}{条2項}$。

(e) **不出頭と診断書などの提出**

公判期日に召喚を受けた者が病気その他の事由によって出頭できないときは，裁判所の規則の定めるところにより，医師の診断書その他の資料を提出しなければならない$\binom{278条, 規183}{ないし185条}$。

(f) **在廷命令**

裁判所は，必要とみとめるときは，検察官または弁護人に対し，公判準備または公判期日に出頭し，かつ，これらの手続きがおこなわれいる間在席しまたは在廷することを命ずることができる$\binom{278条の}{2第1項}$。

裁判長は，急速を要するばあいには，前項に規定する命令をし，または合議体の構成員にこれをさせることができる$\binom{2}{項}$。

上記の命令に従わないときの制裁などについては，3項ないし6項参照。

(g) **却下決定と送達**

公判期日の変更に関する請求を却下する決定は，これを送達することを要しない$\binom{規181}{条}$。

2 **訴訟関係人の事前準備**

(1) **意義**

第1回公判期日までの間に，当事者双方は，第1回公判期日から充実した

審理ができるように，あらかじめ準備しなければならないことが数多くある。この段階の準備活動は，**検察官と弁護人**が**主導的**におこない（規178条の6ないし178条の8），裁判所は，訴訟を進行させるために必要な外形的なことに関与する（規178条の9・178条の10）。

(2) 事件の争点の整理と明確化
(i) **第1回公判期日前における検察官の準備の内容**
検察官は，次のことをおこなわなければならない（規178条の6第1項）。
(a) **証拠書類・証拠物の閲覧の機会の付与**
法299条1項本文の規定により，被告人または弁護人に対し，閲覧する機会を与えるべき証拠書類または証拠物があるときは，公訴の提起後なるべくすみやかに，その機会を与えること。
(b) **同意・異議の有無の見込みの通知**
規178条の6第2項の規定により弁護人が閲覧する機会を与えた証拠書類または証拠物について，なるべくすみやかに，法326条の同意をするかどうか，またはその取調べの請求に関し異議がないかどうかの見込みを弁護人に通知すること。
(ii) **弁護人の準備の内容**
弁護人は，次のことをおこなわなければならない（規178条の6第2項）。
(a) **事実関係の確認**
被告人その他の関係者に面接するなど適当な方法によって，事実関係を確かめておくこと。
(b) **同意・異議の有無の見込みの通知**
(ii)(a)により検察官が閲覧する機会を与えた証拠書類または証拠物について，なるべくすみやかに，法326条の同意をするかどうか，またはその取調べの請求に関し異議がないかどうかの見込みを検察官に連絡すること。
(c) **証拠書類・証拠物の閲覧の機会の提供**
法299条1項本文の規定により，検察官に対し，閲覧する機会を与えるべき証拠書類または証拠物があるときは，なるべくすみやかに，これを提示してその機会を与えること。

弁護人としては，たとえば，全面的に否認するか，一部の事実をみとめて他の部分を争うか（たとえば，犯意，知情，犯行の態様または道具，共謀の人・日時・場所・趣旨，犯行の動機，目的の各否認），別途の事実の主張をするか（窃盗の相談はしたが強盗をやるとまでは打ち合せていないとか，性交はしたが和姦であるとか），または，訴因事実は外形的にみとめて，正当行為，刑の減軽または免除の事由を主張するか（刑35条ないし43条の各事由），もしくは，訴因事実を全部みとめて，もっぱら情状に集中するかを決めることになる（石丸・262頁）。

(iii) **検察官および弁護人のその他の準備の内容**

検察官および弁護人は，規178条の6第1項および第2項に掲げることをおこなうほか，相手方と連絡して次のことをおこなわなければならない（規178条の6第3項）。

(a) **相互間の打合わせ**

起訴状に記載された訴因もしくは罰条を明確に，または事件の争点を明らかにするため，相互の間でできるかぎり打ち合わせておくこと。

(b) **開廷回数の見通し判断のための必要事項の申出**

証拠調べその他の審理に要する見込みの時間など裁判所が開廷回数の見通しを立てるについて必要な事項を裁判所に申し出ること。

(3) **証拠書類・証拠物の事前閲覧**

(i) **原則**

検察官および弁護人は，閲覧する機会を与えられた証拠書類または証拠物をすみやかに閲覧すべきである。

(ii) **証拠開示**

証拠書類とくに検面調書および員面調書の事前閲覧に関しては，証拠開示の問題として論議がある。規178条の6第1項1号および第2項3号の**事前閲覧権の付与**は，まだ証拠書類の取調べ請求がなされていない第1回公判期日以前の段階における権利付与であるから，広くみとめられる必要がある。そこで，299条1項本文は「請求するについては」と規定しているが，これは，「請求する際に」より広く，少なくても「請求の予定」，「請求の見込み」または「請求するかもしれない」程度の証拠書類についても，事前閲覧の対

象になると解すべきであるとされる（石丸・263頁）。

開示された証拠については，その管理（281条の3），目的外使用禁止（281条の4）および目的外使用の罰則（281条の5）が規定されている。

(a) **書類**

検察官には，事件に関する資料のすべてを，その請求の意思と無関係に，被告人・弁護人に，事前に閲覧・開示をしなければならない義務はないが，しかし，検面調書が存在する参考人について，公判廷で証人として申請することを理由にして検面調書のすべての事前閲覧・開示を拒否することは妥当ではない。争点となる事実についての供述調書などは，証人で立証するばあいでも事前に開示すべきである。**被告人の自白調書および否認調書は**，原則としてそのすべてを事前に閲覧・開示すべきである。

そして，その反面として，弁護人は，自己の手持ちの証拠については，公益性の観点から，検察官に事前に呈示して閲覧・開示すべきである（石丸・264頁）。

(b) **証拠書類**

証拠物のばあい，検察官が押収している物件の中に，被告人・弁護人が**反証として利用したい物**があり得る。そこで，検察官は，公訴の提起後は，その事件に関し押収している物について，被告人および弁護人が訴訟の準備をするに当たりなるべくその物を利用することができるようにするため，法222条1項により準用される123条（**押収物の還付，仮還付**）の規定の活用を考慮しなければならない（規178条の11）。

(4) **証人に対する尋問の準備**

(i) **証人の氏名・住居を知る機会の付与**

検察官，被告人または弁護人が証人の尋問を請求するについては，あらかじめ，相手方に対し，その氏名および住居を知る機会を与えなければならない（299条1項）。ただし，相手方に異議のないときは，この限りでない（同項ただし書き）。

(ii) **機会付与の時期**

第1回の公判期日前に，法299条1項本文の規定により，訴訟関係人が，相手方に対し，証人などの氏名および住居を知る機会を与えるばあいには，**なるべく早い時期に**，その機会を与えるようにしなければならない（規178条の7）。

(iii) **在廷証人の確保**

検察官および弁護人は，証人として尋問を請求しようとする者で**第1回の公判期日**において取り調べられる見込みのあるものについて，これを在廷させるように努めなければならない（規178条の8）。

(5) **裁判所の事前準備**
(i) **準備進行の問合せ・準備促進処置**

裁判所は，裁判所書記官に命じて，検察官または弁護人に訴訟の準備の進行に関し問い合わせ，または準備を促す処置をとらせることができる（規178条の9）。

(ii) **検察官・弁護人との事前の打合せ**

裁判所は，適当とみとめるときは，**第1回の公判期日前**に，検察官および弁護人を出頭させたうえ，公判期日の指定その他訴訟の進行に関し必要な打ち合わせをおこなうことができる。ただし，事件につき**予断を生じさせるおそれのある事項**にわたることはできない（規178条の10第1項）。

規178条の10第1項の処置は，合議体の構成員にこれをさせることができる（規178条の10第2項）。

第3款　公判前整理手続き・期日間整理手続き

1　公判前整理手続き制度

(1) **意義**

公判前整理手続きとは，**第1回公判期日前**に，**裁判所が主宰**して事件の争点・証拠の整理をおこなう公判準備（**事前準備**）をいう（以下，「**本手続き**」という。）。本款において，本手続きについて条文に即してその概要を明らかにすることにしよう。

(2) **公判前整理手続き制度導入の背景**

公判前整理手続きは，主として**裁判員制度**導入を念頭に置いて平成16年の法改正によって新設されたものである。

適正かつ迅速な刑事裁判を実現するためには，事件の争点を明らかにし，それに即した計画的な審理をおこなうことが不可欠であり，とくに裁判員制

度の対象となる事件においては，裁判員に対して**審理の予定期間の見通し**を立てさせるとともに，第1回公判期日から**実質的審理**がおこなわれるように，その前の段階から当事者双方が公判においておこなう予定の主張を明示し，かつその証明に必要な証拠の取調べをも決定しておくことが望ましいといえる。本手続きは，その観点から立法されたのである（小林・160頁，池田＝前田・234頁など）。

証拠開示に関しては，従来，299条1項および規178条の6において，取調べ請求予定証拠につき相手方に対する開示義務が定められており，判例上，訴訟指揮による証拠開示命令もみとめられていたが，これだけでは不十分であるので，立法による規定の整備が必要であると指摘されていた。そこで，本手続きにおいては，とくに**被告人の権利保護の観点**から証拠開示の範囲が飛躍的に拡大されたのである。すなわち，検察官は，取調べを請求するばあいには，その証言予定内容が明らかとなる供述録取書などを開示しなければならないものとされた。また，それ以外の証拠も，検察官請求証拠の証明力を判断するために重要な一定類型の証拠および被告人側が明らかにした主張に関連する証拠につき，**開示の必要性および弊害を勘案**して相当とみとめるときは，開示しなければならないものとされたのである（小林・161頁）。

本手続きに関しては，規178条の10第1項との対比から**予断排除の原則**との関係を問題視する見解も主張されている（白取・261頁など）。しかし，本手続きは，当事者双方が参加する場においてそれぞれの主張を明らかにするにとどまるし，また，証拠調べ請求やそれに対する意見が述べられても，それは証拠能力の有無や証拠開示の要件の判定のためにおこなわれるので，裁判所がそれによって事件の実体についての心証を形成するわけではない。したがって，本手続きは，予断排除の原則に抵触するものではないと解される（小林・161頁，田口・256頁など）。

これに対して，本手続きには，予断排除の原則の観点からは問題があるとして**運用上の配慮**を求める見解が主張されている。すなわち，起訴状一本主義の趣旨には，「裁判官が，あらかじめ事件についてなんらの先入的心証を抱くことなく，白紙の状態において，第1回の公判期日に臨み，その後の審理の進行に従い，証拠によって事案の真相を明らかにし，もって公正な判決に

到達する」ことも含まれる(最[大]判昭27・3・5刑集6巻3号351頁)。裁判所は，証拠開示の裁定などにおいて未開示証拠や検察官保管証拠の一覧表の提示を命じ，反対当事者が接していない証拠(316条の27第1項後段・2項後段参照)などに接することがある。また，公判前整理手続きが目的とする争点・証拠の整理は，事件について一定の見通しをもつことにもつながる。そうすると，適法な証拠調べの場においてはじめて裁判所が証拠に接するという原則を軽視すべきではなく，予断排除の原則との「緊張関係」を意識した公判前整理手続きの運用が必要となるとされるのである(上口・250頁，大阪弁護士会裁判制度大阪本部編『コンメンタール公判手続』13-4頁など)。

(3) 公判前整理手続きの目的

法は，公判前整理手続きの目的について，次のように規定している。すなわち，裁判所は，**充実した公判の審理**を継続的，計画的かつ迅速におこなうことができるよう，公判前整理手続きにおいて，十分な準備がおこなわれるようにするとともに，できるかぎり早期にこれを終結させるように努めなければならない(316条の3第1項)。

訴訟関係人は，充実した公判の審理を継続的，計画的かつ迅速におこなうことができるよう，公判前整理手続きにおいて，相互に協力するとともに，その実施に関し，裁判所に進んで協力しなければならない(同条2項)。

2 公判前整理手続きの実施

(1) 公判前整理手続きの決定と方法

(i) 公判前整理手続きに付する決定

裁判所は，充実した公判の審理を継続的，計画的かつ迅速におこなうため必要があるとみとめるときは，検察官および被告人または弁護人の意見を聴いて，第1回公判期日前に，決定で，事件の争点および証拠を整理するための公判準備として，事件を公判前整理手続きに付することができる(316条の2第1項)。

(ii) 公判前整理手続きの方法

公判前整理手続きは，刑訴法第3章第1節の第1款に定めるところにより，訴訟関係人を出頭させて陳述させ，または訴訟関係人に書面を提出させる方法により，おこなうものとする(同条2項)。

第5節　公判の準備　271

(2)　**必要的弁護**

公判前整理手続きにおいては，被告人に弁護人がなければその手続きをおこなうことができない$\binom{316条の}{4第1項}$。

公判前整理手続きにおいて被告人に弁護人がないときは，裁判長は，**職権**で弁護人を付さなければならない$\binom{同条}{2項}$。

(3)　**公判前整理手続き期日の決定と変更**

(i)　期日の決定

裁判長は，訴訟関係人を出頭させて公判前整理手続きをするときは，公判前整理手続き期日を定めなければならない$\binom{316条の}{6第1項}$。

公判前整理手続き期日は，これを検察官，被告人および弁護人に通知しなければならない$\binom{同条}{2項}$。

(ii)　期日の変更

裁判長は，検察官，被告人もしくは弁護人の**請求**によりまたは**職権**で，公判前整理手続き期日を変更することができる。このばあいにおいては，裁判所の規則の定めるところにより，あらかじめ，検察官および被告人または弁護人の意見を聴かなければならない$\binom{同条}{3項}$。

(4)　**公判前整理手続きの出席者**

公判前整理手続き期日に検察官または弁護人が出頭しないときは，その期日の手続きをおこなうことができない$\binom{316条の}{7第1項}$。

(5)　**職権による弁護人の選任**

弁護人が公判前整理手続き期日に出頭しないとき，または在席しなくなったときは，裁判長は，職権で弁護人を付さなければならない$\binom{316条の}{8第1項}$。

弁護人が公判前整理手続き期日に出頭しないおそれがあるときは，裁判所は，職権で弁護人を付することができる$\binom{同条}{2項}$。

(6)　**被告人の出席**

(i)　被告人の権利

被告人は，公判前整理手続き期日に出頭することができる$\binom{316条の}{9第1項}$。

(ii)　出頭の請求

裁判所は，必要とみとめるときは，被告人に対し，公判前整理手続き期日

に出頭することを求めることができる（同条2項）。

　(iii)　**裁判長による告知**

　裁判長は，被告人を出頭させて公判前整理手続きをするばあいには，被告人が出頭する最初の公判前整理手続き期日において，まず，被告人に対し，終始沈黙し，または個々の質問に対し陳述を拒むことができる旨を告知しなければならない（同条3項）。

　(7)　**調書の作成**

　公判前整理手続き期日には，裁判所書記官を立ち会わせなければならない（316条の12第1項）。

　公判前整理手続き期日における手続きについては，裁判所の規則の定めるところにより，公判前整理手続き調書を作成しなければならない（同条2項）。規217条の14は調書の記載要件について，同条の15は調書の署名押印・認印について，同条の16は調書の整理について，それぞれ規定している。

3　公判前整理手続きの内容

　公判前整理手続きにおいては，次に掲げる事項をおこなうことができる（316条の5）。

　(1)　訴因または罰条を明確にさせること。

　(2)　訴因または罰条の追加，撤回または変更を許すこと。

　(3)　公判期日においてすることを予定している主張を明らかにさせて事件の争点を整理すること。

　(4)　証拠調べの請求をさせること。

　(5)　上記(4)の請求に係る証拠について，その立証趣旨，尋問事項などを明らかにさせること。

　(6)　証拠調べの請求に関する意見（証拠書類について326条の同意をするかどうかの意見を含む。）を確かめること。

　(7)　証拠調べをする決定または証拠調べの請求を却下する決定をすること。

　(8)　証拠調べをする決定をした証拠について，その取調べの順序および方法を定めること。

(9) 証拠調べに関する異議の申立てに対して決定をすること。
(10) 第2節第1款第3目の定めるところにより証拠開示に関する裁定をすること。
(11) 公判期日を定め，または変更することその他公判手続きの進行上必要な事項を定めること。

4 争点および証拠の整理
(1) 検察官による証明予定事実の提示と証拠調べ請求
(i) 証明予定事実の提示

検察官は，事件が公判前整理手続きに付されたときは，その証明予定事実（公判期日において証拠により証明しようとする事実をいう。以下同じ。）を記載した書面を，裁判所に提出し，および被告人または弁護人に送付しなければならない。このばあいにおいては，当該書面には，証拠とすることができず，または証拠としてその取調べを請求する意思のない資料に基づいて，裁判所に事件について**偏見または予断を生じさせるおそれのある事項**を記載することができない$\binom{316条の}{13第1項}$。

(ii) 証拠調べの請求

検察官は，前項の証明予定事実を証明するために用いる証拠の取調べを請求しなければならない$\binom{同条}{2項}$。

前項の規定により証拠の取調べを請求するについては，299条1項の規定は適用しない$\binom{同条}{3項}$。

(iii) 期限の決定

裁判所は，検察官および被告人または弁護人の意見を聴いたうえで，同条1項の書面の提出および送付ならびに2項の請求の期限を定めるものとする$\binom{同条}{4項}$。

(2) 検察官請求証拠の開示

検察官は，314条の14第2項の規定により取調べを請求した証拠（以下，「検察官請求証拠」という。）については，すみやかに，被告人または弁護人に対し，次の(i)・(ii)に掲げる証拠の区分に応じ，そこに定める方法による開示をしなければならない$\binom{316条の}{14第1項}$。

(i) **証拠書類または証拠物**

当該証拠書類または証拠物を閲覧する機会（弁護人に対しては，閲覧し，謄写する機会）を与えること．

(ii) **証人，鑑定人，通訳人または翻訳人**

その氏名および住居を知る機会を与え，かつ，その者の供述録取書など（供述書，供述を録取した書面で供述者の署名もしくは押印のあるものまたは映像もしくは音声を記録することができる記録媒体であって供述を記録したものをいう．以下同じ．）のうち，その者が公判期日において供述すると思料する内容が明らかになるもの（当該供述録取書などが存在しないとき，またはこれを閲覧させることが相当でないとみとめるときにあっては，その者が公判期日において供述すると思料する内容の要旨を記載した書面）を閲覧する機会（弁護人に対しては，閲覧し，かつ，謄写する機会）を与えること．

(3) **検察官請求証拠以外の証拠の開示**

(i) **検察官の開示義務**

検察官は，316条の14の規定による開示をした証拠以外の証拠であって，次の(a)〜(h)に掲げる**証拠の類型**のいずれかに該当し，かつ，特定の検察官請求証拠の証明力を判断するために重要であるとみとめられるものについて，被告人または弁護人から開示の請求があったばあいにおいて，その重要性の程度その他の被告人の防御の準備のために当該開示をすることの必要性の程度ならびに当該開示によって生じるおそれのある弊害の内容および程度を考慮し，相当とみとめるときは，すみやかに，同条1号に定める方法による開示をしなければならない．このばあいにおいて，検察官は，必要とみとめるときは，開示の時期もしくは方法を指定し，または条件を付することができる（316条の15第1項）．

(a) **証拠物**

(b) 321条2項に規定する裁判所または裁判官の検証の結果を記載した書面

(c) 321条3項に規定する書面またはこれに準ずる書面

(d) 321条4項に規定する書面またはこれに準ずる書面

(e) 次に掲げる者の供述録取書など
(ア) 検察官が証人として尋問を請求した者
(イ) 検察官が取調べを請求した供述録取書などの供述者であって，当該供述録取書などが326条の同意がされないばあいには，検察官が証人として尋問を請求することを予定しているもの
(f) (e)に掲げるもののほか，被告人以外の者の供述録取書などであって，検察官が特定の検察官請求証拠により直接証明しようとする事実の有無に関する供述を内容とするもの
(g) 被告人の供述録取書など
(h) 取調べ状況の記録に関する準則に基づき，検察官，検察事務官または司法警察職員が職務上作成することを義務付けられている書面であって，身体の拘束を受けている者の取調べに関し，その年月日，時間，場所その他の取調べの状況を記録したもの（被告人に係るものに限る。）

(ii) 被告人・弁護人の請求

被告人または弁護人は，前項の開示の請求をするときは，次に掲げる事項を明らかにしなければならない（316条の15第2項）。

(a) 前項各号(a)～(h)に掲げる証拠の類型および開示の請求に係る証拠を識別するに足りる事項

(b) 事案の内容，特定の検察官請求証拠に対応する証明予定事実，開示の請求に係る証拠が当該検察官請求証拠の証明力を判断するために重要であることその他の被告人の防御の準備のために当該開示が必要である理由

(4) 検察官請求証拠に対する被告人・弁護人の意見表明

(i) 被告人・弁護人の意見表明

被告人または弁護人は，316条の13第1項の書面の送付を受け，かつ，316条の14および316条の15第1項の規定による開示をすべき証拠の開示を受けたときは，検察官請求証拠について，316条の同意をするかどうか，またはその取調べの請求に関し異議がないかどうかの意見を明らかにしなければならない（316条の16第1項）。

（ii）**期限の設定**

裁判所は，検察官および被告人または弁護人の意見を聴いたうえで，前項の意見を明らかにすべき期限を定めることができる（同条2項）。

(5) **被告人・弁護人による主張の明示と証拠調べ請求**

（i）**主張の明示**

被告人または弁護人は，316条の13第1項の書面の送付を受け，かつ，316条の14および316条の15第1項の規定による開示をすべき証拠の開示を受けたばあいにおいて，その証明予定事実その他の公判期日においてすることを予定している事実上および法律上の主張があるときは，裁判所および検察官に対し，これを明らかにしなければならない。このばあいにおいては，316条の13第1項後段の規定（予断・偏見を生じさせるおそれのある事項の記載の禁止）を準用する（316条の17第1項）。

（ii）**証拠調べの請求**

被告人または弁護人は，前項の証明予定事実があるときは，これを証明するために用いる証拠の取調べを請求しなければならない。このばあいにおいては，316条の13第3項の規定（当事者の権利の排除）を準用する（同条2項）。

（iii）**期限の設定**

裁判所は，検察官および被告人または弁護人の意見を聴いたうえで，第1項の主張を明らかにすべき期限および前項の請求の期限を定めることができる（同条3項）。

(6) **被告人・弁護人請求証拠の開示**

被告人または弁護人は，316条の17第2項の規定により取調べを請求した証拠については，すみやかに，検察官に対し，次の各号（iおよびii）に掲げる証拠の区分に応じ，当該各号に定める方法による開示をしなければならない（316条の18第1項）。

（i）**証拠書類または証拠物**

当該証拠書類または証拠物を閲覧し，かつ，謄写する機会を与えること。

（ii）**証人，鑑定人，通訳人または翻訳人**

その氏名および住居を知る機会を与え，かつ，その者の供述録取書などの

うち，その者が公判期日において供述すると思料する内容が明らかになるもの（当該供述録取書などが存在しないとき，またはこれを閲覧させることが相当でないとみとめるときにあっては，その者が公判期日において供述すると思料する内容の趣旨を記載した書面）を閲覧し，かつ，謄写する機会を与えること。

　(7)　**被告人・弁護人請求証拠に対する検察官の意見表明**
　　(i)　**検察官の意見表明**
　検察官は，316条の18の規定による開示をすべき証拠の開示を受けたときは，316条の17第2項の規定により被告人または弁護人が取調べを請求した証拠について，326条の同意をするかどうか，またはその取調べの請求に関し異議がないかどうかの意見を明らかにしなければならない$\binom{316条の}{19第1項}$。
　　(ii)　**期限の設定**
　裁判所は，検察官および被告人または弁護人の意見を聴いたうえで，前項の意見を明らかにすべき期限を定めることができる$\binom{同条}{2項}$。
　5　**検察官の証拠開示**
　(1)　**争点に関連する証拠の開示**
　検察官は，316条の14および316条の15第1項の規定による開示をした証拠以外の証拠であって，316条の17第1項の主張に関連するとみとめられるものについて，被告人または弁護人から開示の請求があったばあいにおいて，その関連性の程度その他の被告人の防御の準備のために当該開示をすることの必要性の程度ならびに当該開示によって生じるおそれのある弊害の内容および程度を考慮し，相当とみとめるときは，すみやかに，316条の14第1号に定める方法による開示をしなければならない。このばあいにおいて，検察官は，必要とみとめるときは，開示の時期もしくは方法を指定し，または条件を付することができる$\binom{316条の}{20第1項}$。
　(2)　**証拠開示の請求**
　被告人または弁護人は，前項の開示の請求をするときは，次に掲げる事項を明らかにしなければならない$\binom{同条}{2項}$。
　　(i)　**開示の請求に係る証拠を識別するに足りる事項**

(ii) 316条の17第1項の主張と開示の請求に係る証拠との関連性その他の被告人の防御の準備のために当該開示が必要である理由

6 証明予定事実などの追加・変更
(1) 検察官による証明予定事実の追加・変更
(i) 書面の提出・送付

検察官は，316条の13から316条の20までに規定する手続きが終わった後，その証明予定事実を追加しまたは変更する必要があるとみとめるときは，すみやかに，その追加しまたは変更すべき証明予定事実を記載した書面を，裁判所に提出し，および，被告人または弁護人に送付しなければならない。このばあいにおいては，316条の後段の規定（予断・偏見を生じさせるおそれのある事実の記載の禁止）を準用する（316条の21第1項）。

(ii) 証拠の取調べの請求

検察官は，その証明予定事実を証明するために用いる証拠の取調べの請求を追加する必要があるとみとめるときは，すみやかに，その追加すべき証拠の取調べを請求しなければならない。このばあいにおいては，316条の13第3項（当事者の権利の排除）の規定を準用する（同条2項）。

(iii) 期限の設定

裁判所は，検察官および被告人または弁護人の意見を聴いたうえで，1項の書面の提出および送付ならびに前項の請求の期限を定めることができる（同条3項）。

316条の14から316条の16までの規定（検察官による証拠の開示，検察官請求証拠に対する被告人・弁護人の意見表明）は，2項の規定により検察官が取調べを請求した証拠についてこれを準用する（同条4項）。

(2) 被告人・弁護人による主張の追加・変更
(i) 主張の明示

被告人または弁護人は，316条の13から316条の20までに規定する手続きが終わった後，316条の17第1項の主張を追加しまたは変更する必要があるとみとめるときは，すみやかに，裁判所および検察官に対し，その追加しまたは変更すべき主張を明らかにしなければならない。このばあいにおいて

は，316条の13第1項後段の規定（予断・偏見を生じさせるおそれのある事項の記載の禁止）を準用する$\binom{316条の}{22第1項}$。

　(ii)　**証拠の取調べの請求**

　被告人または弁護人は，その証明予定事実を証明するために用いる証拠の取調べの請求を追加する必要があるとみとめるときは，すみやかに，その追加すべき証拠の取調べを請求しなければならない。このばあいにおいては，316条の13第3項の規定（当事者の権利の排除）を準用する$\binom{同条}{2項}$。

　(iii)　**期限の設定**

　裁判所は，検察官および被告人または弁護人の意見を聴いたうえで，第1項の主張を明らかにすべき期限および前項の請求の期限を定めることができる$\binom{同条}{3項}$。

　316条の18（被告人・弁護人請求証拠の開示）および316条の19（被告人・弁護人請求証拠に対する検察官の意見表明）の規定は，2項の規定により被告人または弁護人が取調べを請求した証拠についてこれを準用する$\binom{同条}{4項}$。

　316条の20の規定（争点に関連する証拠の開示）は，1項の追加または変更すべき主張に関連するとみとめられる証拠についてこれを準用する$\binom{同条}{5項}$。

7　証人などの保護のための配慮

　299条の2の規定（証人などの身体・財産への加害行為などの防止のための配慮）は，検察官または弁護人がこの目の規定による証拠の開示をするばあいについてこれを準用する$\binom{316条}{の23}$。

8　争点および証拠の整理結果の確認

　裁判所は，公判前整理手続きを終了するに当たり，検察官および被告人または弁護人との間で，事件の争点および証拠の整理の結果を確認しなければならない$\binom{316条}{の24}$。

9　証拠開示に関する裁定

　(1)　**開示方法などの指定**

　(i)　**開示の時期・方法の指定および条件の付与**

　裁判所は，証拠の開示の必要性の程度ならびにその他の事情を考慮して，必要とみとめるときは，316条の14の規定$\binom{316条の21第4項において}{準用するばあいを含む。}$による開示を

すべき証拠については検察官の請求により，316条の18の規定 $\binom{316条の22第4項}{において準用するばあいを含む。}$ による開示をすべき証拠については被告人または弁護人の請求により，決定で，当該証拠の開示の時期もしくは方法を指定し，または条件を付することができる $\binom{316条の}{25第1項}$。

(ⅱ) **即時抗告**

1項の請求についてした決定に対しては，即時抗告をすることができる $\binom{同条}{3項}$。

(2) **開示命令**

(ⅰ) **開示命令の決定**

裁判所は，検察官が316条の14もしくは316条の15第1項 $\binom{316条の21第4項においてこれらの規定を準用するばあいを含む。}{}$ もしくは316条の20第1項 $\binom{第316条の22第5項において準用するばあいも含む。}{}$ の規定による開示をすべき証拠を開示していないとみとめるとき，または被告人もしくは弁護人が316条の18の規定 $\binom{316条の22第4項において準用するばあいも含む。}{}$ による開示をすべき証拠を開示していないとみとめるときは，相手方の請求により，決定で，当該証拠の開示を命じなければならない。このばあいにおいて，裁判所は，開示の時期もしくは方法を指定し，または条件を付することができる $\binom{316条の}{26第1項}$。

(ⅱ) **意見の聴取**

裁判所は，前項の請求について決定をするときは，相手方の意見を聴かなければならない $\binom{同条}{2項}$。

(ⅲ) **即時抗告**

1項の請求についてした決定に対しては，即時抗告をすることができる $\binom{同条}{3項}$。

(3) **証拠および証拠の標目の提示命令**

(ⅰ) **証拠提示の命令**

裁判所は，316条の25第1項または316条の26第1項の請求について決定をするに当たり，必要があるとみとめるときは，検察官，被告人または弁護人に対し，当該請求に係る証拠の提示を命ずることができる。このばあいにおいては，裁判所は，何人にも，当該証拠の閲覧または謄写をさせることができない $\binom{316条の}{27第1項}$。

(ii) 証拠標目一覧表の提示命令

裁判所は，被告人または弁護人がする316条の26第1項の請求について決定をするに当たり，必要があるとみとめるときは，検察官に対し，その保管する証拠であって，裁判所の指定する範囲に属するものの標目を記載した一覧表の提示を命ずることができる。このばあいにおいては，裁判所は，何人にも，当該一覧表の閲覧または謄写させることができない（同条2項）。

1項の規定は316条の25第3項または316条の26第3項の即時抗告が係属する抗告裁判所について，2項の規定は同条3項の即時抗告が係属する裁判所について，それぞれ準用する（同条3項）。

10 期日間整理手続き

(1) 期日間整理手続きの決定と進行

(i) 期日間整理手続きの決定

裁判所は，審理の経過にかんがみ必要とみとめるときは，検察官および被告人または弁護人の意見を聴いて，第1回公判期日後に，決定で，事件の争点および証拠を整理するための公判準備として，事件を期日間整理手続きに付することができる（316条の28第1項）。

(ii) 規定の準用・文言の読替え

期日間整理手続きについては，前款（公判前整理手続き）（316条の2第1項および316条の9第3項を除く。）の規定を準用する。このばあいにおいて，検察官，被告人または弁護人が前項の決定前に取調べを請求している証拠については，期日間整理手続きにおいて取調べを請求した証拠とみなし，316条の6から第316条の10までおよび316条の12中「公判前整理手続き期日」とあるのは「期間整理手続き期日」と，同条2項中「公判前整理手続き調書」とあるのは「期日間整理手続き調書」と読み替えるものとする（同条2項）。

11 公判手続きの特例

(1) 必要的弁護

公判前整理手続きまたは期日間整理手続きに付された事件を審理するばあいには，289条1項に規定する事件に該当しないときであっても，弁護人がなければ開廷することはできない（316条の29）。

(2) 被告人・弁護人による冒頭陳述

公判前整理手続きに付された事件については，被告人または弁護人は，証拠により証明すべき事実その他の事実上および法律上の主張があるときは，296 条の手続きに引き続き，これを明らかにしなければならない。このばあいにおいては，同条ただし書きの規定（予断・偏見を生じさせるおそれのある事項の陳述禁止）を準用する（316条の30）。

(3) 整理手続きの結果の顕出

(i) 公判前整理手続きのばあい

公判前整理続きに付された事件については，裁判所は，裁判所の規則の定めるところにより，316 条の 30 の手続きが終わった後，公判期日において，当該公判前整理手続きの結果を明らかにしなければならない（316条の31第1項）。

(ii) 期日間整理手続きのばあい

期日間整理手続きに付された事件については，裁判所は，裁判所の規則の定めるところにより，その手続きが終わった後，公判期日において，当該期日間整理手続きの結果を明らかにしなければならない（同条2項）。

(4) 整理手続き終了後の証拠調べ請求の制限

(i) 証拠調べの請求の禁止

公判前整理手続きまたは期日間整理手続きに付された事件については，検察官および被告人または弁護人は，298 条 1 項の規定にかかわらず，やむを得ない事由によって公判前整理手続きまたは期日間整理手続きにおいて請求することができなかったものを除き，当該公判前整理手続きまたは期日間整理手続きが終わった後には，証拠調べを請求することができない（316条の32第1項）。

(ii) 職権による証拠調べ

前項の規定は，裁判所が，必要とみとめるときに，職権で証拠調べをすることを妨げるものではない（同条2項）。

第 4 款　準備手続き（第 1 回公判期日後の公判準備）

1 公務所・公私の団体に対する照会

裁判所は，検察官，被告人もしくは弁護人の請求により，または職権で，

公務所または公私の団体に照会して必要な事項の報告を求めることができる($\frac{279}{条}$)。たとえば，被告人の身上調書や戸籍，住民票の記載を本籍地や住所の市町村に，被告人の病状を病院にそれぞれ照会することができるのである$\begin{pmatrix}石丸・266頁，池\\田＝前田・295頁\end{pmatrix}$。

2 公判期日外の証人尋問

証人の尋問は，**公判期日に公開の公判廷で実施するのが原則**であるが，法は，次の2つの例外規定を設けている。

(1) 裁判所外の証人尋問

(i) 証人の裁判所外への喚問・所在尋問

裁判所は，証人の重要性，年齢，職業，健康状態その他の事情と事案の軽重を考慮したうえ，検察官および被告人または弁護人の意見を聴き，必要とみとめるときは，**裁判所外**にこれを**召喚**し，または**その現在場所**でこれを尋問することができる($\frac{158条}{1項}$)。

(ii) 当事者の立会い権

検察官，被告人または弁護人は，証人の尋問に立ち会うことができる。ただし，これらの者があらかじめ裁判所に立ち会わない意思を明示したときは，この限りでない($\frac{157条}{1項}$)。

(iii) 立会い権者への通知

証人尋問の日時および場所は，あらかじめ，前項の規定により尋問に立会うことができる者にこれを通知しなければならない($\frac{157条}{2項}$)。

(iv) 立会い権者の尋問権

第1項に規定する者は，証人の尋問に立ち会ったときは，裁判長に告げて，その証人を尋問することができる($\frac{157条}{3項}$)。

(v) 立ち会わなかった者への供述内容を知る機会の付与

裁判所は，検察官，被告人または弁護人が158条の証人尋問に立ち会わなかったときは，立ち会わなかった者に，証人の供述の内容を知る機会を与えなければならない($\frac{159条}{1項}$)。

(vi) 尋問請求権

159条1項の証人の供述が被告人に予期しなかった著しい不利益なもので

あるばあいには，被告人または弁護人は，さらに必要な事項の尋問を請求することができる$\binom{159条}{2項}$。

裁判所は，その請求を理由がないものとみとめるときは，これを却下することができる$\binom{159条}{3項}$。

(2) **公判期日外の証人尋問**

証人については，裁判所は，158条に掲げる事項を考慮したうえ，検察官および被告人または弁護人の意見を聴き必要とみとめるときにかぎり，公判期日外においてこれを尋問することができる$\binom{281}{条}$。上記(1)と異なるのは，裁判所内において証人尋問をおこなう点である。

第6節　公判期日の手続き

第1款　意　義

1　公判廷の意義

公判期日における取調べは，公判廷でこれをおこなう$\binom{282}{条}$。**公判廷**とは，公判をおこなう法廷をいう。つまり，公判廷は**公判手続きがおこなわれる所**なのである$\binom{小林・}{143頁}$。法廷は，裁判所または支部で開く$\binom{裁69}{条1項}$。

2　法廷の場所

法廷は，通常，裁判所の建物内の「法廷」として，その構造が整えられていて，外部にその旨が表示されている場所で開く$\binom{石丸・273頁。なお，}{池田・前田・247頁}$。必要とみとめるときは，最高裁判所は，他の場所で法廷を開き，またはその指定する他の場所で，下級裁判所に法廷を開かせることができる$\binom{裁69}{条2項}$。

3　公判廷の出席者

公判廷は，裁判官および裁判所書記官が列席し，かつ検察官が出席してこれを開く$\binom{282条}{2項}$。

4　連日開廷・継続審理

裁判所は，審理に2日以上を要する事件については，できる限り，連日開廷し，継続して審理をおこなわなければならない$\binom{281条の}{6第1項}$。

訴訟関係人は，期日を遵守し，審理に支障を来さないようにしなければならない（$\genfrac{}{}{0pt}{}{2}{項}$）。

第2款　被告人の公判期日への出頭

1　出頭の原則

(1)　被告人の出頭と開廷

283条および285条に規定するばあいのほか，被告人が公判期日に出頭しないときは，開廷することはできない（$\genfrac{}{}{0pt}{}{286}{条}$）。

(2)　被告人の在廷義務

被告人は，裁判長の許可がなければ退廷することができない（$\genfrac{}{}{0pt}{}{288条}{1項}$）。被告人には**在廷義務**があるわけである。

裁判長は，被告人を在廷させるため，または法廷の秩序を維持するため相当な処分をすることができる（$\genfrac{}{}{0pt}{}{288条}{2項}$）。

(3)　身体の拘束禁止

出頭した被告人は，公判廷においては，被告人の身体を拘束してはならない。ただし，被告人が暴力を振い，または逃亡を企てたばあいは，この限りでない（$\genfrac{}{}{0pt}{}{287条}{1項}$）。被告人の身体を拘束しないばあいにも，これに看守者を付することができる（$\genfrac{}{}{0pt}{}{287条}{2項}$）。

2　出頭義務の例外

上記の例外のほか，以下のばあいには被告人は出頭しなくてもよい。

(1)　刑39条ないし41条（責任能力）の規定を適用しない罪（たとえば，たばこ事業法附24条・旧たばこ専売法78条）に当たる事件について，被告人が意思能力を有しないときは，その訴訟行為については，法定代理人が代理するので（$\genfrac{}{}{0pt}{}{28}{条}$），被告人は出頭することを要しない。

(2)　被告人が心神喪失の状態にあるばあいは，**無罪，免訴，刑の免除または公訴棄却の裁判をすべきことが明らかなとき**には，被告人の出頭を待たないで，ただちにその裁判をすることができる（$\genfrac{}{}{0pt}{}{314条1項た}{だし書き}$）。被告人が心神喪失の状態にあるばあいは，その手続きを停止するのが原則であるが，しかし，被告人に有利な裁判については，早く裁判をすることによって被告人を手続

きから解放するのがよいとされるわけである。

(3) **被告人が出頭しなければ開廷することができないばあいにおいて，勾留されている被告人が，公判期日に召喚を受け，正当の理由がなく出頭を拒否し，刑事施設職員による引致を著しく困難にしたときは，裁判所は，被告人が出頭しないでも，その期日の公判手続きをおこなうことができる**（286条の2）。

(4) **被告人が陳述をせず，許可を受けないで退廷し，または秩序維持のため裁判長から退廷を命じられたときは，その陳述を聴かないで判決をすることができる**（341条）。

裁判長の退廷命令には，288条2項の「法廷の秩序維持のための相当な処分」，裁71条の退廷命令，法廷等の秩序維持に関する法律3条の拘束命令がある。判決をすることができる以上，その前提となる審理をおこなうことができる（通説）。

(5) **裁判所は，証人を尋問するばあいにおいて，証人が被告人の面前においては圧迫を受け充分な供述をすることができないとみとめるときは，弁護人が出頭しているばあいにかぎり，検察官および弁護人の意見を聴き，その証人の供述中，被告人を退廷させることができる。このばあいには，供述終了後，被告人を入廷させ，これに証言の要旨を告知し，その証人を尋問する機会を与えなければならない**（304条の2）。

最高裁の判例は，本条により被告人を退廷させて証人を尋問しても，憲法39条2項に違反しないとする（最判昭35・6・10 刑集14巻7号973頁）。

3 弁護人の出頭

死刑または無期もしくは長期3年を超える懲役もしくは禁錮に当たる事件を審理するばあいには，弁護人がなければ開廷することはできない（289条1項）。

弁護人がなければ開廷することができないばあいにおいて，弁護人が出頭しないときもしくは在廷しなくなったとき，または弁護人がないときは，裁判長は，職権で弁護人を付さなければならない（2項）。

弁護人がなければ開廷することができないばあいにおいて，弁護人が出頭しないおそれがあるときは，裁判所は，職権で弁護人を付すことができる

$\binom{3}{項}$。

第3款　冒頭手続き

1　意義

冒頭手続きとは，公判期日における被告人に対する人定質問から検察官の冒頭陳述前までの訴訟活動をいう。

(1)　**被告人に対する人定質問**

裁判長は，検察官の起訴状の朗読に先だち，被告人に対し，その人違いでないことを確かめるに足りる事項を問わなければならない$\binom{規196}{条}$。これを**人定質問**という。通常，被告人の本籍，住居，職業，年齢，氏名（通称を含む。）など，起訴状に記載されている事項を聴き，その者が起訴状記載の被告人であることを確かめている$\binom{石丸・278頁,小林・171頁}{池田＝前田・291頁など}$。

(2)　**検察官の起訴状の朗読**

(i)　**起訴状の朗読**

人定質問の後，検察官は，まず，起訴状を朗読しなければならない$\binom{291}{条1項}$。起訴状の朗読は，**口頭弁論主義の要請**に基づくものである。

被害者等特定事項の非公開の趣旨$\binom{290条}{の2}$から，起訴状の朗読は，被害者特定事項を明らかにしない方法でこれをおこなうものとする。このばあいにおいては，検察官は，被告人に起訴状を示さなければならない$\binom{2}{項}$。

(ii)　**求釈明**

裁判長は，必要とみとめるとき，たとえば，訴因事実が特定していないと判断したときは，検察官に釈明を求めることができる$\binom{規208}{条1項}$。これを**求釈明**という。

被告人および弁護人は，起訴状の記載について，裁判長に対し，**釈明のための発問**を求めることができる$\binom{規208}{条3項}$。

(3)　**被告人に対する訴訟上の権利の告知**

(i)　**権利の告知と陳述の機会の付与**

裁判長は，起訴状の朗読が終わった後，被告人に対し，終始沈黙し，または個々の質問に対し**陳述を拒むことができる**旨その他裁判所の規則で定める

被告人の権利を保護するため必要な事項を告げたうえ，被告人および弁護人に対し，被告事件について**陳述する機会**を与えなければならない($\substack{291条3項 \\ 規197条}$)。

(ii) **陳述の権利および証拠力の告知**

裁判長は，その他に，陳述することもできる旨および陳述をすれば自己に不利益な証拠ともなり，また利益な証拠ともなるべき旨を告げなければならない($\substack{規197 \\ 条1項}$)。

(iii) **権利の説明**

裁判長は，必要とみとめるときは，被告人に対し，被告人が充分に理解していないと思料される被告人保護のための権利を説明しなければならない($\substack{規197 \\ 条2項}$)。

(4) **被告人・弁護人の被告事件についての陳述**

裁判長は，前述のとおり，黙秘権などの告知に続いて，被告人および弁護人に対し，被告事件について陳述する機会を与えなければならない($\substack{291条 \\ 2項}$)。被告人・弁護人の陳述は，次のようになされる($\substack{石丸・280-1頁。なお， \\ 池田＝前田・293頁}$)。

(i) **被告人および弁護人の陳述**

被告人と弁護人は，別々に独自に陳述する。ただし，弁護人は，被告人の意思に反する陳述をすることはできない。

(ii) **弁護人の陳述**

被告事件に関する**法律論**（それの前提となる事実）については，被告人の明示の意思に反しないかぎり，独自に主張することはできる。たとえば，正当防衛や統合失調症による心神喪失の主張などである。

(iii) **陳述の対象**

被告人および弁護人の陳述は，訴因事実に限られず被告事件全般に対してなされる。

事実については，具体的な反対事実を挙げることができる。事実に関する被告人の陳述は，犯罪事実を全部または一部をみとめる部分は，**自白または不利益の承認**となる($\substack{最判昭25・12・5刑 \\ 集4巻12号2486頁}$)。

(iv) **公訴棄却を求める陳述**

公訴棄却($\substack{338条・ \\ 339条}$)を求める陳述もこの段階でなされる。

(5) **裁判長による被告人質問**

裁判長は，被告人の事実に対する陳述の内容を明確にするために，被告人に対して質問をすることができる。しかし，これを超えて被告人の前科・前歴，犯行の動機・態様，共謀の具体的内容，犯行後の情況などを質問することはできない（石丸・281頁，小林・172頁など）。

第4款　弁論の分離，併合および再開

1　弁論の分離・併合・再開の制度

(1) **弁論の分離・併合・再開の決定**

裁判所は，適当とみとめるときは，検察官，被告人もしくは弁護人の請求により，または職権で，決定をもって，弁論を分離しもしくは併合し，または終結した弁論を再開することができる（313条1項）。

(2) **弁論の分離の決定**

裁判所は，被告人の権利を保護するため必要があるときは，裁判所の規則の定めるところにより，決定をもって弁論を分離しなければならない（313条2項）。規210条は，次のように規定している。すなわち，裁判所は，被告人の防御が互いに相反するなどの事由があって被告人の権利があるとみとめるときは，検察官，被告人もしくは弁護人の請求により，または職権で，決定をもって，弁論を分離しなければならない。

(3) **弁論の意義**

ここにおける**弁論**とは，公判期日に公判廷において裁判所の主宰のもとで，当事者双方が出席してなされる**審理手続き**をいう。これは，弁論主義の弁論や最終弁論の弁論とは内容を異にしている。

(4) **弁論の個数**

弁論は，1人の被告人に対する1つの訴因について1個である。したがって，1人の被告人に対して公訴を提起された訴因が2個あるばあいは，弁論は2個となる。

2人の共犯者が，1つの犯罪を犯して同時に公訴を提起されたばあい，弁論は2個である。

2 弁論の分離

(1) 意義

弁論の分離とは，併合している訴因を分けて**別の訴訟手続きで審理**することをいう。

(2) 分離の事由

弁論の分離は，**共同被告人の間**で生じる。裁判所は，前述したように，被告人の権利を保護するため必要があるとみとめるときは，検察官，被告人もしくは弁護人の請求により，または職権で，決定をもって弁論を分離しなければならない（313条2項）。これは，共同被告人の防御が互いに相反するなどの事由があるばあいにみとめられるのである（規210条）。相反する事由としては，たとえば，ある被告人は否認しているのに，別の被告人は事実をみとめているばあいや複数の被告人の間で防御の方針が異なるばあいなどがある。

3 弁論の併合

(1) 意義

弁論の併合とは，1人の被告人について，**数個の訴因**を同一の訴訟手続きで審理し処理すること（**客観的併合**），および，**2人以上の被告人**について，1個の訴因（共犯）または2個以上の訴因を同一の訴訟手続きで審理し処理すること（**主観的併合**）をいう。

(2) 併合の利益

(i) 1人の被告人の弁論の併合（客観的併合）

1人の被告人の弁論の併合のばあいには，次の**利点**があるとされる（石丸・285頁，三井・II 386―，7頁など）。すなわち，①刑45条の併合罪は，量刑上有利といえる。②私選弁護人は，追起訴の訴因についても選任の効力が及ぶので，あらためて選任する必要がない（規18条の2）。国選弁護人は，通常すでに選任した弁護人に担当してもらうのが慣例である。かりに弁論が併合されないとしたばあいには，別の選任手続きや別の弁護人の選任の必要が生じることになる。③訴訟手続きが1つであるから，すべて共通におこなうことができる。④公判期日の公判廷における諸手続きは，1つの手続きでおこなわれ，取調べられた証拠は，併合されている訴因全部に共通の証拠となり，双方の当事者の陳述，

意見も全訴因に対し1回でおこなうことができる。⑤各別におこなわなければならない訴訟行為を1回に集約できるから，裁判所および双方の当事者にとって，時間的にも経費的にも訴訟経済上有利であって，迅速な裁判に資する点が大きいとされるのである。そこで，客観的併合のばあい，被告人の利益のために**併合審理**を原則とすべきであるとされる($\substack{小林・\\193頁}$)。

(ii) 複数の被告人の弁論の併合（主観的併合）

複数の被告人が共犯であって訴因が共通であるばあい，共犯ではないが証拠，とくに証人が共通であるばあい，同一弁護人が複数の被告人から選任され，利害が複雑であるばあいなどにおいて，弁論の併合には，次のような**利益**があるとされる($\substack{石丸・\\285-6頁}$)。すなわち，①訴訟手続きが合一となり，②証拠が共通となり，③共同被告人となるので，311条2項，3項の活用が可能である。④共犯関係にあるときは，訴因に対し合一認定をすることができるので，量刑のバランスをとることが可能となる。⑤各別に審理するよりも時間的・経費的に訴訟経済に資するものがあるなどの利益があるとされる。これに対して①一般的には審理の遅延の原因となること，②共同被告人間の防御が互いに相反するなどの事由があるときは被告人の権利保護に欠ける事態もあり得ることなどの**不利益**もある。そこで主観的併合のばあい，利益と不利益を具体的事件ごとに考慮して併合審理すべきか否かを決すべきであるとされる($\substack{小林・\\193頁}$)。

(3) 国選弁護人選任の効力

裁判所もしくは裁判長または裁判官が付した弁護人の選任は，弁論が併合された事件についてもその効力を有する。ただし，裁判所がこれと異なる決定をしたときは，この限りでない($\substack{313条の\\2第1項}$)。

前項ただし書きの決定をするには，あらかじめ，検察官および被告人または弁護人の意見を聴かなければならない($\substack{2\\項}$)。

4 弁論の再開

(1) 意義

弁論の再開とは，終結した弁論，すなわち，被告人の最終陳述が終了し，判決の宣言だけが残されている状態に至った弁論を再び開くことをいう。

(2) **再開の範囲**

再開は，通常は証拠調べ終了の直後まで遡る（石丸・286-7頁，三井・384頁，田口・283頁，上口・290頁など）。

(i) **証拠調べをしないばあい**

再開後証拠調べをしないばあいは，再開後おこなう訴訟行為まで遡る。たとえば，弁護人が最終弁論を訂正補充するために再開したときは，検察官の論告は再度おこなう必要はないことになる。

(ii) **証拠調べをするばあい**

再開後証拠調べをしたばあいは，そこであらためて終結し，検察官の論告以下の手続きを繰り返す必要がある。

(iii) **訴因変更のばあい**

再開後訴因の変更があったばあいは，312条の手続きをおこない，かつ新訴因についての291条2項の陳述の機会を与え，証拠調べ請求があるときは，これを取調べたうえ終結し，上記同様に検察官の論告以下の手続きを履行して結審することとなる。

(3) **却下決定**

弁論の再開の可否は，**裁判所の裁量**に属するが，みとめないときは却下決定をしなければならない（最判昭36・5・26刑集15巻5号842頁）。却下決定は，公判廷で告知すれば足り，これを送達することを要しない（規214条）。

5 裁判員裁判における区分事件審判

(1) **区分審理・弁論の併合**

裁判員裁判においては，裁判員裁判の特性に基づく弁論の分離に類する「区分審理」の制度（裁判員71条以下）および「弁論の併合」（同条4条）の制度がみとめられている。

(2) **区分事件審判の意義**

区分事件審判とは，弁論を併合した事件の一部を区分し，区分された事件を順次，裁判員のみが交替する合議体によって審判し（**区分事件審判**），その後，あらたな裁判員が加わった合議体によって，①区分されなかった事件の審理，②（有罪の）部分判決のあった区分事件に関する量刑に必要な情状の審理をおこない，③併合事件全体に対する審判（併合事件審判）をする制度である（上口・

^{294-5頁})。

(3) 区分審理決定

(i) 区分審理の意義

区分審理の制度が設けられた趣旨は，立案当局者によれば，次のとおりである。すなわち，「裁判員制度の円滑な実施のためには，同一の被告人に対し，複数の事件が起訴され，その審理が長期に及ぶ場合などについて，**裁判員の負担**が著しく大きなものとならないようにし，長期間の審理に応じられる国民のみならず，幅広い層から，より多くの国民が積極的に参加してもらうことを可能とする制度とする必要がある。

他方で，そのための犯罪の証明に支障を生じ，事案の真相が明らかにならなかったり，被告人の防御に不利益を生じるようなことがあってはならない。

そこで，同一の被告人に対し複数の事件が起訴され，その審理が長期に及ぶ場合などにつき，**裁判員の負担を軽減**しながらも，刑の量定を含め，**適正な結論**が得られるようにするため，本章の規定が設けられた」（上冨敏伸『『裁判員の参加する刑事裁判に関する法律』の解説(4)』曹時61巻1号72—3頁）のである。

(ii) 区分審理決定

裁判所は，被告人を同じくする数個の対象事件の弁論を併合したばあい，または4条1項の決定に係る事件と対象事件の弁論を併合したばあいにおいて，併合した事件（以下「**併合事件**」という。）を一括して審判することにより要すると見込まれる審判の期間その他の裁判員の負担に関する事情を考慮し，その円滑な選任または職務の遂行を確保するため特に必要があるとみとめられるときは，検察官，被告人もしくは弁護人の請求によりまたは職権で，併合の事件の一部を1または2以上の被告事件ごとに区分し，この区分した1または2以上の被告事件ごとに，順次，審理する旨の決定（以下「**区分審理決定**」という。）をすることができる。ただし，犯罪の証明に支障を生ずるおそれがあるとき，被告人の防御に不利益を生ずるおそれがあるときその他相当でないとみとめられるときは，この限りでない（裁判員71条1項）。

(iii) 検察官・被告人または弁護人の意見の聴取

区分審理決定または前項の請求を却下する決定をするには，最高裁判所規

則で定めるところにより，あらかじめ，検察官および被告人または弁護人の意見を聴かなければならない$\left(\substack{同条\\2項}\right)$。

(iv) **即時抗告**

区分審理決定または1項の請求を却下する決定に対しては，即時抗告をすることができる$\left(\substack{同条\\3項}\right)$。

(4) **区分審理決定の取消しおよび変更**

(i) **区分審理決定の取消し**

裁判所は，被告人の主張，審理の状況その他の事情を考慮して，**区分事件**(区分審理決定により区分して審理することとされた1または2以上の被告事件をいう。以下同じ。)ごとに審理することが適当でないとみとめるときは，検察官，被告人もしくは弁護人の請求によりまたは職権で，区分審理決定を取り消す決定をすることができる。ただし，区分事件につき部分判決がされた後は，この限りでない$\left(\substack{裁判員\\72条1項}\right)$。

(ii) **区分審理決定を変更する決定**

裁判所は，被告人の主張，審理の状況その他の事情を考慮して，適当とみとめるときは，検察官，被告人もしくは弁護人の請求によりまたは職権で，区分審理決定を変更する決定をすることができる。このばあいにおいては，前条1項ただし書きの規定を準用する$\left(\substack{同条\\2項}\right)$。

(iii) **検察官・被告人または弁護人の意見聴取**

前2項の決定またはこれらの項の請求を却下する決定をするには，最高裁判所規則で定めるところにより，あらかじめ，検察官および被告人または弁護人の意見を聴かなければならない$\left(\substack{同条\\3項}\right)$。

前条3項の規定は，前項に規定する決定について準用する$\left(\substack{同条\\4項}\right)$。

(5) **審理の順序に関する決定**

(i) **審理順序の決定**

裁判所は，2以上の区分事件があるときは，決定で，区分事件を審理する順序を定めなければならない$\left(\substack{裁判員\\73条1項}\right)$。

(ii) **変更の決定**

裁判所は，被告人の主張，審理の状況その他の事情を考慮して，適当とみ

とめるときは，決定で，前項の決定を変更することができる($\substack{同条\\2項}$)。

  (iii) **検察官・被告人または弁護人の意見聴取**

  前2項の決定をするには，最高裁判所規則で定めるところにより，あらかじめ，検察官および被告人または弁護人の意見を聴かなければならない($\substack{同条3\\項}$)。

 (6) **構成裁判官のみで構成する合議体による区分事件の審理および裁判**

  裁判所は，区分事件に含まれる被告事件の全部が，対象事件に該当しないときまたは刑訴法312条の規定により罰条が撤回もしくは変更されたため対象事件に該当しなくなったときは，構成裁判官のみで構成する合議体でその区分事件の審理および裁判をおこなう旨の決定をすることができる($\substack{裁判員\\74条}$)。

 (7) **公判前整理手続きなどにおける決定**

  区分整理決定ならびに72条1項および2項，73条1項および2項ならびに前条の決定は，公判前整理手続きおよび期日間整理手続きにおいておこなうことができる。71条1項および2項の請求を却下する決定についても，同様とする($\substack{裁判員\\75条}$)。

 (8) **区分事件の審理における検察官などによる意見の陳述**

  (i) **検察官の意見陳述**

  区分事件の審理において，証拠調べが終わった後，検察官は，次条($\substack{78\\条}$)2項1号および3号から5号ならびに3項各号に掲げる事項に係る事実および法律の適用について意見を陳述しなければならない($\substack{裁判員\\77条1項}$)。

  (ii) **被告人・弁護人の意見陳述**

  区分事件の審理において，証拠調べが終わった後，被告人および弁護人は，当該区分事件について意見を陳述することができる($\substack{同条\\2項}$)。

  (iii) **被害者参加人などの意見陳述**

  区分事件の審理において，裁判所は，区分事件に含まれる被告事件に係る被害者参加人($\substack{刑訴法316条の33第3項に規定する被害者\\参加人をいう。89条1項において同じ。}$)またはその委託を受けた弁護士から1項に規定する事項に係る事実または法律の適用について意見を陳述することの申出があるばあいにおいて，審理の状況，申出をした者の数その他の事情を考慮し，相当とみとめるときは，公判期日において，同項の規定に

よる検察官の意見の陳述の後に，訴因として特定された事実の範囲内で，申出をした者がその意見を陳述することを許すものとする（同条3項）。

刑訴法316条の38第2項から第4項までの規定は，前項の規定による意見の陳述について準用する（同条4項）。

刑訴法316条の37の規定は，3項の規定による意見の陳述をするための被告人に対する質問について準用する（同条5項）。

(9) **部分判決**

(i) **部分判決の言渡し**

区分事件に含まれる被告事件について，犯罪の証明があったときは，刑訴法333条および334条の規定にかかわらず，**部分判決**で有罪の言渡しをしなければならない（裁判員78条1項）。

(ii) **必要的記載事項**

部分判決で有罪の言渡しをするには，刑訴法335条1項の規定にかかわらず，次に掲げる事項を示さなければならない（同条2項）。

(a) 罪となるべき事実

(b) 証拠の標目

(c) 罰条の適用ならびに刑法54条1項の規定の適用およびその適用に係る判断

(d) 法律上犯罪の成立を妨げる理由となる事実に係る判断

(e) 法律上刑を減免しまたは減免することができる理由となる事実に係る判断

(iii) **任意的記載事項**

部分判決で有罪の言渡しをするばあいは，次に掲げる事項を示すことができる（同条3項）。

(a) 犯行の動機，態様および結果その他の罪となるべき事実に関連する情状に関する事実

(b) 没収，追徴および被害者還付の根拠となる事実ならびにこれらに関する規定の適用に係る判断

第6節　公判期日の手続き　297

(iv) **判断事項**

区分事件の審理において，2項4号または5号に規定する事実が主張されたときは，刑訴法335条2項の規定にかかわらず，部分判決において，これに対する判断を示さなければならない（同条4項）。

(v) **部分判決の宣告**

63条の規定は，1項の規定による部分判決の宣告をするばあいについて準用する（同条5項）。

(vi) **部分判決に対する控訴の申立て**

部分判決に対しては，刑訴法372条の規定にかかわらず，控訴をすることができない（裁判員80条）。

本条が，部分判決に対する控訴を禁止しているのは，立案当局者によれば，次の理由による。すなわち，「本条において，部分判決に対しては独立して控訴することができないこととしたのは，**併合事件全体の判決**について不服申立てが可能であることから，これに加えて，部分判決に対する独立の不服申立ての制度を認めなくとも当事者の権利を害することはないと考えられたことによる」のである（上冨・前掲102—3頁）。

(10) **弁論を併合する事件の取扱い**

(i) **弁論の併合の決定**

裁判所は，対象事件以外の事件であって，その弁論を対象事件の弁論と併合することが適当とみとめられるものについては，決定でこれを2条1項の合議体で取り扱うことができる（裁判員4条1項）。

裁判所は，前項の決定をしたばあいには，刑訴法の規定により，同項の決定に係る事件の弁論と対象事件の弁論とを併合しなければならない（同条2項）。

(ii) **制度趣旨**

弁論の併合制度の趣旨は，立案当局者によれば，次のとおりである。すなわち，裁判員裁判の対象事件（2条1項各号に掲げる事件）でない事件であっても，「対象事件の弁論と併合して審理することが適当な事件がある。このような事件としては，たとえば，同一人が，殺人被告事件と当該殺人の被害者についての死体遺棄被告事件の被告人となっているときのように，**事件の内容に関連性**があ

る場合や，深刻な争いのない窃盗など**比較的審理の容易な事件の余罪**が起訴されている場合などが想定される。本条は，このようなばあいにおいて併合審理が可能となるように，当該事件についても，第2条第1項の例外として，裁判員の参加する合議体が取り扱うことができることとした規定である」とされるのである(辻裕教「『裁判員の参加する刑事裁判に関する法律』の解説(1)」曹時59巻11号86頁)。

第5款　公判手続きの停止

1　意義

(1)　**公判手続きの停止の決定**

裁判所は，被告人が**心神喪失の状態**にあるときは，検察官および弁護人の意見を聴き，決定で，その状態の続いている間，公判手続きを停止しなければならない(314条1項本文)。ここにおける心神喪失の状態とは，刑法上の心神喪失とは異なり，**訴訟法上の概念**であって，被告人が意思能力を欠き，訴訟当事者として事理を弁えて訴訟行為をする能力がない状態をいう(石丸・287頁，小林・194頁)。

(2)　**被告人の出頭なしの裁判**

無罪，免訴，刑の免除または公訴棄却の裁判をすべきことが明らかなばあいには，被告人の出頭を待たないで，ただちにその裁判をすることができる(314条1項ただし書)。これらは，被告人に有利な裁判であるので，被告人の理解能力を問題にしないのである。

(3)　**病気による被告人の不出頭のばあい**

裁判所は，**被告人が病気のために出頭することができないとき**は，検察官および弁護人の意見を聴き，決定で，出頭することができるまで公判手続きを停止しなければならない。ただし，被告人が284条および285条の規定により代理人を出頭させたばあいは，この限りでない(314条2項)。

(4)　**病気による証人の不出頭のばあい**

裁判所は，**犯罪の存否の証明に欠くことのできない証人**が病気のため公判期日に出頭することができないときは，公判期日外において取調べをするのを適当とみとめるばあいのほか，決定で，出頭することができるまで，公判手続きを停止しなければならない(314条3項)。証人については，公判期日外の証

人尋問 ($^{158条・}_{281条}$) によって，病気であっても意思能力があるかぎり，供述を得ることは可能であるので，本項は，それができない病気に罹患し治癒に長期間を必要とするばあいについての規定である。

(5) 医師の意見の聴取

314条1項から3項までの規定により公判手続きを停止するには，医師の意見を聴かなければならない ($^{314条}_{4項}$)。

第6款　公判手続きの更新

1　意義

(1) 意義

公判手続きの更新とは，同一裁判所が公判手続きを**新たにやり直すこと**をいう。

開廷後，**裁判官がかわったとき**は，公判手続きを更新しなければならない。ただし，判決の宣告をするばあいは，この限りでない ($^{315}_{条}$)。

(2) 根拠

公判手続きの更新は，**口頭弁論主義・直接主義の要請**に基づく。すなわち，事実審の裁判官は，訴訟関係人の陳述および供述，証人や鑑定人の供述を直接耳で聴き，証拠書類や証拠物を直接眼で見て，訴訟手続きを進め，証拠の取調べをし，それに基づいて判決をしなければならないので，裁判官がかわったときは，起訴状の朗読からあらためてやり直す必要があるわけである ($^{石丸・}_{288頁}$)。

(3) 更新の事由

(i) 裁判官の交替

合議部の構成員の1人の裁判官が交替したばあいも，公判の手続きを更新しなければならない。しかし，補充裁判官 ($^{裁78}_{条}$) が順序に従って後任となるばあいは，更新は必要でない。

(ii) 公判手続きの停止

開廷後被告人の心神喪失により公判手続きを停止したばあいには，公判手続きを更新しなければならない ($^{規213}_{条1項}$)。

(iii) **長期間の不開廷**

開廷後長期間にわたり開廷しなかったばあいにおいて，必要があるとみとめるときは，公判手続きを更新することができる（規213条2項）。

(4) **更新される事項**

更新されるべき事項は，審理された中の実質的部分，すなわち，訴因に関する事項に限られる。

2 更新の手続き

公判手続きを更新するには，次の例による（規213条の2）。

(1) **公訴事実の要旨の陳述**

裁判長は，まず，検察官に，起訴状（起訴状訂正書または訴因もしくは罰条の追加もしくは変更する書面を含む。）に基づいて公訴事実の要旨の陳述をさせなければならない。ただし，被告人および弁護人に異議がないときは，その陳述の全部または一部をさせないことができる（同条1号）。

(2) **陳述の機会の付与**

裁判長は，(1)の手続きが終わった後，被告人および弁護人に対し，被告事件について陳述する機会を与えなければならない（同条2号）。

(3) **証拠書類または証拠物としての取調べ**

更新前の公判期日における被告人もしくは被告人以外の者の供述を録取した書面または更新前の公判期日における裁判所の検証の結果を記載した書面ならびに更新前の公判期日において取調べた書面または物については，職権で証拠書類または証拠物として取り調べなければならない。ただし，裁判所は，証拠とすることができないとみとめる書面または物および証拠とするのを相当でないとみとめかつ訴訟関係人が取り調べないことに異議のない書面または物については，これを取り調べない旨の決定をしなければならない（同条3号）。

(4) **訴訟関係人の同意があるばあいの取調べ方法**

裁判長は，同条3号本文に掲げる書面または物を取り調べるばあいにおいて訴訟関係人が同意したときは，その全部もしくは一部を朗読しまたは示すことに代えて，相当とみとめる方法でこれを取り調べることができる（同条4

号）。

(5) **訴訟関係人の意見・弁解の聴取**

裁判長は，取り調べた各個の証拠について訴訟関係人の意見および弁解を聴かなければならない（同条5号）。

第7款　最終手続き

1　検察官の論告

(1) **意義**

証拠調べが終了した後，検察官は，**事実および法律の適用について意見**を述べなければならない（293条1項）。これを**論告**という。その内容は，次のとおりである（石丸・290頁）。

(2) **事実に関する意見**

事実に関する意見としては，争点を中心に，証拠能力，証明力，信用力に言及し，証拠価値のある証拠による訴因事実の認定の論理的プロセス（間接事実の認定および経験則適用による推定事実の認定を含む）に言及する。とくに**認定されるべき事実に対する価値評価の意見**は重要である。

弁護人の主張（たとえば，心神喪失，心神耗弱，正当防衛，中止未遂）に対しては，必ずそれに対する事実上・法律上の意見を述べるべきである。

(3) **法律の適用に関する意見**

(ⅰ) **適用される法律に関する意見**

訴因に対して適用される法律について，意見を述べる。その際，判例，学説を引用して見解を論述することがみとめられる。

(ⅱ) **求刑**

量刑上の諸事情に言及して，求刑をする。**求刑**とは，具体的に検察官が**期待する刑**について意見を表明することをいう。実務上，通常，この際に，没収，追徴についても意見を述べる。

求刑は，裁判所にとって**参考意見**であるから，それに拘束されない。

(ⅲ) **時間の制限**

裁判長は，必要とみとめるときは，検察官の本質的権利を害しないかぎり，

陳述する時間を制限することができる（規212条）。

2　弁護人の最終弁論

(1)　意義

最終弁論とは，検察官の論告の後に弁護人がおこなう**事実上および法律上の意見**を陳述することをいう。実務上，論告の次に弁護人に最終弁論をさせ，最後に被告人に**最終陳述**をさせるのが普通である（小林・196頁）。

弁護人は，意見を陳述することができる（293条2項）。弁護人には最終に陳述する機会を与えなければならない（規211条）。

(2)　陳述の内容

陳述する内容は，検察官のばあいと同じである。その中でも，争うべき事実，または反証として主張する事実（たとえば，アリバイ，金員の趣旨，証拠の違法な収集手続きなど）については，証拠によって十分展開する必要がある（石丸・291頁）。

335条2項に該当する事項は，判決における義務的判断事項であるので，その主張は，法律的に明確になされることを要する。

(3)　弁護人の固有権

弁護人の最終弁論をおこなう権利は固有権である。弁護人が数人あるばあいは，主任弁護人以外の弁護人も，この固有の最終陳述（弁論）権を有する（規25条2項ただし書）。

3　被告人の最終陳述

(1)　意義

最終陳述とは，証拠調べ終了後に，被告人が意見を述べることをいう。被告人は，意見を陳述することができ（293条2項），最終に陳述する機会を与えられなければならない（規211条）。

判例は，弁護人か被告人のいずれかに最終陳述権を与えればよいと解している（最判昭23・3・27刑集2巻3号268頁）。

(2)　陳述の内容

(i)　陳述の機会の付与

被告人に陳述する機会を与えればよく，被告人が現実に陳述しなくても違

法ではない。

(ii) **陳述の内容**

被告人が陳述する内容は，被告事件に対する事実上および法律上の意見のほかに，自己の心境，信念，述懐，陳謝，反省，決意などを含む（石丸・292頁）。

(iii) **陳述書**

陳述書をもって陳述に代えることができる。

(3) **時間の制限**

裁判長は，必要とみとめるときは，被告人の本質的な権利を害しないかぎり，意見を陳述する時間を制限することができる（規212条）。

(4) **証拠力**

被告人の最終陳述のうち，事実に関する部分は，被告人の任意の供述（311条2項）として証拠となる。

4 弁論の終結（結審）

(1) **意義**

弁論の終結とは，審理手続きを終了することをいい，**結審**とも称される。審理手続きは，被告人の最終陳述をもって終了する。

(2) **結審の効果**

結審の効果は，次のとおりである（石丸・292頁）。結審をすると，検察官は，訴因の変更・追加・撤回の申立てをすることができない。

当事者双方は，証拠調べの請求，論告や最終陳述の訂正などをすることができない。

実体審理に関しない事項，たとえば保釈の請求，記録の閲覧請求などについては，その申立てをすることができる。

第8款　判決の宣告

1 意義

(i) **判決の告知**

判決は，公判廷において，**宣告**によりこれを告知する（342条）。

(ii) 裁判の宣告

裁判の宣告は，裁判長がこれをおこなう（規35条1項）。

(iii) 判決の宣告の方法

判決の宣告をするには，主文および理由を**朗読**し，または主文の朗読と同時に理由の要旨を告げなければならない（規35条2項）。

2 被告人の出頭と開廷

(i) 原則と例外

判決の宣告のためのみに指定した公判期日には，原則として，被告人が出頭しなければ開廷できない（285条1項2項）。これについては例外がある（283条・284条・286条の2・341条）。

(ii) 弁護人の立会い

弁護人は，必要的弁護事件のばあいであっても，判決宣告期日に立会うことは必要でない（最判昭30・1・11刑集9巻1号8頁）。

3 上訴期間などの告知

有罪の判決の宣告をするばあいには，被告人に対し，上訴期間および上訴申立て書を差し出すべき裁判所を告知しなければならない（規220条）。

4 保護観察の趣旨などの説示

保護観察に付する旨の判決の宣告をするばあいには，裁判長は，被告人に対し，保護観察の趣旨その他必要とみとめる事項を説示しなければならない（規220条の2）。

5 判決宣告後の訓戒

裁判長は，判決の宣告をした後，被告人に対し，その将来について適当な訓戒をすることができる（規221条）。

第6章　簡易な手続き

第1節　総説

　現行法は、当事者間に争いがある事件に重点を置いて慎重な手続きを規定している。しかし、争いがない事件についても同様の煩雑な審理をすると、全体としての訴訟事件に遅延を招いて、被告人の人権にマイナスの作用を及ぼすばかりでなく、さらには、真に慎重を要する事件に十分の時間をかけられないおそれなども生じ、「**司法エネルギーの適正配分**」という司法政策上の観点からも、けっして妥当でない結果をもたらす（田宮・408頁）。

　そこで、法は、**公判手続き**に関して**簡易公判手続きの方式**を設け、それ以外に**即決裁判手続き**、**略式手続き**および**交通事件即決裁判手続き**の制度を設けて、争いのない軽微な事件を簡易に処理することにしている。

第2節　簡易公判手続き

1　意義
(1)　制度趣旨

　わが法は、「**有罪の答弁**」（アレインメント）の制度を採用せず、被告人が訴因（公訴犯罪事実）について有罪と自認しただけでは有罪とすることをみとめていない（319条2項、3項）。しかし、訴因について争いがない事件についてまで通常の公判手続きによる慎重な審理をおこなう必要はなく、むしろ、これらの事件については**簡易迅速な処理**をみとめ、他の複雑な事件について十分慎重な審理をおこなった方が司法政策上、得策であるといえる。

　このような観点から昭和28年の改正によって設けられたのが、簡易公判手続きの制度である。これは、**伝聞法則の緩和**と**証拠調べ手続きの簡略化**を

2つの柱とする**簡易審判の制度**であり，英米の「有罪の答弁」の制度に示唆を得て創設されたものであるとされている（立法の経緯については，三井・Ⅱ374—6頁参照）。

(2) 合憲性

最高裁の判例によれば，簡易公判手続きは，憲法37条2項・14条1項に違反しない（最判昭37・2・22刑集16巻2号203頁参照）。

2 簡易公判手続きの開始

裁判所は，次の要件がみたされたとき，簡易公判手続きによって審判する旨の決定（**簡易公判決定**）をする（291条の2）。

(1) 被告人が，冒頭手続において起訴状記載の訴因について有罪である旨の陳述をしたこと

(i) 意義

「**有罪である旨の陳述**」とは，訴因記載の事実を全部みとめ，かつ，犯罪成立阻却事由である事実の不存在をみとめることをいい，有罪であることを争わない旨の意思表示（**有罪の自認**）を包含する（**通説**）。

(ii) 手続き

裁判長は，**有罪の自認**があったときは，被告人に簡易公判手続きの趣旨を説明し，それが自由な意思に基づくかどうか，および，有罪の自認といえるかどうかを確かめなければならない（規197条の2）。

(iii) 決定の対象

決定をなし得るのは，**有罪の自認のあった訴因**に限られる。

1個の事件につき数訴因が択一的・予備的に記載されているばあいも，その一部につき簡易公判手続きによることができるとする見解もあるが（柏木・315頁），手続きをかえって複雑にするから消極に解するのが妥当であろう（高田・466頁，鈴木・187頁）。

(iv) 時期

冒頭手続き以後に有罪の自認があったときも，争いがない事件の手続きを緩和するという制度の趣旨から，特段の事情がないかぎり，簡易公判手続きに移行してもよいと解すべきである（高田・466頁，田宮・410頁，鈴木・187頁等）。

(2) 死刑または無期もしくは短期1年以上の懲役もしくは禁錮に当たる事件でないこと

これは，**重罪事件の審理**は，つねに通常の手続きによっておこない，人権保障をまっとうしようとする趣旨に出たものである。この観点からは，これらの刑と罰金とが選択的に定められている事件も簡易公判手続きの対象とし得ないと解するのが妥当である（高田・465頁）。

(3) 検察官・被告人および弁護人の意見を聴くこと

これは，意見を聴くだけで足り，必ずしもこれらの者の同意を要するわけではないことを意味する。しかし，とくに被告人側に異議があるにもかかわらず簡易公判手続きによるのは，相当でないであろう（高田・465頁，鈴木・188頁）。

3 簡易公判手続きにおける審理

(1) 審理の特徴

簡易公判手続きにおいては，前述のとおり，①**伝聞法則の緩和**と②**証拠調べ手続きの簡略化**がみとめられる。

(2) 伝聞法則の緩和

伝聞証拠排除に関する320条1項の規定は適用されず，検察官，被告人または弁護人が証拠とすることに異議を述べた伝聞証拠だけが排除される（320条2項）。自白法則など伝聞法則以外の証拠法則の適用が排除されないことはいうまでもない。

(3) 証拠調べ手続きの簡略化

検察官の冒頭陳述（296条），証拠調べの範囲・順序・方法の予定・変更（297条），証拠調べ請求についての義務・制限（300条ないし302条），証拠調べの方式（304条ないし307条）に関する規定は適用されず，公判期日において適当とみとめる方法でおこなうことができる（307条の2。なお，規203条の3）。

もっとも，**証拠書類**などについては，**公開主義**の建前から，単なる展示では足りず，書面の内容を簡単に口頭で告知することは最小限度必要であろう（高田・467頁，鈴木・188頁）。前記の諸規定以外のもの，たとえば証拠の開示（299条1項），証明力を争う機会の付与（308条），異議の申立て（309条1項）などの規定は，なお適用がある。

4 簡易公判手続きの取消し

(1) 取消し事由

裁判所は，簡易公判決定のあった事件が**簡易公判手続きによることができないもの**であり，または，これによることが**相当でないもの**であるとみとめるばあいは，その決定を取り消さなければならない（291条の3）。

被告人が陳述をひるがえしたばあいは，被告人に争いがある以上，簡易公判手続きは不適法となると解される（高田・467頁）。

「相当でない」ばあいとは，有罪の陳述が被告人の真意に出たものでないとの疑問が生じたばあいをいう。

(2) 効果

簡易公判決定が取り消されたときは，**公判手続きを更新**し（315条の2），通常の手続きに従って審理しなければならない。

第3節　即決裁判手続き

第1款　即決裁判手続き導入の背景

2004年の刑訴法一部改正法（平16年法律第62号）により即決裁判手続き制度が導入された。『司法制度改革審議会意見書』は，「**争いのある事件とない事件を区別し，捜査・公判手続の合理化・効率化**を図ることは，公判の充実・迅速化（メリハリの効いた審理）の点で意義が認められる。その具体的方策として，英米において採用されているような有罪答弁制度（アレインメント）を導入することには，被告人本人に事件を処分させることの当否や量刑手続の在り方との関係等の問題点があるとの指摘もあり，現行制度（略式請求手続，簡易公判手続）の見直しをも視野に入れつつ，更に検討すべきである」と指摘した。これを受けて即決裁判手続き制度が導入されるに至ったのである。

即決裁判手続きは，**争いのない簡易で明白な事件**について，**簡易かつ迅速**に裁判をおこない得るようにして手続きの合理化・迅速化を図る制度であるとされている。

第2款　即決裁判手続きの特徴

即決裁判手続きには，以下の**特色**がある（田口・204—5頁，寺崎・203—5頁など）。

1　即決裁判手続きの申立ての時期

即決裁判手続きの申立ては，**公訴提起の段階から**できるので，当事者は，この段階から簡易手続きの準備をすることが可能となり，新設された公判前整理手続きにより，証拠の事前の整理が可能となる。これに対して，簡易公判手続きによることになるかどうかは，**第1回公判期日**を待たなければならないので，当事者の準備作業は簡略化できなかったのである（池田＝前田・329頁参照）。

2　科せられる刑の種類

この手続きで科される刑は，略式手続きのばあいの罰金または科料と異なり，**一定の範囲内の懲役または禁錮**である。ただし，**刑の執行猶予が必要的**である。

3　上訴制限

即決裁判手続きについては，**事実誤認に関する上訴制限**が設けられている。上訴制限は，被告人の権利を制約するものであるから，即決裁判手続きの申立てに当たって，被疑者に対して，「通常の規定に従い審判を受けることができる旨」（350条の2第3項）の告知がなされ，弁護人の援助が必要的とされている。

4　被疑者・被告人などの同意

即決裁判手続きは，被疑者・被告人および弁護人の**同意**を前提として，検察官の申立てがあれば，原則として，即決裁判手続きの決定をしなければならない（350条の8）ので，簡易公判手続きよりも当事者による手続きの処分性が強いとされている。

第3款　即決裁判手続き

1　申立て手続き

(1)　検察官の権限

検察官は，公訴を提起しようとする事件について，事案が明白であり，かつ，軽微であること，証拠調べが速やかに終わると見込まれることその他の

事情を考慮し，相当とみとめるときは，公訴の提起と同時に，書面により即決裁判手続きの申立てをすることができる。ただし，死刑または無期もしくは短期1年以上の懲役もしくは禁錮に当たる事件については，この限りでない($\substack{350条の \\ 2第1項}$)。

即決裁判手続きの申立ての書面には，同条5項の書面を添付しなければならない($\substack{同条 \\ 6項}$)。即決裁判手続きの申立て書には，法350条の2第3項に定める手続きをしたことを明らかにする書面を添付しなければならない($\substack{規222条 \\ の11}$)。

(2) **被疑者の同意**

(i) **被疑者の同意の必要性**

前項の申立ては，即決裁判手続きによることについての**被疑者の同意**がなければ，これをすることができない($\substack{同条 \\ 2項}$)。

(ii) **検察官による告知**

検察官は，被疑者に対し，前項の同意をするかどうかの確認を求めるときは，これを書面でしなければならない。このばあいにおいて，検察官は，被疑者に対し，即決裁判手続きを理解させるために必要な事項（被疑者に弁護人がないときは，次条の規定により弁護人を選任することができる旨を含む。）を説明し，通常の規定に従い審判を受けることができる旨を告げなければならない($\substack{350 \\ 条の \\ 2第 \\ 3項}$)。

(iii) **被疑者に弁護人があるばあいの申立て**

被疑者に弁護人があるばあいには，第1項の申立ては，被疑者が第2項の同意をするほか，弁護人が即決裁判手続きによることについて同意をしまたはその意見を留保しているときにかぎり，これをすることができる($\substack{同条 \\ 4項}$)。

(iv) **書面主義**

被疑者が第2項の同意をし，および弁護人が前項の同意をしまたはその意見を留保するときは，書面でその旨を明らかにしなければならない($\substack{同条 \\ 5項}$)。

(3) **同意手続きと国選弁護人の選任**

250条の2第3項の確認を求められた被疑者が即決裁判手続きによることについて同意をするかどうかを明らかにしようとするばあいにおいて，被疑者が貧困その他の事由により弁護人を選任することができないときは，裁判

官は，その請求により，被疑者のため弁護人を付さなければならない。ただし，被疑者以外の者が選任した弁護人があるばあいは，この限りでない。

2 公判準備および公判手続きの特例

(1) 国選弁護人の選任

即決裁判手続きの申立てがあったばあいにおいて，被告人に弁護人がないときは，裁判長は，できるかぎり速やかに，職権で弁護人を付さなければならない（350条の4）。

(2) 証拠開示

検察官は，即決裁判手続きの申立てをした事件について，被告人または弁護人に対し，299条1項の規定により**証拠書類を閲覧する機会**その他の同項に規定する機会を与えるべきばあいには，できるかぎり速やかに，その機会を与えなければならない（350条の5）。

(3) 同意の確認手続き

裁判所は，即決裁判手続きの申立てがあった事件について，弁護人が即決裁判手続きによることについてその意見を留保しているとき，または即決裁判手続きの申立てがあった後に弁護人が選任されたときは，弁護人に対し，できるかぎり速やかに，即決裁判手続きによることについて同意をするかどうかの確認を求めなければならない（350条の6第1項）。

弁護人は，前項の同意をするときは，書面でその旨を明らかにしなければならない（同条2項）。

(4) 公判期日の指定

裁判長は，即決裁判手続きの申立てがあったときは，検察官および被告人または弁護人の意見を聴いたうえで，その申立て後（350条の6第1項に規定するばあいにおいては，同項の同意があった後），できるかぎり早い時期の公判期日を定めなければならない（350条の7）。

(5) 即決裁判手続きの決定

裁判所は，即決裁判手続きの申立てがあった事件について，291条3項の手続きに際し，被告人が起訴状に記載された訴因について有罪である旨の陳述をしたときは，次に掲げるばあいを除き，即決裁判手続きによって審判を

する旨の決定をしなければならない$\left(\begin{smallmatrix}350条\\の8\end{smallmatrix}\right)$。

　(i)　350条の2第2項または4項の同意が撤回されたとき。

　(ii)　350条の6第1項に規定するばあいにおいて，同項の同意がされなかったとき，またはその同意が撤回されたとき。

　(iii)　前2号［(i)(ii)］に掲げるもののほか，当該事件が即決裁判手続きによることができないものであるとみとめるとき。

　(iv)　当該事件が即決裁判手続きによることが相当でないものであるとみとめるとき。

(6)　**必要的弁護**

　350条の8の手続きをおこなう公判期日および即決裁判手続きによる公判期日については，弁護人がないときは，これを開くことができない$\left(\begin{smallmatrix}350条\\の9\end{smallmatrix}\right)$。

(7)　**手続きの簡略化**

　350条の8の決定のための審判および即決裁判手続きによる審判については，284条，285条，296条，297条，300条から302条までおよび304条から307条までの規定は，これを適用しない$\left(\begin{smallmatrix}350条の\\10第1項\end{smallmatrix}\right)$。

　即決裁判手続きによる証拠調べは，公判期日において，適当とみとめる方法でこれをおこなうことができる$\left(\begin{smallmatrix}同条\\2項\end{smallmatrix}\right)$。

(8)　**即決裁判手続きの取消し**

　裁判所は，350条の8の決定があった事件について，次の各号［(i)ないし(iv)］のいずれかに該当することとなったばあいには，当該決定を取り消さなければならない$\left(\begin{smallmatrix}350条の\\11第1項\end{smallmatrix}\right)$。

　(i)　判決の言渡し前に，被告人または弁護人が即決裁判手続きによることについての同意を撤回したとき。

　(ii)　判決の言渡し前に，被告人が起訴状に記載された訴因について有罪である旨の陳述を撤回したとき。

　(iii)　前2号［(i)(ii)］に掲げるもののほか，当該事件が即決裁判手続きによることができないものであるとみとめるとき。

(iv) 当該事件が即決裁判手続きによることが相当でないものであるとみとめるとき。

前項の規定により350条の8の決定が取り消されるときは，公判手続きを更新しなければならない。ただし，検察官および被告人または弁護人に異議がないときは，この限りでない（同条2項）。

3 証拠の特例——伝聞法則の不適用

350条の8の決定があった事件の証拠については，320条1項の規定（伝聞法則）は，これを適用しない。ただし，検察官，被告人または弁護人が証拠とすることに異議を述べたものについては，この限りでない（350条の12）。

4 公判の裁判の特例

(1) 即日判決の原則

裁判所は，350条の8の決定があった事件については，できるかぎり，即日判決の言渡しをしなければならない（350条の13）。

(2) 必要的刑の執行猶予

即決裁判手続きにおいて懲役または禁錮の言渡しをするばあいには，その刑の執行猶予の言渡しをしなければならない。

第4節　略式手続き

1　意　義

(1) 意義

略式手続きとは，公判手続きを経ないで（すなわち，**非公開の書面審理**だけで）一定額の財産刑を科する簡易な手続きをいう（461条以下）。

(2) 沿革

この手続きは，ドイツにおける科刑命令の制度を取り入れたものであるとされている。わが国では大正2年の刑事略式手続法（大2法20）によってこれが採用され，旧刑訴法に編入され，現行法に継承されている。

(3) 効果

略式手続きによって発せられる**略式命令**は，確定すると確定判決と同一の

効力を生ずるので，事件は最終的に解決されたことになる。

(4) **合憲性**

最高裁の判例によれば，略式手続きは，憲法37条，38条3項および82条に違反するものではないとされる（最［大］判昭24・7・13刑集3巻8号1290頁）。

2 **手続き**

(1) **略式命令の請求**

略式手続きは，検察官が簡易裁判所に対して略式命令を請求することによっておこなわれる（461条）。この請求をするには，**次の要件**をみたさなければならない。

(i) **簡易裁判所の管轄に属する事件で，かつ100万円以下の罰金または科料を科し得る事件であること**（461条）。

少なくても法定刑において選択刑として罰金または科料が規定されているものである必要がある。

(ii) **被疑者に異議がないこと。**

(a) **手続き**

検察官は，略式命令の請求に際し，被疑者に対して，あらかじめ略式手続きを理解させるために必要な事項を説明し，通常の規定に従い審判を受けることができる旨を告げたうえ，略式手続きによることについて異議がないかどうかを確かめなければならない（461条の2第1項）。被疑者は，略式手続きによることに異議がないときは，書面でその旨を明らかにしなければならない（461条の2第2項）。

(b) **請求**

略式命令の請求は，公判の提起と同時に，書面でこれをしなければならず，この書面に，被疑者の異議がない旨の書面を添付しなければならない（462条）。

略式命令請求書には，さらに前述の461条の2第1項に定める手続きをしたことを明らかにする書面をも添付しなければならない（規288条）。また，検察官は，略式命令の請求と同時に，略式命令をするために必要があると思料する書類・証拠物を裁判所に差し出さなければならない（規289条）。

(2) **裁判所における手続き**
(i) **通常の手続きによるばあい**
　略式命令の請求を受けた簡易裁判所は，その事件が略式命令をすることができないものであり，または略式命令をすることが相当でないものと思料するときは，通常の手続きに従って審判をしなければならない（463条1項）。

(ii) **要件**
　「**略式命令をすることができない**」とは，法定刑に罰金・科料が定められていない罪について略式命令の請求があったばあいや，無罪・免訴・公訴棄却（ただし，463条の2参照）・管轄違いなどの裁判をすべきばあいなどをいう。
　「**略式命令をすることが相当でない**」とは，法律上略式命令をすることは不可能ではないが，100万円以下の罰金または科料以外の刑を科するのを適当とみとめるばあい，またはこれらの刑を科するのが相当であっても事案が複雑で公判を開いて慎重に審判するを妥当とするばあいなどをいう（高田・623頁）。
　検察官が略式命令の請求に際して461条の2第1項の手続きをしなかったとき，または被疑者の異議がない旨の書面を添付しなかったときも，同じく通常の規定に従って審判する（463条2項）。

(iii) **検察官への通知**
　裁判所は，通常の規定に従い審判をするときは，ただちに検察官にその旨を通知しなければならない（463条3項）。

(iv) **裁判所の科刑権限**
　裁判所は，略式命令をすることが適法かつ相当とみとめるときは，公判手続きを経ないで略式命令で，100万円以下の罰金または科料を科することができる。このばあいには，刑の執行猶予をし，没収を科し，その他付随の処分をすることができる（461条）。

(v) **略式命令における告示事項**
　略式命令には，罪となるべき事実，適用した法令，科すべき刑および付随の処分ならびに略式命令の告知があった日から14日以内に正式裁判の請求をすることができる旨を示さなければならない（464条）。通常の有罪判決とは異なり，「証拠の標目」を示すこと（335条1項）は必要とされない。

(vi) 略式命令の効力

略式命令は，正式裁判の請求期間の経過またはその請求の取下げにより，確定判決と同一の効力を生ずる。正式裁判の請求を棄却する裁判が確定したときも，同様である（$\frac{470}{条}$）。

3 正式裁判の請求

(1) 請求権者

略式命令を受けた者または検察官は，その告知を受けた日から14日以内に正式裁判の請求をすることができる（$\frac{465条}{1項}$）。

「正式裁判」とは，通常の規定に従ってなされる審判をいう。被告人の弁護人・法定代理人・保佐人は，被告人の明示の意思に反しないかぎり，被告人のために正式裁判の請求をすることができる（$\frac{467条・353条・}{355条・356条}$）。

法定期間内に正式裁判の請求がなかったばあいには，上訴権回復についての規定が準用される（$\frac{467条・362条〜365条，規294}{条・225条・226条・230条}$）。

(2) 請求の手続き

正式裁判の請求は，略式命令をした裁判所に，書面でこれをしなければならない（$\frac{465条}{2項}$）。正式裁判の請求は，第1審判決があるまでこれを取り下げることができる（$\frac{466}{条}$）。このばあいには，上訴の取下げに関する規定が準用される（$\frac{467条・359条〜361条，規294}{条・224条・224条の2・230条}$）。正式裁判の請求は，略式命令の一部に対してすることもできる（$\frac{467条・}{357条}$）。

(3) 請求を受けた裁判所の手続き

(i) 通知

正式裁判の請求があったときは，裁判所は，すみやかにその旨を検察官または略式命令を受けた者に通知しなければならない（$\frac{465条2}{項後段}$）。裁判所は，この通知をしたときは，すでに差し出されている書類・証拠物をただちに検察官に返還しなければならない（$\frac{規293}{条}$）。これは，**起訴状一本主義**の原則に立ち返ることを可能にするためにとられる措置である。

(ii) 請求の棄却

正式裁判の請求が法令上の方式に違反し，または請求権の消滅後にされたものであるときは，裁判所は，決定でこれを棄却しなければならない。

この決定に対しては，即時抗告をすることができる$\left(\substack{468条\\1項}\right)$。

(iii) **通常の規定による審判**

正式裁判の請求を適法とするときは，通常の規定に従い，審判をしなければならない$\left(\substack{468条\\2項}\right)$。このばあいには略式命令に拘束されない$\left(\substack{468条\\3項}\right)$。事実認定，法令の適用，刑の量定のすべてにわたって自由に判断することができるわけである。

なお，略式命令をした裁判官は，正式裁判をするにつき除斥される$\left(\substack{20\\条7\\号}\right)$。

(iv) **略式命令の失効**

正式裁判の請求により判決をしたときは，略式命令は，その効力を失う$\left(\substack{469\\条}\right)$。

「判決をしたとき」とは，「正式裁判の請求に対する判決が確定したとき」をいう。

第5節　交通事件即決裁判手続き

1　総　説

(1) **制度趣旨**

交通事件即決裁判手続きは，**交通に関する刑事事件**につき，簡易裁判所において**公判手続きまたは略式手続きによらないで一定額の財産刑を科する簡易な手続き**で，交通事件即決裁判手続法$\left(\substack{昭和29\\法113}\right)$によって設けられたものである。この種の事件につき，公開主義・口頭主義を加味した略式手続きともいうべき手続きによって迅速に処理しようというのが，即決裁判手続きのねらいである$\left(\substack{高田・\\631頁}\right)$。

(2) **制度の現実**

この手続きは，被告人の出頭を要し公開法廷での取調べをおこなうものであるので，交通事件の激増に対応し切れず，略式命令が多用されるようになったため，1960年代を境に利用が減り，1979年からはまったく姿を消してしまい「同法は死文と化した」といわれている$\left(\substack{田宮・\\412頁}\right)$。しかし，法律上廃止され

2　手続きの概要
(1)　即決裁判の請求

即決裁判手続きは，検察官が簡易裁判所に50万円以下の罰金または科料を科し得る交通事件につき，即決裁判を請求することによっておこなわれる$\binom{交通裁判}{3条1項}$。

この請求は，公訴の提起と同時に，書面でしなければならない$\binom{交通裁判}{4条1項}$。

(2)　裁判所における手続き
(i)　要件

裁判所は，即決裁判の請求があったばあいにおいて，その事件が即決裁判をすることができないものであり，またはこれをすることが相当でないものであると思料するときは，刑訴法の定める通常の規定に従い審判しなければならない$\binom{交通裁判}{6条1項}$。

(ii)　期日

裁判所は，即決裁判をすることが適法かつ相当とみとめるときは，即日期日を開いて審判する$\binom{交通裁}{判7条}$。

即決裁判期日における取調べおよび裁判の宣告は，公開の法廷でする$\binom{交通裁判8}{条1項}$。法廷は，裁判官および裁判所書記官が列席して開き，検察官の出席は任意である$\binom{交通裁判8}{条2項・3項}$。

被告人が期日に出頭しないときは，開廷することができないが，被告人が法人であるときは，代理人を出頭させることができる$\binom{交通裁判9}{条1項・2項}$。

弁護人は期日に出頭することができる$\binom{交通裁判}{9条3項}$。

(iii)　期日における裁判長および裁判所の権限

期日には，裁判長は，被告人に対し被告事件の要旨および自己の意思に反して供述する必要がない旨を告げ，被告人に対し被告事件について陳述する機会を与える$\binom{交通裁}{判10条}$。

裁判所は，必要とみとめるときは，適当とみとめる方法により被告人または参考人の陳述を聴き，書類・証拠物を取り調べ，その他事実の取調べをすることができる$\binom{交通裁判}{10条3項}$。

(iv) **検察官・弁護人の権限**

検察官・弁護人は，意見を述べることができる（交通裁判10条4項）。

(v) **証拠**

即決裁判手続きにおいては，被告人の憲法上の権利を侵さないかぎり，検察官が差し出した書類および証拠物ならびに期日において取調べをしたすべての資料に基づいて，裁判することができる（交通裁判11条）。

即決裁判は，**50万円以下の罰金または科料**を科することができる。このばあいには，刑の執行を猶予し，没収を科し，その他の付随の処分をすることができる（交通裁判3条1項）。

(vi) **宣告**

即決裁判の宣告をするばあいには，罪となるべき事実，適用した法令，科すべき刑および付随の処分ならびに宣告があった日から14日以内に正式裁判の請求ができる旨を告げなければならない（交通裁判12条1項）。

即決裁判の宣告をしたときは，その内容を記録に明らかにしておかなければならない（交通裁判12条2項）。

(3) **正式裁判の請求**

(i) **効果**

即決裁判の宣告があったときは，被告人または検察官は，宣告の日から14日以内に正式裁判の請求をすることができる（交通裁判13条1項）。

(ii) **確定**

期日を徒過すれば即決裁判は確定し，確定判決と同一の効力を生ずる（交通裁判14条2項前段）。

(iii) **失効**

正式裁判の請求による判決があったときは，即決裁判はその効力を失う（交通裁判14条1項）。

(iv) **正式裁判の取下げ・正式裁判請求棄却の裁判の確定したばあいの効力**

正式裁判の取下げがあったばあいや正式裁判の請求を棄却する裁判が確定したばあいは，即決裁判は**確定判決と同一の効力**を生ずる（交通裁判14条2項）。

第7章 証拠法

第1節 証拠裁判主義

第1款 証拠裁判主義の意義

1 意義

(1) 317条の趣旨

317条は,「事実の認定は証拠による」と規定している。本条は,証拠裁判主義を採ることを明らかにするものである。しかし,それは,たんに訴訟上事実の存否の判断は何らかの証拠に基づくべきであることを意味するのではない。それにはドイツ法学における**「厳格な証明」**(Strengbeweis)と**「自由な証明」**(Freibeweis)との区別を採用するとともに,**公訴犯罪事実**は厳格な証明を必要とするという特殊な意味が包含されているのである（松尾・下4頁,田宮・287頁,渥美・456頁,三井・Ⅲ9頁,田口・326頁,池田＝前田・341頁,福井・313頁,白取・313頁,上口・346頁,寺崎・320頁など）。

(2) 厳格な証明と自由な証明の意義

厳格な証明とは,法律上**証拠能力**のある証拠により,かつ,**適式な証拠調べの手続き**を経て証明されることをいう。

自由な証明とは,何らかの証拠で何らかの手続きによって証明されることをいう。

厳格な証明と自由な証明の区別は,わが国の**通説**によってみとめられている。

(3) 厳格な証明と自由な証明による事実の範囲

公訴犯罪事実以外の事実については自由な証明で足りるとされる。それは,①沿革的観点および②335条との統一的理解の観点から根拠づけられる。すなわち,①**沿革的**には,明治6年の改定律令318条「凡(およそ)罪ヲ断スルハ口供

結案ニ依ル」が明治9年に「凡ソ罪ヲ断スルハ証ニ依ル」と改められたが，これが「事実の認定は証拠による」との規定の前身であるから，この「事実」とは，罪を断ずるための事実，すなわち**公訴犯罪事実**の意味に解すべきである。

②335条との**統一的理解**という観点からは，同条は有罪判決の理由として「罪となるべき事実」に対する証拠の挙示を要求しているが，317条の「事実」を**公訴犯罪事実**と解することにより，この「**罪となるべき事実**」と統一的に理解することが可能となるのである（団藤・227頁）。

2 証明
(1) **証明の意義と種類**
(i) **広義の証明**

裁判官は，証拠によって事実の存否についての判断（**心証**）を形成しこれに基づいて裁判をする。**広義の証明**とは，事実の存否について裁判官が一定の程度の**心証**を得ること，または裁判官にこのような心証を得させることをいう。

裁判官の心証とは，事実の存否について証拠によって形成される裁判官の判断をいう。

訴訟上問題となる事実については，すべて広義の証明が必要である。

(ii) **狭義の証明**

狭義の証明とは，法律上要求される裁判官の心証について**確信の程度**の心証を生じさせることを必要とする証明という。

一般に証明というばあいは，狭義の証明を意味する。

(iii) **疎明**

疎明とは，裁判官に**一応確からしい**との心証を形成させる立証行為をいう。

狭義の証明と疎明とは，必要とされる裁判官の**心証の程度**によって区別される。

疎明で足りるとされるのは**訴訟手続き上の事項**に限られる。しかし，必ずしも明文規定があるばあい（19条3項・206条1項・227条2項・376条2項・382条の2第3項・383条，規9条3項・179条の4第1項など）に限られず，訴訟行為の各種要件の存否については一般に疎明で足りると解されてい

る。
　(iv)　**厳格な証明と自由な証明**
　これは，狭義の証明のうちで，要求される方法・手続きによって区別される証明の種類である。その詳細については，項を改めて説明する。
(2)　**厳格な証明の対象**
　(i)　**問題の所在**
　前述のとおり，317条にいう「事実」は，厳格な証明の対象となる事実（「**主要事実**」）を意味する。しかし，それが具体的にどういう範囲の事実を包含するかについては，見解が分かれる。
　訴訟手続きに関する事実（たとえば，親告罪につき告訴があったこと〔338条4号など〕）が厳格な証明を要しないことについては，異論がない。これに対して，**実体法的事実**のうちどの範囲まで厳格な証明を要するかについては見解が対立しているのである。
　(ii)　**学説**
　(a)　**限定説**
　この説は，構成要件該当の事実のみと解する（小野・理論 74頁以下）。
　(b)　**拡張説**
　この説は，刑の量定に関する事実まで含むと解する（岸：160頁，横井：91頁など）。
　(c)　**通説**
　この説は，**刑罰権の存否および範囲**を定める基礎となる事実は厳格な証明の対象となると解する。この説が妥当である。
　(iii)　**対象事実の具体的内容**
　(a)　**公訴犯罪事実**
　犯罪事実は刑罰権の基礎をなすものであるから，厳格な証明の対象となる。公訴犯罪事実は，訴因として明示される必要があり（256条3項），特定の構成要件（構成要件の修正形式を含む）に該当する具体的事実（具体的に日時・場所・方法などの特定された事実）だけでなく，さらに違法性および責任の要件を具備するものである。これには，主観的な要素（故意，目的犯における目的，常習犯における常習性など）と客観的な要素（行為，結果，結果的加重犯における結果など）が包含され

判例は，共謀共同正犯における共謀・謀議については厳格な証明を要するとする（最〔大〕判昭33・5・28刑集12巻8号1718頁）。

公訴犯罪事実の不存在についても厳格な証明を要するか，に関して(α)積極説と(β)消極説が対立している。

(α) **積極説（通説）** この説は，次のように主張する。すなわち，①法律が「犯罪事実の存否の証明」と表現していること（314条3項・321条1項3号。227条は「犯罪の証明」と表現している），②被告人に有利な証拠についても証拠能力が要求されていること（322条），③被告人であっても証拠能力のない証拠によって合理的疑いを生じさせることは許されないことなどからみて，積極に解するのが妥当であるとされる（団藤・232頁，平野・183-4頁，高田・199頁，三井・Ⅲ27頁，上口・357頁など）。この見地からは，犯罪の成立を阻却する事由（構成要件該当性阻却事由・違法性阻却事由・責任阻却事由）に当たる事実の存在も，厳格な証明を要することになる。通説の立場が妥当である。

(β) **消極説（自由な証明説）** この説は，①被告人に有利な事実の立証は弾劾証拠に基づく立証に類似すること（328条参照），②無罪証拠に証拠の威力がないばかりに有罪になってしまうのでは正義に反すること，③無罪判決には証拠の標目が要求されていないこと（336条参照），④被告人の証拠収集能力，全面証拠開示の現実の困難性などにかんがみると，立証における当事者対等を通して適正な事実認定を実現するのが妥当であることなどを根拠とする（田宮・291頁，白取・314-5頁など）。

(b) **処罰条件たる事実**

処罰条件（破産犯罪〔破産法374条～376条〕における破産宣告の確定）は，刑法上犯罪の成立要件ではないが，**刑罰権の発生を基礎づけるので**，(a)のばあいと異ならない。したがって，これも厳格な証明の対象となる（**通説**。**判例**〔大判大6・4・19刑録23輯401頁〕は，破産犯罪の処罰条件たる破産宣告の確定は「罪となるべき事実」に属し証拠理由を示すことを要すると解している）。

(c) **法律上の刑の加重理由となる事実**

(α) **法律上の刑の加重理由** これについては，累犯加重（刑57条・59条）のみが問題となる。すなわち，結果的加重犯の結果や常習賭博罪の常習性などは，(a)

に属する。この種の事実は、刑罰権の範囲を直接、類型的に（しかも被告人の不利益に）決定するものであり、刑罰権の成立を基礎づける事実に準じて取り扱うのが妥当である（団藤・231頁，平野・183頁，高田・199頁，三井・Ⅲ27-8頁，池田＝前田・353-4頁など。最〔大〕決33・2・26刑集2巻2号316頁は、同旨と解される。反対、平場・168頁）。

(β) **法律上の刑の減免理由** 類型的に刑罰権の範囲を拡張する事由について厳格な証明が必要であるから、**類型的に縮小する事由**についても同様に解すべきである。

刑の減免理由には、**実体法的事由**によるもの（刑36条2項・37条1項ただし書き・38条3項ただし書き・39条2項・40条後段・43条・63条・105条・113条ただし書き・201条ただし書き・228条2項ただし書き・244条1項前段・257条など）と**手続法的事由**によるもの（刑42条1項2項・80条・93条ただし書き・170条・173条・228条の3ただし書きなど）とがある。後者については自由な証明で足りると解する説（高田・200頁、柏木・203-4頁など）と厳格な証明が必要であるとする説（団藤・231頁，渥美・458頁，三井・Ⅲ28頁，田口・329頁，上口・357頁など）がある。

(γ) **量刑上の資料たる情状に関する事実** 同じく情状の性質をもつものでも、それが**犯罪事実そのものの内容に属するとき**（たとえば、犯罪の手段・方法の態様、被害の大小）は、厳格な証明が必要である。これに対して、被告人の年齢、性格、生育環境または犯行後の態度などのすべてについて厳格な証明を要求することは、現実的でないばあいがあるから、自由な証明で足りる。立法論としては、専門家による判決前調査などの方法も考慮に値するが、現行法のもとでも、なるべく多面的な角度から**量刑事情**を集め、適切な量刑を決定できることが望ましいので、つねに厳格な証明による必要はないのである（白取・315頁）。しかし、**実務**においては厳格な証明によることが多い（池田＝前田・355頁など参照）。

裁判上の刑の減軽事由（刑66条の酌量減軽）としての事実や**執行猶予の要件としての情状**（刑25条）についても、扱いは上記と同様である。**判例**も、以上の結論をみとめている（最判昭24・2・22刑集3巻2号221頁〔刑の執行猶予の情状〕，最判昭25・10・5刑集4巻10号1875頁〔刑の量定に関する事項〕）。

余罪を被告人の不利な方向で量刑資料とすることは、**不告不理の原則**に反するので、許されない（最〔大〕判昭42・7・5刑集21巻6号748頁参照）。

世間を騒がせた凶悪事件では「**社会的影響**」を量刑事情としてあげる例が多いが、このような一般予防的要素を理由に刑を加重することは、**責任主義**

に反する点，および当該被告人を「手段」として犯罪予防を図ろうとする点で許されるべきではないとする立場がある（白取・315頁）。しかし，これは**広義の責任**に包含されるので，これを量刑事情として考慮してもよいと解される。

　(δ)　**その他の実体法的事実**　少年法51条（死刑・無期刑の緩和）・52条（不定期刑）のように実体法的規定を適用するための**実体法的要件としての事実**，**両罰規定の適用の要件としての事実**，**没収・追徴の事由**および刑45条後段の**併合罪の要件事実**については，厳格な証明が必要である。これらは，いずれも刑罰権の成立またはその範囲を直接に基礎づけるものであるからである（高田・200頁）。

　(ε)　**間接事実**　**間接事実**とは，それを証明することにより要証事実の存否を間接的に推認させる事実をいう。その要証事実が**主要事実**であるばあいは，間接事実も厳格な証明の対象となる。したがって，たとえば，犯罪の動機は，それが公訴犯罪事実に対し間接事実となっているばあいは厳格な証明の対象となるのである（高田・201頁。小林・209頁参照）。

(d)　**訴訟上の事実**

「訴訟上の事実」は，犯罪事実に直接，関わるものではないから，自由な証明で足りる（**通説**）。**最高裁判例**も，被告人のアリバイ立証に関連して問題とされた電報電話局長の回答書（伝聞証拠）の証拠能力を肯定する理由として，「訴訟法的事実については，いわゆる自由な証明で足りる」と判示している（最決昭58・12・19刑集37巻10号1753頁）。

これに対して，とくに管轄違い，免訴，公訴棄却の判決（338条によるもの）をするばあい，これらが判決の形式をとる手続きであることを重視して，厳格な証明を要求する見解がある（松尾・下14頁）。訴訟上の事実は，その内容，重要性が様々であり，一概にいずれとは言いがたいものがある。そこで，たとえば，アリバイ立証に関連する重要な間接事実が「訴訟上の事実」として問題になるばあいには，厳格な証明を要するとすべきであるとする見解もある（白取・308頁など）。

3　証明の必要

(1)　**意義**

証明の必要とは，証明の対象とされる事項について立証しなければならな

いばあいをいう。

　証明の対象とされる事項は，つねに証明されなければならないわけではない。例外的に証明をする必要がないばあいがある。**証明の必要がないばあい**として，(1)**公知の事実**，(2)**事実上推定される事実**，(3)**法律上推定される事実**があげられる。

(2)　公知の事実

(ⅰ)　意義

　公知の事実とは，一般人であればその存在について疑問を抱かない程度に知られている事実をいう。

　判例によれば，被告人が市長選挙に立候補し当選した事実（最決昭31・5・17刑集10巻5号685頁），都内においては，普通自動車の最高速度が原則として毎時40kmと定められており，その規制は道路標識によっておこなわれている事実（最決昭41・6・10刑集20巻5号365頁）などが，公知の事実である。

(ⅱ)　証明不要の根拠

　一般人が知っている事実については，証明をしなくても**公正な事実認定**が可能であるから，いちいち証明するまでもないとされる（松尾・下17頁参照）。

　「公知」かどうかは，裁判所の管轄区域を基準にして判断されるべきである（寺崎・322頁）。

(ⅲ)　範囲

　確実な証拠が容易に利用できる事実（たとえば，暦日，歴史上の事実，裁判所構内または付近の地形など）を「公知の事実」（に準じる）と考える見解もある（平野・185頁，松尾・下17頁，鈴木・196頁。反対，田宮・293頁）。しかし，資料を顕出させて，自由な証明をすればすむのであって，証明の必要がないとまでいえないとする見解もある（寺崎・322頁）。

　証明は，裁判所に対してだけでなく，当事者に対しても納得のいくものでなければならない。したがって，裁判所が裁判所として知り得た事実（「**裁判所に顕著な事実**」）も，証明が必要である（通説。反対，平野・185頁）。

(3)　事実上推定される事実（事実上の推定）

(ⅰ)　意義

　事実上推定される事実とは，Aという**前提事実**からBという事実の存在を

推認することが一般的に合理的かつ確実であると考えられるばあいをいう。このばあい，B事実が事実上推定される事実に当たることになる。たとえば，尿から覚せい剤の成分が検出された事実（**前提事実**）から，覚せい剤を使用したという事実が，経験則によって推認されるのであり，**覚せい剤使用の事実**が事実上推定される事実に当たるわけである。

　(ii)　**法律上の推定との相違**

　事実上の推定は，間接事実からの自由心証の一場面，つまり，**通常の事実認定の一場面**なのである。たとえば，構成要件該当の事実が証明されたばあいは，違法性および責任の存在が事実上推定され，違法性阻却事由たる事実または責任阻却事由たる事実の不存在をとくに証明する必要がないとされる。

　これに対して法律上の推定のばあいは，後に見るように，反証がないかぎり，裁判所は推定事実の存在の認定を強制されるので，前提事実について**挙証責任が転換**されることになる。したがって，法律上の推定は，**挙証責任の一場面**にほかならない。

　事実上の推定は，「事実上」のものであるから，疑いが生じたばあいには，推定は破れ**証明が必要**となる。このばあいには，法律上の推定のばあいと異なり，積極的に反対の事実を証明する必要はなく，裁判官の心証を動揺させるだけで推定が破られるのである。たとえば，正当防衛の事実が被告人から主張され，裁判官がその事実は存在するのではないかとの疑いを抱いたばあいには，違法性阻却事由たる事実の不存在の推定が破られる。したがって，その疑いが存続するかぎり，挙証責任により無罪が言い渡されることになる。

　(4)　**法律上推定される事実（法律上の推定）**

　(i)　**意義**

　法律上の推定とは，A事実の存在が証明されたばあいには，反対の証明がないかぎりB事実が証明されたものとして扱うことが法律上定められていることをいう。このばあい，A事実は**前提事実**であり，B事実が「**法律上推定された事実**」に当たる。法律上の推定においては，裁判所は，前提事実（A事実）が証明されたばあいには，**推定事実**（B事実）の存在を推認しなければな

らない。すなわち，前提事実の不存在が証明されないかぎり，裁判官は，推定事実の存在の認定を強制されることになるわけである。

(ii) **不可動的推定（擬制）**

不可動的推定とは，推定が**法律上絶対的に強制され反証によって覆すことができないばあい**をいう。これは，いわば反証を許されない法律上の推定ということになる。推定事実について**反証を許されないのであるから**，これは，訴訟法上の証明の問題ではなく**実体法上の問題**である。実定法上，「**みなす**」と規定されているばあいが，これに当たる。

4 挙証責任

(1) **意義**

(i) **実質的挙証責任と形式的挙証責任（立証の負担）**

実質的挙証責任とは，ある事実につき存否いずれとも証明がつかないばあいに，一方の当事者が**最終的に受けるべき不利益な負担**をいう。

形式的挙証責任とは，ある事実が証明されないばあいに，自己に不利益な判断を受けるおそれのある当事者がその**不利益を免れるために**当該事実を証明する**証拠を提出すべき負担**をいう。

この対概念は，ドイツ法学に由来するものであり（松尾・下23-4頁），実質的挙証責任が**手続き到達点**における挙証責任であるのに対して，形式的挙証責任は**手続き進行過程**における挙証責任である（高田・205頁）。わが国でもこの対概念をみとめる立場（平野・187-8頁）もあるが，**通説**は，前者のみを挙証責任と称し（団藤・238頁，平場・217頁），後者は「立証の負担」（平場・151頁），「挙証の負担」（岸・154頁）などと称されている。用語の紛らわしさを避けるために，前者を「**挙証責任**」，後者を「**立証の負担**」と称するのが妥当である（高田・206頁）。

(2) **挙証責任の負担者**

刑事訴訟においては，挙証責任は，原告たる検察官が負担するのが原則である。この原則は，「**疑わしきは被告人の利益に**」（in dubio pro reo）という法格言や，「被告人は有罪の判決があるまでは無罪と推定される」という「**無罪の推定**」（Vermutung des Unschulds；presumption of innocence）の原則によって表現されている。

この原則は，要証事実について立証がなされないばあいには，裁判所が検察官に不利益に判断することを意味する。336条後段が「被告事件について犯罪の証明がないときは，判決で無罪の言渡をしなければならない」と規定しているのは，この原則をとることを示すものであると解されている。

(3) 挙証責任の対象

公訴犯罪事実の存在については検察官が挙証責任を負う。公訴犯罪事実の内容として次の事項が包含される。要するに，**犯罪および科刑を基礎づける事実**がこれに当たる。

(i) 構成要件該当事実

構成要件該当の事実については，その全部または一部を検察官は立証しなければならない。

(ii) 違法性および責任

違法性および責任の存在について，検察官が挙証責任を負う。構成要件該当の事実の証明があったときは違法性および責任の存在が**事実上推定される**ので，違法性阻却事由または責任阻却事由たる事実の不存在が推定されるが，裁判所がこれらの事実の不存在について疑いをもったばあいには，事実上の推定が破れ，その有無についての証明が不可能であるとき，裁判所は無罪を言い渡すべきであるから，検察官が挙証責任を負うことになる（**通説**）。

(iii) 処罰条件たる事実の存在

検察官は，処罰条件である事実の存在について挙証責任を負う。なぜならば，処罰条件は被告人の**処罰を基礎づけるもの**であるので，その事実は犯罪事実に準じて考えるべきであるからである。

(iv) 刑の加重減免の事由たる事実

(a) 累犯加重事由としての前科

刑の加重事由たる累犯加重のばあいの前科の事実の存在について，検察官は挙証責任を負う。なぜならば，**刑の類型的加重**は，被告人にとって科刑においてきわめて重要な意義を有するので，犯罪事実に準じて扱われるべきであるからである。

(b) 刑の減免事由たる事実

刑の減免事由としての事実に関しては，その**事実の不存在**について検察官が挙証責任を負う。このばあいの挙証責任について，見解が分かれる。すなわち，①事実上の推定が働くことが多いので，被告人側がこの事実上の推定を破らないかぎり，減免がみとめられなくなるとする説（団藤・239頁）と②刑の減免事由については被告人に挙証責任があるとする説（江家・20頁）が主張されている。刑の減免は，一般に違法性または責任の減少に基づくものであるから，違法性阻却事由または責任阻却事由の不存在につき検察官が挙証責任を負うのと同様，刑の減免事由の不存在についても**検察官が挙証責任を負うべきで**ある（高田・208頁,小林・212頁,池田＝前田・360頁など）。

(v) **訴訟法的事実**

(a) **訴訟条件たる事実**

訴訟条件たる事実について，**判例・通説**は，その存在につき検察官が挙証責任を負うと解する（最判昭32・12・10刑集11巻13号3197頁［免訴事由たる犯罪後の刑の廃止について］）。その根拠は，①訴訟条件は有罪に向けられた１つの要素であること，②訴追の適法性については，その担当官である検察官が責任をもつべきであること（田宮・302頁），③検察官に挙証責任を負わせても，検察官に不可能を強いることにならないこと（高田・209頁）にある。

これに対して，訴訟条件たる事実の不存在につき被告人に挙証責任があると解する見解もある。この見解によれば，「無罪の推定」の原則は訴訟法的事実とは関係なく，当事者の訴訟追行上の立場の公平と経験法則とを考慮して，訴訟条件たる事実の不存在につき被告人に挙証責任を負担させるべきであるとされる（長島・実務Ⅸ2151頁。ただし，公訴時効完成の事実につき，被告人に負担させるのは酷で公平を失するし，訴訟条件たる告訴・告発・請求の存在は訴訟追行の為の積極的要件であるから，検察官が挙証責任を負うべきだとする）。しかし，**「無罪の推定」**の原則は，たしかに少なくても直接には訴訟法的事実とは無関係なものであるが，訴訟条件の不存在がみとめられなくても無罪となるばあいは関係がないとしても，そのため有罪を言い渡されるばあいを考えると，この問題が有罪・無罪とまったく無関係とはいえない（高田・208頁。なお，三井・Ⅲ29頁参照）。したがって，挙証責任を被告人に負担させるのは妥当でない。

(b) **その他の訴訟法的事実**

その他の訴訟法的事実については、**これを主張する当事者**に挙証責任がある（**通説**。田宮・302頁、高田・209頁）。一般に当事者は、自己側の利益のために事実を主張し、そのための証拠を提出するのであるから、その証拠を利益に利用する者が挙証責任を負うとされるのである。

たとえば、**証拠能力**をみとめるための基礎事実の存在については、その証拠を提出し、その証拠の取調べを請求する側の当事者に挙証責任がある。したがって、**自白の任意性**は、検察官が挙証責任を負う（319条1項参照）。

(4) **挙証責任の転換**

実体法的事実については、上述のとおり原則として検察官が挙証責任を負う。しかし、例外として被告人に挙証責任が負わされるばあいがあり、これを挙証責任の転換という。

(i) **刑法207条**

この規定は、同時犯に当たるばあいを共同正犯として処罰する旨を規定するものである。

この規定に関しては、①**被告人に挙証責任を転換**したものと解する説（団藤・239頁、田宮・306頁、三井・Ⅲ81頁、池田＝前田・362頁、田口・337頁、寺崎・326頁）、②法律上の推定と解する説（小野・151頁）、③一種の擬制を定めたものと解する説（江家・20頁）、④擬制によって共犯の範囲を実体法的に拡張するとともに傷害の軽重と傷害の発生者につき挙証責任を被告人に転換したものと解する説（擬制・挙証責任転換の二元説、高田・210頁）が主張されている。

(ii) **刑法230条の2**

同条1項・3項は、摘示された事実が真実であることの証明があったばあいに被告人が不処罰となることを規定しているが、逆に真実であることの証明ができないばあいには処罰されることになる。したがって、**真実であることについては被告人が挙証責任を負わされていると解される**（最判昭30・12・9刑集9巻13号2633頁。田宮・306頁、三井・Ⅲ83頁、田口・337頁、池田＝前田・361頁、寺崎・326頁など）。

(iii) **特別法における挙証責任の転換**

(a) **爆発物取締罰則6条**

このばあいには、同罰則1条に記載した**目的の不存在**につき被告人が挙証

責任を負う。

(b) **児童福祉法60条3項**

このばあいには，児童の**年齢の不知についての無過失**の挙証責任が被告人に負わされる（ただし，平野・187頁は，挙証責任ではなく，たんに証拠提出の責任をみとめたものとする）。

(c) **各種両罰規定の法人・事業主の処罰**

労働基準法121条1項のようなばあいで，これは両罰規定における法人・事業主などを罰するに当たって従業員の監督につき無過失であることの挙証責任を法人などに負担させたものである（入場税法の両罰規定につき，最〔大〕判昭32・11・27刑集11巻12号3113頁）とされる。同種の規定として，生活保護法86条2項，質屋営業法35条，毒物及び劇物取締法26条，覚せい剤取締法44条1項，森林法213条などがある。

(5) **立証の負担**

(i) **根拠**

職権主義的訴訟構造においては，裁判所による証拠の顕出・取調べが中心とされ，当事者側からの証拠の提示がなくても，裁判所は，職権によって要証事実の存否を明らかにすべきものとされていたので，立証の負担の問題は重要性をもたない。これに対して，**当事者主義**が強化されて証拠調べは原則として当事者の請求によっておこなわれ，職権による証拠調べが補充的なものにすぎなくなった現行法（298条）においては，当事者の立証の負担が理論的にも実際的にも大きな意義を有する。すなわち，当事者は，自己に有利な証拠はみずからこれを裁判所に提示しなければ不利益を受ける可能性があるわけである（高田・210頁，池田＝前田・359頁など）。

立証の負担は，**挙証責任**と理論的に関連する。立証の負担は，挙証責任と違って刻々変動する**訴訟の進行過程の下における問題**であり，裁判所が得た心証いかんに関係して動的に考えられる問題である（高田・211頁，田宮・304頁，鈴木・200頁など）。

(ii) **負担者**

(a) **構成要件該当事実**

構成要件該当の事実については，**検察官**が立証の負担を負う。これは訴訟の全過程を通じて変わることはない。このばあいの立証の程度につき，裁判官の確信に近い心証を得るまでとする説（江家・17頁）と，**裁判官に確信を生じさ**

せる程度とする説（平場・151頁，岸・155頁）とがある。当事者主義の見地からは，後者が妥当である。同じことは，処罰条件や刑の加重理由についてもあてはまる。

(b) **違法性阻却事由・責任阻却事由たる事実**

違法性阻却事由・責任阻却事由たる事実の存在について，被告人が立証を負担する。なぜならば，構成要件的事実の存在が立証されたばあいには，その事実の不存在は一般に**事実上の推定**を受けるので，その事実の存在の立証の負担は被告人にあるからである。ただし，このばあいの**立証の程度**は，裁判所にその事実があるのではないかとの合理的な疑いを生じさせれば足りる程度のものでよい。刑の減免理由たる事実についても，同様に解される。

(c) **挙証責任が転換された事実**

挙証責任が被告人に転換されている事項については，**被告人が立証を負担**する。その程度については**証拠の優越の程度**で足りる（平野・187頁，鈴木・注解中678頁）。これに対して，挙証責任転換の根拠は必ずしも同一でないから，証明の程度を一律に論じることができるかは疑問であるとする見解もある（高田・211頁）。

名誉毀損罪における事実の証明について，それが犯罪事実に関するものであるときは証拠の優越の程度では足りず合理的疑いをいれない程度であることを要するとする**判例**がある（東京高判昭41・9・30刑集19巻6号683頁，東京高判昭46・2・20刑集24巻1号97頁）。

第2款　自由心証主義

1　意義

(1) **自由心証主義と証拠法定主義の意義**

(i) **自由心証主義**

自由心証主義とは，**証拠価値の評価**について法的な規制を加えずに裁判官の裁量に任せる原則をいう。318条は「証拠の証明力は，裁判官の自由な判断に委ねる」と規定して自由心証主義を採用している。

(ii) **証拠法定主義**

証拠法定主義とは，**証拠価値の評価**をあらかじめ法律で定めておく原則をいう。証拠法定主義には，(a)**積極的証拠法定主義**と(b)**消極的証拠法定主義**がある。

(a) **積極的証拠法定主義**

積極的証拠法定主義とは，一定の証拠があれば必ず一定の事実を認定しなければならないとする原則をいう。

(b) **消極的証拠法定主義**

消極的証拠法定主義とは，一定の証拠がなければ一定の事実を認定してはならないとする原則をいう。

2 沿革——証拠法定主義から自由心証主義へ

(1) 証拠法定主義の根拠と弊害

証拠法定主義は，**糾問時代の刑事手続き**において確立された。一定の証拠の証明力を法律によってあらかじめ定めておくことは，**法的安定性**に役立ったのである。しかし，その反面，あらゆる証拠の証明力をあらかじめ法律で定める点に問題があるだけでなく，一般的・抽象的に証明力を定めることは，具体的な事件において不当に処罰を免れさせ，または不当に処罰される不合理な結果をもたらしたのである。さらに，証拠法定主義の下においては，**自白**の価値が最も重視されたため（「**自白は証拠の女王**」），自白を得るために拷問が公然とみとめられたのであった（高田・250頁,田宮・294頁など参照）。

(2) 自由心証主義の台頭と限界

(i) 沿革

フランス革命後の法律は，証拠法定主義に代わって**自由心証主義**を採用した。これは，証拠の証明力に関する法律上の制限を廃し，証拠の評価を裁判官（または陪審員）の判断に委ねる主義である。自由心証主義は，フランス革命当時の徹底した**合理主義**と**国民主権主義**の産物であるとされる。すなわち，フランス革命後，人間の理性に信頼を置く合理主義が支配的となり，陪審制度が採用されたのである。陪審制度の下においては，陪審員は，国民の代表であるから，その判断に法的規制を加えることは許されないと解されたのであった。

具体的妥当性をもたらす自由心証主義は，ヨーロッパ諸国の法制度に強い影響を及ぼし，その後の大陸法系の刑事手続きを支配することとなったのである（松尾・下7頁，田宮・294頁，三井・Ⅲ47-8頁など参照）。

(ⅱ) **限界**

自由心証主義は，裁判官にほしいままの主観的認定を許すものではなく，**経験則**や**論理法則**にそった**合理的心証形成**を要求するのである。それは，この制度自体が合理主義の産物であるので，当然なことであり，自由心証主義は**合理的心証主義**といわれるのである。しかし，その合理性の限界は必ずしも明確ではなく，外部からのコントロールのルールがないだけに，裁判官としては，やり甲斐がある反面，大へん荷の重い仕事に従事することになる。これは，裁量を内容とし**具体的妥当性**をねらう制度に共通する特性である($\substack{田宮・295頁，高\\田・250頁参照}$)。

(3) **わが国における発展**

わが国においては，1873年（明治6年）の改定律令が，「凡ソ罪ヲ断スルハ口供結案ニ依ル」($\substack{318\\条}$)として**自白必要主義**を採用した**法定証拠主義**を明記していたが，1876年（明治9年）の断罪依証律という布告は，改定律令を改め，「凡ソ罪ヲ断スルハ証ニ依ル」とした。そして自白させるための拷問がみとめられていたのである。同年の「断罪証拠」に関する司法省達は，「証拠ニ依リ罪ヲ断スルハ専ラ裁判官ノ信認スル所ニアリ」として**自由心証主義**を採用したのである。同時にこれは，**自白**なしに有罪判決を下すことの確認でもあった。拷問は，1879年（明治12年）の太政官布告によって廃止された。自由心証主義は，1880年（明治13年）の治罪法($\substack{146\\条}$)に引き継がれて今日に至っている($\substack{松尾・下\\3-4頁}$)。

(4) **現行法における自由心証主義の機能**

現行法における自由心証主義の機能は，旧法までの自由心証主義の機能とは次の点において異なる($\substack{高田・\\250-1頁}$)。

(ⅰ) **自白の例外**

自白に関して重要な例外がみとめられている($\substack{憲38条3項，法\\319条2項・3項}$)。

(ⅱ) **証拠能力の制限**

大陸法系においては，自由心証主義は，**実体的真実主義**と結びついて，形式的な証拠能力の制限は原則としてみとめないという建前をとっている。しかし，現行法は，自白や伝聞証拠について証拠能力の制限を広汎にみとめて

おり，現行法の自由心証主義は，このような**証拠能力の制限**を前提とするものに変形している。従来の自由心証主義がいわば絶対的な意味をもっていたのに対し，現行法におけるそれは，**相対的な自由心証主義**という色彩を強くしていることになる。平野博士は，これを「制限された自由心証主義」と称されたのである(平野・194頁)。

3　自由心証主義の内容

318条が規定する自由心証主義の内容は，次のとおりである(平野・194-5頁，松尾・下6-7頁，高田・251頁，田宮・294頁以下，三井・Ⅲ54頁以下，福井・316-8頁など)。

(1) **妥当範囲**

自由心証主義が妥当するのは，証拠の「**証明力**」についてである。証明力と証拠能力とは，まったくその意義が異なる。証明力は，証拠が要証事実を認定させる実質的な価値，つまり**証拠価値**を意味する。これに対して証拠能力は，証拠となり得るための法律的・形式的な**資格**を意味する。そして，証拠能力が肯定されてはじめて証明力が問題とされる，という関係にある。

(2) **証拠の信用力と狭義の証明力**

証明力には，**証拠の信用力**と**狭義の証明力**とがある(団藤・講座Ⅶ1122-3頁)。前者は，要証事実との関係を一応捨象して証拠そのものがおよそ信用するに値するものであるかどうか，の評価である。これに対して，後者は，要証事実との関係においてその存否をどの程度に証明し得るか，の評価である。

自由心証主義は，これら両者を裁判官の自由な判断に委ねるものである。狭義の証明力のばあい，個々の証拠の証拠価値の評価，すなわち，個々の証拠からそれぞれいかなる事実をいかなる程度に認定するかだけでなく，個々の証拠の評価を総合して全体としていかなる事実の存否を認定するか，も裁判官の自由な判断に委ねられているのである。

(3) **民訴法における自由心証主義との相違**

(ⅰ) **民訴法のばあい**

民訴法における自由心証主義は，主張事実(事実上の主張)を真実とみとめるか否かを裁判官の自由な判断に委ねるという形で規定されており，しかも，「証拠調べの結果」だけでなく，「口頭弁論の全趣旨」を斟酌（しんしゃく）できるとされて

いる（民訴247条）。
　(ii)　**刑訴法のばあい**
　(a)　**証拠に基づく事実の真否**
　刑訴法においては，究極的には当事者の主張事実（とくに検察官の主張事実）の真否が問題なのであるが，それはあくまでも**証拠に基づく事実の真否**として考えられる。
　(b)　**個々の証拠に基づく事実の認定**
　全体としての事実の認定は，個々の証拠に基礎をおいて判断されるべきであり，証拠そのものとは別個の「口頭弁論の全趣旨」に基礎をおいて判断することは許されない。
　(4)　**自由心証の意義**
　裁判官の「自由な判断に委ねる」とは，証明力の判断につき，外部的・法律的な拘束を加えないことを意味する。**証拠の取捨選択**は，裁判官に一任されるので，裁判官は，証拠能力のある証拠でも証明力がないとしてこれを採用しないことも可能である。
　また，裁判官は，**矛盾する証拠**のいずれを採用するかも自由に決定できる。このように裁判官の自由な判断を尊重するのは，証拠法定主義のように法律的拘束を設けるよりは実体的真実の発見によりよく適合すると考えられるからであり，これは，裁判官の理性を自由に働かせることが最も誤りの少ない判断をもたらすとする人間の**理性に対する信頼**に基づいているとされている。
　実体的真実を発見するためには，裁判官の恣意や純粋な意味での自由裁量は許されず，その判断が客観的に合理的であることを要し，そのためには，論理上および経験上の一般法則（いわゆる**論理法則**，**経験法則**）に従っておこなわれなければならない（最判昭23・11・16 刑集2巻12号1549頁）。この意味における自由心証主義でなければならないとされるのである。
　(5)　**合議と自由心証主義**
　自由心証主義の下においては，証拠の証明力は「裁判官」の判断に委ねられる。これは，個々の裁判官の判断について自由心証主義がみとめられるこ

とを意味する。しかし，**合議体裁判所**では，その構成員たる各裁判官の自由心証の結果に基づき，評議によって事実の認定がおこなわれ（裁75条以下），評議は多数決によるので（裁77条），ある裁判官の心証に反する結論が裁判の内容となるばあいが生じ得る。このばあい，当該裁判官の自由な心証に反するように見えるが，しかし，それは結論に至るための**合議の方法**に基づくものであって，自由心証主義に違反するものではないとされる。

第3款 証拠の意義と種類

1 証拠の意義

(1) 意義

証拠とは，訴訟において事実を認定するために使用する各種の**資料**をいう。証拠には，「**証拠方法**」と「**証拠資料**」とがある。

(2) 証拠方法

証拠方法とは，事実認定の材料となる**有形物**（人または物）じたいをいう。証人，証拠書類，証拠物などがこれに当たる。

(3) 証拠資料

証拠資料とは，証拠方法を取り調べることによって**感得された内容**をいう。証人の取調べ（証人尋問）によって得られた証言，証拠物の取調べによって得られた物の性質などがこれに当たる。

2 証拠の種類

証拠は，一般に次のように分類されている。

(1) **直接証拠・間接証拠**

これは，**証拠資料と要証事実との関係の観点**からの分類である。

(i) **直接証拠**

直接証拠とは，要証事実を直接に証明するのに役立つ証拠をいう。たとえば，公訴犯罪事実たる犯行の現場を直接目撃した証人の証言がこれに当たる。

(ii) **間接証拠**

間接証拠とは，要証事実を推認させる事実（いわゆる**間接事実**）を証明することによって間接的に要証事実を証明するのに役立つ証拠をいう。たとえば，

犯行現場に残された指紋がこれに当たる。間接証拠は，**情況証拠**とも称されるが，これは間接事実を意味することもある。

(iii) **分類が有する意義**

上記の分類は，直接証拠に高い証明力をみとめた証拠法定主義の下で意味を有したが，このような優劣をみとめない自由心証主義の下にあっては，重要性はない。むしろ**科学的採証法**の発達に伴って，間接証拠（指紋のほか，血液型・足型など）の重要性が増大しつつあるとされる。

(2) **人的証拠・物的証拠**

これは，**証拠方法の物理的性質の観点**からの分類である。

(i) **人的証拠**

人的証拠とは，生存する人間が証拠となるばあいをいう。

(ii) **物的証拠**

物的証拠とは，それ以外の物が証拠となるばあいをいう。

(iii) **分類が有する意義**

この分類により，証拠を取得する**強制処分の方法**に差異がある。すなわち，人的証拠については召喚・勾引が，物的証拠については押収がそれぞれ用いられる。人が身体検査を受けるばあい（129条・168条・218条）は，人的証拠に属する。

(3) **供述証拠・非供述証拠**

これは，**証拠資料としての性質の観点**からの分類である。

(i) **供述証拠**

供述証拠とは，一定の事実の体験その他の知識を**報告**するものをいう。

(ii) **非供述証拠**

非供述証拠とは，供述証拠以外の証拠をいう。

人的証拠としての身体検査の被検者から得られた身体検査の結果は，非供述証拠であり，物的証拠としての供述録取書の供述内容は供述証拠である。

(iii) **分類が有する意義**

供述証拠・非供述証拠の分類は，**証拠能力の有無**を考えるに当たって実益があり，自白の証拠能力や伝聞証拠の証拠能力が問題となるのは，もっぱら供述証拠についてである。

(4) **人証・物証・証拠書類**

これは，**証拠調べの方式の観点**からの証拠方法の分類である。

(i) **人証**

人証とは，供述証拠を得るための人的証拠をいう。たとえば，証人・鑑定人などがこれに当たる。人証の証拠調べの方式は**尋問**である$\left(\begin{smallmatrix}304\\条\end{smallmatrix}\right)$。

(ii) **物証**

物証とは，その物の存在・形状・状態が証拠資料となる証拠をいう。物証の証拠調べの方式は，**展示**である$\left(\begin{smallmatrix}306\\条\end{smallmatrix}\right)$。

(iii) **証拠書類**

証拠書類とは，その記載内容が証拠資料となる文書をいう。証拠書類の取調べの方式は**朗読**である$\left(\begin{smallmatrix}305\\条\end{smallmatrix}\right)$。

(iv) **証拠物たる書面**

(a) **意義**

証拠物たる書面とは，証拠物中，その書面の意義が証拠となるものをいう。証拠物中書面の意義が証拠となるもの（「証拠物たる書面」）は，証拠物と証拠書類との性質を併有しているので，その取調べの方式として**展示と朗読**が要求される$\left(\begin{smallmatrix}307\\条\end{smallmatrix}\right)$。

(v) **証拠書類と証拠物たる書面の区別**

証拠書類と証拠物たる書面との区別をめぐって見解が対立している。

(a) 当該事件に関する広義の訴訟手続きにおいて作成され証拠の用に供される書面が証拠書類であり，それ以外の書面が証拠物たる書面であると解する見解。

この見解によれば，証拠書類は，その成立および存在については疑いがなくその記載内容のみが問題となるので，朗読で足り，証拠物たる書面はその成立および存在も問題となるので，展示が必要であるとされる。

(b) 一切の報告的文書が証拠書類であり，その他のその存在じたいも証拠となる書面が証拠物たる書面であるとする見解。

最高裁判例は，この見解をとる$\left(\begin{smallmatrix}最判昭27・5・6刑集6巻5号736頁,\\最決昭27・6・26刑集6巻6号860頁\end{smallmatrix}\right)$。この見解によれば，321条ないし323条・327条に規定する書面はすべて証拠書類に属する

(c) 当該訴訟手続きに関して裁判所・裁判官の前で法令により作成された訴訟書類で証拠となるものが証拠書類であり，その他の書面はすべて証拠物たる書面であるとする見解（団藤・242頁，平野・257頁，平場・488頁など）。

この見解によれば，捜査機関が作成した書面（供述調書・実況見分書など）は証拠書類から排除される。**起訴状一本主義**の採用によって捜査機関がおこなう手続きと裁判所・裁判官がおこなう手続きとの間に連続性が断たれた結果，前者において作成された書面は，**成立の真正**について問題があるので，その物理的存在が重要性をもつとされるのである。321条1項1号・2項の書面（3項・4項の書面は，その真正に作成されたものであることが当該手続きにおいて明らかにされるから，その証拠調べに当たってさらに展示する必要はなく，その限度で証拠書類としての性質を帯びるとされる），322条1項の書面のあるものおよび2項の書面が証拠書類であって，それ以外の書面はすべて証拠物たる書面であるとの結論に到達する。

(5) **本証・反証**

これは，**挙証責任の負担との関係の観点**からなされる区別である。

(i) **本証**

本証とは，挙証責任（実質的挙証責任）を負う者が提出する証拠をいう。

(ii) **反証**

反証とは，本証によって証明される事実を否定しようとする者が提出する証拠をいう（規204条参照）。挙証責任は原則として検察官が負うので，通常は，検察官側が提出する証拠が本証であり，被告人側が提出する証拠が反証である。

(6) **実質証拠・補助証拠**

これは，**証明の対象との関係の観点**からなされる分類である。

(i) **実質証拠**

実質証拠とは，主要事実（厳格な証明を要する事実）の存否を証明するために用いる証拠をいう。

(ii) **補助証拠**

補助証拠とは，実質証拠の信用性・証明力を争うために用いる証拠をいう。

とくに，供述の証明力を争うための証拠（328条）を**弾劾証拠**という。

第2節 証拠能力（証拠の許容性）

第1款 意　義

1 証拠能力の意義

証拠能力とは，公判廷において証拠調べを受けることができる**適格性**をいい，適式な証拠としての**許容性**を意味する。

2 証拠能力の基礎

証拠能力（証拠の許容性）は，①**自然的関連性**があり，②**法律的関連性**もあり，かつ，③**証拠禁止**に当たらないばあいにみとめられる（平野・193頁，田宮・325頁，三井・Ⅲ41頁以下，福井・325頁，田口・351頁，白取・312頁，上口・346頁以下など参照。なお，寺崎・384頁）。

(1) **自然的関連性**

自然的関連性とは，証拠が証明しようとする事実に対する**必要最小限度の証明力**を有することをいう。自然的関連性がない証拠を取り調べるのは無駄であるから，証拠能力が否定される。

(2) **法律的関連性**

法律的関連性とは，自然的関連性のある証拠のうち，その**証明力の評価**を誤らせるおそれがあるものについて，その証明力を確めるために法律が一定の要件を要求しているばあいをいう。法律的関連性がないときは，証拠能力が否定される。法律は，とくに供述証拠について証明力の評価を誤らせる事情がないといえるための要件として，**反対尋問**（伝聞法則）や**任意性**（自白法則）を要求している。

(3) **証拠禁止**

証拠禁止とは，関連性がある証拠について，それを用いると**手続きの適正**を害するとおもわれるばあいに，その利用を禁止することをいう。たとえば，**違法に収集された証拠の排除**がこれに当たる。

第2款　立証事実と証拠との関連性

1　意義

　証拠能力の基礎となる関連性は，**立証の対象事実との関係**で決まる相対的観念である。つまり，証拠それ自体が絶対的証明力を有しているわけではなく，立証の対象となる事実に対していかなる意味を有するか，が重要なのである。このことは，供述証拠および非供述証拠に共通していえる。供述証拠に関しては，前述のとおり，**伝聞法則**および**自白法則**という別個の重要な法則がみとめられているので，節を改めて詳述する。本款においては，非供述証拠についてのみ説明することにする。

2　非供述証拠の関連性

(1)　意義

　法は，供述証拠の関連性に関して種々の規定を設けているが，非供述証拠の関連性については，何ら規定していない。しかし，**自然的関連性**を有しない証拠が許容されないのは，当然であり，**法律的関連性**がない非供述証拠を排除するのに，必ずしも個々の明文を必要とするわけではないのである。裁判所は，偏見を生じさせるおそれがある証拠や混乱を生じさせるおそれがある証拠を裁量によって排斥できるだけでなく，これを排斥する義務を有する。証明力の評価の問題に関しても，情況証拠の理論的な分析は，「**科学的採証方法**」の発達とあいまって，真実の発見に資するところが大きいとされる（平野・237-8頁）。

　ここでは，問題が多い**主観的要素**と**科学的評価**について見ておくことにする。

(2)　主観的要素

　主観的要素の問題に関しては，①主観的要素を証拠とするばあい，②主観的要素を証明するばあい，③行為から行為を証明するばあいがあるとされる（平野・238-9頁。三井・Ⅲ43頁など参照）。

(i)　主観的要素を証拠とするばあい

　人の内心にある主観的な要素によって，その者の行為を証明するばあい，

たとえば，被告人がその**犯罪の計画**をもっていたという事実，その犯罪をおこなう**動機**をもっていたという事実，またはその**犯罪をおこなう技術・能力**をもっていたという事実を，被告人がその犯人であることの証拠として用いることは許される（平野・238頁）。

被告人の悪性格を，被告人の犯罪事実を立証するための証拠とすることは許されない。なぜならば，被告人の悪性格は，本来は十分の証明力がないにもかかわらず，被告人が犯人であることを推認させる危険が大きいからである（三井・Ⅲ20頁，福井・326頁，白取・352頁，池田＝前田・350頁など）。

被告人が，反証として，「**善良な性格**」を証拠として提出したばあいには，「**悪性格**」を立証することができる（三井・Ⅲ20頁参照）。なお，証人の信憑（しんぴょう）性を争うために，その悪性格を証明することは許されるが，被告人の供述を争うためには，許されない。

(ⅱ) **主観的要素を証明するばあい**

(a) **被告人の行為による証明**

犯罪の要素または間接事実としての主観的要素，たとえば，性格・習慣・計画・能力・動機などは，客観的事実，とくに被告人の行為によって証明されることが多い。

(b) **類似行為による証明**

類似行為，すなわち，**同種の犯罪行為による証明**については，とくに問題がある（福井・326頁，白取・353頁，上口・353頁など参照）。しかし，その証明は，一般にみとめられている。たとえば，盗品等に関する罪における知情を証明するために，他にも盗品等の有償譲受け行為をおこなったことを証拠とすることができるのである。また，詐欺罪における欺く意思を証明するために，同種の詐欺行為を証拠とすることができる（平野・238-9頁。松尾・下116頁，田宮・327頁，上口・353頁など参照）。

判例は，犯罪の客観的要素が他の証拠によってみとめられるばあいには，詐欺の故意のような主観的要素を被告人の同種前科の内容によって認定しても違法ではないとする（最決昭41・11・22刑集20巻9号1035頁）。

(iii) **行為から行為を証明するばあい**
(a) **前科**

前科は、犯罪の証拠にはならない。なぜならば、同種の犯罪をおこなっただけでは、証明の対象となっている犯行を証明できないからである。しかし、その**手口**などが特殊なものであり、かつその**回数**が相当数であるばあいには、証拠とすることが許されることに留意する必要がある（平野・239頁、松尾・下116頁など）。

(b) **量刑資料としての使用**

罪責認定の資料としてではなくて、量刑資料として**同種の犯罪**をおこなった事実を使用することは許される。ただし、刑を加重する方向では証拠能力が要求されるから、使用できない。量刑資料として余罪も利用できるか、については争いがある（田宮・327頁、福井・327頁など参照）。

判例は、実質上余罪を処罰する趣旨で量刑の資料とすることはできないが、たんに被告人の性格、経歴および犯罪の動機、目的、方法などの情状を推知するための資料として考慮することは許されるとしている（最[大]判昭42・7・5刑集21巻6号748頁）。

(3) **科学的証拠**
(i) **問題点**
(a) **総説**

科学的証拠に関しては、**捜査の科学化**に伴い、従来の証拠法が予想しなかった証拠が次々と出現している。「**証拠の科学化**」は、「**採証学**」の発達をもたらす（松尾・下104-5頁）。**科学的証拠**はつねに発展を続けているが、どの程度に社会的にみとめられるようになった時に、証拠として許容すべきか、という問題が生ずる。その点について、アメリカの1923年のフライ（Frye）判決によって提示されたいわゆる「**一般的承認の基準**」ないし「**フライ・テスト**（Frye test）」または「**フライ法則**」に基づいて、①検査の基礎となる科学的原理・法則および②使用された検査の手法・技術が関連分野において一般的に承認されていなければならないと主張する見解が有力である。**フライ判決**（Frye v. United States, 293 F.1013（D. C. Cir. 1923）は、次のようなものである。すなわち、謀殺事件における血圧の測定に基づく**ライ・ディテクター**いわゆる「**嘘発見器**」の検査結果につき、連邦控訴裁判所は専門家証言の有用性をみとめたうえで、

専門家証言が導き出される事項をその所属する特定分野で、「一般的な承認を得ていること」が十分に証明されていることを要するとし、本件の検査は未だ科学的承認を得ていないとして、その許容性を否定したのである（三井・Ⅲ265頁参照）。

これに対して、アメリカの判例の中にも、必ずしも一般的承認を必要としないとするものもある。ひろく一般にみとめられたものである必要はないが、相当の範囲の人々の承認を得たものでなければならないとする見解（平野・239頁）も、一般的承認の基準を緩和するものといえる。

下級審判例において、DNA鑑定の**証拠能力**に関して、その「信頼性の点で未だ一般的に承認されているとは言えない」ときでも、「科学的根拠に基づいており、専門的な知識と技術及び経験を持った者により、適切な方法によって行われる場合」には証拠能力があると判示したものがある（東京高判平8・5・9高刑集49巻2号181頁）。

しかし、「科学的」証拠という名において絶大な信頼感が生じ証拠価値の評価に誤りをもたらす危険性が少なからずあるといえる。そのような見地からは、**一般的承認の基準**を大幅に緩和するのは妥当でないと解される（白取・360-1頁、上口・350頁など参照）。

(b) **証拠能力**

科学的証拠に関しては、自然的関連性を有する証拠であっても、その証明力の評価を誤らせるような事情があるばあいには、その事情を除去しないかぎり、証拠能力はみとめられない。そこで、非供述証拠の証明力について、その評価が困難なばあい、どのような条件が備わっているときに証拠能力をみとめることができるか、が問題となる。

(c) **科学的証拠の発現形態**

科学的証拠の発現形態として、科学的捜査の結果が証拠化されるばあい（鑑定書、検証調書など）や裁判所が鑑定などをなすばあいなどがある。血液型や指紋の鑑定などは、科学的証拠としてその証明力に問題はないとされている。

これに対して、証明力を担保する条件設定が困難なばあいには、法律的関連性がないことになる。その技術が一般的に、かつ当該事案において信頼で

きるものであり、その結果を事後に検証することが可能であるばあいには、一般に法律的関連性がみとめられる（田口・353頁）。

前述のように、科学的証拠の証拠能力の要件として、一般的承認が必要とされるが、これを不要とする見解も主張されている。科学的証拠のうち、**写真、録音テープ、ビデオテープ**は、非供述証拠か供述証拠（伝聞証拠）かについて争いがあるので、伝聞法則との関連で検討することにする。

(ⅱ) **ポリグラフ検査結果**

(a) **判例の立場**

ポリグラフ検査結果の回答書の証拠能力について、**判例**は次のように解している（判例の動向については、三井・Ⅲ164頁以下参照）。すなわち、同意のあった**ポリグラフ検査結果回答書**は、その検査結果が検査者の技術経験、検査器具の性能に徴して信頼できるものであり、かつ、検査の経過および結果を忠実に記載したものであるばあいには、証拠能力があるとされるのである（最決昭43・2・8刑集22巻2号55頁）。この見地においては、ポリグラフ検査を一種の心理的鑑定と見て、321条4項に準じて、検査者を証人尋問して、その証拠能力が判定される。

(b) **学説の立場**

学説は、検査結果の事後的判定が困難であることを理由にして関連性に疑問があるとする（鈴木・194頁、田宮・332頁、光藤・中145頁、白取・356頁、浅田・科学捜査と刑事鑑定129頁など）。さらに、ポリグラフ検査結果回答書は、被告人の供述証拠と見るべきであり、しかも被告人が争っているばあいにその証明力を事後検証することは困難であるから、証拠能力をみとめるべきではないとする見解も有力である（田口・354頁）。

被告人が同意し、かつ相当性があるばあいには（326条1項参照）、証拠能力がみとめられる（田宮・332頁）。

(ⅲ) **声紋鑑定・筆跡鑑定**

(a) **声紋鑑定**

声紋とは、人の音声の周波数分布装置にかけて**画像化**したものをいう。

電話による脅迫事件や恐喝事件などにおいては、録音された犯人の声と被告人の声との同一性を判定して、犯人と被告人との同一性の立証がなされる。

声紋鑑定について**判例**は、音声を高周波数分析による解析装置によって紋

様化し画像にしてその個人識別をおこなう声紋による識別方法は，その結果の確実性についていまだ科学的に承認されたとまではいえないから，これに証拠能力をみとめることは慎重でなければならないとしたうえで，検査の実施者が必要な技術と経験を有する**適格者**であり，使用した器具の性能，作動も正確でその検定結果は**信頼性**があるものとみとめられるばあいは，その検査の経過および結果についての忠実な報告には，証拠能力をみとめることを妨げないとする（東京高判昭55・2・1判時960号8頁）。

(b) **筆跡鑑定**

筆跡鑑定とは，筆跡の特徴を踏まえて，執筆者が確認されていない資料（被検〔被験〕資料または鑑定資料）の筆跡と執筆者が確認されている資料（対照〔照合〕資料）を比較対照して執筆者の同一性を識別することをいう。**筆跡**とは，人が書く字またはその書きぶりをいう（三井・Ⅲ 202頁）。

筆跡鑑定について，**判例**は，証明力に限界はあるが，非科学的で不合理であるとはいえず，経験によって裏付けられた判断であるから，証拠能力はあり得るとする（最決昭41・2・21判時450号60頁）。321条4項に準じて，鑑定書の作成者を証人尋問して，証拠能力を判定することになる（田口・355頁）。

(iv) **警察犬による臭気選別検査結果**

警察犬による臭気選別検査とは，犯行現場に遺留された物から犯人の体臭を採取し，指導手がこれを警察犬に嗅がせ，一定の距離を隔てた台の上に置いてある複数物件の中から，被告人の体臭の付着している物件を選別して持って来させるという方法によって，被告人と犯人との同一性を判定することをいう。

判例は，専門的な知識と経験を有する指導手が，臭気選別能力がすぐれ，選別時においてもその能力のよく保持されている警察犬を使用して実施し，臭気の採取，保管の過程や選別の方法に不適切な点がないばあいは，これを有罪認定の用に供することができるとしている（最決昭62・3・3刑集41巻2号60頁。その後の判例については，三井・Ⅲ143頁参照）。

指導手が作成した書面のばあいは，鑑定受託者による鑑定書の一種として321条4項の書面に準じ，また，選別実験に立ち会った警察官が実験の経過

と結果を記載した書面のばあいは、実況見分調書の一種と見て同条3項の書面に準じて証拠能力を検討することとなる（田口・354頁）。

犬の嗅覚(きゅうかく)がすぐれていることは一般にみとめられているが、嗅覚の科学的解明となると必ずしも十分ではなく、また事後判定にも困難さがともなうので、法律的関連性（自然的関連性を問題とする見解もある）をみとめることには疑問が残るとされる（鈴木・194頁）。この検査方法は、捜査方法の一種にとどめるべきであるとする見解もある（田口・355頁）。

(v) DNA鑑定

DNA鑑定とは、人の細胞内に存在するDNA（デオキシリボ核酸）の塩基配列を鑑定対象として、個人識別をおこなうことをいう。資料が微量でも高い確率で個人を識別できる方法として注目され、刑事裁判でも実際に利用されている。

最高裁判例は、DNA鑑定につき、その科学的原理が理論的正確性を有し、その技術を習得した者により、科学的に信頼される方法で実施されたばあいは、その証拠価値につき、その後の科学技術の発展により新たに解明された事項等も加味して慎重に検討されるべきであるが、なおこれを証拠とすることができるとして、その証拠能力をみとめている（最決平12・7・17刑集54巻6号550頁［足利幼女殺害事件］）。従来の裁判例は、DNA鑑定以外にも有力な証拠が存在する事案であり、DNA鑑定は**補助的証拠**としてのみ使用されている。これに対して、DNA鑑定を**唯一の証拠**として被告人と犯人との同一性を鑑定できるかは今後の課題とされ、その際には、DNA鑑定の信頼性（どの機関が鑑定を実施するか）、鑑定資料の適正な保管の問題、再検査可能性の問題などが検討される必要があるとされる（田口・356頁）。

3 違法収集証拠の排除法則

(1) 総説

(i) 意義

違法収集証拠の排除法則（Exclusionary Rule）とは、違法に収集された証拠の証拠能力を否定する原則をいう。317条にいう証拠は適法な証拠を意味するから、違法収集証拠は317条の証拠とはなり得ないとされる（鈴木・227頁参照）。

(ii) **排除法則の沿革**

　排除法則は，20世紀はじめにアメリカの連邦裁判所で採用された（井上・証拠排除61頁以下参照）。その半世紀後には州にも拡張されるに至る。アメリカで排除法則の論拠とされたのは，①違法な権利侵害を受けた者の権利救済，②裁判所が捜査機関の違法行為に加担することを免れさせ，司法に対する民衆の信頼を確保するという**司法の廉潔性（無瑕性）**（judicial integrity）の要請，③警察の違法捜査に対する抑止効果であった（井上・前掲書98頁）。排除法則は，アメリカにおいて判例法として定着している。

(iii) **わが国の従来の判例**

　従来，判例は，「押収物は押収手続が違法であったとしても物自体の性質，形状に変異を来す筈がないから其形状等に関する証拠たる価値に変わりはない」（最判昭24・12・13裁集刑15号349頁）としてきた。この立場の基礎には，次のような思考があったと解される。すなわち，非供述証拠と異なり，その押収手続きが違法であっても，その**証明力**にはほとんど差異はないのであり，また，一度返還しても，再び押収できるのが通常であるから，証拠を却下しても，無用の手数をかけるだけである。そこで，違法に押収した証拠の証拠能力をみとめても差し支えないとされるわけである。

(iv) **学説からの批判**

　判例の立場に対して，「ただ実体的真実を発見しさえすればよいのではなく，公正な手続によってのみ，真実は発見されなければならない。また，証拠収集に際して行われる違法行為は，捜査機関が訴追・処罰に熱心のあまり行われるのが通常であるから，その証拠を排除することによって，最も有効に，違法行為を防圧することができる。違法行為に対する刑事責任や民事責任の追及は，あまり防圧の効果をあげえない。したがって，違法に取得された証拠は，証拠能力がないと解すべきである」との批判が加えられてきた（平野・239頁）。

(v) **その後の判例の立場**

　最高裁判例は，違法な所持品検査によって収集された覚せい剤等の証拠能力の肯否に関して，「事実の真相の究明も，個人の基本的人権の保障を全うし

つつ，適正な手続のもとでなされなければならないものであり，ことに憲法35条が，憲法33条の場合及び令状による場合を除き，住居の不可侵，捜索及び押収を受けることのない権利を保障し，これを受けて刑訴法が捜索及び押収等につき厳格な規定を設けていること，また，憲法31条が法の適正な手続を保障していること等にかんがみると，証拠物の押収等の手続に，憲法35条及びこれを受けた刑訴法218条1項等の所期する令状主義の精神を没却するような重大な違法があり，これを証拠として許容することが，将来における違法な捜査の抑制の見地からして相当でないと認められる場合においては，その**証拠能力は否定される**ものと解すべきである」と判示している（最判昭53・9・7刑集32巻6号1672頁[**大阪覚せい剤事件**]。ただし，本判決は，当該事案については証拠能力を肯定している）。これは，**違法収集証拠の排除法則の採用**を宣言したものであると評価されている（田口・357頁）。本判決は，「重大な違法」があるばあいに排除すると判示しているので，違法が重大でないばあいは排除しないという趣旨を含んでおり，「微温的な解決」を提示しているように見える。しかし，この考え方の長所は，違法の指摘を容易にし，捜査に対する厳格な指針を出しやすくする点にあり，適法とされたばあいでも，手続きの適否が公判において吟味の対象となったこと自体が，捜査の水準を高めるのに役立つとされる（松尾・下119頁）。

　最高裁判例は，排除法則の論拠を①適正手続きの保障（憲31条），②令状主義が保障する違法な捜索・押収などを受けない権利（憲35条），および，③違法捜査の抑止することに求めており，これは基本的に先のアメリカ法に示された論拠にならったものであると指摘されている（白取・362頁）。最高裁としてはじめて，**排除法則を適用して証拠排除**をした判例がある（最判平15・2・14刑集57巻2号121頁）。その事案は，令状の呈示なしに逮捕したという違法に加えて，「警察官は，その手続的な違法を糊塗するため，逮捕状へ虚偽事項を記入し，内容虚偽の捜査報告書を作成し，更には，公判廷において事実と反する証言をしている」というものであり，本判決は，本件の一連の経緯全体と将来の違法捜査抑制の見地を考慮し，「本件逮捕手続の**違法の程度**は，**令状主義の精神を潜脱し，没却**するような**重大な**ものであると評価されてもやむを得ない」と判示しているのである。

第2節　証拠能力（証拠の許容性）　353

(2) 排除法則の実質的根拠に関する学説・判例

　排除法則の実質的根拠に関して学説は，次のように分かれている（田宮・399-400頁）。

(i) 憲法保障説（規範説）

　この説は，違法収集証拠の利用は憲法が保障する適正手続きに反すると主張する。しかし，これに対しては，憲法を守るために犯人を無罪放免するのは筋違いであって不当であるとの批判がある。

(ii) 司法の廉潔性説（司法の無瑕性説）

　この説は，捜査の違法を知った裁判所が違法収集証拠を使用するのは司法に対する国民の信頼をそこなうものであると主張する。これに対しては，証拠上明白な犯人を逃がすことが国民の信頼をそこなうことになるとの批判がある。

(iii) 抑止効説

　この説は，将来の違法捜査を抑止するために違法収集証拠の排除がなされるべきであると主張する。これに対しては，抑止の効果は実証されていないし，かりに抑止効があるとしても過大な犠牲が伴うとの批判がある。

　排除法則は，上記の3つの根拠に基づくが，今日，抑止効説が主流をなすとされている（田宮・400頁参照）。

(iv) 判例

　判例は，「違法に収集された証拠物の証拠能力については，憲法及び刑訴法になんらの規定もおかれていないので，この問題は，刑訴法の解釈にゆだねられている」とも判示しているので，一般に憲法保障説ではなく**抑止効説**に基づくものと理解されている。これに対して，判例は，令状主義の精神を実質的な基準としているので，憲法論を排斥しているとまではいえないとの見解もある（田口・358頁）。

(3) 違法収集証拠排除の基準に関する学説・判例

(i) 学説

　違法収集証拠を排除する基準に関して，学説は絶対的排除説と相対的排除説が対立している。

(a) **絶対的排除説（違法基準説）**

この説は，**手続きの違法の有無**を排除の基準とする（田宮・402-3頁，福井・331-2頁など）。

この説によれば，違法の重大性は，たとえば，無令状の捜索・差押え，令状に記載のない物件の差押えのような憲法 35 条に違反する証拠収集，被疑者などの基本的人権を侵害する手段による証拠収集，刑法上処罰に値するような違法行為による証拠収集，令状や執行手続きの瑕疵による捜索・差押えの無効のように刑訴法上の強行規定に違反する証拠収集などのばあいに肯定される（田宮・402頁参照）。

これに対しては，違法認定がただちに証拠排除となるので，裁判所が違法認定に慎重になりやすくなるとの批判がある。

(b) **相対的排除説**

この説は，**憲法違反**があれば**絶対的に排除**されるが，**それ以外のばあい**は司法の廉潔性ないし違法捜査の抑制の見地から，**諸般の事情を利益衡量して排除**を決定すべきであるとする。その際の利益衡量の要素として，手続き違反の程度・状況・有意性・頻発性，手続き違反と証拠との因果性，証拠の重要性，事件の重大性が挙げられている（井上・証拠排除404頁，田口・359頁など）。

これに対しては，捜査の違法は，捜査官の認識とは独立に判断されるべきであるから，捜査官の認識の有無は証拠収集の違法との関連性が薄いこと，手続き違反の頻発性は，問題となっている具体的な証拠収集の違法判断には関連性がないこと，事件の重大性，証拠の重要性という事情は，証拠収集の違法とは関連性がない事情であること，違法が重大なばあいに，さらにこの種の事情を考慮することは妥当なのか，違法収集自白についても諸事情の比較衡量をおこない，たとえば，別件逮捕中の自白は，事件の重大性や証拠としての重要性を考慮して排除を判断してよいのか（高田・220頁）という疑問があること，220 条 2 項による違法収集証拠排除は相対的排除説によっては説明が困難であることを理由に妥当でないと批判されている（上口・451-2頁，福井・332頁など）。さらに事件の重大性，証拠の重要性を考慮すれば，結局処罰の必要を重視することになり，証拠は排除されないことになるとの批判がある。

この点については，排除法則の根拠も総合的に考慮すべきであるから，そ

の基準も利益衡量とならざるを得ないこと，また，裁判所による捜査手続きの違法宣言は，判例による捜査法の形成という重要な効果をもたらし得るので，違法宣言を出しやすい基準が望ましいことなどから，相対的排除基準が妥当であるが，事件の重大性や証拠の重要性の要素を重視すべきではないとの反論がある($\frac{田口・}{359頁}$)。

(c) **本書の立場**

わたくしは，**相対的排除説が妥当であると解している。**

(ii) **判例**

最高裁の判例は，「令状主義の精神を没却するような重大な違法があり，これを証拠として許容することが，将来における違法な捜査の抑制の見地からして相当でないと認められる場合においては，その証拠能力は否定される」と解している($\frac{最判昭53・9・7刑集32巻6号}{1672頁［大阪覚せい剤事件］}$)。これは，**相対的排除説に近いもの**であると評価されている($\frac{田口・359頁，福井・334頁，白取・354頁，上口・}{436頁，池田＝前田・438頁，寺崎・380頁など}$)。

(4) **排除法則の限界**

(i) **判例における「重大な違法」と「違法捜査の抑制」との関係**

この点に関して，両者のいずれかがあれば排除されるとする**競合説**($\frac{井上・証拠排}{除557頁, 田口・375頁など}$)と両者は重畳的であり，違法が重大であれば排除されるが，例外的に排除の必要ないとする**重畳説**($\frac{田宮・403頁，光}{藤・中156頁など}$)とが対立している。判例の文言から見て重畳説をとっていると解釈する説が有力である($\frac{田宮・}{403頁}$)。これに対して，判例を目的論的に解釈して競合説をとることも可能であり，柔軟な相対的排除説を前提とすれば，排除範囲がより広くなる競合説が妥当であるとする見解もある($\frac{田口・}{359頁}$)。

(ii) **捜査手続きの重大な違法性**

最高裁の判例は，覚せい剤の自己使用罪における採尿手続きに関する事案において手続きの違法性をみとめたが，「重大な違法」性を否定して証拠能力を肯定している。すなわち，被告人宅への立ち入り，任意同行および採尿手続きの違法性に関する事案($\frac{最判昭61・4・25}{刑集40巻3号215頁}$)，任意同行，所持品検査および採尿手続きの違法性に関する事案($\frac{最決昭63・9・16刑}{集42巻7号1051頁}$)，職務質問の違法性に関する事案($\frac{最決平7・5・30刑}{集49巻5号703頁}$)がある。

(iii) 「違法捜査の抑制」基準

従来の判例は,「重大な違法」性があれば「違法捜査の抑制」の必要もあるとして重畳説的適用をしてきているとされる($\begin{smallmatrix}田口\cdot\\361頁\end{smallmatrix}$)。

これに対しては,違法の程度が軽微なばあいであっても,その違法行為が頻発性を有するとき(たとえば,違法宣言が度重なって出されているにもかかわらず続発するようなばあい)や捜査官に令状主義潜脱の意図があるようなときには,証拠排除はみとめられるべきであるとする見解もある($\begin{smallmatrix}田口\cdot\\361頁\end{smallmatrix}$)。

(5) 派生的証拠の排除――毒樹の果実の理論

(i) 意義

違法捜査によって発見された証拠に基づいて,さらに発見された証拠を**派生的証拠**という。派生的証拠も排除される。なぜならば,もしこれを排除しなければ,排除法則は骨抜きとなってしまうからである。派生的証拠を排除する原則は,**毒樹の果実の理論**(the fruit of the poisonous tree doctrine)と称される。

(ii) 範囲

いかなる範囲の派生的証拠が排除されるかについては,**違法の程度と両証拠間の関連性**を基準として判断すべきであるとされている($\begin{smallmatrix}田宮\cdot406\\頁参照\end{smallmatrix}$)。

(iii) 取得方法

第1次証拠および派生的証拠は,物証および自白についてみとめられる。取得方法に関して,①物証から物証を得るばあい,②物証から自白を得るばあい,③自白から物証を得るばあい,および,④自白から自白を得るばあいがある。その際,最初の物証の収集および自白の採取の違法性が問題となる。

第1次証拠および**派生的証拠**が自白のばあいを**反復自白**という。反復自白の証拠能力は,自白の証拠能力の根拠とも関係するので後述する。

(6) 排除法則の例外

アメリカ法においては,排除法則には例外がみとめられている。

(i) **希釈による例外**(Attenuation exception)

最初の違法捜査と証拠との因果関係が希薄になっているばあい(さらに他の証拠が介在するばあい,適法証拠も多数あるばあいなど)には,証拠能力をみとめて

よいとされる。

(ii) **独立入手源による例外**（Independent source exception）

派生的証拠が独立の捜査活動から得られたばあいには，証拠能力をみとめてよいとされる。

(iii) **不可避的発見による例外**（必然的発見の例外。Inevitable discovery exception）

不可避的発見による例外とは，捜査官が違法捜査をしたが，仮にその捜査がなされなくても，いずれ他の捜査官による適正な捜査の結果，その証拠を発見したはずであると考えられるばあいには，証拠は排除されないとするものである。

(iv) **善意の例外**（Good faith exception）

善意の例外とは，違法捜査をした捜査官がその手続きの合法性を信じていたばあいには証拠は排除されないとするものである。

いずれも，証拠を排除しても違法捜査の抑止的効果がないばあいであるから，**違法捜査抑止論**から導かれる例外とされている。

第3節　伝聞法則とその例外

第1款　意　義

1　伝聞法則の意義

(1) **意義**

伝聞法則とは，伝聞証拠の証拠能力を否定する法原則をいう。

(2) **伝聞証拠の定義**

(i) **実質的定義**

伝聞証拠とは，当事者の反対尋問によるテスト（吟味）を経ない供述証拠をいう（平野・203頁, 田口・397頁, 白取・386頁など。通説）。これは，実質的観点からの定義である（田宮・364頁）。

(ii) **形式的定義**

(a) **語義重視型**

伝聞（伝え聞き・hear-say）という本来の語義に即して定義すると，**伝聞証拠**

とは，要証事実を直接に知覚した者（原供述者）からの伝え聞きを意味することになる（田宮・363頁，寺崎・331頁など）。

(b) **要証事実との関係重視型**

要証事実との関係という観点から定義すると，**伝聞証拠**とは，公判廷外の供述を内容とする証拠で，供述内容の真実性を立証するためのものを意味することになる（松尾・下44頁，田宮・363頁，池田=前田・345頁，上口・375頁など）。

これらは，形式的観点からの定義である。

(iii) **本書の立場**

アメリカ法は，①「証人対質権」に関する憲法的保障と②コモン・ローの伝聞法則に基づく証拠法的規制の両面を併有しており，わが国は，①を憲法37条2項前段の証人審問権として，②を刑訴法320条以下の伝聞法則をその例外という形で導入している（松尾・下44頁）。伝聞証拠の定義に関して上述のような相違が生じるのは，上記の①・②何れの観点から説明するかの違いに由来する。**伝聞法則の証拠法的規制**としての刑訴法の諸規定を解釈するという観点からは，**要証事実との関係**が重要性を有するので，**(b)説が妥当である**といえる。

(3) **伝聞法則の日本的変容**

わが国の伝聞法則は，上述のとおり，アメリカ法に由来するが，次の点で異なると指摘されている（松尾・下56-7頁）。すなわち，①わが法は，規定の文言上，「伝聞」というもっとも基本的な術語を使用していないこと，②伝聞法則の例外を定める規定が，書面を対象とするものと伝聞供述を対象とするものとに分かれ，かつ，明らかに前者の比重が大きいこと，③裁判官面前調書，検察官面前調書など，一部の書面に特異な扱いを与えていること，④アメリカ法における伝聞例外のあるもの（たとえば，興奮時に発したことば，死期が迫った時の供述など）を顧慮していないように見えること，⑤伝聞法則が，刑事手続きだけに採用されていることなどが，アメリカ法における伝聞法則とは異なるとされているのである。

2 伝聞証拠の種類

伝聞証拠は，大別すると(1)**伝聞証言**と(2)**公判期日外における供述に代わる**

書面とに分かれる。

(1) **伝聞証言**

伝聞証言とは，公判期日外における原供述者の供述内容をそれを聞いた者が公判廷で供述することをいう。たとえば，XがYを殺害する犯行を目撃したAが，その状況をBに話したばあいに，Bが法廷において，「XがYを殺害するのを見たAから聞いた」旨を証言したとき，Bの証言が伝聞証言に当たる。

(2) **公判期日外における供述に代わる書面**

公判期日外における供述に代えて書面を公判に顕出するばあいには，(i)**供述書**と(ii)**供述録取書**とがある。

(i) **供述書**

供述書とは，原供述者自身が自ら体験した事実を記載した書面をいう。たとえば，メモ，日記，手紙，被害届，告訴状などが，これに当たる。

(ii) **供述録取書**

供述録取書とは，原供述者から供述を聴いた者がその供述内容を記載した書面をいう。たとえば，警察官面前調書（**警面調書**），検察官面前調書（**検面調書**），証人尋問調書などが，これに当たる。

3 伝聞証拠と要証事実との関係

伝聞証拠は，原供述者の供述内容を証拠とするばあいに問題となる**相対的観念**である。すなわち，「伝聞証拠となるかどうかは，**要証事実と当該供述者との知覚との関係**により決せられるものであって，甲が一定内容の発言をしたことじたいを要証事実とする場合は，その発言を直接知覚した乙の供述は伝聞証拠にあたらないが，甲の発言内容に符合する事実を要証事実とする場合には，その発言を直接知覚したのみで要証事実じたいを直接知覚していない乙の供述は伝聞証拠にあたる」（最判昭38・10・17刑集17巻10号1795頁）ことになる。

たとえば，XがYを殴った現場をAが目撃したばあい，Aが証人として出廷して「XがYを殴った」と証言すれば，これは直接証言である。ところが，後日このことを聞いたBが出廷して，「『Xがやった』とAが言っていました」と証言したばあい，このうちAがそう言っていたのを聞いたという部

分は自分の体験であるが，「Xがやった」という部分は他人の体験を間接的に報告するにすぎず，その真実性を立証しようとするならば，Bの証言は伝聞証拠であることになる（田宮・363頁）。

これに対して，Bの証言をAの名誉毀損罪を立証するための証拠として使用するばあいには，それは伝聞証拠とはならない（白取・389頁，福井・350-1頁，上口・378頁など）。なぜならば，このばあい，要証事実は，名誉を毀損する事実の摘示の存在であり，Aがそのような供述をしたか否か，が問題となるからである。この点については，証人であるBに対する反対尋問によって吟味することが可能となる。

第2款　伝聞法則の根拠

伝聞法則の根拠づけに関して，英米法系の当事者主義を基礎とする採証原理と大陸法系の職権主義を基礎とする採証原理としての「直接主義」がある。

1　当事者主義を基礎とする立場

英米法系の刑事裁判の基本原理である当事者主義の観点からは，供述証拠の信用性は当事者による反対尋問を通した吟味が要求されるが，伝聞証拠のばあいには，原供述者がいないので，**反対尋問による吟味**が不可能であるから，伝聞証拠は排除されるべきであることになる。

この立場の基礎には，(1)**伝聞証拠の危険性の除去**と(2)**反対尋問権の保障**がある。

(1)　伝聞証拠の危険性の除去

（i）　意義

供述証拠のプロセスを検討して伝聞の危険 (hearsay dangers) を指摘したのは，アメリカのモーガン教授であり，彼は，知覚，記憶，誠実性 (sincerity)，言語の使用 (use of language) の4つに分けた。しかし，最近のアメリカ証拠法においては，①叙述段階と②知覚＝記憶段階に分けて伝聞証拠の危険性が指摘されるに至っている（松尾・下30頁，田宮・369頁）。

①**叙述段階**においては，「不誠実」(insincerity) および「不明確」(ambiguity) の危険が問題となる。これに対して②**知覚＝記憶段階**においては，「知覚の

誤り」(faulty perception)，および「記憶の誤り」(erroneous memory) の危険が問題となる（松尾・下30頁）。

(ii) **危険の具体的内容**

伝聞証拠の危険の内容をより具体的に見ると，次のようになる（田宮・367-8頁）。すなわち，供述証拠は，体験事実について，**知覚**（perception）→**記憶**（memory）→**叙述**（narration）という過程を経て事実認定をおこなう裁判官に到達するが，そのいずれにも**誤りが生じる可能性**がある。そこで，①**知覚**については，正確に事実を見聞したか，その能力と機会が十分にあったか，を点検する必要がある。②**記憶**については，記憶力が維持されているか，他の事実と混同していないか，混乱・創作などがないか，を点検する必要がある。③**叙述**については，正直に述べているか，相手に正確に伝わるように適切な用語を用い，誤解を生じさせるようなことはないか，を点検する必要があることになる。

これらの点を吟味・確認するために，公判廷における証人尋問では，通常，①真実を述べる旨の**宣誓**がなされ，②不利益をうける相手方当事者は**反対尋問**をすることができ，③裁判所は供述の態度等の観察によってその**信用性**を判断することができる。ところが，伝聞証拠は，法廷外の供述を内容とし，公判廷における証拠の吟味・確認の手段は十分には保障されていないので，正しい事実認定をするためには，そのような証拠は使わない方が安全であることになるわけである。

(2) **反対尋問権の保障**

(i) **意義**

憲法37条2項は**被告人の証人審問権**を保障しているが，これは被告人に**反対尋問権**をみとめるものであると解するのが，**通説**の立場である。つまり，英米法流の**伝聞法則の原理**がこれによって承認されていると解されるのである。憲法は，被告人の反対尋問権だけを規定しているが，伝聞法則は両当事者の反対尋問を要求することに留意する必要がある。刑訴法は，このような理解に立脚して，原則として伝聞証拠の証拠能力を否定しているのである（320条2項）。

(ii) **受訴裁判所の面前性**

反対尋問が事件の審判に当たる**受訴裁判所の面前**でおこなわれることを要するかについては，積極説と消極説の対立がある。反対尋問による吟味は，当該裁判所の面前でなされたばあいに，もっともその効果を発揮することができるから，積極説が妥当である（平野・205頁, 高田・222頁, 池田＝前田・381頁など）。

2 職権主義を基礎とする立場

この立場は，職権主義を基礎とする**直接主義**の見地から伝聞法則を理解する。この立場によれば，320条の規定は直接主義を宣言したものであり，伝聞証拠の排斥はその1つとして把握されるのである（小野・刑雑4巻3号320頁以下）。直接主義は，裁判所が正確な心証を得るために要求される原則であり，裁判官の面前で反対尋問がなされることを要求することになる。

治罪法から旧々刑訴法を経て旧刑訴法までの間,「直接主義」の実現の可否は，刑訴法の改正をめぐる最大の争点であったのであり，他人（＝捜査機関・予審判事）の取調べの結果（＝聴取書・訊問調書）に依存すべきではないという積極説と，真実は公開の法廷よりも非公開の取調べ室で語られるとする消極説とが対立してきたのである。直接主義論にも相当の根拠があったが，この見解には，憲法37条2項の意義や刑訴法制定の経緯を無視ないし軽視するという難点があるとされる（松尾・下57頁）。

3 本書の立場

わたくしは，英米法系におけるように，伝聞法則は当事者主義を基礎にして当事者の**反対尋問による吟味**を要求するものであると解する。

第3款 伝聞法則の例外

1 意義

伝聞法則をつねに厳格に適用することは事実上不可能であるから，英米法において例外がみとめられている。この例外は，実際上の考慮に基づいて判例によって集積されたものである。アメリカにおける通説的見解によれば，①「**信用性の情況的保障**」(circumstantial guarantee of trustworthiness) の要件，すなわち，反対尋問の機会を与えなくても当該当事者の利益を害しない程度の

高度の信用性が諸種の状況によって保障されていること，および，②「**必要性**」(necessity)の要件，すなわち，伝聞証拠の使用を必要とする特殊な事情（とくに原供述者の供述不能）があることを具備するばあいには，証拠とすることができるとされている。わが現行法の規定する伝聞法則の例外は，上記の基準で説明できるとされている（高田・323-4頁，平野・206-7頁，田宮・374頁，福井・352頁，白取・393頁，上口・384頁，寺崎・340頁など）。

2 書面の形による伝聞証拠

(1) 書面による伝聞証拠の取扱いに関する法規制

(i) 伝聞証拠の取扱いの原則

321条が規定するばあいを除き，公判期日における供述に代えて書面を証拠とすることは許されない（320条1項前段）。すなわち，書面の形による伝聞証拠の証拠能力は，**原則的に排除**されるのである。

321条以下は，主として前述の伝聞法則の例外について規定しているが，はじめから伝聞法則の適用が問題とならないばあいや伝聞法則不適用のばあいについても規定している。

(ii) 伝聞法則の例外規定の条文配列

(a) 条文の配列

現行法における伝聞例外に関する規定の配列は，次のとおりである。すなわち，まず**被告人以外の供述**（321条）と**被告人の供述**（322条）とを分け，ついで**特信文書**（323条），**同意文書**（326条），**合意文書**（327条）および**証明力を争うための証拠**（328条）の順序で規定している。**被告人以外の供述の原則型**は321条1項3号にあらわれており，それは，供述録取書，供述書，口頭供述を通じて統一した基準を示している。したがって，あとはそのバリエイションであることになる（田宮・379頁）。

以上の条文の配列をまとめると，次のようになる。

321条（被告人以外の者の書面）
　1項1号（裁判官の面前調書）
　1項2号（検察官の面前調書）
　1項3号（1号および2号以外の書面）
　2項前段（公判準備・公判期日における供述録取書）

2項後段（裁判所・裁判官の検証調書）
　　3項（検察官・警察官の検証調書）
　　4項（鑑定書）
321条の2（ビデオリンク方式による証人尋問調書）
322条（被告人の供述書・供述録取書）
323条（戸籍謄本・公正証書謄本などの書面）
324条（伝聞の供述）
325条（供述の任意性の調査）
326条（同意書面）
327条（合意書面）
328条（証明力を争うための証拠）

　ここでは，供述録取書および供述書の概要を見ておくことにし，詳細は後述することにしよう。

　(b)　**供述録取書**

　被告人以外の者の供述録取書は，録取者によって信用性の内容に差があり得るので，そのいかんによって要件に差異を設けている。すなわち，321条1項は，1号（**裁判官**），2号（**検察官**），3号（**その他の者**）を区別している。このうち**原則型は3号のばあいであり，供述不能，特信性，証拠の重要性**が要件とされている。1号の裁判官，2号の検察官のばあいについては，信用性の程度に応じて，要件がゆるやかになっている。被告人の供述録取書は，録取者のいかんを問わず，**供述内容の利益・不利益**によって区別している（322条1項）。

　(c)　**供述書**

　供述書についても，被告人とそれ以外の者とを分けて規定している。被告人以外の者の供述書は，その原則型である321条1項3号により，被告人の供述書は，322条1項によりそれぞれ規律される。

　(2)　**被告人以外の者が作成した供述書またはその者の供述を録取した書面（供述録取書）で供述者の署名または押印があるもの**（321条1項）

　(i)　**意義**

　被告人以外の者の供述書とは，被告人以外の者が作成した書面でみずから

の供述を内容とするものをいう。たとえば，被害者が被害状況をみずから記載した被害届がこれに当たる。この種の書面については，作成者の署名・押印（規60条・61条参照）は必要でない（最決昭29・11・25刑集8巻11号1888頁）。しかし，署名も押印もなくそのため誰が作成したかが分からない供述書は，書面としての効力がみとめられず，その供述記載も証拠となし得ないことになる（柏木・272頁，上口・386頁など）。

被告人以外の者の供述を録取した書面を**供述録取書**という。

(ii) **要件**

供述録取書は，供述者の署名または押印が**証拠能力の要件**とされている。供述者の署名または押印によって供述録取書が実質的に供述書と同じ扱いを受けることになり，供述者の署名も押印もないばあいは，原供述が録取者と書面との二重の媒介物によってあらわれるという意味で**一種の再伝聞**とされ，証拠能力はみとめられないわけである（高田・224-5頁，上口・386頁など）。

(iii) **被告人以外の者の意義**

「被告人以外の者」とは，それを証拠として事実認定をされようとする当の被告人を除くすべての者をいう。したがって，被害者のような第三者だけでなく，共同被告人や共犯者も含む（**通説・判例**。共犯たる共同被告人につき，最決昭27・12・11刑集6巻11号1297頁，最判昭28・7・7刑集7巻7号1441頁。共犯でない共同被告人につき，最判昭28・6・19刑集7巻6号1342頁。共同被告人でない共犯者につき，福岡高判昭28・6・18刑集6巻6号781頁）。

(3) **供述書・供述録取書の証拠能力**

供述書・供述録取書は，次の区別に従って，証拠能力がみとめられる。

(i) **裁判官の面前における供述録取書**

主として受訴裁判所を構成する裁判官以外の裁判官による証人または鑑定人・通訳人・翻訳人尋問調書（158条・163条・171条・178条・179条・226条・227条・281条などによるばあい）がこれに当たる。当該被告人の他事件において作成されたこれらの書面も含まれ（他事件で作成された証人尋問調書につき，最決昭29・2・11刑集8巻11号1834頁），さらに他事件の公判調書も含まれる。

これらの書面は，次のばあいに**証拠能力**がみとめられる（321条1項1号）。

(a) **その供述者が死亡，精神・身体の故障，所在不明または国外にいるため公判準備または公判期日において供述することができないとき**

裁判官が公判外（公判期日・公判準備外）に証人等を尋問するばあいには，原則として当事者に立会いの機会が与えられるので（157条・171条・178条など），反対尋問の

機会が与えられている。しかし，それは当該裁判所の面前での反対尋問ではないから，供述者が公判で供述し得ないばあいに限って証拠能力をみとめたものと解される$\left(\substack{高田\cdot\\226頁}\right)$。

「供述することができない」ことの理由は，制限的列挙でないとするのが**通説・判例**である$\left(\substack{証言を拒否したばあいにつき，最〔大〕判昭27・4・9刑集6巻4号584頁，最決昭44・\\12・4刑集23巻12号1546頁。相被告人が黙秘権を行使したばあいにつき，札幌高判昭\\25・7・10刑集4巻2号303頁，記憶喪失のため供述を拒否したばあいにつき，最決昭29・7・29刑集8巻\\7号1217頁。宣誓すべき証人が宣誓を拒んだばあいにつき，仙台高判昭32・6・19刑集10巻6号508頁}\right)$。

(b) **供述者が公判準備または公判期日において前の供述と異なった供述をしたとき**

これは，英米法における**自己矛盾の供述**（self-contradiction）である。原供述者が公判準備または公判期日に出頭して供述したばあい，その供述が前の供述と異なるときには，いずれの供述も証拠能力を有し，そのいずれを採用するかは裁判官の自由心証に委ねられる。当事者は，両方の供述について**反対尋問**によって**信用性を吟味**することができる。

(ii) **検察官の面前における供述録取書**

検察官の面前における供述録取書の証拠能力がみとめられるための要件は，(a)前記(i)のばあいと同じく，供述者が死亡，精神もしくは身体の故障，所在不明または国外にいるため公判準備または公判期日において供述することができないこと，および，(b)公判準備または公判期日において前の供述と相反するかまたは実質的に異なった供述をしたばあいで，かつ，公判準備または公判期日における供述よりも前の供述を信用すべき特別の情況が存在することである$\left(\substack{321条1\\項2号}\right)$。

(a) **第1の要件**

検察官の面前における供述録取書を裁判官のばあいと同様に論じ得るかについて，問題がある。第1に，**捜査機関**である検察官は，裁判官と異なって公平な第3者の立場になく，検察官に対する供述は，宣誓による担保を有していないので，**信用性の情況的保障**に著しく欠けるところがあるとされる。第2に，その供述が重要であれば，裁判官に対する証人尋問請求によってこれを保全・確保する途が部分的ながら講じられているので$\left(\substack{227\\条}\right)$，検察官に対する供述を証拠として信用することの**必要性**が必ずしもつねに存在するとは

いえないとされるのである。
　裁判官に対するばあいと同一の要件で検察官に対する供述の証拠能力をみとめる規定は，被告人に不利益な供述に関するかぎり，憲法違反というべきであるとする見解がある(平場・159頁，高田・228頁)。
　これに対して，違憲の可能性があるので，**とくに信用すべき情況がある**ばあいにかぎり証拠能力をみとめるべきものとする見解もある(平野・209頁，柏木・230頁。同旨，大阪高判昭42・9・28高刑集20巻5号611頁)。**この見解が妥当である。**
　(b) **第2の要件**
　(α) **内容**　検察官の面前における供述録取書のばあいは，裁判官の面前におけるばあいとは異なって，たんに「異なった供述」をしただけでは足りず，「**前の供述と相反するかまたは実質的に異なった供述**」をしたことが必要とされている。
　また，公判準備または公判期日における供述よりも前の供述を「**信用すべき特別の情況**」(**特信情況**)の存在が必要とされている。これは，**信用性の情況的保障**の存在を要件とするものと解されている。
　(β) **特信情況の存否の判断の方法**　この点について，学説は次のように分かれている。すなわち，①もっぱら外面的付随事情によって決すべきものとする説(平場・202頁，柏木・230頁，石川・261頁など。仙台高判昭26・2・21特22号8頁)，②外面的付随事情のほかに供述自体の内容(たとえば，供述が理路整然としていること)も判断の資料として良いとする説(田中・157頁。最判昭30・1・11刑集9巻1号14頁)，③もっぱら供述内容について信用性を判断すべきとする説(横井・101頁)，④証明力の問題であるから裁判官の自由心証によるとする説(小野等・722頁)などが主張されているのである。
　(iii) **前記(i)(ii)以外の書面**
　321条1項1号および2号に掲げる書面以外の書面である。たとえば，被害者が作成した被害届・告訴状などの供述書，検察事務官・司法警察職員の面前における供述録取書などがこれに当たる。
　これらの書面は，供述者が死亡，精神もしくは身体の故障，所在不明または国外にいるため公判準備または公判期日において供述することができず(**供述不能**)，かつ，その供述が犯罪事実の存否の証明に欠くことができないも

ので（**証拠の重要性**），その供述がとくに信用すべき情況の下になされたものであるとき（**特信情況**）に限って，証拠能力がみとめられる（321条1項3号）。この要件は，「信用性の情況的保障」と「必要性」とが存在するばあいの典型的なもので，伝聞法則適用の**例外の原型**とされている（松尾・下58頁，高田・230頁，田口・385頁，福井・352頁，白取・398頁，上口・385頁など）。

(a) 「犯罪事実の存否の証明に欠くことができない」の意義

「犯罪事実の存否の証明に欠くことができない」とは，公訴犯罪事実を中心とする**主要事実の存在または不存在の証明に必要なものに限られる**こと，つまり，他の証拠では同一目的を達し得ないことを意味する（滝川・458頁，高田・230頁など）。

これに対して，犯罪事実の存否に関連のある事実のすべての証明につき実質的に必要とみとめられることであると解する見解もある（小野・725頁など）。

(b) 特信情況の意義

「特に信用すべき情況」とは，一定の情況が存在するため，供述内容が通常，**真実と推認され得る事情**をいう。たとえば，英米法における(α)**自然的発言**，(β)**臨終の陳述**，(γ)**財産上の利益に反する供述**などがこれに当たる。これは，比較の問題ではなく，**絶対的特信情況**を意味する（田宮・381頁）。

(α) **自然的発言** 自然的発言とは，真実な供述が自然的になされ，虚偽を作為する余地がないと解されるばあいをいう（**供述の自然性**）。たとえば，供述時の精神的または身体的苦痛に関する事件直後の供述（傷害の被害者が傷害を受けた直後に身体の苦痛を他人に告げたばあい），供述時の計画・動機・感情などの事件発生前における自然的な供述，事件に関係ある客観的事実についての事件中または事件直後における**衝動的供述**（spontaneous exclamation）（殺人の現場を目撃した者が即座に「あっ，AがBを殺した」と述べた）などが，これに当たる（高田・230頁）。このばあいは，供述が自然で作為が加えられる余地がないので，特信性がみとめられるのである（上口・385頁など参照）。

(β) **臨終の陳述** 臨終の陳述とは，殺人事件（致死事件を含む）の被害者が死に直面し，かつ死を自覚しつつその事件の経過についてした供述（dying declaration）をいう（高田・230頁）。このばあいは，死に直面した者の供述に誠実性を疑わせる余地が少ないので（**供述の良心性**），特信性がみとめられる（上口・385頁など参照）。

(γ) **財産上の利益に反する供述** **財産上の利益に反する供述**とは，自己に不利益な財産上の供述をいう(**供述の不利益性**)。このばあいには，自己に不利益な供述をするのはそれが真実であるからであると解されるので，特信性が肯定されるのである($\substack{上口・385 \\ 頁など参照}$)。

(iv) **被告人以外の者の公判期日における供述を録取した書面**

　被告人以外の者の公判準備または公判期日における供述を録取した書面は，**当然**に証拠能力がみとめられている($\substack{321条2 \\ 項前段}$)。公判準備における証人などの尋問調書および公判調書が，これに当たる。

　証拠能力がみとめられる理由は，公判準備および公判期日においては，証人などの尋問に際して当事者は立会権および尋問権を有し($\substack{157条・158条・159条・\\171条・178条・281条\\〔規108条・109\\条〕・304条}$)，**反対尋問の機会**が与えられることに求められている。

(v) **裁判所または裁判官の検証の結果を記載した書面**

　裁判所または裁判官の検証の結果を記載した書面は，**当然**に証拠能力がみとめられている($\substack{321条2 \\ 項後段}$)。公判準備としての検証($\substack{128条 \\ 以下}$)の検証調書，公判期日における検証の結果を記載した公判調書($\substack{規44条1項 \\ 31号参照}$)，証拠保全手続きによる検証($\substack{179 \\ 条}$)の検証調書などが，これに当たる。

　これらの書面が無条件で証拠能力をみとめられる理由は，これらの書面のばあい，検証者としての供述者が**公平な第三者である裁判所または裁判官**であるので，その供述，つまり検証の結果はとくに信用性を有すること，検証の結果を記載した書面を証拠とする**必要性**が大きいこと，および，検証の結果を口頭で報告するよりも書面に記載し図面や写真によって表現したほうが**正確に了解し得ること**に求められている($\substack{高田・\\231-2頁}$)。さらにその理由は，別の観点から次のように根拠づけられる。すなわち，①検証が場所や物の状態に対する客観的な認識を旨とする作業であること(**採証活動の性質**)，②検証の結果の記載は，業務としての正確さをもってなされること(**調書作成の性質**)，③裁判官が検証の結果を証人的地位で報告するのは適当でないこと(**検証主体の性質**)，④**当事者の立会い**がある程度保障されていることなどに基づくとされるのである($\substack{松尾・下 \\ 87頁}$)。

　本項の適用を受けるのは，当該事件に関する書面に限る必要はなく，他の

事件（民事事件でもよい）に関するものも含む（通説）。**通説は妥当**であるとおもわれる。

これに対して，立会権がまったくないので，それは含まれないとする見解もある（平野・217頁，高田・232頁など）。

検証調書には，その記載事項を正確・明瞭にするために添付された図面や写真が検証の結果の理解の便宜のためのものであるかぎり，検証調書と一体不可分のものとして証拠能力がみとめられる（松尾・下87頁など。**通説**）。

検証の現場において被告人その他の者を立ち会わせてなされた指示説明が独立の供述としての意味をもつものではなく，検証そのものの正確さや明確さを補助する機能を果たしているかぎりにおいて，検証の結果と解される（柏木・233頁，平野・218頁，高田・232頁など）。

(vi) **検察官，検察事務官または司法警察職員の検証の結果を記載した書面**

検察官，検察事務官または司法警察職員の検証の結果を記載した書面は，その供述者が公判期日において**証人として尋問**を受け，それが**真正に作成**されたものであることを供述したばあいに，証拠能力がみとめられる（321条3項）。捜査機関が，令状により（218条）または令状なしに（220条）おこなう検証をした際に作成される書面（いわゆる**検証調書**）が，これに当たる。

このばあいの検証は，裁判所または裁判官による検証と異なって，捜査機関がおこなうもので被告人の立会権がみとめられていないので，供述者に対する**反対尋問を条件**にして証拠能力を付与したものと解される（松尾・下89頁など）。

(a) 「**その真正に作成されたものであること」の意義**

「真正に作成されたものであること」は，たんに調書の作成名義が真正であること（「有形」偽造でないこと）を意味すると解する見解もあるが（団藤・263頁），それだけでは足りず，検証の結果の正確性・真実性について被告人側の**反対尋問に応じて答えた**ことを意味すると解するのが妥当である（小野等・728頁，平野・216頁，松尾・下89頁，高田・233頁など）。

(b) **実況見分書の証拠能力**

実況見分書とは，捜査機関が任意処分としておこなう実況見分の結果を記載した書面をいう。実況見分書の証拠能力について，**判例・通説**は，検証調

書と同様に扱ってよいと解している（最判昭35・9・8刑集14巻11号1437頁，最判昭36・5・26刑集15巻5号893頁，最判昭47・6・2刑集26巻5号317頁。松尾・下89頁など）。その根拠は，実況見分も実質的には検証であり，任意処分か強制処分かは問題でないことに求められている。**判例・通説**の立場が**妥当**である。

これに対して，実質論によって伝聞法則の例外を拡張することは妥当でないとする説もある（平野・216頁，高田・233頁など）。

(vii) **鑑定の経過および結果を記載した書面で鑑定人の作成したもの**（鑑定書）

鑑定の経過および結果を記載した書面で鑑定人の作成したものは，その供述者（鑑定人）が公判期日においてその真正に作成されたものであることを供述したばあいに，証拠能力がみとめられる（321条4項）。この書面の証拠能力の条件は，検察官，検察事務官または司法警察職員の検証の結果を記載した書面のそれと同じである。

鑑定人は，裁判所または裁判官の命によって公正に鑑定をおこなうべき立場にあり，宣誓（166条）および刑法上の制裁（刑171）によってその公正が担保されていること，および口頭で報告させるよりも書面によるほうが正確を期しやすい点で検証と類似していることに，本項の根拠が求められている（高田・234頁，松尾・下92頁，田宮・384頁など）。

いわゆる鑑定受託者（223条1項）がした鑑定のばあいを含めてよいかについて，**判例**（最判昭28・10・15刑集7巻10号1934頁（準用説））・**通説**（松尾・下95頁，田宮・384頁など）はこれを肯定する。わたくしは，**判例・通説**の立場が**妥当**であると解する。

これに対して，その公正については何らの担保もないので，消極に解すべきであるとする説もある（高田・234頁，渥美・437-8頁）。

(viii) **ビデオリンク方式による証人尋問調書**

(a) **意義**

ビデオリンク方式による証人尋問については後述するが，ビデオリンク方式による証人の尋問および供述ならびにその状況（映像・音声）を記録した媒体は，訴訟記録に添付して調書の一部とされる（157条の4第2項・3項，裁判員65条3項）。記録媒体中の供述を証拠とするばあいは，**伝聞証拠**となる。

(b) 証拠能力に関する規定

321条の2第1項は、次のように規定している。すなわち、ビデオリンク方式による証人尋問調書の証拠能力について被告事件の公判準備もしくは公判期日における手続き以外の刑事手続きまたは他の事件の刑事手続きにおいて第157条の4第1項に規定する方法によりなされた証人の尋問および供述ならびにその状況を記録した**記録媒体がその一部とされた調書**は、**321条1項の規定にかかわらず**、証拠とすることができる。このばあいにおいて、裁判所は、その調書を取り調べた後、訴訟関係人に対し、その供述者を**証人として尋問する機会**を与えなければならない。

1項の規定により調書を取り調べるばあいにおいては、305条3項ただし書きの規定は、適用されない。

1項の規定により取り調べられた調書に記録された証人の供述は、295条1項前段ならびに前条1項1号および2号の適用については、被告事件の**公判期日においてされたものとみなされる**($\frac{3}{項}$)。

本条は、平成12年法律74号によって追加された。

(c) 例外条件

「被告事件の公判準備もしくは公判期日における手続き以外の刑事手続き」、または、「他の事件の刑事手続き」において実施されたビデオリンク方式による証人尋問の「記録媒体がその一部とされた調書」は、321条1項1号の要件を満たさなくても、**無条件**に証拠とすることができる($\frac{321条の2}{第1項前段}$)。当該事件に関しておこなわれた検察官請求による証人尋問・証拠保全としての証人尋問の記録媒体、および、共犯者などに対する他の事件の刑事手続きにおける証人尋問の記録媒体をその一部とする調書は、321条1項1号書面に当たるが、供述者が証言を繰り返す負担を軽減するため、供述不能でないばあいも許容される。しかし、記録媒体の再生後、**供述者を尋問する機会**を訴訟関係人に与えなければならない($\frac{321条の2}{第1項後段}$)。それは、反対尋問の機会がなかったことや補充尋問の必要性があることを考慮して要求されるのである($\frac{上口\cdot}{399頁}$)。

当該「被告事件の公判準備もしくは公判期日における手続き」の記録媒体

が添付された調書は，**無条件**に証拠能力がみとめられる($\frac{321条}{2項}$)。

(d) 「**公判期日における供述**」**とみなすことの意義**

　記録媒体中の供述は，321条1項1号・2号，および，295条1項前段の適用との関係で，被告事件の公判期日における供述とみなされる($\frac{324条の}{2第3項}$)。したがって，記録媒体における供述がたとえば検面調書と相反するばあいは，321条1項2号後段によって検面調書が許容され，裁判長は，訴訟関係人が供述者に対し尋問するばあい，記録媒体中の尋問と重複する尋問を制限することができる($\frac{上口・}{400頁}$)。

(4) **被告人の供述書・供述録取書**

(i) **被告人が作成した供述書または被告人の供述を録取した書面で被告人の署名または押印のあるもの**

　被告人が作成した供述書または被告人の供述を録取した書面で被告人の署名もしくは押印のあるものは，(a)その供述が被告人に**不利益な事実を承認**するものであるとき，または(b)**とくに信用すべき情況**の下にされたものであるときにかぎり，証拠能力がみとめられる($\frac{322条1}{項本文}$)。ただし，被告人に不利益な事実の承認を内容とする書面は，その承認が自白でないばあいにおいても，319条の規定に準じ，任意にされたものでない疑いがあるとみとめるときは，これを証拠とすることができない($\frac{322条1項た}{だし書き}$)。

(a) **不利益な供述**

　被告人に不利益な供述については，反対尋問権を考慮する必要がないので，証拠能力がみとめられるが，319条に準じて**任意性**が要求されるのである。

(b) **利益な供述**

　被告人に利益な供述のばあい，検察官の反対尋問は，被告人の黙秘権のため実効性が確保されていないので，**特信情況**を条件として証拠能力がみとめられる。

(ii) **被告人の公判準備または公判期日における供述を録取した書面**

　被告人の公判準備または公判期日における供述を録取した書面は，その供述が**任意**にされたものとみとめるばあいにかぎり，証拠能力が肯定される($\frac{322条}{2項}$)。公判準備における供述を録取した書面は，たとえば，公判準備にお

ける裁判所の検証調書中その検証に立ち会った被告人の供述を記載した部分が，これに当たり（福岡高判昭26・10・18／高刑集4巻12号1611頁），公判期日における供述を録取した書面は，公判調書を意味する。

本項の書面は，322条1項に規定する「被告人の供述を録取した書面」の特別のばあいであって，被告人の署名押印は必要とされない。

(iii) 322条における「被告人」と「共同被告人」

322条における「被告人」に「共同被告人」が含まれるか，が問題となる。すなわち，共同被告人Ｘの供述書・供述録取書が共同被告人Ｙに対して322条に基づいて証拠能力がみとめられるか，が問題となるのである。この点に関して見解が分かれている。

(a) 共同被告人は「被告人」に含まれず，その供述書・供述録取書は321条1項各号によるべきであるとする説。この説は，**通説・判例**の立場である（最決昭27・12・11／刑集6巻11号1297頁）。その根拠は，共同被告人は当該被告人にとっては第三者であるので，その供述書面は通常の伝聞証拠であることに求められている。**本説が妥当**である。

(b) 共同被告人は「被告人」に含まれるとする説。この説は，その供述に任意性を要求し，共同被告人相互の間では審問権が保障されなければならないので，結局，322条と321条の競合的な適用があるとする（団藤・268-9頁）。

(c) 共犯関係にある共同被告人は「被告人」に含まれるとする説。この説は，共犯関係にある共同被告人の供述書面については323条3号によるとする説（栗本・114頁，138-141頁）と322条が類推適用されるとする説（横川・実際140頁）に分かれる。

(d) 共犯関係のないばあいは321条1項各号により，共犯関係のあるばあいは原則として同規定と322条とが競合的に適用されると解する説（高田・236-7頁）。共犯者の供述は不可分と解すべきであることにその根拠が求められている。

(5) 特信書面

323条1号ないし3号に掲記されている書面は，**高度の類型的信用性**と**必要性**を根拠にして無条件に証拠能力がみとめられる。これらの書面は，アメリカ法における**公務文書および業務文書に関する法則**に基づいて証拠能力が

みとめられたものと解されている。

　(i)　**1号書面**（公務文書）

　1号書面は，戸籍謄本，公正証書謄本その他公務員（外国の公務員を含む。）が，その職務上証明することができる事実について作成した書面である。これらの書面は，いわゆる**公の証明文書**であり，性質上，**高度の信用性**が保障されているものである。

　1号掲記の書面のほか，戸籍抄本（戸籍法10条），公正証書抄録謄本（公証人法53条），不動産登記簿の謄抄本（不動産登記法施行細則29条以下），商業登記簿の謄抄本（商業登記規則31条），印鑑証明書などが，これに含まれる。

　判例上，本号に当たるとされたものとして，指紋対照照会に対する国家地方警察本部刑事鑑識課の回答書（大阪高判昭24・10・21判特1号279頁），検察事務官作成の前科調書・起訴猶予調書（名古屋高判昭25・11・4判特14号78頁）などがある。

　(ii)　**2号書面**（業務文書）

　2号書面は，商業帳簿，航海日誌その他業務の通常の過程において作成された書面である。証拠能力がみとめられる根拠は，これらの書面は，業務の信用保持などの必要から**機械的に継続して正確な記載**がなされるので，虚偽記載のおそれが少ないことに求められている。

　2号掲記の書面のほか，医師が作成するカルテ，航空機の航空日誌，漁船団の受信記録（最決昭61・3・3刑集40巻2号175頁）などが含まれる。

　(iii)　**3号書面**（その他の特信文書）

　3号書面は，(i)(ii)の書面のほかとくに信用すべき情況の下に作成された書面である。これらの書面の証拠能力がみとめられる根拠は，**信用性の情況的保障**があるため公務文書や業務文書と同様に信用性が高いことに求められている。

　判例上，本号に当たるとされたものとして，甲検察庁が乙検察庁に対してなした前科調回答の電信訳文（最決昭25・9・30刑集4巻9号1856頁）などがある。

3　伝聞供述の形による伝聞証拠の証拠能力とその例外

　公判期日外における他の者の供述を内容とする供述は，原則として証拠能力をみとめられない（320条1項後段）。324条がその例外を次のように規定している。

(1) 被告人以外の者の公判準備または公判期日における供述で，**被告人の供述**をその内容とするもの

　これらの供述については，322条の規定が準用される($\substack{324条\\1項}$)。すなわち，その供述が被告人に不利益な事実を承認するものであるばあいは，**任意性**を要件として，その他のばあいは**特信情況**を要件として，それぞれ証拠能力がみとめられるのである。

　このばあいは，被告人の供述が問題となるので，322条と同様に扱われることになる。

(2) 被告人以外の者の公判準備または公判期日における供述で，**被告人以外の者の供述**をその内容とするもの

　これらの供述については，321条1項3号が準用される($\substack{324条\\2項}$)。したがって，供述者が死亡，精神もしくは身体の故障，所在不明または国外にいるため公判準備または公判期日において供述することができず，かつ，その供述が犯罪事実の存否の証明に欠くことができず，その供述がとくに信用すべき情況の下になされたものであるばあいに，証拠能力がみとめられるのである。

(3) **被告人の公判準備または公判期日**における供述で，**被告人以外の者の供述**を内容とするものについては，明文の規定が存在しない。そこで，その取扱いをめぐって見解が次のように分かれている。

　すなわち，①320条は，主として被告人の反対尋問権を保障するものであって，同条1項の「他の者の供述」は被告人の供述を含まないから全面的に証拠能力をみとめる説($\substack{栗本・\\134頁}$)，②その供述が被告人に不利益なものであるか否かの区別に従って322条1項を類推適用する説($\substack{高田・\\241頁}$)，③被告人に不利益なものについては322条1項を類推適用し，それ以外のものについては324条2項により321条1項3号を準用する説($\substack{平場・199頁，柏木・240\\頁，石川・269-70頁}$)，④被告人に不利益なものであるばあいは，原供述者に対する**反対尋問権の放棄**と解されて伝聞法則は適用されず証拠能力がみとめられるが，被告人に利益なものであるばあいは**検察官の反対尋問権**が保障されるべきであるから321条1項3号を準用する説($\substack{平野・\\225頁}$)，⑤被告人に不利益な供述は証人尋問権の放棄と考えられるが，利益な供述は検察官が証人尋問権を放棄しないかぎり証拠

能力がないとする説(小野等・744-5頁)などが主張されているのである。**反対尋問権の保障**という観点からは**④説が妥当**であると解される。

4 任意性の調査

裁判所は，321条から324条までの規定により証拠とすることができる書面または供述であっても，あらかじめ，その書面に記載された供述または公判準備もしくは公判期日における供述の内容となった他の者の供述が任意にされたものかどうか，を調査した後でなければ，これを証拠とすることができない(325条)。

(1) 任意性の意義

ここにいう任意性について，次のように見解が分かれている。すなわち，①証拠能力の有無を決定づける任意性と解する見解(石川・270頁)，②証明力に影響する任意性の問題と解する見解(団藤・269頁，高田・243頁など)，③上記の両者を含めた意味における任意性の問題と解する見解が主張されているのである。

(2) 任意性の調査の時期

「あらかじめ」の意義について，①証拠調べの実体に入るに先立ってという意味と解する見解と②**証拠として採用することを決定する前**の任意の手続き段階でおこなえばよいと解する見解が主張されている。証拠としての採否の段階の問題であるから，②**説が妥当**であろう。

最高裁の判例は，「刑訴法325条にいう任意性の調査は，任意性が証拠能力にも関係することがあるところから，通常当該書面又は供述の証拠調べに先立って同法321条ないし324条による証拠能力の要件を調査するに際しあわせて行われることが多いと考えられるが，必ずしも右の場合のようにその証拠調べの前にされなければならないわけのものではなく，裁判所が右書面又は供述の証拠調後にその**証明力を評価するにあたってその調査をしたとしても差し支えない**ものと解すべき」であると判示している(最決昭54・10・16刑集33巻6号633頁)。**多数説**も，任意性の調査は，任意性が証拠能力の要件となっているばあい(322条，324条1項など)や特信性が証拠能力の要件となっているばあい(321条1項2号ただし書，同条1項3号ただし書)以外のばあいには，証拠価値ないし証明力判断との関係で要求されているものであるから，証拠の**証明力評価の段階**で調査することで足りると解し

ている（田宮・392頁，光藤・中237-8頁，鈴木・214頁，福井・361頁，田口・403頁など）。

(3) 任意性の調査の方法

任意性の調査の方法に制限はなく，供述の内容じたいによって判断し得る（最判昭28・10・9刑集7巻10号1904頁）。

5 当事者が同意した書面または供述，および，合意書面

(1) 当事者が同意した書面または供述

(i) 証拠能力

検察官および被告人が証拠とすることに同意した書面または供述は，その書面が作成されまたは供述のされたときの情況を考慮し相当とみとめるときにかぎり，321条ないし325条の規定にかかわらず，証拠とすることができる（326条1項）。

当事者が証拠とすることに同意したばあいには，反対尋問権が放棄されたものと解され，伝聞法則の適用が排除されるので，その書面または供述は，証拠能力がみとめられることになる。ただし，裁判所が書面の作成または供述の情況を考慮し「相当と認めるとき」という条件が付されている。

(a) **同意の相手方**

同意は，裁判所に対してなされることを要する。

(b) **同意の主体と数**

検察官および被告人の双方の同意の存在が必要である。

(c) **同意の方式**

同意は，明示的であることが多いが，必ずしも明示的であることを要しない（判例・通説）。

(d) **同意の取消し（撤回）**

同意の取消し（撤回）の可否について，これを否定する見解もあるが，肯定説が多数説である。多数説の内部において，①証拠調べ実施前までは許されると解する見解（高田・244頁）と②**証拠調べ終了まで許される**と解する見解（平野・222頁）が主張されている。②説が妥当であると解される。

(e) **同意の対象**

本条項によって適用を排除されるのは，321条ないし325条であって，319

条の適用は排除されないから，任意性を欠く自白または自白調書は，当事者双方の同意があっても証拠能力はみとめられない。

(ii) **同意の擬制**

被告人が出頭しなくても証拠調べをおこなうことができるばあいにおいて，被告人が出頭しないときは，326条1項の同意があったものとみなされる。ただし，代理人または弁護人が出頭したときは，このかぎりでない（$^{326}_{条2項}$）。

「被告人が出頭しないでも証拠調べを行うことができる場合」とは，283条ないし285条のばあいを意味し，これらのばあいには，被告人の同意が擬制される。

(iii) **証明力**

326条によって証拠能力がみとめられた証拠につき，証明力を争うことができるか，が問題となる。この点について，証拠とすることに同意することとその証明力を争うことは矛盾しないので，これを肯定してよいとする見解が有力に主張されている（$^{高田・245}_{頁など}$）。

(2) **合意書面**

裁判所は，検察官および被告人または弁護人が合意のうえ，文書の内容または公判期日に出頭すれば供述することが予想されるその供述の内容を書面に記載して提出したときは，その文書または供述すべき者を取り調べないでも，その書面を証拠とすることができる。このばあいにおいても，その書面の証明力を争うことを妨げない（$^{327}_{条}$）。

合意書面に証拠能力がみとめられる根拠は，**訴訟経済**に求められている。

6 **証明力を争うための証拠**（弾劾証拠）

(1) **弾劾証拠の証拠能力**

321条ないし324条の規定により証拠とすることができない書面または供述であっても，公判準備または公判期日における被告人，証人その他の者の供述の証明力を争うためには，これを証拠とすることができる（$^{328}_{条}$）。このように**証明力を争うために用いられる証拠を弾劾証拠**という。弾劾証拠については伝聞法則は適用されず，伝聞証拠も証拠能力がみとめられる。

(2) **弾劾証拠としてみとめられる証拠**

いかなる証拠が弾劾証拠として許されるか，について，次のように見解が分かれている。

（ⅰ）**自己矛盾の供述**に限るとする説（平野・252頁，柏木・243頁，高田・248頁，石川・273頁，鈴木・193-4頁など。**通説**）。

英米法においては，同一人の供述に矛盾があるばあいに伝聞証拠を弾劾証拠とすることをみとめており，本説は，328条はこれと同じ趣旨を規定したものであると解している。**本説が妥当**である。

最高裁の判例は，「刑訴法328条は，公判準備又は公判期日における被告人，証人その他の者の供述が，別の機会にしたその者の供述と矛盾する場合に，矛盾する供述をしたこと自体の立証を許すことにより，公判準備又は公判期日におけるその者の**供述の信用性の減殺**を図ることを許容する趣旨のものであり，別の機会に矛盾する供述をしたという事実の立証については，刑訴法が定める厳格な証明を要する趣旨であると解するのが相当である。そうすると刑訴法328条により許容される証拠は，信用性を争う供述をした者のそれと矛盾する内容の供述が，同人の供述書，供述を録取した書面（刑訴法が定める要件を満たすものに限る。），同人の供述を聞いたとする者の公判期日の供述又はこれらと同視し得る証拠の中に現れている部分に限られるというべきである」と判示している（最判平18・11・7 刑集60巻9号561頁）。これは，**通説と同じ立場**をとるものである。

（ⅱ）自己矛盾の供述に限定されないが，証人の信憑性のみに関する補助事実（たとえば，証人の能力・性格，当事者に対する偏見，当事者との利害関係などの事実）を立証する証拠に限られ，たとえ証人の信憑性を弾劾するためであっても，その事実が犯罪事実（主要事実）または間接事実であるばあいには，これを立証する証拠は伝聞法則の適用を受けると解する説（平場・490頁）。

（ⅲ）自己矛盾の供述に限らず，また犯罪事実に関するか否かを問わず，証明力を争う証拠として広く伝聞証拠を使用し得ると解する説。

（ⅳ）被告人側については(ⅲ)説と同様に解するが，検察官側について自己矛盾の供述に限られると解する説（田宮・395頁参照）。

これは，被告人については，反対尋問権を保障する必要があるので，検察

官側の弾劾のばあいは伝聞法則に抵触しない自己矛盾の供述の利用に限られるとする。

(3) 証明力を「争う」の意義

328条は供述の**証明力を減殺**するばあいについてのみ規定しているのか，それとも**証明力を増強**するばあいについても規定しているのか，が問題となる。

この点について，**減殺**するばあいに限ると解する見解が**多数説**である（小野等・760頁，高田・248頁，田宮・395頁など）。これに対して，証明力を増強するばあいも含むとする見解もある（滝川等・472頁など）。

証明力を減殺するばあいに限定する**多数説**が妥当である。なぜならば，増強証拠によって犯罪事実が認定されるおそれがあり，そのばあいには実質証拠として許容されたのと同じ結果になるからである（田宮・395頁）。

第4節　自白法則

第1款　自白法則の意義

1　自白と自白法則

自白とは，自己の犯罪事実の全部またはその重要部分をみとめる被告人の供述をいう。

自白に関しては，①その**証拠能力が制限**されており（憲38条2項，法319条1項），②その証明力も制限されて**補強証拠が要求**されている（憲38条3項，法319条2項3項）。この2つの規制を**自白法則**という（広義。狭義では，第1の原則のみを指す）。

2　自白法則がみとめられる根拠

自白法則がみとめられる根拠は，本人が犯罪事実をみとめているので，自白は**一般に信用**されやすいから，自白を安易に採用して自白に頼った裁判をし，自白をさせるために**人権侵害**がなされ誤った自白による裁判を招くおそれが大きいことに求められている。

第2款　自白の証拠能力を制限する根拠

1　序

自白の証拠能力について，憲法38条2項は「強制，拷問若しくは脅迫による自白又は不当に長く抑留若しくは拘禁された後の自白は，これを証拠とすることができない」とし，これを受けて刑訴法319条1項は「強制，拷問又は脅迫による自白，不当に長く抑留又は拘禁された後の自白その他任意にされたものでない疑いのある自白は，これを証拠とすることができない」と規定している。このように自白の証拠能力が制限されている根拠を明らかにする必要がある。

2　学説

自白の証拠能力を制限する根拠に関する学説は，(1)**虚偽排除説**，(2)**人権擁護説**，(3)**違法排除説**に分かれている。

(1)　**虚偽排除説**

この説は，上記のような自白は虚偽を包含するおそれがあるので排除されるとする。これは，真実主義を基礎とするものである。この説に対しては，自白内容が真実のばあいにはその自白は許されざるを得ず，法の趣旨が没却されるとの批判がある。

(2)　**人権擁護説**

この説は，黙秘権などの基本的人権を保障するために上記のような自白は排除されるとする。黙秘権侵害の有無を基準とする点で真実主義とは異なるが，被告人の供述を基準とする点では虚偽排除説と共通するとされる。この説に対しては，供述者の主観的な心理状態を基準とするので任意でないという認定が困難となるという批判がある。

(3)　**違法排除説**

この説は，上記のような自白は違法な手続きで得られたものであるから，排除されるとする。その論拠は，違法に収集された証拠を排除することによって違法な手続きを抑止することができる点に求められている。

違法排除説と自白法則の関係をめぐって，学説は次のように分かれている。

（ⅰ）**憲法レベルでの重大な違法をともなう不任意自白の排除**，**刑訴法レベルでの不任意自白一般の排除**および**違法収集証拠の排除法則**により自白排除がなされるばあいの3つの**排除原理**が併存すると解する説（松尾・下41頁以下）。**本説が妥当であると解される**。しかし，この説に対しては，自白排除法の成り立ちをよく説明しているが，その3つの排除原理が全体としてどのような関係にあるのかを必ずしも明らかにしていないとの批判がある（田口・365頁）。

（ⅱ）違法収集証拠の排除法則が一般的な類概念であって自白法則はその中に含まれ，憲法・法律の規定は典型的なばあいの例示であり，それ以外にも排除されるばあいがあると解する説。この説によれば，排除される自白には，①強制自白，長期拘束自白，不任意自白など憲法38条2項，法319条1項の明文によるばあいと，②違法手続きによる自白，違法取り調べによる自白などの排除法則によるばあいの2つの態様があることになる（田宮・349頁以下）。

（ⅲ）憲法38条2項，法319条1項は違法収集自白の例示であり，これらと同程度のものは「任意性に疑いのある」自白として排除されると解する説。この説によれば，「任意性に疑いのある」とは「適正かつ任意にされたことに疑いのある」という意味になるとされる（鈴木・221頁，田口・365頁）。

第3款　自白の証拠能力が排除されるばあい

1　強制・拷問・脅迫による自白

強制・拷問・脅迫による自白の証拠能力は否定される。その理由は，任意性説によれば，このような自白はその任意性が失われることに求められる。これに対して，違法排除説によれば，自白を獲得する手段としての強制・拷問・脅迫が違法であることに求められる。

判例は，警察署における暴力による肉体的苦痛をともなう取調べの結果なされた自白には任意性がなく，その後予審判事および検事に対する自白も，その直前まで継続していた警察の不法留置とその間の自白の強要から何らの影響も受けずになされた任意の自白であると断定することは到底できないとして自白の証拠能力を否定している（最判昭32・7・19刑集11巻7号1882頁［八丈島事件］）。

2　不当に長い抑留・拘禁後の自白

不当に長い抑留・拘禁後の自白は，証拠能力が否定される。証拠能力の排除をもたらす不当に長い抑留・拘禁の意義について理解が分かれる。すなわち，任意性説は，自白の任意性を失わせるような長さの抑留・拘禁と解する。これに対して，違法排除説は，「不当に」長いかどうかを問題とする(鈴木221頁)。

判例は，起訴前勾留と起訴後勾留とを合わせて109日間拘禁した後に自白がなされ，被告人に逃亡のおそれがなかった事案につき，憲法38条2項の不当に長く抑留・拘禁した後の自白に当たるとしている(最〔大〕判昭23・7・19刑集2巻8号944頁)。

3　任意性に疑いがある自白

「任意にされたものでない疑いのある自白」(319条1項)は，証拠能力が否定される。任意性に疑いがあるばあいは，次のようないくつかの**類型**を包含している。

(1)　手錠を施したままの取調べによる自白

手錠をはめたままでなされた取調べに基づいて得られた自白は，任意性に疑いを抱かせるので，証拠から排除される。

判例は，手錠を施したままの取調べでは，任意の供述は期待できないものと推定され，反証がないかぎりその供述の任意性につき一応の疑いをさしはさむべきであるとして，自白を排除している(最判昭38・9・13刑集17巻8号1703頁)。

(2)　約束による自白

約束によって得られた自白は，任意性に疑いを抱かせるので，証拠能力が否定される。

判例は，被疑者が，自白をすれば起訴猶予にするという検察官のことばを信じて起訴猶予になることを期待してした自白は，任意性に疑いがあるとしている(最判昭41・7・1刑集20巻6号537頁)。

(3)　偽計による自白

偽計によって得られた自白は，任意性に疑いを抱かせるので，証拠能力が否定される。

判例は，共犯者は自白したという虚偽の情報を与えて自白させ，その自白

を示して共犯者にも自白させる「**切り違え尋問**」の事案につき，このような偽計によって被疑者が心理的圧迫を受け，その結果，虚偽の自白が誘発されるおそれがあるばあいには，偽計によって獲得された自白は，任意性に疑いがあるものとして証拠能力を否定すべきであり，このような自白を証拠に採用することは，刑訴法319条1項，憲法38条2項に違反するとしている（最〔大〕判昭45・11・25刑集24巻12号1670頁）。

(4) **黙秘権を告知しないで得られた自白**

黙秘権を告知しないで得られた自白は，証拠能力が否定される。

このばあい，手続きが違法であり，かつ，供述の自由が侵害されているので，排除されるのである。

判例は，黙秘権を告知しなくても，そのことによってただちに供述が任意性を失うわけではないとする（最判昭25・11・21刑集4巻11号2359頁）。

(5) **弁護人選任権を侵害して得られた自白**

弁護人選任権を侵害して得られた自白は，手続きの違法だけでなく供述の自由に対する侵害がみとめられるので，証拠から排除される。

判例は，逮捕後の取調べに当たり，捜査機関が被疑者の弁護人選任の申し出を弁護人に通告することを怠った違法があり，かつ，当該逮捕は被告人の自白を得ることを唯一の目的としてなされたものであるとして，被告人の捜査機関に対する自白の任意性を否定している（大阪高判昭35・5・26下刑集2巻5=6号676頁）。

(6) **反復自白の証拠能力**

反復自白とは，違法に得られた自白に引き続いて得られた同一趣旨の自白をいう（光藤『刑事訴訟行為論』346頁参照）。

反復自白の証拠能力は，第1自白と第2自白の**関連性の程度**によってその肯否が分かれる。すなわち，第1自白が警察官に対してなされ，第2自白が検察官に対してなされたばあい，特別の事情，たとえば，第1自白が違法手続きによって得られたので証拠能力を欠くことを被疑者が十分に知ったうえで，第2自白がなされたというような事情がないかぎり，第1自白の違法性は第2自白に影響を及ぼしているとして第2自白の証拠能力が否定される。

ところで，第2自白が裁判官の勾留質問に対してなされた自白であるばあ

い，**判例**は，勾留質問が捜査官とは別個独立の機関である裁判官によっておこなわれ，勾留質問手続きにおいて被疑事件について被疑者に自由な弁解の機会を与えているので，勾留質問調書の証拠能力がみとめられるとしている（最判昭58・7・12／刑集37巻6号791頁）。

第4款　自白の証明力

1　法規制

自白は，行為者が自己の**犯罪事実の全部または主要部分を肯定する供述**である（平野・227頁，高田・215頁など）。憲法38条3項は，「何人も，自己に不利益な唯一の証拠が本人の自白である場合には，有罪とされ，又は刑罰を科せられない」とし，法319条2項は，「被告人は，公判廷における自白であると否とを問わず，その自白が自己に不利益な唯一の証拠である場合には，有罪とされない」と規定している。

2　自白の証明力の制限

(1)　自白の証明力に関する法規制

古来，「**自白は証拠の女王**」といわれ，その証明力は一般に高いとされてきた。なぜならば，自白は，行為者自身が自らの犯行をみとめる供述であるからである。その反面，自白に虚偽が包含されているばあいには，自白の証明力を不当に高く評価することによって，真実を見誤る危険が存在する。その危険を回避するために，法は，自白の証明力の評価に関して，内容および取調べ手続きについて制限を付している。

(2)　補強法則

法は，内容について，自白の補強法則を定めている。すなわち，被告人を自白だけで有罪とすることはできず（憲38条3項，法319条2項3項），自白には，これを補強する証拠（**補強証拠**）が必要とされるのである。裁判官は自白だけで犯罪事実を認定することが許されないので，これは**自由心証主義の例外**となる。

(3)　自白の取調べ手続き

証拠調べの手続きに関して，自白の取調べは，犯罪事実に関する他の証拠が取り調べられた後でなければ，その請求をすることはできない（301条）。こ

のように規定したのは，自白の取調べが先行すると，自白の証明力を過度に評価する危険があるので，それを避けるためである。したがって，自白の補強証拠も，**自白より先に取調べをすべきである**とされる。

3 補強証拠を必要とする自白の範囲

(1) 自白の種類

自白には，**公判廷外の自白**（たとえば，捜査官に対する自白）および**公判廷における自白**（たとえば，被告人の任意の供述〔311条2項〕としての自白）とがある。法は「公判廷における自白であると否とを問わず」と規定しているので，公判廷における自白にも補強証拠が必要である。

(2) 公判廷における自白と補強証拠

憲法上，公判廷における自白に補強証拠が要求されるか否か，については，見解の対立がある。このような自白にも補強証拠を要求する見解が主張されている（鈴木・222頁）。これに対して**判例**は，公判廷の自白は自由な状態でなされ，弁護人も立ち会っており，裁判所も十分に吟味できるから，憲法38条3項の自白には公判廷における被告人の自白を含まないとする（最〔大〕判昭23・7・29刑集2巻9号1012頁）。

この点については，とくに危険な自白は公判廷外の自白であるから，公判廷における自白に補強証拠を要求しなくても憲法違反とはいえないと解するのが妥当である（田宮・354頁）。

(3) 共犯者の自白

「共犯者の自白」が「本人の自白」に含まれるか否か，が重要な論点となる。この点については，後で第5款において検討する。

4 補強の範囲

自白の補強証拠は，**犯罪事実のいかなる範囲**について必要か，をめぐって(1)罪体説，(2)実質説が対立している。

(1) 罪体説

罪体説は，罪体について補強証拠が必要であると解する（**通説**）。罪体の概念をめぐって，見解が分かれている。すなわち，①客観的法益侵害とする説，②法益侵害が犯罪行為に起因することとする説（**通説**），③犯罪行為者が被告人であることを含むとする説が主張されているのである。

被告人との同一性まで補強されなければならないと解する見解もある（渥美・477頁など）。しかし，そうなると有罪判決を下すことがあまりにも困難となり，偶然に左右される弊害も生ずるので（平野・243頁），この点は裁判官の合理的自由心証に委ねてよいと解する見解が妥当であるとされる（田口・389頁など）。犯罪の主観的要素（故意，目的など）も罪体には属さず，補強を要しないとされる（**通説**）。**通説の立場が妥当**であると解される。

(2) **実質説**

実質説は，自白にかかる事実の真実性を担保するに足りるものであればよいと実質的に解している（平野・233頁）。すなわち，罪体説が形式的に範囲を画定するのに対して，実質説は，個々の犯罪について何が実質的か，を検討するのである。

自白は他の証拠が取り調べられた後にしかその取調べを請求できず（301条），補強証拠が自白と独立して取り調べられることが予定されているから，実質説は現行法の建前に合わない発想であると批判されている（田口・372頁）。

(3) **判例**

判例は，補強証拠は，自白にかかる犯罪構成事実の全部にわたる必要はなく，自白にかかる事実の**真実性を保障し得るもの**であれば足りるとする（最判昭23・10・30刑集2巻11号1427頁）。また，被告人と犯人との同一性については補強証拠は不要としている（最判昭24・7・19刑集3巻8号1348頁，最（大）判昭30・6・22刑集9巻8号1189頁など）。

5　補強証拠の量

補強証拠の量はどの程度必要か，が問題となる。この点について，補強証拠は，それだけで事実を「合理的疑いをいれない程度」に立証し得るものである必要はなく，その事実の存在を「**一応証明する程度**」のものであれば足りるとされる（平野・235頁など）。

第5款　共犯者の自白

1　意義

(1) **問題の所在**

共犯者の自白が「**本人の自白**」（憲38条3項）に含まれるか否か，が問題となる。

すなわち，当の被告人以外の共犯者または共同被告人の自白が唯一の証拠であるばあいに有罪とすることができるか，が争われているのである。

(2) **表現の問題性**

「共犯者の自白」という表現は不正確であると指摘されている。なぜならば，自白とは「**自己の**」**犯罪事実**を肯定する供述であって，「他人の」犯罪事実に関する供述は証言であっても自白ではあり得ないからである（高田・257頁，田口・377頁など）。厳密には，共犯者または共同被告人がおこなう他人の犯罪事実に関する供述で，もしその他人が自らおこなったとすれば自白に当たるべき供述ということになる（高田・257頁）。しかし，次のような配慮から，「共犯者の自白」という表現を用いることも有意義であるといえる（田口・377-8頁）。

すなわち，共犯者は，自己の刑事責任を免れ，または軽減するために，関係のない他人を自己の犯罪行為に引っ張り込む危険（「引っ張り込み」の危険）があり，しかも，自己の犯罪に他人を引っ張り込む供述においては，犯罪行為に関する供述部分は真実であるから，その供述の虚偽をあばくことは困難となる。そこで，共犯者の供述についても，補強証拠を必要とすべきではないのか，が問題となるわけである。

2 学説

共犯者の自白に補強証拠が必要であるか，について学説は，(1)積極説，(2)消極説および(3)折衷説に分かれている。

(1) **積極説**

積極説の根拠は，①自白偏重を防止する観点から，本人の自白と共犯者の自白を区別すべきでないこと，②誤判をもたらす危険は，共犯者の自白の方が大きいこと，③自白した者が無罪となり，否認した者が共犯者の自白によって有罪となるのは非常識な結論であることなどに求められている（団藤・285頁以下）。

(2) **消極説**

消極説の根拠は，①自白に補強証拠を必要とするのは，自白が**反対尋問**を経ないにもかかわらず証拠能力がみとめられるからであり，共犯者に対しては被告人は反対尋問をおこない得るのであるから，これを同一視することはできないこと，②自白した方が無罪となり，否認した方が有罪となるのも，

自白が反対尋問を経た供述より証明力が弱い以上，当然であり不合理ではないことに求められている（平野・233頁）。

(3) 折衷説

折衷説は，共犯者の自白が**公判廷の自白**であるばあいは**補強証拠は不要**であるが，**公判廷外の自白は補強証拠を必要**とすると解する（田宮・360頁）。折衷説の根拠は，とくに共犯者の自白が公判廷外の自白のばあいには，有効な反対尋問が困難であることに求められている（田口・378頁）。**折衷説が妥当であると解される。**

3 判例

判例は，**補強証拠を不要**とし，共同審理を受けていない単なる共犯者はもちろん，共同審理を受けている共犯者（共同被告人）であっても，被告人本人との関係においては，被告人以外の者であって，かかる共犯者または共同被告人の犯罪事実に関する供述は，独立，完全な証明力を有し，憲法38条3項にいわゆる「本人の自白」と同一視し，またはこれに準ずるものではないとする（最〔大〕判昭33・5・28刑集12巻8号1718頁〔練馬事件〕）。

共犯者の自白を本人の自白の補強証拠とすることは許され（最〔大〕判昭23・7・19刑集2巻8号952頁），共犯者2名以上の自白で被告人を有罪とすることも許される（最判昭51・10・28刑集30巻9号1859頁）。

第6款　共犯者の供述

1 共犯者の供述の証拠能力

共犯者の供述が被告人に対する証拠として用いられるばあいに，その証拠能力が問題となる。共犯者の供述が証拠として用いられる**態様**として，①共犯者が証人として供述するばあい，②公判廷で被告人のままで供述するばあい，③公判廷外で供述するばあいがある。共同被告人であるばあいには，自分も被告人であると同時に，共同被告人に対しては「第三者」であるので，その供述は，**被告人の供述**と**第三者の供述**という**二面性**を有する。その二面性をどのように考察するか，がポイントとなる（田宮・387頁）。とくに問題となるのは，共犯者である共同被告人が公判廷で供述したばあいである。このばあ

いには，まず共同被告人の証人適格の肯否が問題となる。

2　共犯者である共同被告人の証人適格

共犯者である共同被告人に証人として供述を求めることができるか，が共同被告人の証人適格の問題である。この**問題の中核**は，共同被告人が公判廷で供述し，被告人の反対尋問に対して黙秘権を行使したばあい，共同被告人を**証人尋問**できるか，という点にある。

(1)　**積極説——通説・判例**

被告人の証人適格を否定する通説・判例は，共同被告人についても原則として証人適格を否定する。しかし，**手続きを分離したばあい**には，共同被告人に証人尋問をすることが許されるとする。これは，被告人の反対尋問権を重視し，共犯者の黙秘権は証言拒否権($\frac{146}{条}$)の限度で保障するものである($\substack{最判\\昭35・9・9刑集\\14巻11号1477頁}$)。**通説・判例の立場が妥当**である。

通説・判例の立場に対しては，「有罪判決を受けるおそれがあるという理由で証言を拒否するのは自己の罪を認めるに等しい。しかし，そこで拒否しないで証言すれば，偽証の罪の制裁のもとに，反対尋問によって自白が強制されることになる」($\substack{平野・\\199頁}$)との批判がある。

(2)　**消極説**

消極説は，黙秘権は証人尋問権に優先するので，反対尋問権は反対尋問($\substack{311条\\3項}$)の限度で保障し，原則として手続き併合のまま**被告人尋問の限度**で共犯者の供述を求めることをみとめる。ただし，①起訴事実またはこれに関する事実で被告人に異議のないばあい，および，②共犯者にのみ関係する事実について証言するばあいには，手続きを分離して証人尋問をすることができるとする($\substack{平野・\\199頁}$)。主尋問には答えたが，反対尋問には答えないばあいには，一度供述を始めたときは黙秘権を放棄したものとみなされ，証言を拒否できないので($\substack{平野・\\200頁}$)，反対尋問に答えなかったときは証拠として排除される。

手続きを分離して証人尋問をおこない，それが終わればまた併合するという形式的な処理を前提として議論することには疑問が提起されている。すなわち，裁判官を異にする永続的な分離が「真の分離」($\substack{松尾・上\\316頁}$)であるとすれば，このような真の分離を前提としてはじめて共同被告人の手続きを分離し

て証人尋問をおこなうことが可能になるとされるのである（鈴木・171頁/田口・377頁）。

3 共犯者である共同被告人の公判廷における供述の証拠能力

(1) 問題の所在

共犯者である共同被告人は，被告人として供述することができる（311条2項）。被告人は，共同被告人に対して反対質問ができる（同3項）。ところが，共同被告人は黙秘権が保障されているので（同1項），被告人の反対質問に対して黙秘することができる。このように，共犯者である共同被告人が黙秘権を行使したばあいに，共犯者の供述の証拠能力が問題となる。

(2) 学説

(i) 消極説（証拠能力否定説）

被告人が反対尋問権を行使できないので証拠能力は否定されるべきであり，証拠とするには手続きを分離して証人尋問をすべきであるとする。この説に対しては，共同被告人の証人適格を前提としているとの批判がある。

(ii) 積極説（証拠能力肯定説）

この説は，被告人は反対質問ができるので，証拠能力をみとめる見解であり，**判例**の立場である（最判昭28・10・27刑集7巻10号1971頁）。この説に対しては，反対質問について黙秘権を行使できるのに証拠能力をみとめてもよいのかとの批判がある。

(iii) 折衷説（限定的証拠能力肯定説）

この説は，被告人の事実上の反対質問が十分におこなわれたときにかぎり，証拠能力をみとめる。被告人の反対尋問権の保障と共同被告人の黙秘権の保障との調和を図るものである。反対質問に対して黙秘権が行使されたばあいには，その供述は証拠排除（規207条）される。

4 共犯者の公判廷外供述の証拠能力

共犯者の公判廷外の供述は，主として**検面調書**が問題となる。検面調書の証拠能力については，すでに述べた。ここでは共犯者の検面調書の証拠能力が問題となる。証拠能力をみとめる根拠に関して，322条説，321条1項説，321条1項・322条競合説および323条3号説が主張されている。

通説・判例（最決昭27・12・11刑集6巻11号1297頁など）は，321条1項説をとっている。すなわち，共犯者は第三者であり，これに対して反対尋問権を有するので，共犯者が証言

をしたばあいに，検面調書と矛盾する供述をしたときには，321条1項2号後段により検面調書が証拠採用されるとするのである。

第5節　証拠調べ手続き

第1款　総　説

1　証拠調べ手続きの意義

　証拠調べは，冒頭手続き($\substack{291\\条}$)が終わった後におこなわれる($\substack{292条\\本文}$)。ただし，公判前整理手続き($\substack{316条の2ない\\し316条の27}$)において争点および証拠の整理のためにおこなう手続きについては，この限りではない($\substack{292条2項た\\だし書き}$)。この証拠調べ手続きは，**冒頭手続きの終了直後から始まる**。

2　証拠調べの実施

　証拠調べは，次のような**プロセス**で実施される。すなわち，①検察官の冒頭陳述および証拠調べの請求，②裁判所の証拠の採否の決定，③証拠調べの範囲，順序，方法の決定，④被告人・弁護人の冒頭陳述および証拠調べの請求，⑤裁判所のその採否の決定，⑥証拠調べの範囲，順序，方法の決定，⑦当事者の異議の申立てとそれに対する決定，⑧具体的な証拠調べの実施が，公判期日の内外で進行するのである。

第2款　冒頭陳述

1　検察官の冒頭陳述の意義と機能

(1)　**冒頭陳述の意義**

　検察官の冒頭陳述とは，証拠調べのはじめに，証拠によって証明すべき事実を明らかにすることをいう($\substack{296条\\本文}$)。すなわち，それは，検察官が審理の対象となる**要証事実を明確に提示**することを意味する。

(2)　**冒頭陳述の機能**

(i)　**裁判所に対する機能**

　検察官の冒頭陳述は，裁判所に対しては，**審判の対象を明示**するという機

能を有する。すなわち，これは，裁判所が審判すべき対象事実を詳細に提示するものである。

　(ii) **被告人に対する機能**
　検察官の冒頭陳述は，被告人に対しては，**攻撃・防御の対象事実を明確に提示**するという機能を有する。すなわち，被告人側としては，検察官が要証事実として提示した事実を否定する事実を立証する活動をすることになる。

　(3) **冒頭陳述における制約**
　検察官は，冒頭陳述において，証拠とすることができず，または証拠としてその取調べを請求する意思のない資料に基づいて，裁判所に事件について偏見または予断を生じさせる虞のある事項を述べることはできない（296条ただし書）。これは，「予断排除の原則」を徹底させるために規定された制約である。

　2 被告人・弁護人の冒頭陳述
　(1) **意義**
　裁判所は，検察官が証拠調べのはじめに証拠により証明すべき事実を明らかにした後，被告人または弁護人にも，**証拠により証明すべき事実**を明らかにすることを許すことができる（規198条本文）。検察官の冒頭陳述が義務であるのに対して，被告人・弁護人の冒頭陳述は，裁判所の裁量によってみとめられるものである。

　(2) **冒頭陳述における制約**
　冒頭陳述において，被告人または弁護人は，証拠とすることができず，または証拠としてその取調べを請求する意思のない資料に基づいて，裁判所に事件について偏見または予断を生じさせる虞のある事項を述べることはできない（規198条2項）。このばあいにも，**予断排除の原則**が適用されるのである。当事者主義および実体的真実主義の見地からは，被告人側を片面的に特別扱いをすることは許されないことになる。

　3 冒頭陳述の範囲
　冒頭陳述の範囲について，法は，「証拠により証明すべき事実」と規定するにとどまっている（296条）。検察官は，訴因事実の成立を立証し適正な量刑を求めることを任務としているので，冒頭陳述の範囲は，訴因事実を構成する

細部の事実およびそれに密接する周辺事実ならびに量刑に関する事実に限定される。

第3款　証拠調べの請求

1　証拠調べの請求の意義
(1)　意義
398条1項は、「検察官、被告人又は弁護人は、証拠調を請求することができる」と規定し、当事者に「証拠調べ」の請求権を与えている。ここにいう証拠調べは、要証事実の存在を証明するに足りる**個々の証拠調べ**を意味し、292条の広義の証拠調べの手続きとは内容が異なる。

(2)　証拠調べの対象
証拠調べの対象は、人証、書証（320条ないし328条）、物証のほか、検証または鑑定などがある。さらに裁判所による証拠収集や証拠保全の性質を有する記録の取寄せ、公務所等の照会の請求、および、提出命令、差押え命令の申立も証拠調べの請求に含まれる。このばあい、このようにして公判廷に顕出された証拠は、それを必要とする当事者によってあらためて証拠調べの請求がなされる。

2　証拠調べの請求権者
(1)　当事者
証拠調べの請求権者は、検察官、被告人および弁護人である（298条1項）。

(2)　被告人の代表者・代理人など
被告人の代表者（27条）、その代理人（283条）、法定代理人（28条）、特別代理人（29条）、軽微事件の代理人（284条）らは、被告人を代表または代理して、証拠調べの請求をすることができる。補佐人（42条1項）は、被告人の明示の意思に反しないかぎり、証拠調べの請求をすることができる（42条3項）。

(3)　特別弁護人
特別弁護人（31条2項）も、(1)の弁護人と同一の権利を有する。この権利は**固有権**であって、被告人の明示の意思に反してでも証拠調べの請求をおこなうことができる。

3　検察官の証拠調べの請求義務

証拠調べの請求は，実質的挙証責任および形式的挙証責任に従って，その**立証を必要とする当事者**によってなされるものである。その意味において，当事者の**請求権**である。

ところが，法は，検察官に**請求の義務**を一定のばあいにみとめている。すなわち，321条1項2号後段によって証拠とすることができる書面（検察官面前調書）については，検察官は，必ずその取調べを請求しなければならないのである（$\substack{300\\条}$）。これは，被告人に有利な検面調書について，その取調べの請求義務を検察官に課することによって公正を図るものである。すなわち，検察官は，取調べの請求を義務づけられているので，請求する意思がないことを理由に，弁護人の当該検面調書についての閲覧請求を拒否することはできないことになるわけである（$\substack{299条\\1項}$）。

4　証拠調べの請求の時期と順序

(1)　請求の時期

証拠調べの請求は，公判期日前にもおこなうことができる（$\substack{規188条\\本文}$）。ただし，公判期日前整理手続きにおいておこなうばあいを除き，**第1回の公判期日前**は，この限りでない（$\substack{同条ただ\\し書き}$）。

証拠調べの請求は，通常は**公判期日**におこなわれる。第1回公判期日後は，冒頭陳述の前であっても，公判期日外でおこなうことができる。

検察官は，冒頭陳述が終わった後に，まず，事件の審判に必要とみとめるすべての証拠の取調べを請求しなければならない（$\substack{規193\\条1項}$）。実務上，複雑重大事件や否認事件においては，情状の証拠は，通常，要証事実の証拠調べが終了する段階または被告人側のそれに対する反証が終了した段階で，証拠調べの請求がなされる（$\substack{石丸・\\458-9頁}$）。

(2)　被告人・弁護人の請求

被告人または弁護人は，検察官の請求が終わった後，事件の審判に必要とみとめる証拠の取調べを請求することができる（$\substack{規193\\条2項}$）。

(3)　自白に関する特則

法は，自白の証拠調べの**請求の時期と順序**について，次のように規定して

いる。すなわち，301条は，222条および324条1項の規定により証拠とすることができる被告人の供述が自白であるばあいには，犯罪事実に関する他の証拠が取り調べられた後でなければ，その取調べを請求することはできない旨を規定しているのである。これは，裁判所がまず自白に接することによって予断を抱くことを防止するためである。すなわち，まず客観的証拠（補強証拠）から取り調べることによって裁判官の**心証形成の公正**を図っているのである。

5　証拠調べの請求の方式
(1)　立証趣旨の明示
証拠調べの請求は，証拠と証明すべき事実との関係を具体的に明示して，これをしなければならない（規189条1項）。これは「**立証趣旨の明示**」といわれるが，法文上，この語は用いられていない。

(2)　立証趣旨の拘束力
裁判所の事実認定が立証趣旨に拘束されるか否か，が問題となる。この点につき，**立証趣旨**は，相手方および裁判所に，証明しようとしている事実に証拠がいかなる関係を有するか，を具体的に明らかにすることによって，証拠調べの請求に対する意見または証拠採否決定の参考に供するものであり，裁判所の自由心証による事実の認定を拘束する強制力はないと解するのが，**通説**の立場である。**通説**の立場は**妥当**である。

　要証事実を限定して請求したにもかかわらず，それと併合罪の関係にある別の要証事実の認定の証拠として流用したり，情状の証拠に限定して弁護人が請求したのに，裁判所が犯罪事実の存否の証拠に使用したりすることは許されない。なぜならば，それは証拠調べの請求の弁論主義に反するからである（石丸・460頁）。

　訴因事実を中心とするその周辺事実（要証事実）の立証のために提出された証拠であるかぎり，裁判所は，立証趣旨のいかんにかかわらず，その証明力を裁量によって自由に判断することができ，立証趣旨には拘束されない。間接事実の取捨選択についてはとくにこのことがあてはまる（石丸・460頁）。

(3) 立証趣旨の記載の程度

証拠調べの請求に当たって請求書に記載される立証趣旨は，証拠の採否決定の参考となるに足りる程度の内容を包含していればよい。むしろ詳細にわたらない方がよいとされる。なぜならば，それが詳しすぎると，裁判官に予断を生じさせるおそれがあるからである。

(4) 証拠の厳選

証拠調べの請求は，証明すべき事実の立証に必要な証拠を厳選して，これをしなければならない（規189条の2）。従来，実務においては，広汎に証拠の取調べの請求がなされ，裁判所もこれを許可し，詳しい証拠調べをおこなうことが多かったといえる。しかし，このような実務の運用は，裁判員裁判においては妥当でないので，本規定のようになされなければならない。

(5) 書面の提出

証拠調べの請求は，要式行為ではないので，口頭による請求もみとめられる。情状証人や情状の書証は，多くは口頭でなされている。しかし，実務上，検察官は，通常，証拠調べの「関係カード」に記載して，書面による請求をおこなっている。

(i) 証人などの尋問

証人，鑑定人，通訳人または翻訳人の尋問を請求するときは，その氏名および住居を記載した書面を差し出さなければならない（規188条の2第1項）。

(ii) 証拠書類その他の書面

証拠書類その他の書面の取調べを請求するばあいは，その標目を記載した書面を差し出さなければならない（規188条の2第2項）。

6 証拠採否の決定

(1) 証拠決定と却下決定

裁判所は，証拠調べの請求に対して，証拠として採用し取り調べる旨の証拠採用決定（いわゆる**証拠決定**），または証拠調べをしない旨の証拠却下決定（いわゆる**却下決定**）をしなければならない（規190条1項）。

(2) 当事者の義務

検察官，被告人または弁護人が証人，鑑定人，通訳人または翻訳人の尋問

を請求するについては，あらかじめ，相手方に対し，その氏名および住居を知る機会を与えなければならない。証拠書類または証拠物の取調べを請求するには，あらかじめ，相手方にこれを閲覧する機会を与えなければならない（299条1項本文）。ただし，相手方に異議のないときは，この限りではない（同項ただし書き）。

7 証拠調べの実施
(1) 証人尋問
(i) 証人の意義
証人とは，裁判所または裁判官が宣誓をさせたうえで，自己が過去に**経験した事実**を供述すべき者をいう。そして証人の供述を**証言**という。

(ii) 証人適格
(a) 原則
裁判所は，刑訴法に特別の定めがあるばあいを除いては，何人（なんぴと）でもこれを尋問することができる（143条）。すなわち，法は，わが国の裁判権が及ぶ範囲に所在する者に広汎に証人適格をみとめているのである。

(b) 特別の定め——144条・145条
公務員または公務員であった者が知り得た事実について，本人または当該公務所からそれが職務上の秘密に関するものであることを申し立てたときは，当該監督官庁の承諾がなければこれを証人として尋問することはできない。ただし，当該監督官庁は，国の重大な利益を害するばあいを除いては，承諾を拒むことができない（144条）。

上記の公務員が衆議院もしくは参議院の議員またはその職にあった者または内閣総理大臣その他の国務大臣もしくはその職にあった者であるばあいは，議員についてはそれぞれの院の承諾，内閣総理大臣その他の国務大臣またはそれらの職にあった者については内閣の承諾がなければ，証人としてこれを尋問することはできない（145条1項）。衆議院，参議院または内閣は，国の重大な利益を害するばあいを除いては，承諾を拒むことができない（195条2項）。

(iii) 尋問の順序

(a) 順序

法は，裁判長または陪席の裁判官が，まず尋問し，その後に，検察官，被告人または弁護人が，裁判長に告げて，尋問することができる旨を定めているが$\binom{304条1}{項，2項}$，**実務**においては，職権によるばあい$\binom{規199}{条の9}$を除き，**交互尋問の方法**$\binom{304条3項，規106条1項た}{だし書き・199条の2第1項}$によることが多い。当事者主義の見地からは当然のことである。

(b) 交互尋問の意義

交互尋問とは，証人などに対して，当事者が**主尋問，反対尋問，再主尋問**の順序で代わる代わる口頭で問い質す方式をいう。

主尋問とは，証人の尋問を請求した者がおこなう質問をいう。

反対尋問とは，相手方の質問をいう。

再主尋問とは，証人の尋問を請求した者の再度の質問をいう。

(iv) 証人尋問の実施

(a) 個別尋問の原則

証人は，**各別**にこれを尋問しなければならない$\binom{規123}{条1項}$。そして，後に尋問すべき証人が在廷するときは，退廷を命じなければならない$\binom{規123}{条2項}$。

尋問事項によっては，**対質尋問**または**対質質問**をさせることができる。すなわち，複数の証人または被告人を同席させ同一内容の質問を発し，それぞれに供述させ得るのである。つまり，必要があるときは，証人と他の証人または被告人と対質させることができるのである$\binom{規124}{条}$。

(b) 主尋問

(α) 対象事項 主尋問は，立証すべき事項およびこれに関連する事項についておこなう$\binom{規199条}{の3第1項}$。

主尋問においては，証人の供述の証明力を争うために必要な事項についても尋問することができる$\binom{同2}{項}$。

(β) 誘導尋問の可否 **誘導尋問**とは，尋問者が望む答えを暗示するような質問をいう。

主尋問においては，誘導尋問をしてはならない。ただし，次のばあいには，

誘導尋問をすることができる。すなわち，①証人の身分，経歴，交友関係等で，実質的な尋問に入るに先立って明らかにする必要のある**準備的な事項**に関するとき，②訴訟関係人に**争いのないことが明らかな事項**に関するとき，③証人の**記憶が明らかでない事項**についてその記憶を喚起するため必要があるとき，④証人が主尋問に対して**敵意または反感を示すとき**，⑤証人が**証言を避けようとする事項**に関するとき，⑥証人が**前の供述と相反する**か，または**実質的に異なる供述**をしたばあいにおいて，その供述した事項に関するとき，⑦その他誘導尋問を必要とする特別の事情があるときには，誘導尋問が許されるのである（同3項）。

(γ) **方法の制約** 誘導尋問をするについては，書面の朗読その他証人の供述に不当な影響を及ぼすおそれがある方法を避けるように注意しなければならない（同4項）。

(δ) **裁判長による制限** 裁判長は，誘導尋問を相当でないとみとめるときは，これを制限することができる（同5項）。

(c) **反対尋問**

(α) **対象事項** 反対尋問は，主尋問に現れた事項およびこれに関する事項ならびに証人の供述の証明力を争うために必要な事項についておこなう（規199条の3第1項）。

(β) **時期** 反対尋問は，特段の事情がないかぎり，主尋問終了後ただちにおこなわなければならない（同2項）。

(γ) **誘導尋問** 反対尋問においては，必要があるときは，誘導尋問をすることができる（同4項）。

(δ) **新事項の尋問** 証人の尋問を請求した者の相手方は，裁判長の許可を受けたときは，反対尋問の機会に，自己の主張を支持する新たな事項についても尋問することができる（規199条の5第1項）。

(σ) **みなし規定** 前項の規定による尋問は，同項の事項についての主尋問とみなされる（同2項）。

(d) **再主尋問**

(α) **対象事項** 再主尋問は，反対尋問に現れた事項およびこれに関連する

事項についておこなう（規199条の7第1項）。

　(β)　**準則**　再主尋問については，主尋問の例による（同2項）。

　規199条の5の規定は，再主尋問のばあいに準用される（同3項）。

(e)　**供述の証明力を争うために必要な事項の尋問**

　証人の供述の証明力を争うために必要な事項の尋問は，証人の観察，記憶または表現の正確性など証言の信用性に関する事項についておこなう。ただし，みだりに証人の名誉を害する事項に及んではならない（規199条の6）。

(f)　**補充尋問**

　裁判長または陪席の裁判官がまず証人を尋問した後にする訴訟関係人の尋問については，証人の尋問を請求した者，相手方の区別に従い，規199条の2ないし199条の7の規定が準用される（規199条の8）。

(g)　**職権による証人の補充尋問**

　裁判所が職権で証人を取り調べるばあいにおいて，裁判長または陪席の裁判官が尋問した後，訴訟関係人が尋問するときは，反対尋問の例による（規199条の9）。

(v)　**被告人・傍聴人の退廷**

　法は，証人が圧迫を受けて充分な供述をすることができないと考えられるばあいには，被告人または傍聴人を退廷（または退席）させることをみとめている。それは，証人が真実の供述をすることを保障するためである。

(a)　**被告人の退廷**

(α)　**公判期日における証人尋問**　裁判所は，公判期日に証人を尋問するばあいにおいて，証人が**被告人の面前では圧迫を受け充分な供述をすることができない**とみとめるときは，弁護人が出頭しているばあいにかぎり，検察官および弁護人の意見を聽き，その証人の供述中，被告人を退廷させることができる。このばあいには，供述終了後被告人を入廷させ，これに証言の要旨を告知し，その証人を尋問する機会を与えなければならない（304条の2）。

(β)　**公判期日外の証人尋問**　裁判所は，公判期日外の証人尋問に被告人が立ち会ったばあいにおいて，証人が被告人の面前では圧迫を受け充分な供述をすることができないとみとめるときは，弁護人が立ち会っているばあいに

かぎり，検察官および弁護人の意見を聴き，その証人の供述中被告人を退席させることができる。このばあいには，供述終了後被告人に証言の要旨を告知し，その証人を尋問する機会を与えなければならない（281条の2）。

　(b)　**傍聴人の退廷**

　裁判長は，証人が，特定の傍聴人の面前で充分な供述をすることができないと思料するときは，その供述をする間，その傍聴人を退廷させることができる（規202条）。

　(vi)　**証人の負担軽減のための措置**

　(a)　**意義**

　犯罪被害者などの保護を図るために，平成12年に，「犯罪被害者等の保護を図るための刑事手続に付随する法律（**犯罪被害者保護法**）」（平成12年法律75号）とともに，犯罪被害者保護関連2法の1つとして公布された「刑事訴訟法及び検察審査会法の一部を改正する法律（刑訴法等一部改正法）」（平成12法律74号）によって，証人の負担を軽減する制度が導入された。改正法は，**証人への付添い**（157条の2），**証人尋問の際の遮へい**（157条の3）および**ビデオリンク方式による証人尋問**（157条の4）を規定している。

　最高裁の判例は，いわゆるビデオリンク方式，遮へい措置を定めた法157条の3，157条の4は，裁判の公開を保障する憲法82条1項，37条1項，被告人の証人審問権を保障する同条2項前段に違反するものではなく，ビデオリンク方式によったうえで遮へい措置が採られても，同様であると判示している（最判平17・4・14 刑集59巻3号259頁）。

　(b)　**証人への付添い**

　(α)　**付き添わせる権利**　裁判所は，証人を尋問するばあいにおいて，証人の年齢，心身の状態その他の事情を考慮し，証人が著しく不安または緊張を覚えるおそれがあるとみとめるときは，検察官および被告人または弁護人の意見を聴き，その不安または緊張を緩和するのに適当であり，かつ，裁判官もしくは訴訟関係人の尋問もしくは証人の供述を妨げ，またはその供述の内容に不当な影響を与えるおそれがないとみとめる者を，その証人の供述中，証人に付き添わせることができる（157条の2第1項）。

(β) **付添い人の義務** 前項の規定により証人に付き添うこととされた者は，その証人の供述中，裁判官もしくは訴訟関係人の尋問もしくは証人の供述を妨げ，またはその供述の内容に不当な影響を与えるような言動をしてはならない（同条2項）。

(c) **証人尋問の際の証人の遮へい**

裁判所は，証人を尋問するばあいにおいて，犯罪の性質，証人の年齢，心身の状態，被告人との関係その他の事情により，証人が被告人の面前（157条の4第1項に規定する方法によるばあいを含む。）において供述するときは圧迫を受け精神の平穏を著しく害されるおそれがあるとみとめるばあいであって，相当とみとめるときは，検察官および被告人または弁護人の意見を聴き，被告人とその証人との間で，一方からまたは相互に相手の状態を認識することができないようにするための措置を採ることができる。ただし，被告人から証人の状態を認識することができないようにするための措置については，弁護人が出頭しているばあいにかぎり，採ることができる（157条の3第1項）。

本条は，平成12年法律74号によって追加された。これは，**証人としての被害者を救済**するために設けられたものである。

裁判所は，証人を尋問するばあいにおいて，犯罪の性質，証人の年齢，心身の状態，名誉に対する影響その他の事情を考慮し，相当とみとめるときは，検察官および被告人または弁護人の意見を聴き，傍聴人とその証人との間で，相互に相手の状態を認識することができないようにするための措置を採ることができる（同条2項）。

(d) **ビデオリンク方式による証人尋問**

(α) **意義** ビデオリンク方式による証人尋問に関する157条の4は，平成12年法律74号によって追加された。これは，**性犯罪の被害者**などについてビデオリンク方式による証人尋問をみとめることによって被害者などの保護を図るために設けられたものである。

テレビモニターを通じて尋問をおこなうビデオリンク方式は，たとえば，性犯罪の複数の被告人について手続きが分離されているばあい，被害者証人が証言を繰り返す代わりにこれを録画した記録媒体を訴訟記録に添付して証

拠に用いることができるというメリットがある。そして遮へい措置とビデオリンク方式とは，併用することも法律上禁じられておらず，実務上もおこなわれており，**最高裁**は，前に見たように，ビデオリンク方式（遮へいとの併用のばあい）について，合憲判断をしている（最判平17・4・14）。これに対して，個々の制度が被告人の証人尋問権との関係で合憲であったとしても，併用のばあいについては証人審問権に対する制約が二重になる点で違憲となる可能性があるとする見解が主張されている（白取・345頁）。

(β) **要件** 裁判所は，次に掲げる者（後記(ア)〜(ウ)の者）を証人として尋問するばあいにおいて，相当とみとめるときは，検察官および被告人または弁護人の意見を聴き，裁判官および訴訟関係人が証人を尋問するために在席する場所以外の場所（これらの者が在席する場所と同一の構内に限る。）にその証人を在席させ，**映像と音声の送受信**により相手の状態を相互に認識しながら通話をすることができる方法によって，尋問することができる（157条の4第1項）。

(ア) 刑法176条から178条の2までもしくは181条の罪，同法225条もしくは226条の2第3項の罪（わいせつまたは結婚の目的に係る部分に限る。以下同じ。），同法227条1項（225条または226条の2第3項の罪を犯した者を幇助する目的に係る部分に限る。）もしくは第3項（わいせつの目的に係る部分に限る。）もしくは241条前段の罪またはこれらの罪の未遂罪の被害者（同項1号）。

(イ) 児童福祉法60条第1項の罪もしくは同法34条1項9号に係る同法60条2項の罪または児童買春，児童ポルノに係る行為等の処罰および児童の保護等に関する法律4条から8条までの罪の被害者（同項2号）。

(ウ) 前2号に掲げる者のほか，犯罪の性質，証人の年齢，心身の状態，被告人との関係その他の事情により，裁判官および訴訟関係人が証人を尋問するために在席する場所において供述するときは圧迫を受け精神の平穏を著しく害されるおそれがあるとみとめられる者（同項3号）。

(γ) **記録媒体への記録** 1項に規定する方法により証人尋問をおこなうばあいにおいて，裁判所は，その証人が後の刑事手続きにおいて同一の事実につき再び証人として供述を求められることがあると思料するばあいであって，証人の同意があるときは，検察官および被告人または弁護人の意見を聴

き，その証人の尋問および供述ならびにその状況を**記録媒体**（映像および音声を同時に記録することができる物をいう。以下同じ。）に記録することができる（2項）。

　前項の規定により証人の尋問および供述ならびにその状況を記録した記録媒体は，**訴訟記録に添付**して調書の一部とするものとする（3項）。

(2) 公判期日外の証人尋問

　裁判所は，第1回公判期日後，公判期日外に証人尋問を実施することができる。公判期日外の証人尋問には，裁判所内における証人尋問と裁判所外における証人尋問がある。

(i) **裁判所内における証人尋問**

　裁判所は，158条に掲げる事項，すなわち，証人の重要性，年齢，職業，健康状態その他の事情と事案の軽重を考慮したうえ，検察官および被告人または弁護人の意見を聴き必要とみとめるときにかぎり，公判期日外において証人を尋問することができる（281条）。**実務上**，公判期日に証人が出頭したにもかかわらず，被告人が出頭しなかったばあいに，弁護人および検察官の同意を得たうえで，本条により公判準備期日に切り換えて証人尋問がおこなわれている。

(ii) **裁判所外における証人尋問**

　裁判所は，証人の重要性，年齢，職業，健康状態その他の事情と事案の軽重とを考慮したうえ，検察官および被告人または弁護人の意見を聴き，必要とみとめるときは，裁判所外にこれを召喚し，またはその現在場所でこれを尋問することができる（158条1項）。

　前項のばあいには，裁判所は，あらかじめ，検察官，被告人および弁護人に，尋問事項を知る機会を与えなければならない（同条2項）。

　検察官，被告人または弁護人は，前項の尋問事項に付加して，必要な事項の尋問を請求することができる（同条3項）。

(3) 鑑定人・通訳人・翻訳人の尋問

　鑑定人が口頭で鑑定結果を報告するばあいになされる質問を**鑑定人尋問**という。鑑定人尋問については，証人尋問の規定が準用される（171条）。

実務では、**鑑定書**によって報告するばあいが多く、このばあいには、鑑定書が真正に作成されたものであることにつき尋問を受ける（$\substack{321条\\4項}$）。
　(i)　**鑑定証人**
　鑑定人が、鑑定書を提出せず、(a)鑑定内容を口頭で報告するばあい、または(b)鑑定書を提出したが、その内容について尋問に答えるばあい、裁判所は、請求によりまたは職権で、鑑定人を鑑定証人として尋問する（$\substack{174\\条}$）。
　(a)　**鑑定内容を口頭で報告するばあい**
　まず、裁判長が、鑑定事項を告げて、鑑定証人に鑑定結果を証言として供述させる。次に、鑑定請求者、相手方の順で、その証言内容に対して尋問することができる。
　(b)　**鑑定書の内容について尋問に答えるばあい**
　通常の交互尋問の方法により、主として、鑑定の経過の適否、使用された資料の適否、用いられた経験則の具体的内容などが尋問されることが多い。
　(c)　**証人尋問の規定の準用**
　鑑定証人尋問については、勾引に関する規定を除いて証人尋問の規定が準用される（$\substack{171\\条}$）。
　(ii)　**通訳人・翻訳人**
　通訳人・翻訳人の尋問については、鑑定証人に関する規定が準用される（$\substack{178\\条}$）。

8　被告人質問

　被告人は、黙秘権および供述拒否権を有するから（$\substack{311条\\1項}$）、証拠調べの対象とはならない。しかし、被告人が**任意に供述**したばあいには、その供述は**証拠**となる。そこで、被告人が任意に供述をするばあいには、裁判長は、いつでも必要とする事項につき被告人の供述を求めることができ（$\substack{同2\\項}$）、陪席の裁判官、検察官、弁護人、共同被告人またはその弁護人は、裁判長に告げて、被告人の供述を求めることができる（$\substack{同3\\項}$）。これを**被告人質問**という。被告人質問は、質問に対して発言するばあいだけでなく、被告人が自ら発言を求めるばあいも含む。
　条文上は、裁判長がまず質問をすることになっているが、**実務上**は、弁護

人がまず**被告人質問**をおこない，ついで検察官が**反対質問**をおこない，最後に裁判所が**補充質問**をおこなっている。

9 証拠書類（書証）の取調べ

(1) 原則―朗読

証拠書類（書証）の取調べは，原則として**朗読**による。すなわち，検察官，被告人または弁護人の請求により証拠書類の取調べをするばあい，裁判長は，その取調べを請求した者にこれを朗読させなければならない。裁判長は，自らこれを朗読し，または陪席の裁判官もしくは裁判所書記官にこれを朗読させることができる（$\substack{305条\\1項}$）。

裁判所が職権で証拠書類の取調べをするばあいには，裁判長は，自らその書類を朗読し，または陪席の裁判官もしくは裁判所書記官にこれを朗読させなければならない（$\substack{305条\\2項}$）。

起訴状一本主義のもとでは，裁判所は，書証の内容については，白紙の状態にあるから，書証の請求者が，書証の内容を公判期日に公判廷で朗読することによって公開し，**直接主義**を充足し，かつ，相手方に対して証拠の内容を明らかにし，さらに傍聴人に対しても証拠の内容を明らかにすることによって，**公開の法廷の実現**を図っていることになる。

被害者等特定事項の非公開の趣旨（$\substack{290条\\の2}$）から，証拠書類の朗読は，被害者特定事項を明らかにしない方法でこれをおこなうものとする（$\substack{305条\\3項}$）。

(2) 例外―要旨の告知

裁判長は，訴訟関係人の意見を聴き，相当とみとめるときは，請求により証拠書類の取調べをするについての朗読に代えて，その取調べを請求した者，陪席裁判官もしくは裁判所書記官にその要旨を告げさせ，または自ら告げることができる（$\substack{規203条\\の2第1項}$）。これは，朗読という**証拠調べ方式を簡略化**するものである。要旨の告知の方式は，争いのない事件においては証拠調べを効率的にするが，その反面，証拠調べを形式的にするおそれがあると指摘されている。

(3) 外国語で記載された書証の取調べ

裁判所では，日本語を用いる（$\substack{裁\\条74}$）ので，外国語で記載された書面を書証

第5節　証拠調べ手続き　409

として採用するばあい，通常，翻訳文を添付する。その取調べは，翻訳文を朗読し，原文を朗読する必要はないとされている。

翻訳文が添付されてないのに外国語で記載された書面を書証として採用したばあいには，裁判長は，請求者に翻訳させるか，通訳人に口頭による翻訳を命ずることになる。

判例によれば，英文の書類の取調べは，提出者が翻訳のうえ，その訳文を朗読するか，裁判所が自ら翻訳したものを朗読することによりおこない$\binom{仙台高判昭25・4・}{8判特8巻98頁}$，英文の証拠書類がその訳文とともに朗読されたばあい，その証拠調べが裁判所法74条に違反するとはいえない$\binom{最判昭27・12・24}{刑集6巻11号1380頁}$。

10　証拠物（物証）の取調べ

(1)　証拠物の種類と取調べの方式

証拠物（物証）には，**証拠物**$\binom{306}{条}$と**証拠物中書面の意義が証拠となるもの**$\binom{証拠物たる}{書面。307条}$がある。前者の取調べは，展示であり，後者の取調べは，展示および朗読である。朗読は，305条の規定による。

最高裁の判例によれば，証拠書類と書面の意義が証拠となる証拠物とは，その書面の内容だけが証拠となるか，または書面そのものの存在もしくは状態などが証拠となるかによって区別されるのであって，その書面の作成者，作成された場所または手続きなどにより区別されるのではないとされる$\binom{最判昭27・5・6刑}{集6巻5号736頁}$。たとえば，総勘定元帳，金銭出納簿は，書面の意義が証拠となる証拠物に当たる$\binom{東京高判昭27・10・}{14判特37巻40頁}$。

(2)　証拠物の取調べの方式

検察官，被告人または弁護人の請求により，証拠物の取調べをするについては，裁判長は，請求をした者にこれを示させなければならない。ただし，裁判長は，自らこれを示し，または陪席の裁判官もしくは裁判所書記にこれを示させることができる$\binom{306条}{1項}$。

裁判所が職権で証拠物の取調べをするについては，裁判長は，自らこれを訴訟関係人に示し，または陪席裁判官もしくは裁判所書記にこれを示させなければならない$\binom{同条}{2項}$。

取調べとしての展示は，公判期日の公判廷において，裁判所および相手方

に対しておこなわれる。**実務上**，証拠調べを一点ずつ見せる方法でなされる。通常，展示は外形を「見せる」だけで足りるが，たとえば，本人が知らないうちに録音された録音テープの証拠調べは，これを展示し，かつ，録音再生機によって再生する方法でおこなう$\binom{最決昭35・3・24}{刑集14巻4号463頁}$。

証拠物の取調べは**検証の一種**であるから，物の破壊その他必要な処分をすることができる$\binom{129}{条}$。

(3) **証拠物たる書面の取調べの方式**

証拠物中書面の意義が証拠となるものの取調べをするばあいには，306条の規定によるほか，305条の規定による。

録音テープ，ビデオテープ，CD，DVDなどその中味が書証に類するばあいは，いずれも**公判廷で再生**して，その音声を聴くことによって展示・朗読したことになる。その反訳文があるばあい，**実務上**，裁判長は，相手方の了承があるときは，その反訳文の朗読または要旨の告知をもって代えることができるとされている。

11 証拠調べに関する異議申立て

(1) **異議申立ての権利**

検察官，被告人または弁護人は，証拠調べに関し異議を申し立てることができる$\binom{309条}{1項}$。検察官，被告人または弁護人は，前項に規定するばあいの外，裁判長の処分に対して異議を申し立てることができる$\binom{同条}{2項}$。

(2) **異議申立ての事由**

(i) **証拠調べに関する異議申立て**

309条1項の異義申立ては，法令の違反があることまたは相当でないことを理由としてこれをすることができる。ただし，証拠調べに関する決定に対しては，相当でないことを理由としてこれをすることはできない$\binom{規205}{条1項}$。

(ii) **裁判長の処分に対する異議申立て**

裁判長の処分に対する異議申立ては，法令の違反があることを理由とするばあいにかぎり，これをすることができる$\binom{同条}{2項}$。

(3) **異議申立ての方式，時期**

異議の申立ては，個々の行為，処分または決定ごとに，簡潔にその理由を

示して，ただちにしなければならない$\left(\begin{smallmatrix}規205\\条の2\end{smallmatrix}\right)$。

(4) **異議申立てに対する決定の時期**

異議の申立てについては，遅滞なく決定をしなければならない$\left(\begin{smallmatrix}規205\\条の3\end{smallmatrix}\right)$。

(5) **異議申立てに対する決定**

裁判所は，309条1項および2項の申立てについて決定しなければならない$\left(\begin{smallmatrix}309条\\3項\end{smallmatrix}\right)$。

(ⅰ) **理由がないばあい**

異議申立てを理由がないとみとめるときは，決定で棄却しなければならない$\left(\begin{smallmatrix}規205\\条の5\end{smallmatrix}\right)$。

(ⅱ) **理由があるとき**

異議の申立てを理由があるとみとめるときは，異議を申し立てられた行為の中止，撤回，取消しまたは変更を命ずるなどその申立てに対応する決定をしなければならない$\left(\begin{smallmatrix}規205条\\の6第1項\end{smallmatrix}\right)$。

取り調べた証拠が証拠とすることができないものであることを理由とする異議の申立てを理由があるとみとめるときは，その証拠の全部または一部を排除する決定をしなければならない$\left(\begin{smallmatrix}規205条\\の6第2項\end{smallmatrix}\right)$。

12 証拠調べを終わった証拠の提出

証拠調べを終わった証拠書類または証拠物は，遅滞なくこれを裁判所に提出しなければならない。ただし，裁判所の許可を得たときは，原本に代え，その謄本を提出することができる$\left(\begin{smallmatrix}310\\条\end{smallmatrix}\right)$。

第8章　公判の裁判

第1節　裁判の意義および種類

1　意　義

裁判とは，裁判所または裁判官の**意思表示的な訴訟行為**をいう。

裁判所または裁判官は，裁判以外の訴訟行為もおこなうが，しかし，これらは，意思表示を本来の内容としていないので，裁判ではない。

法律上，裁判と裁判以外の行為を含めて，**処分**と称される（288条2項, 309条2項など）。

2　種　類

裁判は，種々の観点から分類される。

(1) **判決・決定・命令**

(i) **判決**

判決は，**裁判所**の裁判であり，**口頭弁論**に基づいて，これをしなければならず（43条2項），裁判には理由を付さなければならない（44条1項）。

判決に対する不服申立ては，**控訴・上告**という形でなされる。

(ii) **決定**

決定は，**裁判所**の裁判であるが，必ずしも口頭弁論に基づいてこれをすることを要せず（43条2項），また，上訴を許さない決定には理由を付することを要しない（44条2項）。

決定に対する上訴方法は，**抗告**である（420条）。

(iii) **命令**

命令は，**裁判官**の裁判であり，口頭弁論に基づくことを要せず（43条2項），また，上訴を許さないものには理由を付する必要はない（44条2項）。

命令に対する上訴方法は，**準抗告**である（429条）。決定・命令は，必ずしも口頭弁論を経る必要はないが，決定は，申立てにより公判廷でするとき，また

は公判廷における申立てによりするときは，訴訟関係人の陳述を聴かなければならない。それ以外の決定および命令は，訴訟関係人の陳述を聴かないで，することができる（規33条1項,2項）。決定または命令をするについて必要があるばあいには，事実の取調べをすることができる（43条3項）。

(2) **終局裁判とそれ以外の裁判**
(i) **終局裁判**

終局裁判とは，**事件を当該審級から離脱**させる効果を有する裁判をいう。第1審だけでなく，控訴審・上告審の終局裁判もある。

(ii) **終局裁判以外の裁判**

それ以外の裁判の多くは終局前になされるが（**終局前の裁判**または**中間裁判**とも称される），終局後の裁判もある。たとえば，解釈の申立てに対する決定がこれに当たる（501条）。訴訟指揮の裁判は，終局前の裁判の中で重要なものであるが，それ以外のもの（強制処分など）もある。

(iii) **裁判の形式**

終局裁判は，原則として判決でなされるが，決定でなされることもある。終局裁判以外の裁判は，決定か命令のいずれかでなされる。

(3) **実体裁判と形式裁判**
(i) **意義**

実体裁判とは，**申立ての理由の有無**についての裁判であり，**形式裁判**とは，**申立ての有効・無効**についての裁判である。

(ii) **区別**

実体裁判と形式裁判の区別は，すべての裁判について考えられ得るが，狭義では，公訴提起に対する裁判，すなわち**公判の裁判**に関してなされる。それ以外の裁判では，区別されないことが多い。

(4) **公判の裁判の種類**

公判の裁判である実体裁判には，**有罪判決**と**無罪判決**とがある。有罪判決には，刑の言渡しの判決と刑の免除の判決とがあり，形式裁判には，**管轄違い**の判決，**公訴棄却**の決定および判決，**免訴**の判決がある。

第2節　形式裁判

1　管轄違いの判決
(1)　意義
　被告事件が裁判所の管轄に属しないばあいには，判決で管轄違いの言渡しをする（${}^{329}_{条}$）。

　「管轄」は，**事物管轄**および**土地管轄**の両者を含む。裁判所の管轄は，公訴提起の時から裁判の時まで存在する必要がある。ただし，すでに述べたように，土地管轄の基準である被告人の住所・居所・現在地が起訴の時に存在すれば足りる。

(2)　例外
　管轄を有しないばあいに管轄違いの判決がなされる原則に対して，次のような例外がある。

　(i)　土地管轄については，被告人の申立てがなければ管轄違いの言渡しをすることができない（${}^{331条}_{1項}$）。この申立ては，被告事件につき証拠調べを開始した後は許されない（${}^{同条}_{2項}$）。

　(ii)　高等裁判所は，その特別権限に属する事件（裁16条4号。独禁法85条3号）として公訴の提起があったばあい，その事件が下級の裁判所の管轄に属するものとみとめるときは，管轄違いの言渡しをしないで，決定で管轄裁判所に移送しなければならない（${}^{330}_{条}$）。

　(iii)　準起訴手続きによって地方裁判所の審判に付された事件については，管轄違いの言渡しをすることはできない（329条ただし書き）。

　(iv)　簡易裁判所は，地方裁判所において審判するのを相当とみとめるときは，決定で管轄地方裁判所に移送しなければならない（${}^{332}_{条}$）。

　これは，主として，簡易裁判所の科刑権の制限を超える刑を科するのを相当とみとめるばあいに適用がある。しかし，この規定は，上記のばあいだけでなく，科刑権の範囲内の刑を科するのが相当であっても，事案が複雑であるなどの理由によって地方裁判所において審判するのが相当とみとめるとき

にも，適用があると解されている。

2　公訴棄却の決定

(1)　公訴棄却決定の事由

次のばあいには，決定で公訴を棄却する$\left(\substack{339条\\1項}\right)$。

(i)　**271条2項の規定により公訴の提起がその効力を失ったとき**$\left(\substack{同項\\1号}\right)$。

このばあいは，公訴の提起はさかのぼってその効力を失うから，公訴棄却の決定は確認的な意味を有する。

起訴状謄本を被告人に送達することができないばあいには，公訴棄却の決定を送達することもできないことが多いので，公訴棄却の決定は，被告人に送達することを要しない$\left(\substack{規219条\\の2第1項}\right)$。ただし，被告人に弁護人があるときは，公訴棄却の決定をした旨を通知しなければならない$\left(\substack{規219条\\の2第2項}\right)$。

(ii)　**起訴状に記載された事実が真実であっても，何らの罪となるべき事実を包含していないとき**$\left(\substack{同項\\2号}\right)$。

法は，有罪判決の見込みのないことが客観的に明白なばあいには，形式裁判をもって手続きを打ち切ることとしたのである。したがって，「何らの罪となるべき事実を包含していない」ことは，**起訴状の記載**からただちに認定できなければならず，少しでも疑いがあれば，実体の審理に入るべきである。そして実体の審理をした以上は，このような認定が可能であったとしても，実体裁判としての無罪判決を下すべきことになる。

(iii)　**公訴が取り消されたとき**$\left(\substack{同項\\3号}\right)$。

(iv)　**被告人が死亡し，または被告人たる法人が存続しなくなったとき**$\left(\substack{同項4\\号}\right)$。

当事者の一方である被告人が存在しなくなった以上，公訴が無意味となるからである。

(v)　**10条・11条の規定により審判してはならないとき**$\left(\substack{同項\\5号}\right)$。

(2)　不服申立て

上記の公訴棄却の決定に対しては，**即時抗告**をすることができる$\left(\substack{339条\\2項}\right)$。ただし，**検察官**だけが抗告の利益を有する。

3 公訴棄却の判決

次のばあいには，判決で公訴を棄却する$\left(\frac{338}{条}\right)$。

(1) **被告人に対して裁判権を有しないとき**$\left(\substack{同条\\1号}\right)$。

(2) **340条の規定に違反して公訴が提起されたとき**$\left(\substack{同条\\2号}\right)$。

340条にいう「あらたに重要な証拠を発見した場合」に当たるか否かは，**起訴状一本主義**の趣旨に照し，裁判所が審理開始前に調査したり検察官がその証明をしたりすることは許されない。したがって，ともかく一応審理を開始して検察官に証拠調べを請求させ$\left(\substack{規193\\条1項}\right)$，それによって新たに重要な証拠を発見したものでないことが判明したときに，本号の適用がある$\left(\substack{高田・\\478頁}\right)$。

(3) **公訴の提起があった事件について，さらに同一裁判所に公訴が提起されたとき**$\left(\substack{同条\\3号}\right)$。

(i) **同一裁判所の意義**

同一「裁判所」は，国法上の意味の裁判所である。

(ii) **公訴提起の意義**

後の方の公訴提起が公訴棄却の対象となる。

(iii) **事件の同一性**

事件が同一か否かは，**広義の同一性の問題**である。本来ならば一罪として訴因の追加・変更によるべきものを検察官の法律上の判断と裁判所の判断との食い違いのため別に公訴提起の手続きによったばあいには，本号による公訴棄却の言渡しを必要としない。なぜならば，**罪数の評価**は裁判所の専権に属する問題であり，また，公訴提起の手続きは訴因の追加・変更よりも方式が厳格であって，公訴提起を**訴因の追加・変更**と解釈するのは何ら不都合ではないからである$\left(\substack{高田・\\478頁}\right)$。たとえば，包括一罪たるべき個々の犯罪行為につき順次に公訴が提起されたばあいには，裁判所はこれらを併合審理して1個の事件として判決すればよく，後の起訴に対して公訴棄却の判決をする必要はない$\left(\substack{最〔大〕判昭31・12・\\26刑集10巻12号1746頁}\right)$。併合罪として起訴された数罪を1個の結合犯として処断するばあいや$\left(\substack{広島高判昭35・12・21下\\刑集2巻11—12号1361頁}\right)$，それらが追起訴の形をとったばあいも同様である$\left(\substack{最判昭35・11・15刑\\集14巻13号1677頁}\right)$。

(4) **公訴提起の手続きがその規定に違反したため無効であるとき**$\left(\substack{同条\\4号}\right)$。

4 免訴の判決

次のばあいには，判決で免訴の言渡しをする（$\frac{337}{条}$）。

(1) **確定判決を経たとき**（$\substack{同条\\1号}$）。

確定判決は，わが国の司法権を行使する裁判所によって言い渡されたものに限られ，それ以外の裁判所によって確定判決を受けた者に対しては，さらにわが国の裁判所で審判することを妨げない。

(2) **犯罪後の法令により刑が廃止されたとき**（$\substack{同条\\2号}$）。

(3) **大赦があったとき**（$\substack{同条\\3号}$）。

(4) **時効が完成したとき**（$\substack{同条\\4号}$）。

第3節 実体裁判

実体裁判には，有罪および無罪の判決がある。

1 有罪の判決

(1) **有罪の判決をなすべきばあい**

(i) 条件

法は，いかなるばあいに「有罪判決」をなすべきかについて明白には規定しておらず，被告事件について犯罪の証明があったばあい，刑の免除をするときは判決でその旨の言渡しをし，その他については判決で刑の言渡しをなすべき旨を規定しており（$\substack{333条1項,\\334条}$），これらの判決が有罪の判決であると解されている。したがって，有罪の判決は「被告事件について犯罪の証明があったとき」になされることになる。

(ii) 「犯罪の証明があったとき」の意義

「**犯罪の証明があった**」とは，公判廷における適式な証拠の取調べに基づき，裁判所が犯罪事実の存在について十分な心証を形成したことをいう。いいかえると，「**合理的な疑いを容れない程度に**」（beyond the reasonable doubt）証明されたばあいを意味する。

(iii) 種類

有罪の判決には「刑の言渡しの判決」と「刑の免除の判決」とがあること

になるが，「刑の免除」は，必要的なばあい（刑43条ただし書き，80条，93条ただし書き，224条1項前段，251条，255条，257条）と任意的なばあい（刑36条2項，37条1項ただし書き，113条ただし書き，170条，171条，173条，201条）とがある。

刑の執行猶予・保護観察

刑の執行猶予は，刑の言渡しと同時に判決でその言渡しをしなければならない。刑25条の2第1項の規定により保護観察に付するばあいも，同じである（333条2項。なお，規220条の2，222条の2，222条の3）。

2 無罪の判決

被告事件が罪とならないとき，または被告事件について犯罪の証明がないときは，判決で無罪の言渡しをする（336条）。

(1) **「被告事件が罪とならない」**とは，訴因として掲げられた事実（被告事件）が証明されていても犯罪を構成しないことを意味する。

訴因として掲げられた事実が，犯罪を構成しても起訴状記載の罰条とは著しく異なる罰条に当たり，そのまま犯罪事実を認定したのでは被告人の防御に実質的な不利益を生ずるおそれがあるばあいに，「罪とならない」ものとして無罪を言い渡すべきであるとする説（団藤・496─7頁）と，このばあいは公訴提起の効力の問題であって，338条4号により公訴棄却の判決をすべきであるとする説（平場・511頁，石川・313頁）とがある。

このばあい，公訴の内容自体が不明確であるから，公訴提起は無効となるので，公訴を棄却すべきである。

(2) **「犯罪の証明がない」**とは，訴因として掲げられた事実の不存在が積極的に証明されたばあいと事実の存否につき十分な心証が得られなかったばあい（いわゆる**証拠不十分**）を意味する。

後者のばあいに無罪が言い渡されるのは，**「疑わしきは被告人の利益に」**の**原則**が適用されるからである。

被告人の自白以外にこれを補強する証拠がないときは，たとえその自白によって事実上十分な心証を得たとしても，319条2項によりやはり「犯罪の証明がない」ものとして無罪を言い渡すべきである（高田・487─8頁）。

裁判官の得た心証と訴因とが食い違うばあいは，次のように扱われるべきである（高田・488頁）。すなわち，第1に，たとえば窃盗の訴因と罰条が掲げられて

いるばあいに，強盗の事実につき心証を得たが，検察官が訴因・罰条を変更せずまた変更命令にも応じなかったときは，証明された窃盗の事実の範囲内で有罪を言い渡すべきである。

第2に，審理の途中において訴因のみが変更され罰条と著しく食い違い，そのまま犯罪事実を認定することができないばあいには，罰条の拘束力の範囲内で犯罪の証明があったものとして，有罪を言い渡すべきである。

完全に食い違って，犯罪の証明があったといえる部分がないときは，無罪とすべきである。

第4節　裁判の成立

1　意　義

裁判は，裁判機関の意思表示であるから，**内部的な意思決定**とその**外部的な表示**の2段階の過程を経て成立する。前者が**内部的成立**であり，後者が**外部的成立**（「告知」）である。

2　内部的成立

(i)　**意義**

裁判の告知がなされるまでは，当該裁判所または裁判官は，いつでも自由に（合議体では合議のやり直しが必要であるが），これを**変更**することができる。

(ii)　**手続きの更新の要否**

裁判所が内部的に成立したばあいには，裁判官が交替しても，新たな裁判官がたんに判決の宣告にのみ関与するときは，手続きを更新する必要はない（315条ただし書き）。なぜならば，判決の宣告は，すでに成立した裁判の内容を，たんに外部に表示するにすぎないからである。

(iii)　**内部的成立の時期**

上記のような効果をみとめ得るのは，すでに成立した裁判の内容が，客観的に確認できるばあいでなければならないので，**通説**は，合議体で合議が成立したこと，または，1人の裁判官が判決の草稿を書いたことだけで足りると解している。しかし，**裁判書の作成**によって内部的成立があったものと解

するのが妥当である（平野・273頁，鈴木・206頁など）。

(iv) **評議**

合議体裁判所の意思決定は，評議によって，形づくられる。

評議は，裁判長がこれを開き，かつこれを整理する（裁75条2項）。評議は，公行しない（裁75条1項）。

評議の経過ならびに各裁判官の意見およびその多少の数については，秘密を守らなければならない（裁75条2項）。ただし，例外として，最高裁判所では，各裁判官の意見の表示が要求されている（裁11条）。

裁判は，原則として過半数の意見による（裁77条1項。最高裁判所の違憲判決には，8人以上の意見の一致を必要とする。最高裁判所事務処理規則12条）。したがって，有罪判決も，多数決で足りる。

意見が3説以上に分かれ過半数に達しないばあいには，過半数になるまで被告人に最も不利な意見の数を順次利益な意見の数に加え，その中で最も利益な意見によることとなっている（裁77条2項2号）。

(v) **評議の方法**

評決の方法をめぐって，結論について評決すべきか，理由ごとに評決すべきかの争いがある。

裁判には，その性質に従って判断すべき事項があるから，その事項ごとに判断すべきであって，結論か理由かというように，一律に決定することはできない（平野・272頁）。すなわち，公判の裁判においては，まず，公訴の有効性について判断しなければならず，その際，公訴棄却・免訴の各事由ごとに評決すべきであって，およそ公訴棄却の事由があるか，免訴の事由があるか，という点で評決すべきではない。

実体判決においては，まず訴因について，有罪か無罪かの評決がなされるべきであって，構成要件該当性の有無，正当防衛の有無，責任能力の有無などについて，別々に評決すべきではない。その意味では，結論について評決しなければならないことになる。

有罪の評決があった後，法律上の刑の加重減免の事由について，各事由ごとに評決がなされる。

その他の裁判についても，やはりその要件事実ごとに評決しなければなら

ない。

3 外部的成立
(i) **意義**

裁判は，**告知**によって，外部的に表示され，成立する。

(ii) **裁判の告知**

裁判の告知は，公判廷においては，**宣告**によってする（規34条）。判決は，必ず公判廷において宣告によって告知しなければならない（342条）。宣告は，裁判長がおこなう（規35条1項）。

判決を宣告するには，主文および理由を朗読し，または主文の朗読と同時に理由の要旨を告げなければならない（規35条2項）。

公判廷で宣告するばあい以外は，裁判書の謄本を送達する（規34条）。ただし，特別の規定により，送達する必要のないばあいもある（規14条, 86条の2, 181条, 214条, 219条の2など）。

第5節 裁判の内容

裁判は，**主文**と**理由**とから成る。

1 主 文
(1) **意義**

主文は，裁判の意思の内容の表示である。それは，裁判の対象についての最終的結論である。

(2) **有罪判決の主文**

有罪判決の主文には，刑だけが示され罪名は示されない（たとえば，「**被告人を懲役3年に処する。**」という形で示される）。

(3) **無罪判決の主文**

無罪判決の主文には，無罪である旨が示される（「**被告人は無罪。**」という形で示される）。

実体判決で，訴因の一部をみとめ，他の部分をみとめなかったばあいや，科刑上一罪の一部をみとめ，他の部分をみとめなかったばあい，みとめなかった部分について主文で無罪を言い渡す必要はない。択一的または予備的訴因

の1つに対して有罪の判断が示されたばあいも，他の訴因について主文で無罪を言い渡す必要はない（最判昭25・10・3刑集4巻10号1861頁）。

2　理　由
(1)　理由を付する趣旨

裁判には，理由を付しなければならない（44条1項）。裁判の理由は，**主文の具体的根拠**である。裁判の正当性を説示して訴訟関係人を納得させ，かつ，不服申立てがあったとき上訴審の審査に資するためであるとされる。したがって，不服申立て（309条の異議を除く）を許さない決定または命令には理由を付することを要しない（44条2項）。

(2)　示すべき事項

有罪判決は，被告人にとってきわめて重要な意義を有するので，とくに，示すべき事項が規定されている（335条）。

有罪の言渡しをするには，罪となるべき事実，証拠の標目および法令の適用を示さなければならない（335条1項）。

(i)　罪となるべき事実

「**罪となるべき事実**」とは，特定の構成要件に該当し違法かつ有責的な具体的事実をいう。この意味においては，317条にいう「事実」，すなわち，厳格な証明の対象たる犯罪事実と一致する。

しかし，刑事の判決において「罪となるべき事実」の表示が要求されるのは，裁判所が公判審理により終局的に到達した結果を表示するという保障機能に基づくものであるから，手続きの進展に伴って変動する厳格な証明の対象としての犯罪事実と，有罪判決の理由事項としての犯罪事実との間には内容的な差異がある。すなわち，目的論的観点からは，有罪判決に示すべき「罪となるべき事実」は，次のように解される（高田・481頁）。

(a)　犯罪事実の内容と記載の程度
(α)　**原則**　犯罪事実は，一般に特定の実体刑罰法規を適用するに足りるだけの構成要件該当の具体的事実を示し，かつ事件の同一性を認識し得る程度に表示することを要し，これをもって足りる。

(β)　**構成要件該当事実**　「構成要件」該当の事実は，**基本的構成要件**だけで

なく，その **修正形式**（未遂・予備・共犯）をも含む。また，事実は具体的であることを要し，場所的・時間的に特定されたものでなければならない。

（γ） **犯罪の日時・場所** 通説・判例（最判昭24・4・14 刑集3巻4号547頁）は，犯罪の日時は罪となるべき事実そのものに属しないとしているが，訴訟法上問題となる犯罪事実は，つねに歴史的具体性をもつべきものであるから，日時も罪となるべき事実の要素と考えるのが妥当である。犯罪の場所についても，同様である。

（δ） **違法性・責任**（有責性） 犯罪事実は，構成要件該当性のほかに違法性および責任（有責性）の要件をも具備する必要がある。ただし，構成要件に該当すれば，違法性および責任の存在は事実上推定されるので，とくに疑問のあるばあいのほかは，それらの存在をいちいち示す必要はない。

（ε） **択一的認定の許否** 犯罪事実の認定に関して，**択一的認定**（選択的認定）の許否が問題となる。

たとえば，窃盗か盗品等有償譲受けかのいずれかであることは確実であるが，そのいずれであるかが不明のばあいに，盗品等有償譲受けとして有罪を認定することができるか，ということが争われるのである。

通説は，これを消極的に解している。

判例は，焼酎の製造について，原料アルコールの製造工程が不明のためその甲類か乙類かの確定ができなくても，罰金額算定上，その確定を要しないときは，いずれとも確定判示する必要がなく，これをいずれかに確定判示することが必要なときは，被告人に有利な焼酎乙類として取り扱って差支えない，としている（最決昭33・7・22刑集12巻12号2712頁）。

(b) **処罰条件**

処罰条件が必要な犯罪については，これに当たる事実を示さなければならない。なぜならば，刑罰法規は，その事実が存在するばあいにはじめて適用され得るからである。

(c) **刑の加重減免事由**

刑の加重減免の理由となる事実については，その事実を示さなければならない。**法律上必要的**とされるばあい，すなわち，**累犯加重**（刑56条），**自首免除**（刑80条など）などに限られ，任意的減軽のばあいは含まれない。

(ii) 証拠の標目
(a) 意義
「証拠」とは，「罪となるべき事実」を認定する基礎となった証拠をいい，「標目」とは，具体的にその証拠の同一性を示すに足りる標題・種目をいう。
(b) 証拠挙示の根拠
有罪判決に証拠の挙示が必要とされるのは，裁判官の**事実認定の合理性**を保障し，かつこれを批判することを可能にするためであるとされる。

旧法は，証拠によって犯罪事実をみとめた理由を説明することを要求していたが$\left(\substack{旧360\\条1項}\right)$，これでは，個々の証拠の内容を具体的に示さなければならず，裁判官の負担が重くなり，判決書の起案に労力を費やして肝心の審理そのものがおろそかになると批判されたため，現行法ではたんに証拠の標目を挙示すれば足りると改正されたとされている。

(c) 表示の程度
証拠の表示としては以上をもって足り，証拠が適法である理由を説明する必要はないし$\left(\substack{最判昭23・3・9\\刑集2巻3号140頁}\right)$，証拠を取捨した理由を示す必要もない$\left(\substack{最決昭\\34・11\\・24刑集13巻\\12号3089頁}\right)$。

(iii) 法令の適用
(a) 意義
「**法令の適用**」とは，「罪となるべき事実」に対する**実体刑罰法規の適用**をいう。

(b) 表示の程度
認定事実に対していかなる法令が適用され，判決主文がいかなる法令に基づいて導き出されたかを，合理的に知り得る程度に示さなければならない。

(c) 刑法の規定の表示
犯罪の特別構成要件を定める規定およびその処罰を定める規定は，つねに示さなければならない。それ以外の規定，とくに総則的規定については問題があるが，刑事事件の基礎を明らかにするのに重要な意味をもつもの，たとえば，共犯，累犯加重の規定などは，その適用を示すことを要する$\left(\substack{高田・\\484頁}\right)$。

判例は，刑法60条につき，それを示す必要はないとしている$\left(\substack{最判昭24・1・\\20刑集3巻1号4}\right.$

頁。「他人と共謀の上窃取した」と表示されているばあい）。

(3) 犯罪成立阻却事由・刑の加重減免事由

(i) 法律の規定

法律上犯罪の成立を妨げる理由または刑の加重減免の理由となる事実が主張されたときは，これに対する判断を示さなければならない（335条2項）。

(ii) 趣旨

これらの事項は，**犯罪の有無**およびその**軽重**に関するものであり，きわめて重要な意義を有するので，これに対する判断を示すことが要求されるのである。**当事者主義の観点**からは，その判断は明示的になされるべきことになる（団藤・309頁，平野・280頁，高田・484頁）。しかし，**判例**は，黙示の判断で足りると解しているが（最判昭24・9・1刑集3巻10号1529頁，最判昭25・2・28刑集4巻2号282頁），これではとくに本項の規定を設けた趣旨が没却されることになる。

(iii) 表示の程度

判断は，**主張採否の結論**のみを示せばよく，その理由を説明する必要はない（平場・511頁，柏木・338頁，大判昭10・10・29刑集14巻1092頁）。

(iv) 法律上，犯罪の成立を妨げる理由となる事実

(a) 意義

「**法律上犯罪の成立を妨げる理由となる事実**」とは，構成要件該当事実以外の事実であって法律上犯罪の成立を阻却するものをいう。すなわち，**構成要件該当性を阻却**する理由，**違法性を阻却**する理由，**責任を阻却**する理由となる事実がこれに当たる。

(b) 判例

判例上みとめられたものとして，正当防衛（最判昭26・3・9刑集5巻4号500頁），緊急避難（最判昭25・6・27刑集4巻6号1076頁），心神喪失（最判昭24・1・20刑集3巻1号43頁），自救行為の主張（最決昭46・7・30刑集25巻5号756頁）などがある。

(v) 法律上刑の加重減免の理由となる事実

「**法律上刑の加重減免の理由となる事実**」は，法律上刑の加重減免が**必要的**であるばあいに限られる（過剰防衛の主張につき，最判昭26・4・10刑集5巻5号890頁。自首の主張につき，最判昭28・8・18刑集7巻8号1737頁，最決昭32・7・18刑集11巻7号1880頁）。

通説は判例の立場を支持しているが，任意的なばあいも含むとする説も有力である（小野・236頁，平野・280頁，石川・312頁など）。

(4) その他の事項

335条の規定以外に，44条の一般原則によって判決主文のよって来たる理由を付しなければならない。

それは，刑の減免・換刑処分・執行猶予のような実体法的な事項および管轄・裁判権・公訴時効のような訴訟法的な事項である。これらが判決の中で解決されるためには，その事実理由および法律理由を付する必要がある。

訴訟費用の負担や仮納付の裁判についても同様である（高田・486頁）。

第6節　終局裁判の付随的効果および付随的処分

1　勾留に対する効果

(1) 保釈・勾留の執行停止

禁錮以上の刑に処する判決の宣告があったときは，保釈または勾留の執行停止はその効力を失う（343条前段）。

判決の宣告があれば足り，判決の確定を必要としない。禁錮以上の刑に処する判決が宣告されても，重ねて保釈を許し，または勾留の執行を停止することができるので，新たに保釈または勾留の執行停止の決定がないときは，98条の規定を準用して被告人を収監する（343条後段。なお，規92条の2）。

(2) 勾留更新の回数の制限・必要的保釈

禁錮以上の刑に処する判決の宣告があった後は，勾留更新の回数の制限（60条2項）および必要的保釈（89条）は適用されない（343条）。

(3) 勾留状

無罪・免訴・刑の免除・刑の執行猶予・公訴棄却（338条4号のばあいを除く）・罰金・科料の裁判の告知があったときは，勾留状は効力を失う（345条）。

338条4号による公訴棄却のばあいが除かれているのは，公訴提起の手続き上の瑕疵を補正してただちに再起訴する可能性が大きいためであると解されている。

2 押収物に対する効果

(1) 原則

押収した物について，没収の言渡しがないときは，押収を解く言渡しがあったものとする（346条）。

(2) 効力の発生時

この効果は，裁判の告知の時ではなく**確定の時**に生ずる（**通説**）。押収が解かれた以上，押収物は被押収者に還付されるべきことになる。ただし，押収した贓物(ぞうぶつ)で被害者に還付するべき理由が明らかなものは，被害者に還付する言渡しをしなければならない（347条1項）。**贓物**とは，「盗品その他財物に対する罪に当たる行為によって領得された物」（刑256条）をいう。

贓物の対価として得た物について被害者から交付の請求があったときも，同様に還付の言渡しをする（同条2項）。

仮に還付した物（123条参照）について，別段の言渡しがないときは，還付の言渡しがあったものとする（347条3項）。

これら3項の規定は，利害関係人が民事訴訟の手続きに従ってその権利を主張することを妨げない（同条4項）。

3 仮納付の裁判

(1) 意義

裁判所は，罰金・科料・追徴を言い渡すばあいにおいて，判決の確定を待ってはその執行をすることができず，または，その執行をするのに著しい困難を生ずるおそれがあるとみとめるときは，検察官の請求により，または，職権で，被告人に対し，仮に罰金・科料または追徴に相当する金額の納付を命ずることができる（348条1項）。

(2) 言渡し

仮納付の裁判は，**刑の言渡しと同時に**判決でその言渡しをしなければならない（同条2項）。

(3) 執行の時期

仮納付の裁判は，ただちに執行することができる（同条3項。仮納付の裁判の執行方法などについては，490条，493条，494条参照）。

第7節　裁判の確定とその効力

1　意義と種類

裁判は，原則として確定によってその本来的効力を生ずる。

裁判の確定には，**形式的確定**と**内容的確定**とがあり，確定の効力には形式的確定力と内容的確定力とがある。

2　形式的確定と形式的確定力

(1)　**意義**

形式的確定とは，裁判が通常の不服申立て方法によって争い得なくなった状態をいい，このような不可争的効力を**形式的確定力**という。

形式的確定力は，手続き面における効力であるから，すべての裁判について形式的確定および形式的確定力が存在することになる。

終局裁判は，その形式的確定によって当該事件に関する訴訟手続きが終結する。

(2)　**確定の時期**

不服申立てが許されない裁判は，原則として**告知**と同時に確定する（例外：規26条3項後段）。

旧法においては，上告審の判決は，その宣告とともに確定したが，現行法は，上告裁判所の判決について訂正の申立てをみとめている関係上，宣告によってただちには確定しないものとしている。

不服申立てが許される裁判は，上訴期間（373条，414条，422条，433条2項）やその他の不服申立て期間（415条，428条3項，429条4項，465条1項）の経過，上訴その他の不服申立ての放棄・取下げ（359条以下，367条），上訴その他の不服申立を棄却する裁判（375条，385条，386条，408条，414条，426条1項，432条，434条，468条）の**確定**によって確定する。

3　内容的確定と内容的確定力

(1)　**意義**

内容的確定とは，裁判の判断内容である一定の法律関係が確定することをいう。**内容的確定力**とは，この一定の法律関係を不可動的に確定させる効力

をいう。

この法律関係は，実体法および手続き法にかかわるので，形式裁判および実体裁判について内容的確定力が生ずる。実体裁判の内容的確定力は，とくに**実体的確定力**と称される。

(2) **内容的確定力の対内的効果**

内容的確定力の対内的効果として，**執行力**が生ずる。

刑言渡しの有罪判決のばあいには，刑の執行権として発現する。裁判の執行力は，原則としてその**確定**によって生ずるが$\binom{471条}{参照}$，次のような2つの**例外**がある。

(i) 抗告（特別抗告を含む）・準抗告には裁判の執行を停止する効力はないので$\binom{424条1項, 432}{条, 434条}$，決定および命令は，原則として**告知**により**ただちに執行力**を生ずると解されている。

(ii) 罰金・科料・追徴についての仮納付の裁判は，判決の確定を待たないでただちに執行することができる$\binom{348条}{3項}$。

(3) **内容的確定力の対外的効果**

内容的確定力の**対外的効果（後訴に対する効果）**として，同一の事情の下では同一事項について異なる判断をすることは許さないとする**内容的拘束力**が生ずる（民事訴訟においては，この効力は一般に**既判力**と称される）。

(4) **形式裁判のばあい**

たとえば，裁判所が事件につき管轄権がないとの理由で管轄違いの判決を言い渡し$\binom{329}{条}$，それが確定したときは，その後に同じ事態の下で同一事件$\binom{同一}{訴因}$を同一裁判所に起訴すれば，裁判所は先の確定判決の**内容的拘束力**によって管轄違いの判決をしなければならない。

これに反して，親告罪についてなされた告訴が無効であるとして公訴棄却の判決が言い渡され$\binom{338条}{の4}$，それが確定しても，あらためて有効な告訴があれば，もはや先の判決の内容的拘束力は及ばなくなるから，有効に再起訴することができる$\binom{高田・}{297頁}$。

(5) **実体裁判のばあい**

有罪・無罪の判決については次に述べる**一事不再理の効力**だけが問題とな

り，形式裁判のばあいとパラレルな形での内容的拘束力は生じないと解されている。なぜならば，実体についての後訴裁判所の**判断の独自性**を尊重する必要があるからである（高田・298頁）。

4 一事不再理の効力

(1) **意義**

(i) **定義**

一事不再理の効力とは，有罪・無罪の実体判決が確定したときは，同一事件について訴訟上再び問題とすることを許さないとする効果をいう。刑事訴訟において**既判力**というばあいは，この効力のみを意味する。

(ii) **実体的確定力・二重の危険との関係**

従来，**通説**は，この効力を実体判決の実体的確定力にその根拠を求め，実体的確定力の対外的効力として把握してきた。しかし，このような理解は妥当でない。一事不再理の効力は，憲法39条の「**二重の危険**」の禁止の効力であって，実体的確定力とは関係がなく，むしろ確定実体判決の**存在的効力**であると解すべきである（平野・282頁，松尾・下150頁以下，田宮・86頁以下など）。

(2) **主観的範囲**

一事不再理の効力は，**当事者間**においてのみ，すなわち，国家と当該被告人との関係においてのみ及ぶ。

しかも，それは当該事件との関係についてだけであるから，ばあいによっては，論理的に相容れない判決がなされる可能性を生む。たとえば，交通事故の犯人の身代わりとなった者が，業務上過失致死傷罪で有罪の確定判決を受けても，後にその者を犯人隠避罪について起訴し判決することを妨げない（東京高判昭40・7・8 高刑集18巻5号491頁）。

(3) **客観的範囲**

一事不再理の効力は，当該判決のなされた手続きにおいて解決されるべきであった**事件の全体**に及ぶ（**通説**）。つまり，現実に判断された**訴因と単一または同一の関係にある事実の全体**に及ぶのである。

一事不再理の効力が及ぶ範囲の事実については，有罪・無罪の判決がなされた訴因と異なる別の訴因を構成して**再び起訴**することは許されないことに

なる。そのような起訴がなされたばあいは，337条1項によって**免訴判決**が言い渡される。

　たしかに，**職権主義**の下では，裁判所は公訴事実の全体について審判する権限と義務を有し，この権限・義務の及ぶ範囲内において現実に判決の対象とされたか否かを問わず一事不再理の効力が及ぶと解することにつき，格別の支障は存在しなかったといえる。ただ，科刑上一罪の一部たる親告罪について告訴がないばあいには，検察官はこの部分を起訴できないし，裁判所もこの部分については審判の権限・義務がないので，非親告罪の部分だけについて起訴があり判決されたばあいには，一事不再理の効力は親告罪の部分には及ばないことになるはずである。にもかかわらず，**判例・通説**は，親告罪の部分にもその効力が及ぶと解していたので，その点に，疑問があるとされるにすぎなかった。

　ところが，**当事者主義**をとり，**訴因制度**が採用されている現行法の下においては，訴因以外の事実について判決することはできないので，訴因以外の事実について一事不再理の効力がみとめられることの根拠が，従来の通説とは別個の観点から提示される必要がある。

　この点は，**二重の危険説**の見地から，検察官の**同時訴追義務**に基づく「同時審判の可能性」によって基礎づけられるべきである（平野・282—3頁。松尾・下154頁，353頁参照）。すなわち，**公訴事実を単一または同一にする範囲全体**について，検察官は，訴因を変更して審判を受けることが可能であり，かつ，その義務を有するので，その範囲内の事実については再起訴が禁止されるのである。したがって，この見地からは，同時訴追の余地がなかったばあい，たとえば科刑上一罪のばあい，告訴権者も被告人側から見れば訴追側であるので，告訴できたにもかかわらずしなかったときは，やはり同時訴追の義務違反になると解され，傷害罪についての判決確定後に被害者が死亡したばあい，追加訴訟は憲法上は許されるが，その制度がない状況の下においては，一事不再理の効力が死亡の部分にも及ぶとせざるを得ないと解されるのである。

(4)　**時間的範囲**

　継続犯・常習犯などが確定判決の前後にまたがっておこなわれたばあいに，

どの時点までの犯罪事実に一事不再理の効力が及ぶかについては，**口頭弁論終結時説**と**判決（言渡し）時説**とがあり，**判例・通説**は後者の立場に立っている（大阪高判昭27・9・16高刑集5巻10号1695頁，札幌高判昭28・11・19高刑集6巻12号1730頁）。

　控訴申立て理由につき，事実誤認に関して第1審の弁論終結後判決前に生じた事実を援用することが許されており（382条の2第2項），控訴審における事後審査の標準となる事実関係が原判決の言渡しの時となることから見て，現行法の解釈としては**判決時説が妥当**である（高田・301頁）。その結果，継続犯・常習犯などは判決言渡しの時点を境として，数罪に分割されることになる。

5　免訴判決の効力

(1) 問題の所在

　免訴判決は，**通説・判例**によれば，形式裁判であるが（大赦があったばあいにつき，最〔大〕判昭23・5・26刑集2巻6号529頁），免訴判決にも一事不再理の効力があるとされている。実体裁判でないのにもかかわらず，なぜ免訴判決に一事不再理の効力があるのであろうか。これは，**免訴判決の性質**をどのように理解するのかという問題にほかならない。

(2) 学説

　学説は，次のように分かれている。

(i) 実体裁判説

　旧法時代には実体裁判説が通説であって，いったん発生した刑罰権が後に消滅したばあいに刑罰権の存在を否定するのが免訴判決であると解された。しかし，この説は，刑罰権の存在を否定するのであれば，なぜ無罪判決と区別するのか，無罪の確定判決を経たときは，はじめから刑罰権のなかったことが確認済みであるから，免訴でなく無罪判決をすべきでないのか，などの疑問があり，現在では支持者を失っている。

(ii) **免訴判決の中には形式裁判**（337条1号のばあい）**と実体裁判**（337条2－4号のばあい）**とがあるとする説**

　この説に対しては，免訴は統一的に規定されているので，安易にその統一的理解を放棄するのは妥当でないとの批判がある。

(iii) 実体関係的形式裁判説

　免訴判決は実体的訴訟条件を欠くばあいになされる実体関係的形式裁判であり，「実体関係的」とは，実体的訴訟条件が実体面に関する事由を訴訟条件としたものであるから，その存否を審査するためには必然的にある程度まで事件の実体に立ち入ることを要し，つねに実体そのものに関係させてその存否が判断されること，を意味する。このように実体に関して判断された免訴判決であるから，実体判決と同じく一事不再理の効力をみとめるべきであるとされる（団藤・159頁，300頁，313頁）。

　この説に対しては，次のような批判がある。すなわち，実体的訴訟条件の存否が実体そのものに関係させて判断されなければならないということから，免訴判決は実体に関する裁判だという結論にはならないし，また，実体的訴訟条件の存否は必ずしもある程度まで実体に立ち入ることを要するものではない（たとえば，起訴状の訴因と前の実体判決で判断された事実とが明らかに同一であるばあい）と同時に，形式的訴訟条件の存否についてもある程度まで実体に立ち入ることを要するばあい（たとえば，二重起訴に当たるかどうかを判断するばあい）もあり得るから，「実体に立ち入って」とか「実体に関係させて」とかということは実体的訴訟条件に固有の問題ではないのである（高田・302頁）。

(iv) 形式裁判説

　この説によれば，免訴判決は，実体の存否を確認する利益が存在しないために手続きを打ち切る形式裁判である。すなわち，免訴事由は，そのすべてがまったく同一性質のものとはいえない。すなわち，337条のうち，1号の有罪・無罪の確定判決のあったばあいは，すでに刑罰権の存否が確認されたために，**公訴の追行利益**が失われたばあいであるのに対し，2〜4号のばあいは，直接的に**刑罰権存否の確認の利益**なしとする事由のあるばあいである。しかし，いずれも刑罰権の実現という刑事訴訟の最終目的そのものが失われ，したがって，**実体の存否を確認する利益**が欠けるに至ったため，手続きを打ち切る事由である。したがって，この事由によってなされた免訴判決が確定したばあいには，刑罰権存否の確認の利益なしということが確定したのであるから，これを再びむしかえして訴訟上の問題とすることは免訴判決の趣旨に

反することになる。

それは，間接的ではあるが免訴判決にも一事不再理の効力をみとめるべきだということを意味し，したがって，337条1号にいう「確定判決」は確定した免訴判決を含むという結論になる（高田・303頁）。いいかえると，訴因に内在する「**訴訟追行の可能性ないし利益**」がないばあいに免訴を言い渡すのであり，それは，「訴因について証拠調をして，その存否を明らかにすることが適当でない」ことを示すものなのである（平野・151頁）。**本説が妥当である。**

6 判決の当然無効
(1) 意義

判決の当然無効（絶対無効）とは，判決として成立してはいるが，重大な瑕疵があるため，上訴その他の不服申立を待たないで当然にその本来的効力が生じないことをいう。**判例・通説**は，このような当然無効の観念をみとめている（控訴取下後になされた控訴審判につき，最〔大〕判昭27・11・19刑集6巻10号1217頁）。

(2) 当然無効がみとめられるばあい

判決の当然無効は，次のようなばあいにみとめられる。

(i) 原則

一般的にいえば，判決としての権威をまったくみとめ得ないような**重大な瑕疵**があり，ひいては**判決の法的安定性**を維持することが無意味と考えられるばあいに，当然無効がみとめられる。

(ii) 具体例

①同一事件につき**二重の実体判決**が確定したばあい，②**治外法権者**に刑を言い渡したばあい，③**死亡した被告人**に刑を言い渡したばあい，④判決が**法律上まったくみとめられない刑**——たとえば，笞刑・流刑——を言い渡したばあいに，判決は当然無効であると一般に解されている。

(3) 効果

判決が当然無効であるばあい，判決の本来的効力が生じないだけであって，別の効力は生じ得る。

(i) 形式的確定力

当然無効の判決は，形式的確定力を生ずる。なぜならば，当然無効の判決

であっても**判決は成立**しているので，当該事件に関する訴訟手続きを終結させる効力をみとめるべきだからである。

(ii) **実体的確定力**

当然無効の判決に実体的確定力は，みとめられない。なぜならば，実体的確定は確定実体判決の本来の効力であり，当然無効という以上はこのような効力はみとめられないからである。

(iii) **一事不再理の効力**

実体判決がなされた以上，それが当然無効であっても，前述の**被告人の法的安定性**という要請から，一事不再理の効力は生ずると解すべきである（高田・304―5頁。なお，田口・434頁参照）。

7 確定力の排除

(1) **趣旨**

裁判の確定力（とくに一事不再理の効力）をみとめるのは，**裁判の権威**を維持すること，および，当事者（とくに被告人）の**法的安定性**を尊重することに基づくので，それらの要請を実質的に害しない範囲内で**例外的**に確定力の排除がみとめられる（高田・305頁）。

(2) **確定力が排除されるばあい**

確定力が排除されるばあいとして，現行法は3つのものを定めている。

(i) **上訴権の回復**（362条以下）

上訴権の回復は，裁判の確定そのものが当事者（とくに被告人）の利益を不当に剥奪するばあいの救済の制度である。

(ii) **再審**（435条以下）

再審は，主として事実の誤認を救済する制度であるが，有罪判決を受けた者の利益のためにだけ許される。

(iii) **非常上告**（454条以下）

非常上告は，法令違反を是正するための制度である。被告人の利益のため以外には，被告人に影響を及ぼさない。

第9章　上　訴

第1節　総　説

1　上訴制度
(1)　上訴制度の意義と存在理由
(i)　意義
上訴とは，未確定の裁判に対して**上級審による是正**（司法的救済）を求める不服申立てをいう。

(ii)　存在理由
上訴制度の存在理由として，次の2点があげられる。すなわち，(a)**被告人の具体的救済**と(b)**法令解釈の統一**である。

(a)　被告人の具体的救済
刑事裁判がその目的を達成するためには，事後的な是正・救済を図るよりも，現におこなわれている段階で誤りが回避されるのが望ましいといえる。しかし，裁判官も当事者も全能ではないのであるから，誤った裁判が生ずる可能性は否定できない。

そこで，誤った裁判によって不利益を受けた当事者を救済するために，その裁判の確定を当事者の不服申立てによって停止させて，事後的に過誤を是正する手続きがみとめられるに至ったのである。

そうすると，当事者の救済こそが上訴制度の第1の目的ということになる。

(b)　法令解釈の統一
上訴は，上級審の判断を仰ぐ点において法令の解釈の統一の要請という側面も顕在化してくる。

2つ以上の裁判所が法令の解釈をそれぞれ異にすると，同種の事案について異なった判断が出されることとなって，**法的安定性**を損なう事態が生ずる。

そこで，上級裁判所に法令解釈の統一が求められ，最終的には最高裁判所により法令解釈の統一がおこなわれることになる。

上訴制度の目的について，当事者の具体的救済よりも法令解釈の統一という国家目的の達成を重視する見解もある$\binom{中武・公判法}{大系Ⅳ66頁}$。しかし，刑事訴訟においては，被告人の具体的救済のために事後審査をおこなうことは，憲法の求める**適正手続きの一環**といえるので，被告人の具体的救済を第1義と解するのが妥当である$\binom{田宮・456頁,}{鈴木・246頁}$。

(2) **上訴の意義と種類**

(ⅰ) **意義**

上訴は，①「**未確定**」の②「**裁判**」に対して③上級裁判所に「**司法的救済**」を求める不服申立てである。したがって，次のものは，上訴ではないことになる。

(a) **再審・非常上告**

「確定」裁判に対する再審や非常上告は，上訴ではない。

(b) **準抗告**

「裁判」ではない「捜査機関の処分」に対する準抗告$\binom{430}{条}$は，上訴ではない。

(c) **一定の異議の申立て・一定の準抗告・訂正の申立て**

上級審に対する「司法的救済」の申立てではない高等裁判所の裁判に対する異議の申立て$\binom{428}{条}$，裁判長の処分に対する異議の申立て$\binom{309条}{2項}$，裁判官の裁判に対する準抗告$\binom{429}{条}$，最高裁判所の裁判に対する訂正の申立て$\binom{415}{条}$などは，上訴ではない。

(ⅱ) **種類**

現行法上，みとめられている上訴は，**控訴・上告・抗告**の3種である。

(a) **対象裁判**

控訴と上告は**終局判決**に対する上訴であり，抗告は**命令や決定**に対する上訴である。

(b) **対象裁判所**

控訴は，**高等裁判所への不服申立て**であり，上告は**最高裁判所への不服申**

立てである。

　(c)　**抗告**

　抗告には一般抗告と特別抗告とがある。

　(α)　**一般抗告**　一般抗告は，**高等裁判所**への不服申立てであり，通常抗告と即時抗告の2種がある。

　(β)　**特別抗告**　特別抗告は，**最高裁判所**への不服申立てである。

　(d)　**対象審級**

　控訴・抗告は**第2審**としての高等裁判所になされ，上告は**第3審**としての最高裁判所になされるのが原則であるが，例外的に，飛躍上告のばあい$\binom{規}{254条}$や高等裁判所が第1審として裁判するばあい$\binom{裁16}{条4号}$には，最高裁判所は**第2審**となる。

　(3)　**上訴審の構造**

　(i)　**モデルとしての構造論**

　上訴審の構造に関するモデルとして**覆審・続審**（継続審）・**事後審**（事後審査審）の3種類がある。これは上訴審の審理方法に関する対立といえる。

　(i)　**覆審**

　覆審とは，前審の審判を御破算にして事件についてまったく新たに審判をやり直す方法をいう。

　(ii)　**続審**

　続審とは，前審の判決に至る以前の審理手続きを引き継ぎ，さらに新たな証拠などを補充して審判をおこなう方法をいう。

　(iii)　**事後審**

　事後審とは，前審の記録に基づいて原判決の当否を審査する方法をいう。

　(iv)　**わが国における立法例**

　上訴審の構造として上記のいずれのモデルを採用するかは，立法例により異なっている。とくに，**控訴審**については大いに争われるところである。

　旧刑訴法における控訴審は**覆審**の方法をとっていたが，現行の民訴法上の控訴審は，**続審**（継続審）の方法をとっており，また，現行の刑訴法の控訴審は，原則として**事後審**の方法をとっていると解されている$\binom{高田・}{493頁}$。

(v) **事実審と法律審**

上訴審における**審理の範囲**に関して，事実審と法律審の2つの方法がある。**事実審**は，控訴審や抗告審のように事実問題および法律問題について審査し，**法律審**は，上告審のように法律問題についてのみ審査するものである。

2 上訴権

(1) 上訴権者

(i) **原則**

上訴は裁判に対する不服申立てであるから，上訴権者は原則として**裁判を受けた者**である（**固有の上訴権者**）。したがって，被告人と検察官が上訴権者である（$\substack{351条\\1項}$）。

(ii) **例外**

決定は被告人・検察官以外の者に対してもなされるから，例外として**決定を受けた者**も上訴権者となる（$\substack{352\\条}$）。たとえば，召喚を受けたが正当な理由なく出頭しなかったために過料および費用の賠償の決定を受けた証人（$\substack{150\\条}$）や，正当な理由なく宣誓・証言を拒んだために過料および費用の賠償の決定を受けた証人（$\substack{160\\条}$）などがある。

(iii) **その他の上訴権者**

その他の上訴権者として，被告人の法定代理人または保佐人（$\substack{353\\条}$）や，原審における代理人または弁護人（$\substack{355\\条}$），それに勾留理由開示請求者（$\substack{354\\条}$）などがある。

これらの者は，**被告人のために**上訴をすることができる。しかし，いずれも被告人の明示した意思に反して上訴することはできない（$\substack{356\\条}$）。

(2) 上訴の利益

(i) **上訴がみとめられるばあい**

上訴は，上訴の利益があるばあいにのみ許される（$\substack{通説\\判例}$・）。

(ii) **検察官による上訴**

検察官は，**公益の代表**であるから（$\substack{検察\\4条}$），裁判が誤っていれば，上訴ができる。検察官は，被告人の利益のためにも上訴することができるのである（**通説**）。検察官が無罪判決に対して有罪を求めて上訴することは，憲法39条の

二重の危険禁止の原則に反し許されないのではないかという点について，事実誤認による検察官の上訴は許されないとする見解もある（渥美551頁）。しかし，第1審から上訴審まで継続した1つの**危険**であるから，検察官の上訴は違憲ではない（最[大]判昭25・9・27刑集4巻9号180頁。**通説**）。

  (iii) **被告人による上訴**

  被告人が，有罪判決に対して，無罪ないし原判決より軽い刑を求めて上訴することができることは当然である。したがって，刑の免除に対して無罪を求めることもできる。しかし，無罪判決に対しては，無罪の理由を争うばあいも含めて，被告人の上訴は許されない。

  (iv) **形式裁判に対して無罪を求める上訴**

  免訴・公訴棄却・管轄違いの形式裁判に対しては，無罪を求めて上訴することはできない（免訴につき最[大]判昭23・5・26刑集2巻6号529頁，公訴棄却につき最決昭53・10・31刑集32巻7号1793頁。**通説**）。

 (3) **上訴権の発生・消滅・回復**

  (i) **上訴権の発生・消滅**

  上訴権は，裁判の告知によって発生して（358条），上訴期間の徒過，上訴の放棄・取下げによって消滅する（359条・360条）。

  (ii) **上訴期間**

  上訴期間は，控訴・上告は14日（373条・414条），即時抗告は3日（422条），特別抗告は5日（433条2項）であり，裁判が告知された日から進行する（358条）。

  (iii) **上訴の放棄・取下げ**

  上訴の放棄とは，**上訴権を行使しない旨の意思表示**をいい，**上訴の取下げ**とは，**上訴の意思表示の撤回**をいう。

  いずれも書面によらなければならないが（360条の3），公判廷では口頭によることもできる（224条）。

  上訴放棄の申立ては，原裁判所に対しておこない（規223条），上訴取下げの申立ては，上訴裁判所に対しておこなう（規223条の2）。

  上訴の放棄または取下げをした者は，その事件について，さらに上訴をすることはできない。上訴の放棄または取下げに同意した被告人も同様である（361条）。

3　上訴の手続き

(1)　上訴の申立て

上訴は，上訴期間内に申立書を原裁判所に差し出しておこなう($^{374条・414}_{条・423条・}^{}_{434条}$)。

刑事施設に収容されている被告人が上訴するには，刑事施設の長またはその代理者を経由して上訴の申立書を差し出さなければならない($^{規227}_{条}$)。

上訴申立人は，裁判所の規則で定める期間内に上訴趣意書を上訴裁判所に差し出さなければならない($^{376条・}_{414条}$)。

(2)　上訴申立ての効果

(i)　効果

上訴の申立ての効果として，**停止の効力**と**移審の効力**が生ずる。

(ii)　停止の効力

停止の効力とは，裁判の確定および執行を停止する効力をいう。この効力は，上訴の申立てによってただちに発生する。ただし，抗告は，即時抗告を除いては，裁判の執行を停止する効力を有しない($^{424条・}_{434条}$)。

仮納付の裁判の執行も，その性質上，上訴の申立てによりその執行を停止されることはない。

(iii)　移審の効力

移審の効力とは，事件の**訴訟係属**が原審から上級審に移る効力をいう。この効力は，上訴の申立てと同時にではなくて，上訴の申立書および訴訟記録が上訴裁判所に送付された時に発生する。

(3)　上訴の範囲

(i)　上訴の効果が及ぶ範囲

上訴は原裁判の当否を問題とするものであるから，上訴の効果が及ぶ範囲は，原則として**原裁判の全部**である。裁判の一部に対する上訴をみとめているが，部分を限定しないで上訴したときには，裁判の全部に対してしたものとみなされる($^{357}_{条}$)。

(ii)　一部上訴の可否

(a) **単一事件**

事件が単一であるかぎり**不可分**であるから，その一部に対する上訴は許されない。

(b) **併合罪のばあい**

併合罪について全部が無罪とされ，または一部が有罪その他の部分が無罪とされたばあいや，各部分に対して別個の刑が言い渡されたばあいは，可分であるから，一部上訴が可能である。しかし，**全体として1個の刑**が言い渡されたばあいは，不可分であるから，一部上訴は許されない。

(c) **併合審理を経た数個の訴因のばあい**

併合審理を経た数個の訴因の一部についてのみ判決がなされ，他の部分について**判断遺脱**があったようなばあいにも，当該判決について上訴があれば，すべての訴因につき上訴審への移審の効果が生じる（最判昭43・4・26刑集22巻4号342頁）。

(d) **本刑・執行猶予の分離など**

本刑と執行猶予，主刑と付加刑を分離したり，事実認定は争わず，法令適用あるいは刑の量定のみを争ったりする一部上訴も許されない（**通説**）。

4 不利益変更禁止の原則

(1) **意義**

被告人が上訴をし，または被告人のため上訴をした事件については，**原判決の刑より重い刑を言い渡すことはできない**（402条・414条）。これを**不利益変更禁止の原則**という。この原則は，被告人が安心して上訴権を行使できるようにするためにみとめられたものである。

(ii) **被告人のため上訴をした事件**

「**被告人のため上訴をした事件**」とは，353条および355条に規定されている者が被告人のために上訴をしたばあいをいい，検察官が被告人の利益のために上訴したばあいを含まない（**通説・判例**）。

(iii) **双方が上訴をしたばあい**

双方が上訴をしたばあい，不利益変更の原則は適用されないが，しかし，検察官の上訴が棄却されたときにはその適用をみとめるべきである（高田・548頁，鈴木・255頁。反対，松尾・下241頁）。

(iv) **適用範囲**

この原則は，差戻し・移送後の裁判にも適用される（**通説**）。

(v) **効果**

この原則が適用されると，**原判決より重い刑**を言い渡すことは禁止される。ここで禁止されるのは，原判決より重い刑を言い渡すことであるから，被告人に不利な犯罪事実・罰条・罪数の変更は許されるので，認定事実に対応する法定刑以外の刑を言い渡すこともあり得る（**通説・判例**）。

重い刑か否かは，刑法9条・10条の規定だけでなく，執行猶予・保護監察・未決勾留日数の本刑算入・訴訟費用の負担なども考慮して，**総合的・客観的・実質的に判断**すべきである。たとえば，懲役刑を禁錮刑に変更しても刑期が長くなれば不利益変更となるが，禁錮刑を懲役刑に変更するばあいには，見解が分かれる。すなわち，それ自体不利益変更になるとする見解と**判例**のように禁錮10カ月を懲役8カ月に変更することは不利益変更には当たらないとする**具体的総合説**とがある。逆に自由刑を罰金刑に変更するばあいには，不利益変更ではないとする見解と，労役場留置日数と自由刑の期間とを比較して定めるべきであるとする見解に分かれている。

科料を罰金に変更することは，不利益変更に当たる。

5 破棄判決の拘束力

(1) **差戻し・移送**

上級審は，原判決に**破棄する理由**があるばあいには，原則として自判をせずに**下級審に差戻し・移送**する（$\substack{400条\cdot\\413条}$）。

(2) **拘束力がみとめられる根拠**

差戻し・移送がなされたばあいに，上級審の判断が差戻し・移送を受けた下級審に対して拘束力がないとすると，上級審の判断に反する裁判がなされる可能性が生じ，事件は上級審と下級審との間をいたずらに往復するという不都合をもたらすことになろう。そこで，裁判所法は，「上級審の裁判所の裁判における判断は，その事件について下級審の裁判所を拘束する」と規定している（$\substack{裁4\\条}$）。

(3) 上級審への拘束力の肯否

上記の趣旨を徹底すれば，差戻し・移送を受けた下級審だけでなく，破棄判断をした上級審も，この判断に拘束されるべきことになる。問題は，**控訴審における破棄判決**がその後の上告審まで拘束することができるかという点である。

(i) 学説

学説は，積極説，消極説および折衷説の3説に分かれている。

(ii) 判例

判例は，消極に解している（最判昭34・12・11刑集13巻13号3195頁）。

(3) 拘束力が生ずる範囲

拘束力は，法律点だけでなく事実点についても生ずる。**判例**は，破棄判決の拘束力は，「破棄の直接の理由，すなわち原判決に対する消極的・否定的判断についてのみ生ずるものであり，その消極的否定的判断を裏付ける積極的肯定的事由についての判断」は，拘束力を生じないとしている（最判昭43・10・25刑集22巻11号961頁）。

しかし，破棄の直接の理由である消極的否定的判断を裏づける積極的肯定的事由についての判断も，それが直接の破棄理由の前提となる事項についての判断であれば，やはり拘束力を有すると解すべきであろう（高田・495頁，鈴木・258頁）。

(4) 拘束力の失効

(i) 根拠

破棄判決の拘束力は，判決を形成した事実的関係または法的関係を基礎にして生ずるものであるから，その前提となっている証拠状態または法律状態が変化すれば，その効力を失う。

(ii) 理由

破棄後の新たな証拠調べ，法令の改廃，判例の変更，非常上告・再審などがあったばあいには，拘束力はその効力を失うことになる。

(a) 事実点についての判断

事実点についての判断は，証拠が同一であることを前提として拘束力が生ずるのであるから，新しい証拠資料などの取調べがあれば**証拠の同一性**は失

われ，拘束力が失われる。

(b) **法律点についての判断**

法律点についての判断も，**同一の法律状態**が前提となって拘束力を生ずるのであるから，破棄判決後に**法令に変更**があれば，拘束力を失う。

(c) **判例変更**

判例変更は法律状態の変更ではないから，拘束力は維持される。しかし，破棄判決がなされた後に被告人に有利に判例が変更したばあいには，非常上告を先取りする形で拘束力を排除して被告人に有利な判断をなし得ると解してよいであろう（田宮・467頁，鈴木・259頁）。

6　上訴費用の補償など

(1) **未決勾留日数の本刑算入**

(i) **制度趣旨**

上訴申立て前の上訴提起期間中の未決勾留日数は，**当然に全部**これを本刑に算入するものとされている（495条1項）。未決勾留日数の本刑算入は，勾留中の被告人が上訴するか否かを上訴期間内に十分に考慮することができるようにするために設けられた制度である。

(ii) **上訴申立て後の未決勾留**

上訴申立て後の未決勾留のばあいについても，検察官が上訴を申し立てたときや，検察官以外の者が上訴を申し立てその上訴審において原判決が破棄されたときには，全部これを本刑に算入するものとされている（同条2項）。検察官が上訴を申し立てたばあいには，被告人は被告人の意思によらずに手続きを延ばされ，原判決に服することができない状態におかれるわけであり，検察官以外の者が上訴を申し立てたばあいにその上訴審において原判決が破棄されたときには，被告人は誤った原判決のために勾留されたわけであるから，いずれについても上訴申立て後の未決勾留日数を本刑に算入すべきことになるのである。

(iii) **効果**

未決勾留を本刑に算入するばあいには，未決勾留の1日を**刑期の1日**または**金額4000円**に折算する（同条3項）。

(2) 上訴費用の補償

(i) 費用の補償

検察官のみが上訴をしたばあいにおいて，上訴が棄却され，または取り下げられて原判決が確定したときは，国は当該事件の被告人または被告人であった者に対して，上訴によりその審級において生じた費用の補償をする。ただし，被告人のまたは被告人であった者の責に帰すべき事由によって生じた費用については，補償をしないことができる（188条の4）。

(ii) 補償の範囲

補償の範囲は，被告人もしくは被告人であった者，またはそれらの者の弁護人であった者が公判準備および公判期日に出頭するに要した旅費，日当および宿泊料ならびに弁護人であった者に対する報酬に限るものとし，その額に関しては，刑事訴訟費用に関する法律の規定中，被告人または被告人であった者については証人，弁護人であった者については弁護人に関する規定を準用する（188条の6第1項）。

(iii) 弁護人が2人以上のばあい

裁判所は，公判準備または公判期日に出頭した弁護人が2人以上あったばあいは，事件の性質，審理の情況その他の事情を考慮して，弁護人であった者の旅費，日当および宿泊料を主任弁護人その他一部の弁護人にかかるものに限ることができる（188条の6第2項）。

(iv) 手続き

(a) 請求者・判断主体

上訴費用補償の手続きは，被告人または被告人であった者の請求により，当該上訴裁判所であった最高裁判所または高等裁判所が，決定をもってこれをおこなう（188条の5第1項）。

(b) 請求の時期

請求は，当該上訴にかかる原判決が確定した後2ケ月以内にこれをしなければならない（同条2項）。

(c) 異議申立て

高等裁判所がした決定に対しては即時抗告に代わる異議申立てをすること

ができる（188条の5第3項）。

(d) 規定

補償の請求，補償に関する手続きなどについては，刑訴法に特別の定めがあるばあいのほか，刑事補償法1条に規定する補償の例による（188条の7）。

第2節 控　訴

1　控訴の意義と控訴審の構造

(1) 意義

(i) 定義

控訴とは，**第1審判決**に対する**第2審裁判所への上訴**をいう。すなわち，控訴は，**地方裁判所**または**簡易裁判所**が第1審として下した判決に対する第2審への不服申立てである（372条）。

(ii) 範囲

高等裁判所が第1審として下した判決（裁16条4号）に対する上訴や飛躍上告は，**上告**であって控訴ではない。

(iii) 決定・命令のばあい

控訴は，**判決**に対する上訴であるから，それ以外の形式裁判（決定・命令）に対して控訴することは許されない。しかし，判決であるかぎり，いかなる内容のものであっても控訴の対象となる。

(2) 控訴審の構造

(i) 事後審としての控訴審

控訴審の構造については，前に述べたように，旧法上の控訴審が事件の審判をやり直す**覆審**（いわゆる第2の第1審）であったのに対して，現行法上の控訴審は，原判決の当否を事後審査する**事後審**である。

(ii) 覆審としなかった理由

旧法のような覆審としなかった理由は，次の点に求められている。すなわち，一方において，現行法では第1審の審理を重視して**公判中心主義・直接主義**を徹底したので，同じような審理の反復が無用となったこと，他方にお

いて，上告を管轄すべき最高裁判所に違憲法令審査や司法行政などで重要な任務が与えられ，旧法のような広汎な上告理由をみとめると，負担過重となり最高裁判所の任務の遂行が阻害されるおそれがあるので，一定範囲の問題は控訴審で打ち切る必要があることに求められているのである。ところが，実際問題としては，第1審において必ずしも理想どおりの充実した慎重な審理がおこなわれていないこと，訴訟関係者に旧法時の3審制に対する郷愁が根強いことなどから，立法論として上告理由拡張の主張がなされ，控訴審を続審的に運用しようとする傾向が見受けられる$\binom{高田・506-}{7頁}$。

(iii) **事後審の理解をめぐる見解の対立**

事後審の理解をめぐって見解の対立がある。事後審が自ら事件について認定をしこれと原審の認定とを比較するのではなくて，**原判決の当否**それ自体を審査するものであることについては争いはない。

(a) **通説**

「原判決のなされた時点」を基準としてその当否を判断すべきか否かについて，従来，通説はこれを肯定してきた$\binom{団藤・518-}{9頁}$。

(b) **反対説**

原判決に誤りがあるかどうかを審査するということが事後審の最も本質的なメルクマールであり，他の点は実定法の解釈問題であって必ずしも事後審の本質を左右するものではないとの見解がある$\binom{平野・304-}{5頁参照}$。さらに，この見解の根拠を383条に求めて，判決後新たに発見しまたは存在するに至った資料や原判決後に発生した事実が控訴理由となっていることから，事後審の本質は原判決の当否を審査するものではあるが，その審査は控訴審の時を標準としてなされるものであることをみとめるのが明快であるとの主張もある$\binom{平場・540}{頁以下}$。

(c) **通説からの反論**

このような見解に対して通説は，次のように反論する。すなわち，第1に，原判決の「当否を事後的に審査する」という以上は，原判決の基礎となったか，または基礎となし得た資料を前提として判断がなされるべきであって，まったく異なった前提のうえに立って「事後的に審査する」というのは，用

語として矛盾しており，控訴審の段階を基準として判断すると，控訴審の審理の情況によって変化し得る。いわば偶然によって決定される時点に従って原判決の誤りの有無が左右され得るということは，はなはだ不合理である。このような**判断を下される時点は固定**したものであるべきであり，それは**原判決のなされた時**でなければならないとされる。

　第2に，383条は，原判決後控訴申立て期間内に同条所定の事由が発生したときに，とくに控訴申立て理由をみとめたものであって，原判決後の事情に基づいて審査することを全面的にみとめるのであれば，383条や393条2項の規定は，はじめから不要である。したがって，383条を根拠として事後審としての審査がつねに控訴審の時を基準としてなされるものであると結論することはできないとされる（高田・507―8頁）。

　次に，控訴審の構造に関して，現行法上の控訴審は単なる事後審にとどまるばあいと事後審に続審が接木されるばあいとがあるとする見解がある（小野・252頁）。この見解によれば，控訴審の構造として，「事後審＝法律審＝書面主義」と「覆審＝事実審＝口頭主義」の2つの型が歴史的にも理論的にも対立している。控訴理由の調査（392条）は書面審査であって，これによって原判決の当否が判断されるばあいは事後審である。しかし，現行法は控訴理由として事実誤認および量刑不当（すなわち事実問題）をみとめて控訴理由を調査するために「事実の取調べ」を許している（393条）。この事実の取調べは新たな証拠の取調べと解されるから，単なる事後審ではなくなり，その部分は続審とならざるを得ない。つまり，基本的には事後審であるが，それに事実の取調べがおこなわれる範囲に限っての部分的な続審が接ぎ木されることになる。これがいわゆる**部分的続審接木説**である。この見解に対して通説は，偶然に証拠を取り調べたか否かによって単なる事後審にとどまるばあいと続審が接ぎ木されるばあいとの区別が生じ，手続上重要な差異が生ずるのはみとめがたいと批判している（団藤・532頁）。

　通説は，控訴審を事後審と解する条文上の根拠として，申立て人は控訴理由を控訴趣意書によっておこなわなければならないこと（376条），控訴裁判所は控訴趣意書に包含された事項についてのみ調査することを原則とすること

$\binom{392}{条}$），控訴裁判所は原判決を破棄するばあいには，自判せずに第1審裁判所に差し戻すか，または，移送するのが原則となっていること$\binom{398条・399}{条・400条}$）などをあげている。

通説によれば，事後審の本質は**原判決の時を基準とする原判決の事後審査**という点にあるが，しかし，実定法上，若干の**例外**がみとめられている。第1に，383条によって，**原判決後に生じた事情**を控訴理由とすることが許される。第2に，393条2項によって，**原判決後に生じた量刑に影響を及ぼすべき情状の取調べ**が許され，これに基づいて原判決を破棄することができる。第3に，400条ただし書きによって**原判決を破棄したうえ，自判**することができるものとされているが，このばあいには控訴審が自ら心証を得たことを前提とするから，一種の続審となる。しかし，これは小野説のような事後審に部分的な続審が接木されるという構造とはまったく異なり，いわば結果的に手続き全体が続審としての色彩を与えられるというにすぎない。具体的には，事後審査をするために調査した資料または取り調べた証拠がたまたま自判の資料となり得るばあいは，あたかも最初から続審であったかのようにこれらの資料に基づいて事件につき判決をすることが許される，というにとどまることになる$\binom{高田・}{509頁}$）。

2 控訴理由

(1) 意義

(i) **上訴申立者による指摘**

控訴審は，原判決の当否を審査する**審査審（事後審）**であるから，上訴申立者は，原判決がいかなる点に誤りがあるかを指摘しなければならない。

(ii) **原判決の理由としての控訴理由**

控訴理由は，原判決破棄の理由でもある$\binom{397}{条}$）。

(iii) **控訴理由の法定**

控訴理由は，法律に規定するもの$\binom{377条―382}{条・383条}$）に限定されており，それ以外の理由で控訴することは許されない$\binom{384}{条}$）。法律が規定する控訴理由は，**控訴手続きの法令違反**$\binom{377条・378}{条・379条}$），**法令適用の誤り**$\binom{380}{条}$），**事実誤認**$\binom{382}{条}$），**量刑不当**$\binom{381}{条}$）の4つである。

「訴訟手続きの法令違反」があるばあいとは、訴訟手続きに誤りがあるばあいをいう。「法令適用の誤り」があるばあいとは、認定された事実に正しく法令が適用されていないばあいをいう。

「事実誤認」があるばあいとは、認定事実が本来認定すべき事実と異なる事実を認定したばあいをいう。

「量刑不当」とは、量刑が相当でなかったばあいをいう。

「法令の誤り」、「事実誤認」、および「量刑不当」が判決内容の誤りを問題とするものであるのに対して、「訴訟手続きの法令違反」は手続き上の誤りを問題とするものである。

(iv) **控訴理由の種類**

(a) **法令違反を理由とするものと法令違反以外の事由を理由とするもの**

控訴理由は、「法令違反を理由とするもの」($\binom{377条・380}{条・383条2号}$)と「法令違反以外の事由を理由とするもの」($\binom{381条・382}{条・383条1号}$)とに区別される。

(b) **絶対的控訴理由と相対的控訴理由**

控訴理由は、一定の客観的事由があるだけで控訴理由となる「絶対的控訴理由」($\binom{377条・378条・}{381条・383条}$)と一定の客観的事由の存在が判決に影響を及ぼすばあいにだけ控訴理由となる「相対的控訴理由」($\binom{379条・380}{条・382条}$)とに区別される。

(2) **訴訟手続きの法令違反**

(i) **意義**

法令違反のうち訴訟手続きの法令違反と法令適用の誤りの区別は、訴訟法規（手続き法規）違反と実体法規違反の区別を意味する($\binom{小野・254頁}{高田・511頁}$)。そして、前者については訴訟記録および原裁判所において取り調べた証拠に現れている事実の援用が必要とされるが、後者についてはこれを必要としない。

(ii) **刑法適用法・罰条変更手続き**

訴訟手続きの法令違反には、判決前の訴訟手続きの違反だけでなく、判決をするに当たっての手続き違反も含まれるので、どの刑罰法規を適用すべきかを定める刑法適用法($\binom{たとえば、}{刑6条、}$)の誤りは、法令適用の誤りに含まれ($\binom{平野・}{311頁,}$ $\binom{高田・}{511条、}$)、罰条変更手続きを遵守しなかった違法を法令適用の誤りと解すべきであるが($\binom{団藤・521頁,}{平野・311頁}$)、訴訟手続きの法令違反と解する見解もある($\binom{高田・511}{頁, 鈴木・}$

(iii) **絶対的控訴理由**

　一定の法令違反がみとめられればただちに控訴理由になると法律が規定しているばあいで，その中には，判決への影響が明白であるばあいと，判決への影響の立証が困難であるが，法令違反が重大でこれを放置すると裁判の適正を甚しく害するばあいとが含まれている（高田・514頁）。

　絶対的控訴理由は次のとおりである。

(a) **法律に従って判決裁判所を構成しなかったこと**（377条1号）

　判決およびその基礎となる審理をした裁判所が，裁判所法の定めるとおりに構成されていないばあいをいう。たとえば，合議体に2人以上の判事補が加わったばあいや法定合議事件を1人の裁判官が審判したようなばあいがこれに当たる（通説）。

(b) **法令により判決に関与することができない裁判官が判決に関与したこと**（377条2号）

　「判決に関与する」とは，判決の内部的成立に関与することをいい，審理や判決の宣告のみに関与するばあいを含まない。たとえば，除斥原因のある裁判官などが判決に関与したばあいがこれに当たる。審理に関与しなかった裁判官が判決に関与したばあいも同様に解すべきである（高田・515頁，鈴木・264頁など。通説）。

(c) **審判の公開に関する規定に違反したこと**（377条3号）

　これは，憲法82条，裁判所法70条などの規定に違反したばあいを意味する。

(d) **不法に管轄または管轄違いをみとめたこと**（378条1号）

　「不法に管轄をみとめた」とは，管轄違いの言渡し（329条）をなすべきであるのに実体裁判をしたばあいをいい，「不法に管轄違いをみとめた」とは，管轄を有するかまたは管轄違いの言渡しをなすべきでないのに（329条ただし書き・330条・331条），管轄違いの判決をしたばあいをいう（高田・483頁）。

(e) **不法に公訴を受理し，またはこれを棄却したこと**（378条2項）

　「不法に公訴を受理した」とは，338条・339条によって公訴棄却の裁判をなすべきであるのに実体裁判をしたばあいをいい，「**不法に公訴を棄却した**」

とは，338条各号の事由がないのにこれがあるとして公訴棄却の判決をしたばあいをいう（高田・515―6頁）。

免訴事由があるのに実体判決をし，または免訴事由がないのに免訴判決をしたばあいについて，これに当たるとする見解（高田・516頁など）と，法令適用の誤り（380条）に当たるとする見解（鈴木・265頁など）とが対立している。

(f) **審判の請求を受けた事件について判決をせず，または審判の請求を受けない事件について判決をしたこと**（378条3号）

「審判の請求を受けた事件」とは，現実に検察官により訴因として主張されている具体的な公訴犯罪事実をいう。審判対象について判決しなかったばあいは，裁判の拒否を意味するからこれを禁止しているのである。たとえば，併合審理された併合罪の一部について判断しなかったようなばあい（最判昭43・4・26刑集22巻4号342頁参照）や，択一的訴因の一方につき無罪を言い渡したのみで他方につき何ら判断を示さなかったばあい（名古屋高判昭28・1・21高刑集6巻2号165頁参照）が本号前段に当たる。

後段は，**不告不理の原則**を意味する。「**審判の請求を受けない事件**」とは，検察官によって審判の対象とされていない事実をいい，後段は，いわゆる**訴因の逸脱認定を禁止**するものである。したがって，公訴事実の同一性を欠く事実に訴因変更され，これにつき有罪判決のあったばあいも，審判の請求を受けない事件について判決をしたことになる（平野・309頁，最判昭33・2・21刑集12巻2号288頁）。これは訴訟手続きの法令違反になるとする見解も有力である（鈴木・266頁）。

(g) **判決に理由を付せず，または理由に食い違いがあるとき**（378条4号）

「**判決に理由を付せず**」（理由不備）とは，理由がまったく欠けているだけでなく，それが著しく不十分であるばあいをも含む。

「**理由に食い違いがある**」（理由齟齬）とは，主文と理由または理由相互の間に食い違いがあることをいう。理由齟齬も，付すべき十分の理由を付していないばあいの1つであるから，理由不備の一種であるともいえる（平野・309頁）。

理由不備・理由齟齬は，判決自体から判断しなければならない。罪となるべき事実が，どの構成要件に当たるかが分かる程度に特定されていないばあい（最判昭24・2・10刑集3巻2号155頁），日時・場所が特定されていないばあい（最判昭23・12・16刑集2巻13号1816頁）などは，**事実理由**の不備である。掲げられた証拠の内容と認定事実に食い違い

を生じるばあいも，理由不備に当たる(平野・309頁。単なる訴訟手続きの法令違反として扱うのは，最判昭23・2・9刑集2巻2号56頁)。

　これに対して，判決に示された証拠以外の訴訟記録に現れた証拠などとの関連で認定事実が不当とされるようなばあいは，事実誤認($\frac{382}{条}$)の問題である(鈴木・267頁)。有罪判決につき335条2項による判断を示さなかったばあいは，訴訟手続きの法令違反($\frac{379}{条}$)に当たる(通説・判例。最判昭28・5・12刑集7巻5号1011頁)。

　無罪判決のばあいには，「罪とならず」あるいは「証明なし」の判断が示されていれば，各証拠の信用し得ない理由を説明しなかったとしても理由不備とはいえない(通説・判例。最判昭35・12・26刑集14巻14号1947頁)。

　法令適用をまったく示さないか，あるいは実質的に見て示したとはいいがたいばあいは，**法律理由の不備**である(通説)。これに対して，認定事実と照合すると法令の適用が不十分とみとめられるばあい，判示事実には誤りがなくこれを前提とした法令の適用が不十分だと積極的にみとめられるときは法令の誤り($\frac{380}{条}$)であり，判示事実の誤りか法令適用の誤りかが明確でないときは理由不備となるとの見解が有力である(高田・518頁)。

(iv)　**相対的控訴理由**

(a)　**意義**

　上記以外の訴訟手続きの法令違反は，それが，「判決に影響を及ぼすことが明らかである」ばあいに限って控訴理由となる($\frac{379}{条}$)。

(b)　**「判決」に影響を及ぼす**

　「判決に影響を及ぼす」は，判決の主文および理由をともに考慮し，刑の種類および量ならびに犯罪事実の構成要件的評価に影響を及ぼすばあい(判決内容に影響を及ぼすばあい)だけでなく，訴訟手続きの法令違反のための判決の無効を招来するようなばあい(たとえば，判決書に裁判官の指示を欠くばあい)も含む(平野・311頁，高田・513頁，鈴木・267―8頁)。

(c)　**「影響を及ぼす」**

　「影響を及ぼす」とは，「その法令違反がなかったならば現になされている判決とは異なる判決がなされたであろうという蓋然性がある」ことをいう(最[大]判昭30・6・22刑集9巻8号1189頁)。すなわち，**法令違反と判決との間に因果関係**が存在することを意味する。

ただし，ある訴訟手続きの法令違反が他の訴訟行為の効力に影響を及ぼし，その結果として異なる裁判に至らざるを得ないばあいも含むから，この因果関係は，法律上異なる判断に至るかどうかの因果関係であり，規範的な因果関係であるといえる（鈴木・268頁）。この因果関係は，個々の事件において具体的にみとめられる必要がある（平野・312頁，高田・513—4頁など）。

上記の因果関係は「明らか」にみとめられる必要がある。これは，因果関係が明白にみとめられること，および，因果関係の存在についての挙証責任が控訴申立て人にあることを意味する（高田・513頁）。

(3) **法令適用の誤り**

(i) **意義**

法令適用の誤りとは，認定された事実に対する**実体法の適用の誤り**をいい，これも判決に影響を及ぼすことが明らかなばあいに限って控訴理由となる（380条）。

「**法令**」とは，認定事実に対して適用されるべき法規範をいい，憲法・法律はもとより命令・条例・規則など一切が含まれる。

(ii) **法令適用の誤りの例**

法令適用の誤りの例としては，無効な法令が適用されているばあい，法令の解釈を誤って適用すべき法令を適用せず，または適用すべきでない法令を適用したばあいなどがあげられる。

(iii) **法令適用の誤りの判決への影響の有無の判断**

法令適用の誤りの判決への影響の有無は，刑の種類および量ならびに犯罪事実の可罰的評価への影響の有無という観点から判断されるべきである。たとえば，同一罰条中に同一法定刑で数個の同種の構成要件が定められているばあいの適用の誤りは，一般に判決に影響を及ぼすことが明らかであるとはいえない（鈴木・269頁）。

(4) **法令違反以外の控訴理由**

(i) **事実の誤認**

(a) **意義**

「**事実の誤認**」とは，原判決において適法な証拠により認定されるべきで

あった事実と現に認定された事実との食い違いをいう（高田・520頁）。

「事実」は，厳格な証明を要する事実と解すべきである（平野：312頁,高田：520頁）。したがって，構成要件該当事実だけでなく犯罪阻却事由，および刑の加重減免の理由たる事実などをも含む。訴訟法的事実や単なる量刑事情はこれに含まれない。

(b) **事実の「誤認」**

事実「誤認」とは，適法に形成された**訴訟内的実体面と原裁判所の認定事実との食い違い**をいうのであって，超訴訟的実体，すなわち実体的真実ないし客観的真実と認定事実との食い違いをいうのではない。したがって，具体的にいえば，事実誤認とは，原審で適法に取り調べられた証拠および控訴審で適法に取り調べられた新証拠に照らして認定すべきである事実と，現に原裁判所が認定した事実との食い違いを意味するのである。

しかも，原判決挙示の証拠から認定されるべき事実と認定事実との食い違いは理由不備ないし齟齬（378条4号）に当たるから，原審が取り調べたが事実認定の証拠として採用しなかった証拠および控訴審で取り調べられた新証拠との関係で原審の認定が肯認できないばあいのみが，事実誤認として問題となる（鈴木・270頁）。

不適法な証拠（たとえば，証拠能力のない証拠）により，または適法な証拠を取り調べなかったことにより，認定事実に差異をきたしたようなばあいは，理由不備または訴訟手続きの法令違反の問題である（鈴木・270頁）。

(c) **事実誤認の判決への影響の有無の判断**

事実誤認も，判決に影響を及ぼすことが明らかなばあいに限って控訴理由となる（382条）。

事実誤認の判決への影響の有無は，刑の種類および量，ならびに，犯罪事実の可罰的評価への影響の有無という観点から，法令適用の誤りのばあいに準じて判断される。

たとえば，別個の構成要件に該当する事実を認定したばあいは，原則として判決に影響を及ぼすといえるが，両構成要件の差異が実質的に見て僅少であるばあい，たとえば，同一罰条中に同一法定刑で数個の構成要件が定めら

れているようなばあい（有価証券の偽造と変造〔刑162条1項〕の誤認）は，判決に影響を及ぼさないと解される。

未遂と**既遂**の誤認や**正犯**と**共犯**あるいは**共犯形式相互間**の誤認などは，原則として判決に影響を及ぼす。

誤認によって処断刑の範囲に差異がなくても，**量刑**に影響する程度の犯情の差異があるならば，やはり判決に影響があることになる。

これに対して，無罪とすべき理由につき事実誤認があるばあいでも，無罪の結論において変わりがないときは，判決に影響があるとはいえない（鈴木・271頁）。

(ii) **再審事由**

再審事由も，控訴理由とされる（383条1号）。再審事由が控訴理由とされたのは，このような事由が存在する以上，判決を確定させたうえで再審を申し立てさせるまでもなく，被告人を救済すべきだからである。

通説は，435条各号に当たる事由が存在するかぎり，被告人に不利益な控訴も許されると解するが，再審のばあいと同様，被告人に利益なばあいのみに限定するのが妥当であろう（高田・521頁，鈴木・271頁）。

(iii) **量刑不当**

量刑不当は，裁判所の裁量の範囲内，すなわち処断刑の範囲内での刑の量定が不相当なばあいを意味する（381条）。

法定刑や処断刑の範囲外の刑を言い渡したり，刑の必要的加重減免をしなかったばあいは，法令適用の誤り（380条）であり，**任意的加重減免事由**のあるばあいの**加重減免の不相当**や**酌量減軽の不相当**が量刑不当に当たるのである。

刑の執行猶予，選挙権等の停止・不停止，罰金の換刑処分，未決勾留日数の本刑通算なども，刑の量定の問題である（高田・519—20頁，鈴木・271—2頁）。

3 控訴手続き

(1) **申立て手続き**

(i) **原則**

控訴は，地方裁判所・家庭裁判所・簡易裁判所がした1審判決につき高等裁判所に対しておこなうが（372条，裁16条1号），手続き的には，まず控訴申立て書を第

1審裁判所に提出して上訴の意思表示をし，その後所定の期間内に高等裁判所に控訴趣意書を提出することにより控訴理由を明らかにする。

(ii) **控訴申立て書の提出**

(a) **申立て書**

控訴をするには，第1審判決告知後 **14日以内**に（$^{358条\cdot}_{373条}$），申立て書を**第1審裁判所**に差し出さねばならない（$^{374}_{条}$）。

(b) **申立て書の記載事項**

申立て書の方式・記載事項については，とくに規定はないが，控訴をする旨および控訴申立ての対象となる判決を記載すべきであるとされている。控訴理由の記載は要しない。

(c) **申立て書の宛先**

申立て書の宛先は，管轄控訴裁判所であるが，誤って原裁判所としても控訴申立てが無効となるわけではない（$^{大判大15\cdot5\cdot26}_{刑集5巻217頁}$）。

(d) **控訴権消滅後の申立て**

控訴の申立てが明らかに**控訴権の消滅後**にされたものであるときは（$^{361}_{条\cdot}$ $^{373条}_{参照}$），第1審裁判所は，決定で控訴を棄却する。

この決定に対しては，即時抗告が許される（$^{375}_{条}$）。第1審裁判所が控訴を棄却できるのはこのばあいだけである。

(e) **訴訟記録・証拠物の送付など**

上記のばあいを除いて，第1審裁判所は，公判調書の記載の正確性についての異議申立て期間（$^{51条2項，規}_{52条2項参照}$）の経過後，速やかに訴訟記録・証拠物を控訴裁判所に送付する（$^{規235}_{条}$）。控訴裁判所は，訴訟記録の送付を受けたときは，速やかに控訴趣意書提出の最終日を指定し，これを控訴申立て人およびその弁護人に通知する（$^{規236}_{条}$）。

(iii) **控訴趣意書の提出**

(a) **期間**

控訴申立て人は，規則で定める期間内に控訴趣意書を控訴裁判所に差し出さなければならない（$^{376条}_{1項}$）。控訴趣意書差出し期間は，原則として控訴裁判所が定めるところによるが，差出し最終日は，控訴申立て人に対する最終日

通知の書面の送達日の翌日から起算して **21 日目以後の日**でなければならず，それ以前の日が指定されているときは，21 日目をもって最終日とすることになる（規236条1項ないし4項）。

(b) **控訴申立て人**

「控訴申立て人」とは，現実に控訴申立てをした者ではなく，控訴を申し立てた側の当事者たる被告人または検察官をいう（**通説**）。したがって，原審弁護人は，被告人のため控訴をすることはできるが（355条），控訴審の弁護人として選任されないかぎり，控訴趣意書を差し出すことはできない。

(c) **期間の徒過**

所定の期間内に控訴趣意書を提出しないときは，決定で控訴が棄却される（386条1項1号）。ただし，期間徒過がやむを得ない事情に基づくものとみとめられるときは，徒過後提出された趣意書も有効なものとして扱われる（規238条）。

(d) **控訴理由の明示**

控訴趣意書には，控訴の理由を簡潔に明示しなければならない（規240条）。

控訴審は事後審査審であるから，控訴理由の基礎づけは，原則として訴訟記録および原裁判所で取り調べた証拠に現れている事実を援用しておこなうが，その理由いかんにより，さらに必要な疎明資料や検察官・弁護人の保証書の添付が要求される（376条2項参照）。

(α) **訴訟手続きの法令違反**　訴訟手続きの法令違反については，原則として，訴訟記録および原裁判所において取り調べた証拠に現れている事実であって当該事由があること（379条のばあいは，さらに「明らかに判決に影響を及ぼすべき法令の違反があること」）を信ずるに足りるものを援用しなければならない（378条・379条）。

377 条各号に定める事由については，訴訟記録に現れないばあいもあり得るから，それらの事由があることの十分な証明をすることができる旨の検察官または弁護人の保証書を添付することを要する（377条）。

(β) **法令適用の誤り**　法令適用の誤りについては，その誤り，およびそれが明らかに判決に影響を及ぼすことを示すことを要し，かつそれで足りる（380条）。

(γ) **量刑不当・事実誤認**　量刑不当・事実誤認については，訴訟記録およ

び原裁判所で取り調べた証拠に現れている事実であって，刑の量定が不当であること，または，明らかに判決に影響を及ぼすべき事実の誤認があることを信ずるに足りるものを援用しなければならない($^{381条・}_{382条}$)。ただし，やむを得ない事由によって第1審の弁論終結前に取調べを請求することができなかった証拠によって証明することのできる事実($^{382条の}_{2第1項}$)，および，第1審弁論終結後判決前に生じた事実($^{同条}_{2項}$)は，とくに援用が許される。

「**やむを得ない事由によって請求することができなかった**」ことの意義に関して，**物理的不能**のばあいに限る見解($^{高田：525—6頁,}_{鈴木：275頁}$)とその証拠を提出する必要はないと考えていたという**心理的不能**のばあいも含む見解($^{平野・304}_{頁,平場・}$ $^{574}_{頁}$)が対立しているが，後説が**通説**であり，**妥当**である。

原判決後に生じた事実は，控訴趣意書に援用することはできない。

(δ) **再審事由・判決後における刑の廃止・変更・大赦** 再審事由および判決後の刑の廃止・変更または大赦のあったことを控訴理由とするばあいには，その事由があることを疎明する資料を控訴趣意書に添付しなければならない($^{383}_{条}$)。

控訴趣意書には，相手方の数に応じた謄本を添付しなければならず($^{規}_{241}$ $_{条}$)，控訴裁判所はこの謄本を速やかに相手方に送達しなければならない($^{規242}_{条}$)。

(vi) **控訴棄却の決定**

(a) **法令上の方式違反のばあい**

控訴の申立てが法令上の方式に違反し，または控訴権の消滅後にされたものであることが明らかなときは，控訴裁判所は，**決定**でこれを棄却しなければならない($^{385条}_{1項}$)。

この決定に対しては，当該高等裁判所に即時抗告に代わる異議の申立てをすることができる($^{385条2}_{項参照}$)。

(b) **期間徒過・控訴趣意書の方式違反・疎明資料などの不添付・明らかに控訴理由に該当しないとき**

①控訴趣意書を所定期間内に差し出さないとき，②控訴趣意書が法令で定める方式に違反し，または，控訴趣意書に必要な疎明資料・保証書を添付し

ないとき，③控訴趣意書に記載された控訴申立ての理由が明らかに法定の控訴理由に該当しないときは，控訴裁判所は決定で控訴を棄却しなければならない（386条1項）。

この決定に対しても，即時抗告に代わる異議の申立てが許される（同条2項参照）。

(2) 審理手続

(i) 控訴理由の調査

控訴審においては，検察官および弁護人は，控訴趣意書に基づいて弁論しなければならず（389条），控訴裁判所は，控訴趣意書に包含された事項は必ず調査しなければならない（392条1項）。数個の主張のうち1個について理由ありとされれば原判決を破棄できるので，他の主張については調査・判断を省略し得るとの見解もある。しかし，破棄差戻し後，再び同じ誤りを理由として控訴申立てが繰り返される余地をみとめるべきではないから，**すべての控訴理由**について調査・判断することを原則とするのが妥当である。

数個の控訴理由が**論理的前後関係**に立ち，その1つについて理由ありとすれば他については判断することが無意味になるばあいは，それらについて調査・判断する必要はない（鈴木・177頁）。

訴訟手続きの法令違反，事実誤認，法令適用の誤り，量刑不当は，それぞれ**論理的前後関係**にあるから，審理もこの順序でおこない，たとえば，事実誤認をみとめるときは，法令の適用や量刑不当について判断を示す必要はない（平野・317頁，高田・550頁）。訴訟手続きの法令違反が数個あるばあいは，原審のなすべきであった審理の順序に従っておこなうのが妥当である（平野・317頁）。

控訴裁判所は，控訴趣意書に包含されない事項であっても，控訴理由として法定されている事由に関しては，職権で調査をすることができる（392条2項）。

(b) 調査義務の肯定

この職権調査は訴訟法上義務ではないので，これをおこなわなかったとしても違法でないとするのが**通説・判例**である（最決昭25・5・18刑集4巻5号826頁，最判昭30・9・29刑集9巻10号2102頁）。しかし，控訴趣意書に包含された事項の調査に当たって当然に明らかになるような事項に職権調査を及ぼさなかったばあいは，調査義務違反になると解すべきであろう（平野・317頁，高田・529頁，鈴木・277頁）。

(ii) **事実の取調べ**

(a) **事実の取調べの権限**

控訴裁判所は，上記の控訴理由の調査をおこなうについて必要があるときは，検察官，被告人もしくは弁護人の請求により，または職権で，事実の取調べをすることができる（393条1項本文）。

(b) **取調べ可能な「事実」の範囲**

(α) **原則** 取り調べ得る「事実」の範囲は，原則として原判決以前の事実に限られるが，刑の廃止・変更または大赦（383条2号）ならびに刑の量定に影響を及ぼすべき情状（393条2項）については，第1審判決後の事実についても取調べがみとめられる。

(β) **例外** 原判決以前の事実であっても，原審の訴訟記録および原審で取り調べた証拠に現れている事実に限定されるのが原則である（381条ないし382条の2・392条・393条1項参照）。しかし，やむを得ない事由によって第1審の弁論終結前に取調べを請求することができなかった証拠によって証明することのできる事実，または第1審の弁論終結後判決前に生じた事実であって，量刑不当・事実誤認に当たるものについては，とくに取調べがみとめられる（382条の2・393条1項ただし書き参照）。

(γ) **393条1項ただし書きの意義** 393条1項ただし書きは，「第382条の2の疎明があったものについては，刑の量定の不当又は判決に影響を及ぼすべき事実の誤認を証明するために欠くことのできない場合に限り，これを取り調べなければならない」と定めている。

この点について，学説は，382条の2に従って控訴趣意書に疎明資料を添付したばあいに限る説（高田・532頁）と控訴審の審理開始後にはじめてこの疎明をして事実（および資料）の取調請求があったばあいをも含むとする説（団藤・532頁）とに分かれている。

控訴趣意書に包含された事項は当然調査しなければならない（392条2項）とされているのに対応して，単なる調査にとどまらない新証拠による事実の取調べについて控訴理由の証明に不可欠なばあいに限定して同趣旨の定めをおいたものと解されるから，控訴趣意書に疎明資料を添付したばあいに限定すべきであろう（鈴木・281頁）。

(c) **事実の取調べの方法**

事実の取調べの方法に関して，第1審で**自由な証明**で足りる事項についての事実の取調べは，自由な証明で足りる。

厳格な証明を要する事項についての事実取調べの方法については，学説は，次のように分かれている。すなわち，①厳格な証明によるべきであるとする見解，②控訴棄却のばあいと破棄自判・差戻し・移送のばあいとを区別し，前者については自由な証明でよいが，後者については厳格な証明を要するとする見解，③破棄のためにも自由な証明で足りるが，自判・差戻し・移送のためには厳格な証明を要するとする見解などが主張されている。

自判のばあいに，厳格な証明を要することはいうまでもない。また，差戻し・移送のばあいにも，破棄自判の拘束力を考慮して，厳格な証明が必要であると解すべきである。控訴棄却のばあい，控訴棄却か原判決破棄かは結局事実の取調べの結果として判明することであるから，破棄の可能性を残しつつおこなうものである事実の取調べについては，つねに**厳格な証明**を要求するのが妥当である（鈴木・282頁）。

(iii) **審理の手続き**

(a) **原則**

控訴審の審理については，特別の定めのあるばあいを除いて，第1審の公判に関する規定が準用される（404条，規250条）。

(b) **準用の除外**

控訴審の性質上，**起訴状一本主義**の原則は妥当しないので，勾留処分に関する法280条1項，規187条や，準備手続きに関する規194条1項ただし書きの準用はない。

また，冒頭手続きに関する291条や人定質問に関する規196条の準用もない（後者につき，最決昭28・12・17刑集7巻12号2558頁）。

訴因変更の可否について，消極説も有力であるが，**判例・通説**は，事後審査のための事実の取調べの結果，異なった事実につき自判できることを見越して訴因変更することをみとめている（最決昭29・9・30刑集8巻9号1565頁，最判昭30・12・26刑集9巻14号3011頁）。

第2節 控訴

(c) **弁護人とその権限**

控訴審においては，弁護士以外の者を弁護人に選任することはできず（387条），また被告人のためにする弁論は，弁護人でなければすることができない（388条）。

弁護人に限定したのは，**事後審査審**においてはとくに**訴訟上の知識**が必要とされるからである。被告人は，事実の取調べの請求（393条1項本文）や弁護人のないときの公判調書の閲覧（49条），また裁判長などの求めに応じての任意の供述（404条・311条）などをすることはできるが，「弁論」はなし得ないのである。

必要的弁護（404条による289条の準用）やとくに決定で弁護人を付したばあい（404条による36条・37条・290条の準用）以外は，弁護人の出頭・弁論は必ずしも必要でなく，検察官の陳述を聴いて判決をすることができる（391条）。被告人は，原則として公判期日に出頭することを要しないが，50万円以下の罰金または科料に当たる事件以外の事件について被告人の出頭がその権利保護のため重要であるとみとめるときは，裁判所は，被告人の出頭を命ずることができる（390条）。

(d) **公判期日の弁論**

公判期日の弁論は，控訴趣意書に基づいてしなければならない（389条）。当事者の請求または職権で事実の取調べがおこなわれたときは，検察官および弁護人は，その結果に基づいて弁論をすることができる（393条4項）。

控訴審の弁論が検察官・弁護人に限定されるのは，**事後審査審**としての性質を有する範囲についてだけであり，事実取調べの結果を自判の基礎とするためには，1審手続きにおけると同様に，あらかじめ293条の準用によって被告人にも意見陳述の機会を与えなければならない（**通説**。最[大]判昭27・2・6刑集6巻2号134頁は反対か）。

(4) **控訴審の裁判**

(i) **控訴棄却の判決**

控訴申立てが法令上の方式に違反し，または控訴権の消滅後にされたものであるとき（395条），または法定の控訴理由（377条ないし382条・383条）に当たる事由がないとき（396条）は，判決で控訴を棄却しなければならない。

(ii) 原判決破棄の判決

(a) 原則

法定の控訴理由（377条ないし382条および383条に規定する事由）がみとめられるときは，**判決**で原判決を破棄しなければならない（397条1項）。職権調査の結果，上記の破棄理由の存在が判明したばあいも含む。

(b) 判断の基準時

破棄理由たる事実の存否の判断は，383条のばあいを除き，原判決の時点を基準とする。

(c) 破棄の範囲

一部有罪一部無罪の判決の全部につき控訴申立てがあり，無罪部分のみに破棄理由がみとめられるばあい，両者が併合罪として刑47条の適用を受けるべきときには，原判決の全部を破棄すべきである（**通説**。最判昭38・11・12刑集17巻11号2367頁）。

(d) 共同被告人のばあい

被告人の利益のため原判決を破棄するばあいにおいて，破棄の理由が控訴をした共同被告人に共通であるときは，その被告人のためにも原判決を破棄しなければならない（401条）。

これは「**共通破棄**」と称され，被告人間の公平を図るために設けられたものである。「**共同被告人**」とは，原審において共同被告人であった者をいう。

(iii) 破棄後の措置

(a) 差戻し

原裁判所が管轄権があるのに管轄違いの判決をし，または公訴棄却の事由がないのに公訴棄却の判決をしたことを理由として原判決を破棄するときは，**判決**で事件を原裁判所に差し戻さなければならない（398条）。

(b) 移送

原裁判所が不法に管轄をみとめたことを理由として原判決を破棄するときは，判決で事件を管轄第1審裁判所に移送しなければならない（399条本文）。ただし，控訴裁判所がその事件について第1審の管轄権を有するときは，第1審として審判をしなければならない（同条ただし書き）。

(c) **上記以外の理由による破棄**

上記以外の理由で原判決を破棄するときは，**判決**で，事件を原裁判所に差し戻し，または原裁判所と同等の他の裁判所に移送しなければならない。ただし，控訴裁判所は，訴訟記録ならびに原裁判所および控訴裁判所において取り調べた証拠によって，ただちに判決をすることができるものとみとめるときは，被告事件についてさらに判決をすること（「**自判**」）ができる（400条）。

(d) **公訴棄却の決定**

原裁判所が不法に公訴棄却の決定をしなかったときは，**決定**で公訴を棄却しなければならない（403条1項）。これは，本来ならば，原判決破棄の判決をすべきであるが，公訴棄却の決定で足りるとしたものである。公訴棄却決定の確定によって，原判決はその効力を失う。

上記の公訴棄却決定に対しては，即時抗告に代わる異議の申立てをすることができる（同条2項）。

第3節　上　告

1　意義

(i) **定義**

上告とは，判決に対する**最高裁判所への上訴**をいう。

(ii) **対象裁判**

上告は，①控訴審の判決に対してみとめられるのが通常であるが，②高等裁判所が第1審として下した判決（裁16条4号参照）に対してもみとめられ（405条），③特定のばあいには，地方裁判所等が下した第1審の判決に対しても飛躍上告がみとめられる（規254条）。

(iii) **上告理由の種類**

最高裁判所は，違憲審査権を行使する終審の裁判所であるから（憲81条），まず**憲法違反**が上告理由とされている（405条1号）。また，最高裁判所は，終審裁判所として，法令の解釈を統一するという任務も有するので，**判例違反**が上告理由とされている（405条2・3号）。それだけでは十分とはいえないので，**法令解釈**

に関する重要な事項を含むものとみとめられる事件を，最高裁判所が裁量でみずから上告審として受理する「**上告受理**」の**制度**が設けられている($^{406}_{条}$)。

さらに，上告審としては，当事者の具体的救済を最終的に保障するという機能を果たすために，法令違反だけでなく事実誤認や量刑不当などを含めて，それらの事由があって**原判決を破棄しなければ著しく正義に反するとき**は，最高裁判所は原判決を破棄することができるものとされている($^{411}_{条}$)。

2　上告理由

上告理由は，憲法違反と判例違反とである($^{405}_{条}$)。上告理由としては，控訴のばあいと異なり，判決に対する影響の有無を問わないが，判決に「影響を及ぼさないことが明ら」かであれば，原判決は破棄されない($^{410条1項た}_{だし書き}$)。

(1)　憲法違反

(i)　**意義**

これは，「憲法の違反がある」ばあい（**憲法の違反**）と「憲法の解釈に誤がある」ばあい（**憲法解釈の誤り**）とに分かれる。後者は，原判決での判例において憲法上の解釈が示されているばあいにそれが誤っていることをいい，前者は，それ以外のばあいで控訴審の判決および訴訟手続きが憲法に違反していることをいう($^{高田・522頁，田宮・487頁}_{鈴木・292頁など。通説}$)。したがって，「憲法解釈の誤り」には，実体法だけでなく訴訟手続きについての判断の誤りも含まれる。

(ii)　**判断の明示性の要否**

憲法違反の判断が明示的に示されていることを要するとする見解もあるが($^{高田・}_{523頁}$)，黙示的であってもよいと解される($^{平野・326頁，鈴木・292頁，最［大］}_{判昭31・6・13刑集10巻6号830頁}$)。

(iii)　**憲法違反の例**

「憲法の違反」のばあいとしては，訴訟手続きの憲法違反（たとえば，公開原則〔$^{憲37条1}_{項・82条}$〕違反）のほか，判決の仕方の憲法違反（たとえば，自白補強法則〔$^{憲}_{38条3項}$〕違反，一事不再理原則〔$^{憲39}_{条}$〕違反）や違憲法令を適用したばあいなどがある。

個々の憲法規定に直接違反していなくても，刑事手続きの適正を確保するのに本質的と考えられる重要な違法があるばあいには，憲13条ないし31条の適正手続き違反として，上告理由となし得る($^{鈴木・}_{292頁}$)。しかし，刑訴法の違

反がすべてただちに憲法違反になるわけでない（最決昭25・2・2刑集4巻2号127頁参照）。

 (iv) **制限**

 第1審判決およびその訴訟手続きに対する憲法違反の主張は，控訴審において判断を受けたうえでなければ，上告理由とすることはできない（最[大]判昭39・11・18刑集8巻9号597頁）。

 (2) **判例違反**

 (i) **意義**

 判例違反とは，**最高裁判所**の判例と相反する判断をしたこと（405条2号），最高裁判所の判例がないばあいに，**大審院**もしくは**上告裁判所たる高等裁判所**（刑訴応急措置法13条1項後段参照）の判例または現行刑訴法施行後の**控訴裁判所である高等裁判所**の判例と相反する判断をしたこと（405条3号）をいう。

 判例違反が上告理由とされたのは，法令解釈の統一のためであって，判例自体に法としての効力（判例法）をみとめるものではない（**通説**）。

 (ii) **「判例」の意義**

 ここにいう「判例」は，いわゆる**刑事判例**，すなわち刑事事件の裁判としてなされたものであることを要するが，必ずしも公刊の判例集に掲載されている必要はない。「判例」は原判決前のものに限るかについては，見解が分かれているが，**法令解釈の統一**という見地からは，必ずしも限定的に解する必要はない（平野・337頁，高田・524頁，鈴木・293頁。反対，最判昭33・4・25刑集12巻6号1203頁）。

 (iii) **判例と「相反する判断」**

 判例と「相反する判断」をしたというためには，そのような判断が原判決に示されている必要があるが，必ずしも明示的である必要はないとされる（高田・525頁，鈴木・294頁。最判昭38・9・12刑集17巻7号661頁参照）。

 3 **上告審の手続き**

 上告申立ての手続きなども含め，上告審の審判には，特別の定めのあるばあいを除いては，**控訴審の規定**が準用される（414条）。したがって，第1審の公判に関する規定の準用もあり（404条参照），規則についても同様である（規266条・250条参照）。

(1) 上告申立て手続き

(i) 手続きの概要

(a) 原則

上告期間（373条参照），原高等裁判所への上告申立て書の差出し（374条参照），上告権消滅後の申立てに対する原裁判所による棄却決定（375条前段参照）などは，控訴のばあいに準ずる（414条）。

(b) 異議申立て

上記の上告棄却決定に対しては，即時抗告に代わる異議申立てが許される（414条・375条後段・428条）。

(c) 控訴記録の送付

この棄却決定をすべきばあいを除いて，原裁判所は，公判調書の記載の正確性についての異議申立て期間の経過後，速やかに控訴記録を上告裁判所に送付しなければならない（規251条）。控訴審のばあいとは異なって，証拠物の送付を必要としない（規235条参照）。

(ii) 上訴趣意書の差出し

(a) 上訴趣意書を差し出すべき最終日

上告趣意書の差出しについても，控訴に準ずるが，上告趣意書を差し出すべき最終日は，その指定の通知書が送達された日の翌日から起算して**28日目以後の日**でなければならない（規252条）。

(b) 上告趣意書における上告申立ての理由の記載

上告趣意書には，上告申立ての理由を簡潔に明示しなければならない（407条，規266条・240条）。とくに，判例違反を理由として上告の申立てをしたばあいは，その判例を具体的に示さなければならない（規253条）。すなわち，裁判所名，掲載箇所などを指示して判例を特定するだけではなく，その内容をも示すべきである（最決昭45・2・4判時588号95頁参照）。

(iii) 上告棄却の事由

上告申立てが，①法令上の方式に違反し，または上告権の消滅後にされたものであることが明らかなとき（385条），②上告趣意書をその提出期間内に差し出さないとき（386条1項1号），③上告趣意書が不適法なとき（同2号），④上告趣意書

記載の上告理由が明らかに405条に規定する事由に該当しないとき($\binom{同3}{号}$)には，最高裁判所は，いずれも決定で上告を棄却する($\binom{414}{条}$)。

(2) 審判手続き
(i) 調査事項
(a) 原則

裁判所は，**上告趣意書に包含された事項**は，これを調査しなければならない($\binom{414条・}{392条1項}$)。

(b) 405条所定の事由

趣意書に包含されていない事項でも，**405条に規定する事由**については，職権で調査をすることができる($\binom{414条・}{392条2項}$)。

(c) その他のばあい

405条に規定する事由がなくても，判決に影響を及ぼすべき法令違反や事実誤認，量刑不当，再審事由，判決後の刑の廃止・変更・大赦などの事由があり，原判決を破棄しなければ著しく正義に反するかどうかについても，職権で調査をすることができる($\binom{411}{条}$)。

(d) 事実の取調べ

以上の調査をするについては，事実の取調べをすることができ，これは受命裁判官・受託裁判官にさせることもできると解されている($\binom{414条・}{393条}$)。

(ii) 上告の破棄
(a) 原則

裁判所は，上告趣意書その他の書類によって，上告の申立ての理由がないことが明らかであるとみとめるときは，弁論を経ないで，判決で上告を棄却することができる($\binom{408}{条}$)。

(b) 例外

その他のばあいには，公判期日を開いて審理をおこなうが，その手続きは，原則として控訴審に準ずる。そのばあい，公判期日に被告人を召喚することを要しない($\binom{409}{条}$)。

(c) 審判の優先関係

原判決において法律，命令，規則または処分が憲法に違反するものとした

判断が不当であることを上告理由とする事件については，原裁判所において同種の判断をしていない他のすべての事件に優先して，これを審判しなければならない$\left(\substack{規256\\条}\right)$。

(iii) **上告棄却**

(a) **原則**

①上告の申立てが法令上の方式に違反し，または上告権の消滅後にされたものであるとき$\left(\substack{414条・\\395条}\right)$，および②上告申立ての理由がなく，かつ職権調査によって405条および411条所定の理由がないとき$\left(\substack{414条・411\\条・396条}\right)$は，判決で上告を棄却する。

(b) **原判決の破棄の要否**

405条各号に規定する上告理由があるときは，判決で**原判決を破棄**しなければならない$\left(\substack{410条1\\項本文}\right)$。ただし，①判決に影響を及ぼさないことが明らかなばあい$\left(\substack{410条1項た\\だし書き}\right)$，および，②判例違反がみとめられても$\left(\substack{405条2\\号・3号}\right)$その判例を変更して原判決を維持するのを相当とするばあい$\left(\substack{410条\\2項}\right)$には，原判決を破棄しないで，上告を棄却しなければならない$\left(\substack{414条・\\396条}\right)$。判例も原判決もともに不当であるときは，原判決を棄却すべきである$\left(\substack{最判昭31・3・9刑\\集10巻3号309頁}\right)$。

(c) **職権による原判決の破棄**

405条各号に規定する事由がないばあいであっても，次の事由があって原判決を**破棄しなければ著しく正義に反する**とみとめるときは，職権により判決で原判決を破棄することができる$\left(\substack{411\\条}\right)$。

(α) 判決に影響を及ぼすべき法令の違反があること$\left(\substack{同条\\1号}\right)$。訴訟手続きの法令違反であると，法令適用の誤りであるとを問わない。

(β) 刑の量定が甚しく不当であること$\left(\substack{同条\\2号}\right)$。

(γ) 判決に影響を及ぼすべき重大な事実の誤認があること$\left(\substack{同条\\3号}\right)$。

(δ) 再審の請求をすることができるばあいに当たる事由があること$\left(\substack{同条4\\号}\right)$。

(ε) 判決があった後に刑の廃止もしくは変更または大赦があったこと$\left(\substack{同条5\\号}\right)$。

(iv) 原判決破棄のばあいと差戻し・移送・自判

原判決を破棄するばあいには，さらに次の区別に従って同時に差戻し・移送の判決または自判をしなければならない。

(a) 不法に管轄をみとめたことを理由とするばあい

不法に管轄をみとめたことを理由として原判決を破棄するときは，判決で事件を管轄控訴裁判所または管轄第1審裁判所に移送しなければならない（412条）。

(b) その他の理由によるばあい

上記以外の理由によって原判決を破棄するときは，判決で，事件を原裁判所もしくは第1審裁判所に差し戻し，またはこれらと同等の他の裁判所に移送しなければならない。ただし，訴訟記録ならびに原裁判所および第1審裁判所で取り調べた証拠によってただちに判決をすることができるものとみとめるときは，被告事件についてさらに判決することができる（413条）。

(c) 自判と不利益変更禁止の原則

自判をするばあい，不利益変更禁止の原則が適用される（414条・402条）。

(d) 共通破棄

共通破棄もみとめられる（414条・401条）。

(d) 不法に控訴棄却の決定をしなかったばあい

第1審裁判所または原裁判所が不法に控訴棄却の決定をしなかったときは，決定で公訴を棄却しなければならない（414条・403条）。

(3) 判決の訂正

(i) 制度趣旨

最高裁判所は，最上級裁判所であるから，その裁判に対する上訴は存在し得ない。**最高裁判所の判決の内容**に誤りがないとはいえない。そこで，その判決の内容に誤りのあることを発見したときは，検察官，被告人または弁護人の申立てにより，判決でこれを訂正することができる（415条1項）。

(ii) 訂正の申立て

(a) 期間

訂正の申立ては，判決の宣告があった日から10日以内にこれをしなけれ

ばならない（415条2項）。その期間の延長につき，法415条3項，規267条3項・269条参照。

　(b)　**書面主義**

　訂正の申立ては，書面でこれをおこなわなければならず，その書面には申立ての理由を簡潔に明示しなければならない（規267条1項・2項）。

　(c)　**弁論の要否**

　訂正の判決は，弁論を経ないでもこれをすることができる（416条）。

　(d)　**棄却の決定**

　上告裁判所は，訂正の判決をしないときは，速やかに決定で申立てを棄却しなければならない（417条1項）。

　(e)　**再度の申立て**

　訂正判決に対してさらに訂正の申立てをすることはできない（同条2項）。

　(f)　**裁判所の構成**

　判決訂正の申立てについての裁判は，原判決をした裁判所と同一の構成員から成る裁判所がしなければならない（規270条1項本文）。裁判官の死亡その他やむを得ない事情があるばあいはこの限りでないが，このばあいにも原判決をするについて反対意見を表示した裁判官が多数となるような構成の裁判所であってはならない（規270条2項）。

　(iii)　**上告裁判所の判決の確定時期**

　上告裁判所の判決は，宣告があった日から訂正申立て期間が経過したとき，または訂正判決もしくは訂正申立て棄却決定があったときに，確定する（418条）。

　(4)　**上告受理の制度**

　(i)　**意義**

　固有の意味における上告のほか，最高裁判所は，法令の解釈に関する重要な事項を含むものとみとめられる事件については，その判決確定前にかぎり，裁判所規則の定めるところにより，**自ら上告審としてその事件を受理**することができる（406条）。これを広義で「**上告受理**」の制度という。

(ii) 種類

これは，アメリカにおける**サーシオレイライ**（裁量的上訴）の制度にならったものといわれ，この規定に基づいて現行刑訴規則では，①**飛躍上告**（跳躍上告），②**狭義の上告受理**，③**事件の移送**（移送上告）の3つの制度が設けられている。しかし，現実にはあまり活用されていないといわれる。

(iii) 飛躍上告

(a) 意義

地方裁判所，家庭裁判所または簡易裁判所がした第1審判決に対して，①その判決において，法律，命令，規則もしくは処分が憲法に違反するものとした判断，または地方公共団体の条例もしくは規則が法律に違反するものとした判断が不当であること，あるいは②その判決において地方公共団体の条例・規則が憲法または法律に適合するものとした判断が不当であることを理由として，最高裁判所に上告をすることができる。ただし，②のばあいは検察官のみに上告権が与えられる（規254条）。

(b) 効力

飛躍上告は，控訴の申立てがあったときには効力を失うが，控訴の取下げまたは控訴棄却の裁判があったときは，この限りでない（規255条）。

(iv) 上告受理

(a) 意義

上告受理は，最高裁判所の裁量によって上告を許す制度である。高等裁判所がした第1審または第2審の判決に対して，その事件が法令の解釈に関する重要な事項を含むものとみとめるときは，上訴権者は，その判決に対する上告の提起期間内にかぎり，最高裁判所に上告審として事件を受理すべきことを申し立てることができる（規257条本文）。

(b) 申立て書

上告受理の申立て書は，原裁判所に差し出さなければならない（規258条）。

(c) 効力

上告受理の申立ては，原判決の確定を妨げる効力を有する（規264条本文）。

(d) **理由書などの提出**

申立て人は，原則として判決謄本の交付を受けた日から 14 日以内に，申立て理由をできるかぎり具体的に記載した理由書を，相手方の数に応ずる謄本および原判決の謄本を添附して，原裁判所に差し出さなければならない（規258条の3）。

(e) **申立ての棄却**

原裁判所は，申立てが明らかに申立て権の消滅後にされたものであるとき，または理由書が所定の期間内に差し出されないときは，決定で申立てを棄却しなければならない（規259条）。

(f) **棄却決定の効力**

上記決定に対しては，抗告も異議申立ても許されず，決定によってただちに原判決は確定する（規264条ただし書き前段）。

(f) **書類の送付**

上記のばあいを除いて，原裁判所は，申立て書・理由書および添附書類を速やかに最高裁判所に送付しなければならない（規260条）。

(g) **受理決定**

最高裁判所は，みずから上告審として事件を受理するのを相当とみとめるときは，申立て書などの送付を受けた日から 14 日以内にその旨の決定をしなければならない。

(h) **移審の効果**

受理決定によって事件は，上告審に移審する。このばあいにおいて，申立ての理由中に重要でないとみとめるものがあるときは，これを排除することができる（規261条）。

(i) **原判決の確定**

上記の期間内に事件受理の決定がないときは，原判決が確定する（規264条ただし書き後段）。

(j) **通知など**

事件受理の決定に伴う検察官および原裁判所への通知に関しては，規 261 条 2 項・262 条参照。事件受理の決定があったときは，申立て理由書は，その

理由を上告理由とする上告趣意書とみなされる($\substack{規263\\条1項}$)。その謄本が相手方に送達され($\substack{規266条・\\242条}$)，このばあいに理由の一部が排除されているときは，同時に排除決定の謄本を送達しなければならない($\substack{規263\\条2項}$)。

(v) **事件の移送**

(a) **意義**

控訴裁判所は，憲法の違反があることまたは憲法の解釈の誤りがあることのみを理由として控訴の申立てをした事件について，相当とみとめるときは，訴訟関係人の意見を聴いて，最高裁判所の許可を受けたうえで($\substack{規248\\条}$)，決定でこれを最高裁判所に移送することができる($\substack{規247\\条}$)。

(b) **効力**

移送の決定があったときは，控訴の申立てがあった時に控訴趣意書に記載された理由による上告の申立てがあったものとみなされて($\substack{規249\\条}$)，通常の上告審の手続きに従って審判がおこなわれる。

第4節　抗告・準抗告

1　意義

(i) **定義**

抗告とは，決定および命令に対する**上訴**をいう。

(ii) **抗告**

(a) **種類**

抗告は，**一般抗告**と**特別抗告**に大別される。**特別抗告**とは，訴訟法においてとくに定められた抗告で最高裁判所に申し立てるものをいい($\substack{裁7条2\\号参照}$)，**一般抗告**とは，それ以外の抗告をいう。

(b) **一般抗告**

一般抗告には，**即時抗告**と**通常抗告**とがあり，いずれも高等裁判所に申し立てる。

(α) **即時抗告**　即時抗告は，とくに規定のあるばあいにのみみとめられ，**短期の申立て期間**が定められ，申立てには**執行停止の効力**がある。

(β) **通常抗告**　通常抗告には，期間の制限も執行停止の効力もない。また，決定につき抗告し得るばあいは，かなり限定されている。

(c) **高等裁判所の決定に対する異議の申立て**

高等裁判所の決定に対しては，一般抗告は許されないが，これに代わる異議の申立てがみとめられている$\left(\begin{smallmatrix}428\\条\end{smallmatrix}\right)$。

(iii) **準抗告**

命令に対しても一般抗告は許されず，一定のばあいに準抗告が許されるにとどまる。そのほか検察官または司法警察職員の処分に対しても，一定のばあいに裁判所への不服申立てがみとめられ，これも準抗告と呼ばれている。

(iv) **抗告審の構造**

(a) **学説の状況**

抗告審の構造については，これを①**事後審**とみる見解$\left(\begin{smallmatrix}戸田・実務講座 XI2648\\頁，平場・518頁，岸・380\\頁\end{smallmatrix}\right)$，②**続審**とみる見解$\left(\begin{smallmatrix}小野等・\\951頁\end{smallmatrix}\right)$，③**続審接木説的見地**に立つ見解$\left(\begin{smallmatrix}小林・法曹\\時報23巻3号\\71頁\end{smallmatrix}\right)$，④**裁判内容により区別する見解**$\left(\begin{smallmatrix}被疑者に対する裁判か被告人に対する裁判かで区別\\するものと強制処分かどうかで区別するものがある。\end{smallmatrix}\right)$などが対立している。

(b) **本書の立場**

本来，事件そのものの審判に即して構想された覆審・続審・事後審などのモデルを，手続き問題を審判する抗告審にただちにあてはめることには疑問があるとされる。そして，問題は，新証拠や新事実をどの範囲で取り調べるか，また差戻しと自判のいずれを原則とするかなどにあり，簡易迅速な処理に著しい支障をきたさない範囲で，できるかぎり被疑者・被告人・強制処分を受ける者などの利益を保護するという方向で個別的具体的な解決をめざすのが妥当である$\left(\begin{smallmatrix}鈴木・303\\一4頁\end{smallmatrix}\right)$。

2　一般抗告

(1) **即時抗告**

即時抗告は，法がとくにこれを許す旨を規定しているばあいに限ってみとめられる$\left(\begin{smallmatrix}419条。たとえば，19条3項・25条・26条・133条2項・137条2項・150条2項・160条・171条・\\178条・186条・187条・269条・339条2項・349条の2第5項・350条・375条・450条・463条の2第\\3項・467条・468条1項・504条\end{smallmatrix}\right)$。

(2) 通常抗告

通常抗告は，即時抗告が許されるばあいを除いて，決定に対してこれをすることができるが$\binom{419}{条}$，これには，次のような多くの**例外**がみとめられている。

(i) 裁判所の管轄または訴訟手続きに関し判決前にした決定

これに対しては，とくに即時抗告をすることができる旨の規定があるばあいを除いて，抗告をすることはできない$\binom{420条}{1項}$。なぜならば，これらは，判決の前提としておこなわれるものであり，手続きの円滑な進行という観点からは，独立に上訴を許すのは適当でなく，判決に影響を及ぼすようなばあいに判決に対する上訴によって争わせれば足りるからである。したがって，終局判決に対する上訴という形で争い得ない付審判請求棄却決定$\binom{266条}{1号}$などに対しては，通常抗告をみとめるべきである$\binom{平野・335頁，高田・}{540頁，鈴木・304頁}$。

被告人その他の者の権利を直接に侵害するため即座の救済を要するので，勾留，保釈，押収または押収物の還付に関する決定，および鑑定のためにする留置に関する決定についても，通常抗告がみとめられている$\binom{420条}{2項}$。勾留に対しては，犯罪の嫌疑がないことを理由として抗告することはできない$\binom{420条}{3項}$。

(ii) 抗告裁判所の決定

抗告裁判所の決定に対しても，再抗告は許されない$\binom{427}{条}$。その基礎には，再度の抗告をみとめる必要性に乏しいこと，および最高裁判所の負担軽減の配慮があるとされている。

(iii) 高等裁判所の決定

最高裁判所の負担を軽減するため，高等裁判所の決定に対する抗告はみとめられない。しかし，これに代わる異議申立てがみとめられる$\binom{428条1項}{ないし3項}$。

(3) 抗告申立て手続き

(i) 提起期間

即時抗告の提起期間は，決定が告知された日から3日である$\binom{422条・}{358条}$。通常抗告については，提起期間の制限はない。

(ii) **申立て書の提出**

抗告をするには，申立て書を原裁判所に差し出さなければならない($\substack{423\\条1\\項}$)。

(iii) **再度の考案**

原裁判所は，抗告を理由があるものとみとめるときは，**決定を更正しなければならず**($\substack{423条2\\項前段}$)，これを「**再度の考案**」という。

(iv) **書類の送付**

原裁判所は，抗告の全部または一部を理由がないとみとめるときは，申立て書を受け取った日から**3日以内**に意見書を添えて，これを抗告裁判所に送付しなければならない($\substack{423条2\\項後段}$)。

訴訟記録・証拠物の送付については，規271条参照。

(v) **裁判の執行停止**

(a) **即時抗告のばあい**

即時抗告の提起期間内およびその申立てがあったときは，裁判の執行は，停止される($\substack{425\\条}$)。ただし，忌避申立ての簡易却下($\substack{24\\条}$)に対する即時抗告($\substack{25\\条}$)については，とくにその趣旨にかんがみ執行停止の効力はない($\substack{通説・判\\例。最判\\昭31・3・30刑\\集10巻3号422頁}$)。

(b) **通常抗告のばあい**

通常抗告の申立てには，執行停止の効力はない($\substack{424条1\\項本文}$)。しかし，原裁判所($\substack{同条1項た\\だし書き}$)，および抗告裁判所($\substack{同条\\2項}$)は，決定で抗告に対する裁判があるまで原決定の執行を停止することができる。

(4) **抗告審の審判**

(i) **口頭弁論の要否**

抗告審をする裁判は，すべて決定であるから，口頭弁論に基づく必要はない($\substack{43条\\2項}$)。

(ii) **調査の義務と権限**

裁判所は，申立て書に包含された理由については調査しなければならず，申立て書に包含されない事項であっても，職権で調査をすることができる($\substack{392条\\参照}$)。

(iii) **事実の取調べ**

調査のため必要があるばあいには,事実の取調べをすることができる$\binom{43条}{3項}$。

(iv) **棄却の決定**

抗告の手続きがその規定に違反したとき,または抗告が理由のないときは,決定で抗告を棄却しなければならない$\binom{426条}{1項}$。

(v) **原判決の取消しと自判・差戻し・移送**

抗告が理由のあるときは,決定で原判決を取り消し,必要があるばあいには,さらに裁判をしなければならない$\binom{同条}{2項}$。この裁判には,自判だけでなく,差戻し・移送の裁判も含まれ$\binom{高田・542頁,鈴木・306頁。特別抗告につき}{最[大]決昭24・9・19刑集3巻10号1598頁}$,**不利益変更禁止の原則**$\binom{402}{条}$も準用される。

3 **特別抗告**

(1) **意義**

(i) **定義**

特別抗告とは,刑訴法により不服を申し立てることができない決定または命令に対して,上告理由に相当する事由$\binom{405}{条}$があることを理由とするばあいにみとめられる**最高裁判所への抗告**をいう$\binom{433条}{1項}$。

(ii) **対象**

(a) **原則**

特別抗告の対象は,刑訴法上独立の不服申立て方法がみとめられていない**決定**または**命令**である。抗告裁判所の決定,抗告に代わる異議申立てについての決定,準抗告裁判所の決定などがこれに当たる。

(b) **訴訟指揮の裁判**

(α) **通説(限定説)** 下級審の決定または命令で,終局裁判の内容に直接影響を与える訴訟指揮の裁判については,通説は,終局裁判に対する上訴によって救済され得ることや最高裁判所の負担軽減,審理の円滑迅速な進行などを理由に特別抗告の対象から除いている。

(β) **無限定説** このような限定を付することには疑問があるとする見解も主張されている$\binom{高田・543頁,}{鈴木・307頁}$。

(γ) **判例** この点について判例は2つに分かれている。すなわち,特別抗

告をみとめないものとしては，最決昭 26・7・20（刑集5巻8号1571頁。公訴取消しまたは起訴状却下請求の不採用決定），最決昭 29・2・4（刑集8巻2号131頁。公訴棄却決定を求める申立ての却下決定），最決昭 29・10・8（刑集8巻10号1588頁。検察官の証拠調べ請求に対する被告人側の異議申立却下決定），最決昭 33・4・18（刑集12巻6号1109頁。証言拒絶の許容を違法とする異議申立ての棄却決定），最決昭 52・8・25（刑集31巻4号803頁。付審判決定）などがある。これに対して，特別抗告をみとめたものとしては，最決昭 24・9・7（刑集3巻10号1563頁。証拠受理に対する異議申立ての却下決定），最決昭 24・9・7（刑集3巻10号1573頁），最決昭 28・9・1（刑集7巻9号1796頁。証拠調べに関する異議申立ての棄却決定），最決昭 34・12・26（刑集13巻13号3372頁。証拠開示命令に対する異議申立ての棄却決定），最決昭 44・4・25（刑集23巻4号248頁。同上），最決昭 44・4・25（刑集23巻4号275頁。同上）などがある。

(2) **特別抗告の手続き**

(i) **提起期間**

特別抗告の提起期間は，5日である（433条2項）。

(ii) **書面主義**

特別抗告するには，申立て書を原裁判所に差し出さなければならない（434条1項・423条）。申立て書には抗告の趣旨を簡潔に記載しなければならない（規274条）。

(iii) **調査事項**

最高裁判所は，申立て書に記載された抗告の趣意についてのみ調査をするが，法405条の事由については，職権で調査をすることができる（規275条）。

(iv) **準用規定**

上告事件の優先審判に関する刑訴規則256条は，特別抗告にも準用される（規276条）。そのほか，特別抗告の手続きについては，通常抗告に関する法の規定が準用され（434条），規則についても，訴訟記録，証拠物の送付に関する271条，抗告審の決定の原裁判所への通知に関する272条が準用される（規276条）。最高裁判所が特別抗告としてする裁判についても，通常抗告に準ずる。411条も準用される（最決昭26・4・13刑集5巻5号902頁，最決昭31・8・22刑集10巻8号1273頁，最[大]決昭37・2・14刑集16巻2号85頁）。

4 抗告に代わる異議

(i) **意義**

最高裁判所の負担を軽減するため，高等裁判所の決定に対しては一般抗告はみとめられないが，これに代えて**高等裁判所への異議申立てがみとめられ**

る（428条1項・2項）。

(ii) **準用規定**

異議申立てには，一般抗告に関する規定が準用され，即時抗告をすることができる旨の規定がある。決定に対する異議申立てには，即時抗告に関する規定も準用される（428条3項）。

なお，高等裁判所の決定に対して，とくに個別的に明文で異議申立てをみとめているばあいがある（188条の5第3項・385条2項・386条2項・403条2項）。

(iii) **最高裁判所の決定に対する異議申立ての可否**

通説は，最高裁判所の決定に対する異議申立てをみとめないが（平野・334頁，高田・545頁など），**判例**は，上告棄却決定（414条・386条1項3号）については異議申立てをみとめ（最[大]決昭30・2・23刑集9巻2号372頁，最決昭50・7・10判時784号117頁），裁判官に対する忌避申立て却下の決定に対してはこれをみとめない（最[大]決昭30・12・23刑集9巻14号2995頁）。

5 **準抗告**

(1) **裁判官の裁判に対する準抗告**

(i) **原則**

裁判長・受命裁判官その他の裁判官がした次の命令に対しては，その取消しまたは変更を求める準抗告がみとめられる（429条1項）。①忌避の申立てを却下する裁判，②勾留，保釈，押収または押収物の還付に関する裁判，③鑑定のため留置を命ずる裁判，④証人，鑑定人，通訳人または翻訳人に対して過料または費用の賠償を命ずる裁判，⑤身体の検査を受ける者に対して過料または費用の賠償を命ずる裁判。なお，勾留に関して犯罪の嫌疑がないことを理由として抗告できないとの法420条3項は，準抗告にも準用されることになっているが（429条2項），これは被告人の勾留のばあいに限られるべきであろう（鈴木・309頁）。

(ii) **簡易却下の裁判に対する不服申立て**

判例は，単独体の1人の裁判官が法24条2項でした簡易却下の裁判に対する不服申立ても，即時抗告（25条）ではなく準抗告によるべきであるとし（最決昭29・5・4刑集8巻5号631頁，最決昭31・6・5刑集10巻6号805頁），これを支持する学説が有力であるが（団藤・74頁），合議体による簡易却下のばあいと対比すると，即時抗告によるのが妥当であると

する見解もある（高田・547頁，鈴木・309頁）。

　(iii) **手続き**
　(a) **請求書の提出先**

　上記の準抗告の申立ては，簡易裁判所の裁判官がした裁判に対しては管轄地方裁判所に，その他の裁判官がした裁判に対してはその裁判官所属の裁判所に，それぞれ請求書を差出してする（429条1項・431条）。

　(b) **準用規定**

　通常抗告に準ずるので（432条），準抗告の申立てがあっても，執行停止の効力はなく（424条参照），再抗告が禁止される（427条参照）。

　前述の④・⑤の裁判に対しては，即時抗告に準じて裁判後3日以内に請求することを要し，かつその請求期間および請求があったときには裁判の執行が停止される（429条4項・5項）。訴訟記録・証拠物の送付については規271条参照。

　(iv) **合議体による決定**
　(a) **棄却**

　準抗告の申立てを受けた裁判所は，合議体で決定をしなければならない（429条3項）。準抗告の手続きがその規定に違反したとき，または準抗告が理由のないときは，決定で準抗告を棄却しなければならない（432条・426条1項）。

　(b) **原裁判の取消し**

　準抗告が理由のあるときは，決定で原裁判を取り消し，必要があるばあいには，さらに裁判をしなければならない（432条・426条2項）。

　(v) **通知**

　準抗告審裁判所の決定の原裁判所への通知については，規272条参照（規273条）。

　(2) **検察官などの処分に対する準抗告**
　(i) **対象**

　検察官，検察事務官または司法警察職員の処分のうち，①被疑者と弁護人との**接見指定**および②押収または押収物の**還付**に関する処分に不服がある者は，裁判所にその処分の取消し・変更を求めて準抗告をすることができる。

(ii) **請求書の提出先**

上記の申立てをするには，当該処分をした検察官の所属検察庁に対応する裁判所または司法警察職員の職務執行地を管轄する地方裁判所または簡易裁判所に請求書を差し出さなければならない$\left(\begin{smallmatrix}430条1項\cdot\\2項,\ 431条\end{smallmatrix}\right)$。上記の処分は，実質的には行政庁の処分であるが，その性質上，刑事手続きとして取り扱われるのである。したがって，この請求書には，行政事件訴訟に関する法令（行政事件訴訟法，民訴法）の規定は適用されない$\left(\begin{smallmatrix}430条\\3項\end{smallmatrix}\right)$。

(iii) **その他の手続き**

上記以外の手続きは，すべて裁判官の裁判に対する準抗告と同様である。432条，規273条等参照。

第10章　非常救済手続き

第1節　非常救済手続きの意義

(1) **判決の確定力の根拠**

判決は確定すると，訴訟目的が達成されたものとして，改めてその当否を争ったり，それを変更したりすることはみだりにみとめられるべきではない。これは，**法的安定性**の観点からの要請である。判決の確定力は，このような観点からみとめられるわけである。

(2) **非常救済手続きの根拠**

確定判決に重大な誤りや瑕疵があるばあいは，おのずから上述とは事情が違ってくる。このばあいには，判決を絶対不可動のものとすると，逆に**正義**に反することとなって**妥当でない結果**をもたらすのである。とくに確定判決を受けた者がこれによって不利益を受けるばあいには，**人権保障**の観点から，非常手段として確定力を覆す必要が生ずる。これが非常救済手続きの存在理由である。判決の瑕疵には，法令違反と事実誤認とがあり，刑訴法は，前者につき非常上告を，後者につき再審をみとめている。両者は一括して**非常救済手続き**と称されている。

第2節　再　審

1　意　義

(1) **定義**

再審とは，確定判決における事実誤認の誤りを推測させるに足りる一定の事由があるばあいに，審級に従い**再び審判をやり直す制度**をいう。

(2) 再審手続きの段階

再審の手続きには，前記の事由の有無を審査して**再び審判をするか否かを決定する手続き**と，それに基づいて**あらたに審判をする手続き**の2つの段階がある。

(3) 立法主義

再審に関する立法主義にはフランス主義とドイツ主義がある。**フランス主義**とは，再審を本人の利益のためにのみみとめる立法主義をいい，**ドイツ主義**とは，本人にとって不利益であるばあいにも再審をみとめる立法主義をいう。

わが国では，治罪法および明治刑訴はフランス主義を，旧刑訴はドイツ主義を採っていたが，現行法は憲39条に基づき本人の利益のための再審のみをみとめるフランス主義を採るに至っている。

2 再審請求の理由

再審は，有罪の言渡しをした確定判決（確定した略式命令・即決裁判を含む）および控訴・上告を棄却した確定判決に対し，次の事由があるばあいに限って請求をすることができる。

(1) 有罪の言渡しをした確定判決に対する再審理由（435条）

再審請求の理由としては，**フアルサ方式（虚偽証拠による再審）**と**ノヴァ方式（新証拠による再審）**とがあり，本条の1号ないし5号および7号は前者に当たり，6号は後者に当たるものと解されている。

(i) 原判決の証拠となった証拠書類・証拠物が，確定判決により偽造・変造であったことが証明されたとき（同条1号）。**「証拠となった」**とは，犯罪事実の認定のための証拠となったばあいに限らず，犯罪事実の認定のための証拠が供述証拠であるばあいに，その証拠能力を決定するための証拠となったときも含まれるのであり，この点は，(ii)および(vi)についても同様である（高田・598—9頁）。

(ii) 原判決の証拠となった証言・鑑定・通訳・翻訳が，確定判決により虚偽であったことが証明されたとき（同条2号）。相被告人の公判廷での供述は，「証言」に当たらない（最決昭42・5・26 刑集21巻4号723頁）。

第2節　再　審　489

(iii)　有罪の言渡しを受けた者を誣告した罪が確定判決により証明されたとき。ただし，誣告により有罪の言渡しを受けたときに限る（同条3号）。

ただし書きに関して，**通説**は，告訴状または告訴調書の記載が原判決の証拠とされたばあいに限ると解しているが，たんに誣告によって捜査が開始された結果，起訴され有罪判決を受けたばあいをも含むと解するのが妥当である。なぜならば，1号ないし5号の事由がフアルサ方式によるものと解すれば通説が妥当であろうが，必ずしも告訴状などの書面に限る必要はなく，およそ誣告の供述が証拠となったばあいのすべてを指すと解すべきだからである（平野・339頁，高田・599頁）。

(iv)　原判決の証拠となった裁判が確定裁判により変更されたとき（同条4号）。

(v)　特許権，実用新案権，意匠権または商標権を害した罪（特許法196条，実用新案法56条，意匠法69条，商標法78条）により有罪の言い渡しをした事件について，その権利の無効の審決が確定したとき，または無効の判決があったとき（同条5号）。

(vi)　有罪の言渡しを受けた者に対して無罪もしくは免訴を言い渡し，刑の言渡しを受けた者に対して刑の免除を言い渡し，または原判決においてみとめた罪より軽い罪をみとめるべき明らかな証拠をあらたに発見したとき（同条6号）。

(a)　証拠の意義

「証拠」は，**証拠能力**のあるものに限られる（最決昭33・5・27刑集12巻8号1683頁）。証拠については，さらに**明白性と新規性**とが要求される。

(b)　明白性

明白性については，再審は確定判決の**一事不再理の効力を覆す非常救済制度**であるから，原判決の事実認定を動揺させるべき相当程度の可能性を有する証拠であることが必要であるとされている。また，再審請求の理由がみとめられても，それは原判決の変更に直結するのではなく，再審の審判の開始の条件にすぎないので，事実認定の変更を生じさせることが確実であることまでは要求されず，前記の可能性もある程度推測の要素をもつものとされる。

最高裁の**白鳥決定**は，確定判決における事実認定につき合理的な疑いをいだかせ，その認定を覆すに足りる蓋然性のある証拠と解している（最決昭50・5・20刑集29

巻5号
177頁）。このばあいの判断に当たって**「疑わしきは被告人の利益に」**の原則が妥当するかについて，最高裁は積極に解している（前掲最決昭50・5・20）。これをリーディング・ケースとして，仙台高決昭51・7・13高刑集29巻3号323頁（いわゆる弘前大学教授夫人殺し事件——仙台高判昭52・2・15刑集30巻1号28頁により無罪判決），広島高決昭51・9・18（判時828号18頁。いわゆる加藤老事件——広島高判昭52・7・7判時859号13頁により無罪判決）がいずれも再審開始決定をしており，また，最決昭51・10・12（刑集30巻9号1673頁 いわゆる財田川事件）は，再審請求の理由なしとする原決定を取り消している。

明白性は，もちろん数個の証拠についての総合的評価であってもよいし（大阪高決昭44・6・28 刑集22巻3号423頁），原判決の旧証拠を含めた全証拠の総合的判断でもよいとされる（前掲最決昭50・5・20）。

(c) **新規性**

新規性に関しては，裁判所にとって新規であることは当然であるが，さらに請求者にとっても「あらたに発見した」ことを要するかについて見解の対立がある。とくに身代わり犯人として有罪判決を受けた本人が身代わりであったことを理由として再審請求をすることができるかが問題となるが，**通説・判例**は消極に解している（最決昭29・10・19 刑集8巻10号1610頁）。これに対して，真犯人をかばった点は実体法で対処すればよく（刑103条），消極的実体的真実主義の観点からも，当該証拠が裁判所にとって「あらた」であれば新規性をみとめてよいと解する立場もある（白取・481頁，鈴木・316頁など）。

発見が新規であればよいのであって，それが原判決当時すでに存在していてもよい（東京高判昭27・7・17 高刑集5巻7号1163頁）。請求者との関係において新規であることを要するにすぎないので，検察官側にとって発見が新規であれば，検察官が請求することは許される（団藤・591頁，高田・601頁）。

(vii) 原判決に関与した裁判官，原判決の証拠となった証拠書類の作成に関与した裁判官，原判決の証拠となった書面を作成しまたは供述した検察官・検察事務官・司法警察職員が，被告事件について職務に関する罪を犯したことが確定判決により証明されたとき。ただし，原判決をする前に裁判官・検察官などに対して公訴の提起があったばあいには，原判決をした裁判官がその事実を知らなかったときに限る（同条7号）。

ここにいう**「職務に関する罪」**とは，通説によれば，刑法第25章に規定す

る罪（たとえば裁判官が事件に関して賄賂を収受したとか，司法警察職員が被疑者の取調べに当たり暴行・陵虐を加えたようなばあい）を意味する。

以上の(i)(ii)(vii)にいう「確定判決」とは，**通説・判例**によれば，刑事の確定判決のみに限定され（大決昭13・5・30 刑集17巻401頁），その刑事確定判決は有罪判決であることを要する（大決昭13・10・31 刑集17巻777頁）。

(2) **公訴上告を棄却した確定判決に対する再審理由**（436条 1項）

(i) 435条1号・2号に規定する事由があるとき（同項1号）。

(ii) 原判決またはその証拠となった証拠書類の作成に関与した裁判官について，435条7号に規定する事由があるとき（同項2号）。

このばあいの再審請求には，次の**制限**がある。

①第1審の確定判決に対して再審の判決があった後は控訴棄却の判決に対して再審請求をすることはできない（436条 2項）。②第1審または第2審の確定判決に対して再審請求をした事件について再審の判決があった後は，上告棄却の判決に対して再審請求をすることはできない（同条3項）。上記のばあいは，すでに前の再審判決によって目的を達しているから，再審請求は許されないのである。

(iii) 以上の再審理由中，確定判決により犯罪が証明されたことを請求の理由とすべきばあい（すなわち，435条1号2号3号7号，436条1項各号のばあい）において，その確定判決を得ることができないときは，その事実を証明して再審の請求をすることができる。ただし，証拠がないという理由によって確定判決を受けることができないばあいは，この限りでない（437条）。その例として，起訴猶予処分がなされたために確定判決が得られなかったばあいや公訴時効の完成により確定判決（免訴判決）はあったが犯罪が証明されなかったばあいなどがあげられている。これらのばあいには，当該犯罪事実が存在すること，および，確定判決を得ることができないことを証明して再審請求をすることができることになる。

3 再審請求の手続き

再審請求は，有罪の言渡しを受けた者の利益のためにのみすることができる（435条，436条1項）。再審請求を管轄するのは，原判決をした裁判所である（438条）。

(1) 再審の請求権者

再審の請求は，次の者がすることができる（439条）。

(ⅰ) 検察官（同条1項1号）。検察官は**公益の代表者**であるから，被告人の利益のためのみの再審請求もすることができる。裁判官・検察官などの職務犯罪を理由とする再審請求（435条7号,436条1項2号）は，有罪判決を受けた者がその犯罪を犯させたばあいには，検察官のみがすることができる（439条2項）。これは，自己の不当行為を自己の利益のために主張することをみとめないものである。

(ⅱ) 有罪の言渡しを受けた者およびその法定代理人・保佐人（同条1項2号3号），本人が死亡しまたは心神喪失の状態にあるばあいには，その配偶者・直系親族・兄弟姉妹（同条4号）。本人が心神喪失状態にあるときは配偶者などにのみ請求権を与える趣旨ではなく，法定代理人・保佐人もまた請求権を有するものと解されている。

通説によれば，本人生存中の前記の者などの請求権は独立して行使し得る代理権（**独立代理権**）である。検察官以外の者が再審請求をするばあいには，弁護人を選任することができる（440条1項）。**通説・判例**によれば，再審請求そのものについても弁護人を選任することができる（大決昭10・5・3刑集14巻500頁）。前記の弁護人の選任は，再審の判決があるまでその効力を有する（同条2項）。

(2) 請求の時期

再審の請求は，刑の執行が終わり，またはその執行を受けることがないようになったときでも，これをすることができる（441条）。

「刑の執行を受けることがないようになった」とは，事実上刑の執行を受けないことになったことをいい，刑の執行の免除（刑5条ただし書き,31条、恩赦法8条）のばあいのほか，本人の死亡や刑の言渡し失効（刑27条、34条の2,恩赦法3条1項、5条）などもこれに含まれる。これらのばあい，本人（および近親者）の**名誉回復の利益**だけでなく，再審で無罪の判決を受けたばあい，判決の公示（453条），刑事補償（刑事補償法1条1項、3項），費用の補償（188条の2）などの**法律的利益**も受けられるのである。

(3) 請求の方式

再審の請求をするには，その趣意書に原判決の謄本，証拠書類および証拠物を添えてこれを管轄裁判所に差し出さなければならない（規283条）。このば

あい，収容中の被告人に関する366条，規227条，228条の規定が準用される$\binom{444条, 規}{284条}$。請求があったばあいには，規230条が準用される$\binom{規284}{条}$。

(4) **刑の執行停止**

再審の請求は，刑の執行を停止する効力を有しない。ただし，管轄裁判所に対応する検察庁の検察官は，再審の請求についての裁判があるまで刑の執行を停止することができる$\binom{442}{条}$。

再審開始の決定があったときは，決定で刑の執行を停止することができる$\binom{448条}{2項}$。

(5) **請求の取下げ**

再審の請求は，これを取り下げることができる$\binom{443条}{1項}$。取下げについては，366条，規224条，227条，228条および230条の規定が準用される$\binom{444条,}{規284条}$。

取下げをなし得る時期については規定がないが，再審の当該審級の判決があるまでと解される（通説。平野・342頁は，再審開始決定があるまでとする）。

再審の請求を取り下げた者は，同一の理由によっては，さらに再審の請求をすることはできない$\binom{443条}{2項}$。

439条1項3号4号所掲の者は，有罪判決の言渡しを受けた者の代理権者と解されるから，本人が請求を取り下げたときは，これら代理権者も同一の理由によっては再審請求をすることはできないと解されている。

4 **再審請求についての審判**

(1) 再審請求を受けた裁判所は，その理由の有無につき決定をするため必要があるときは，**事実の取調べ**をすることができ$\binom{43条}{3項}$，また，受命裁判官・受託裁判官に前記の事実の取調べをさせることができる。このばあいの裁判官は，裁判所・裁判長と同一の権限を有する（445条。なお，規302条1項）。

再審の請求について決定をするばあいには，請求をした者およびその相手方の意見を聴かなければならない。有罪の言渡しを受けた者の法定代理人・保佐人が請求をしたばあいには，有罪の言渡しを受けた者の意見を聴かなければならない$\binom{規286}{条}$。

(2) 再審請求に対する裁判は，**請求棄却の決定**および**再審開始の決定**であ

る。

(i) **請求棄却の決定**

再審の請求が法令上の方式に違反し，または請求権の消滅後にされたものであるときは，決定でこれを棄却しなければならない（$\substack{446\\条}$）。再審請求が理由のないときも，決定でこれを棄却しなければならない（$\substack{447条\\1項}$）。

請求の理由なしとする決定があったときは，何人も，同一の理由によってはさらに再審の請求をすることはできない（$\substack{同条\\2項}$）。

(ii) **再審開始の決定**

再審の請求が理由のあるときは，再審開始の決定をしなければならない（$\substack{448条\\1項}$）。

「**再審の請求が理由のある**」とは，435条各号または436条1項各号に当たる事由の存在がみとめられることをいい，原判決の誤りが確認されたことを意味しない。**通説**によれば，理由の有無の判断については，請求者の法律的見解に拘束されない。

再審開始の決定をしたときは，決定で刑の執行を停止することができる（$\substack{448条\\2項}$）。

(iii) **再審請求の競合と請求棄却の決定**

上訴を棄却した確定判決とそれによって確定した下級審判決との両者に対して再審の請求があったばあいに，下級審が**再審の判決**（再審開始の決定ではない）をしたときは，上級裁判所は決定で再審の請求を棄却する（$\substack{449\\条}$）。これは，436条3項に対応する規定である。

(iv) **即時抗告**

再審請求を棄却する決定（$\substack{446条，447条\\1項，449条}$）に対しても**再審開始の決定**（$\substack{448\\条}$）に対しても，即時抗告をすることができる（$\substack{450\\条}$）。しかし，上告裁判所（＝最高裁判所）のしたこれらの決定に対しては，即時抗告をすることができない。これに反して，高等裁判所のしたこれらの決定に対しては，即時抗告にかわる異議の申立て（$\substack{428\\条}$）が許される。本条は449条2項の決定を除外しているが，これは前記の当然のばあいの1つであって，その他のばあいでも同様であると解される（$\substack{高田・\\607頁}$）。

5　再審の審判

　裁判所は，即時抗告期間の徒過または即時抗告を棄却する決定の確定により，再審開始の決定が確定した事件については，449条のばあいを除いては，その審級に従いさらに審判しなければならない（$\substack{451\\条}$）。

　「**その審級に従い**」とは，第1審の確定判決に対する再審のばあいには，第1審として，かつその手続きによって，また，控訴棄却・上告棄却の確定判決に対する再審のばあいには，それぞれ控訴審または上告審として，かつその手続きによって，ということを意味する。

　再審にはその審級に関する規定が適用されるが，次のような**例外**がある。すなわち，①死亡者または回復の見込みがない心神喪失者のために再審請求がなされたとき，②有罪の言渡しを受けた者が再審の判決がある前に死亡し，または心神喪失状態に陥りその回復の見込みがないときには，314条1項本文，339条1項4号の規定は適用されない（$\substack{451条\\2項}$）。これらのばあいには，被告人の出頭がなくても，審判できるが，弁護人が出頭しなければ開廷することはできない（$\substack{451条\\3項}$）。前記のばあいに，再審の請求をした者が弁護人を選任しないときは，裁判長は職権で弁護人を付さなければならない（$\substack{同条\\4項}$）。

　再審の審判が第1審としておこなわれるばあいには，第1審としての手続きであるから，あらたな証拠を取り調べることも許される。検察官が再審請求をしたばあいに，その請求と矛盾するような訴追活動をみとめるべきではないから，あらたな有罪証拠の取調べを請求することはできず，訴因の追加・変更についても同様に解すべきである（$\substack{高田・608頁,\\松尾・下277頁}$）。

　再審審理の結果，被告人に不利益な事態が生じても，原判決の刑より重い刑を言い渡すことはできない（$\substack{452\\条}$）。検察官が再審を請求したばあいであっても，**不利益変更が禁止**されるのは，再審請求は有罪判決を受けた者の利益のためにだけ許されるものだからである。

　再審において無罪の言渡しをしたときは，官報および新聞に掲載して，その判決を公示しなければならない（$\substack{453\\条}$）。

　「**無罪の言渡をしたとき**」というのは，無罪判決が確定したときと解されている（通説）。**判決の公示制度**は，有罪判決を受けた者の名誉を回復するため

に設けられたものである。別に刑事補償(刑事補償法1条1項, 2項)および費用の補償(188条の2)を受けることができる。

再審の裁判が確定すると，原判決は当然に効力を失う。判決の失効によりそれに基づいてなされた刑の執行までも効力を失うのではない。再審判決であらたに刑の言渡しがなされたときは，原判決による刑の執行は，**新判決の刑の執行**としての効力をみとめられるべきである(高田・609頁)。

また，無罪・免訴・刑の免除のばあいには，執行済みの罰金・没収物・追徴金を，軽い刑の言渡しのばあいには，これらの超過額をそれぞれに還付しなければならない。

第3節　非常上告

1　意　義

(1) 意義と目的

非常上告は，確定判決に対し，その**審判**の「**法令違反**」を理由として許される非常救済手続きである。再審が確定判決における「事実認定の誤り」を是正することを目的とするものであるのに対して，非常上告は「**法令解釈の誤り**」を是正しその統一を図ることを目的とするものである。

(2) 制度の由来

非常上告の制度は，フランス法における「**法律の利益のための上告**」に由来すると解されている(**通説**)。これに対して，最近では，フランス法の「公益のための上告」に由来するとする見解(平野・344頁)や，両者に由来するとする見解(光藤・刑訴法講座Ⅲ162頁など)が主張されるに至っている。

「法律の利益のための上告」に由来するという見解は，非常上告の目的が法令の解釈・適用の統一にあると解するものである。**判例**によれば，「非常上告は，法令の適用の誤りを正し，もって法令の解釈・適用の統一を目的とする」とされる(最〔大〕判昭27・4・23刑集6巻4号685頁)。

「公益のための上告」をも併せ考えようとする見解は，法令の解釈・適用の誤りを指摘することをもって非常上告の目的と解する立場と実質的に結びつ

いており，結果的に確定判決を受けた者の不利益の救済の機会をなるべく広範囲に確保しようとする実践的意図を有するものとされる。

非常救済手続きは，確定判決における重大な瑕疵によって本人が不当に不利益を蒙っているばあいに，**人権保障**の観点からこれを放置すべきではないとしてみとめられるものである以上，法令解釈の重大な瑕疵についてもそのまま放置することは許されない。したがって，非常上告が法令の適用の統一をも目的とすることからみても，確定判決において法令違反により本人の利益が不当に害されているときは，可能なかぎり非常上告によってこれを是正し救済することが要請されるものと解すべきである（高田・610頁，田宮・512頁，田口・453頁など）。

(3) わが国における沿革

わが国における非常上告の制度は，まず治罪法において，「法律ニ於テ罰セサル所為ニ対シ刑ヲ言渡シ又ハ相当ノ刑ヨリ重キ刑ヲ言渡シタル」確定裁判に対して許され（同法435条），本人の具体的救済を図るための制度として出発した。明治刑訴においても，変わりはなかった（明治刑訴292条）。

これに対し，旧刑訴は「法律の利益のための上告」と同趣旨の非常上告制度を採用し，その目的は法律の適用の統一にある，とされていた。このように制度的には大きく変革されたにもかかわらず，本人の不利益を救済するため，広く非常上告がみとめられていた。

現行法は，旧法の非常上告の制度をそのまま受け継いだ。しかし，現行法では上告理由は憲法違反と判例違反とに限られるので，上告審（最高裁判所）は原則的にはこれらについてのみしか審査しない建前であるにもかかわらず，非常上告を管轄する裁判所としては法令違反一般について審査しなければならないというずれが生じている。最高裁が旧大審院よりも非常上告の理由を制限する方向に向かいつつあることは，非常上告の本来の立法趣旨に立ち返り，現行法の下における最高裁判所の任務を円滑に遂行するため，その負担軽減を図ろうとするものと解されている。

2 申立ての手続き

(1) 申立て権と管轄権

検事総長は，判決が確定した後その事件の審判が法令に違反したことを発

見したときは，最高裁判所に非常上告をすることができる（454条）。非常上告の申立て権は検事総長のみが有し，その管轄はつねに最高裁判所に属する。

(2) 申立ての対象

確定した略式命令・即決裁判は，確定判決と同一の効力を有するから（470条，交即14条2項），これらに対しても非常上告をすることができるし（略式命令につき，大判昭2・4・2刑集6巻125頁），もとより最高裁判所の判決に対してもすることができる。

また，再審のばあいと異なり，有罪の確定判決に限られない。

(3) 非常上告の理由

非常上告の理由は，「**審判が法令に違反したこと**」である。「**審判**」は，判決のみを意味しないので，判決の法令違反だけでなく判決前の訴訟手続きの法令違反も非常上告の理由となり得る。

(4) 申立て書の提出

非常上告をするために，その理由を記載した申立て書を最高裁判所に差し出さなければならない（455条）。通常の上告のばあいと異なり，上告趣意書を別に差し出すのではない。

(5) 申立ての期間

申立てについては期間の制限はない。

(6) 申立ての取下げ

申立ての取下げについては規定がないが，これを禁じる理由はないと解されている。

3 審理の手続き

(1) 公判

非常上告の申立てがなされると，**公判**が開かれる。

公判期日には，検察官は，申立て書に基づいて陳述をしなければならない（456条）。公判期日には，被告人を召喚する必要はなく，出頭しても弁論を許す必要はないが，被告人は，弁護士である弁護人を出頭させて意見を陳述させることができる（通説）。しかし，これに対しては，そもそも非常上告において「被告人」が存在するのかという疑問が提示されている。すなわち，非常上告の申立てによって突如として本人が被告人になるとは理解しがたいとさ

第3節 非常上告 499

れ,「被告人」は存在しない以上,その召喚ということも問題となり得ないし,弁護人を出頭させることもあり得ないとされるのである($\substack{高田\\614頁}$)。

(2) 調査

裁判所は,申立て書に包含された事項にかぎり,調査をしなければならない($\substack{460条\\1項}$)。これは申立て書($\substack{455\\条}$)に包含された事項に限って調査をする権限・義務があることを意味するので,職権調査事項というものはみとめられないことになる。

(3) 事実の取調べ

裁判所は,裁判所の管轄,公訴の受理および訴訟手続きに関しては事実の取調べをすることができ,この取調べは受命裁判官・受託裁判官にさせることができる($\substack{同条\\2項}$)。

4 判 決

(1) 種類

非常上告に対する裁判は,**棄却の判決**および**破棄の判決**である。

(i) 棄却

非常上告が理由のないときは,判決でこれを棄却しなければならない($\substack{457\\条}$)。

(ii) 破棄

非常上告が理由のあるときは,次の区別に従い,判決をしなければならない($\substack{458\\条}$)。

(a) 法令違反

原判決が法令に違反したときは,その**違反した部分を破棄**する。ただし,原判決が被告人のため不利益であるときは,これを破棄して,被告事件についてさらに判決する($\substack{同条\\1号}$)。

すなわち,原判決を破棄して被告事件につきさらに判決するのは,原判決が法令に違反し,かつ被告人に不利益であるばあいに限られることになる。被告人に不利益でないばあいには,その違反の部分を破棄すれば足りるのである。

「**原判決が被告人のため不利益であるとき**」とは,**通説・判例**によれば,事

件につきさらになされるべき判決が原判決より利益なことが法律上明白であるばあいをいう（最判昭26・12・11刑集5巻13号2607頁、最判昭27・12・11刑集6巻11号1294頁。いずれも、少年法5条1項後段の解釈を誤って少年に対し不定期刑を科した事案に対するもので、さらに判決すべきばあいに当たらないと判示している）。

本号ただし書きを適用してさらに判決した事例として，法定刑を超える刑を言い渡したばあい（最判昭24・2・1刑集3巻2号65頁、同25・7・4刑集4巻7号1174頁。いずれも原判決を破棄してあらたに刑を言い渡した事案），刑の執行猶予の言渡しに当たり，違法に保護観察に付したばあい（最判昭29・11・25刑集8巻11号1905頁。原判決を破棄し、保護観察の部分を除く全文をあらたに言い渡した事案），刑5条ただし書きに基づく刑の減軽・免除の言渡しをしなかったばあい（最判昭30・2・24刑集9巻2号374頁）などがある。

さらになされる判決は，原判決時の法令を標準とすべきか，または自判時のそれを標準とすべきか，について見解の対立がある。学説上，**自判時法説**が有力であるが（団藤・602頁），**判例は原判決時法説**を採っている（最判昭42・2・10刑集21巻1号271頁。少年法を適用すべき年齢に関する事案）。

(b) **訴訟手続きの法令違反**

訴訟手続きが法令に違反したときは，その**違反した手続きを破棄**する（同条2号）。すなわち，本号のばあいには被告事件についてさらに判決することはないわけである。

(2) **破棄すべき範囲**

1個の判決の一部に非常上告の理由がみとめられるばあい，どの範囲について破棄すべきか，が問題となる。

判例は，併合罪についての1個の判決で各別の刑が科せられていてその一部に免訴事由があるときは，当該部分のみを破棄して免訴を言い渡すべきであるとしている（最判昭43・10・15刑集22巻10号940頁）。

(3) **非常上告の判決の効力**

非常上告の判決は，458条1項ただし書きの規定によりなされた自判の部分を除いては，その効力を被告人に及ぼさない（459条）。

訴訟手続きのみが破棄されたばあいはもとより，原判決の違法部分が破棄されただけであらたな自判がなされなかったばあいは，原判決の主文は，そのまま存続しその効力は何らの影響を受けない。

自判にともなう付随的効果は，再審のばあいと同じである。ただし，無罪

判決の公示（453条）はみとめられない。

第11章　附随手続き

第1節　訴訟費用負担の手続き

1　訴訟費用の意義

(1)　意義

訴訟費用とは，訴訟手続きをおこなうに当たって生じた費用のうち，**法律がとくに訴訟費用として定めた範囲のもの**をいう。

(2)　法律の規定

刑事訴訟費用等に関する法律2条は，次のものを**訴訟費用**として定めている。すなわち，①公判期日・公判準備につき出頭させ，または公判期日・公判準備において取り調べた証人・鑑定人・通訳人・翻訳人に支給すべき旅費・日当・宿泊料（$\substack{164条,173条,\\178条参照}$），②公判期日・公判準備において鑑定・通訳・翻訳をさせた鑑定人・通訳人・翻訳人に支給すべき鑑定料・通訳料・翻訳料および支払いまたは弁償すべき費用（$\substack{173条,178\\条参照}$），③刑訴38条2項の規定により弁護人に支給すべき旅費・日当・宿泊料・報酬，が訴訟費用とされている（その額については，刑事訴訟費用等に関する法律3条ないし9条。なお，訴訟費用の裁判の執行については，483条，490条，500条）。

2　訴訟費用の負担者

(1)　意義

訴訟費用は，これを生じさせたことについて**責任を有する者**に負担させるのが原則である。したがって，検察官に責任があるときは国が負担することになる。

(2)　法律の規定

法律は，**私人に負担させるばあい**について次のように定めている。

(i)　刑の言渡し

刑の言渡しをしたときは，被告人に訴訟費用の全部または一部を負担させ

なければならない。ただし、被告人が**貧困のため**訴訟費用を納付することのできないことが明らかであるときは、この限りではない$\left(\begin{smallmatrix}181条\\1項\end{smallmatrix}\right)$。

(ii) **刑の執行の免除**

刑の執行の免除のばあい$\left(\begin{smallmatrix}刑5条た\\だし書き\end{smallmatrix}\right)$は、「刑の言渡をしたとき」に含まれるが、刑の免除のばあい$\left(\begin{smallmatrix}334\\条\end{smallmatrix}\right)$は、これに含まれない。**判例によれば**、裁判の資料に供されなかった証人に要した費用を訴訟費用として刑の言渡しを受けた被告人に負担させることができる$\left(\begin{smallmatrix}最判昭26・3・8\\刑集5巻4号495頁\end{smallmatrix}\right)$。

(iii) **刑の言渡しをしないばあい**

刑の言渡しをしないときは、被告人に訴訟費用を負担させないのが原則であるが、**被告人の責に帰すべき事由**によって生じた費用は、被告人にこれを負担させることができる$\left(\begin{smallmatrix}181条\\2項\end{smallmatrix}\right)$。

(iv) **共犯のばあい**

共犯の訴訟費用は、共犯者に、連帯して、これを負担させることができる$\left(\begin{smallmatrix}182\\条\end{smallmatrix}\right)$。ここにいう「共犯」は、**通説・判例**によれば、刑法総則上の共犯だけでなく、必要的共犯を含む$\left(\begin{smallmatrix}大判昭12・6・3刑集16巻854頁,\\大判昭14・9・9刑集18巻478頁\end{smallmatrix}\right)$。

(3) **検察官だけが上訴したばあい**

検察官だけが上訴を申し立てたばあいにおいて、上訴が棄却されたとき、または上訴の取下げがあったときは、上訴に関する訴訟費用は、これを被告人に負担させることができない。ただし、被告人の責めに帰すべき事由によって生じた費用については、この限りでない$\left(\begin{smallmatrix}181条\\3項\end{smallmatrix}\right)$。このばあいの費用は、検察官の責めにより生じたものであるといえるからである。したがって、費用を国が補償しなければならない$\left(\begin{smallmatrix}188条\\の4\end{smallmatrix}\right)$。

(4) **告訴・告発・請求による公訴提起のばあい**

告訴、告発または請求により公訴の提起があった事件について、被告人が無罪または免訴の裁判を受けたばあいにおいて、告訴人、告発人または請求人に**故意または重大な過失**があったときは、その者に訴訟費用を負担させることができる$\left(\begin{smallmatrix}183\\条\end{smallmatrix}\right)$。**通説**によれば、告訴など「により」とは、告訴などが訴訟条件となっているばあいに限らず、告訴などのあったことが公訴提起の重要な原因となっているばあいも含まれる。非親告罪について告訴などが取り

消されたばあいは，告訴などが事実上公訴提起に重要な影響を与えたとしても，本条は適用されない。

(5) 検察官以外の者が上訴・再審・正式裁判の請求を取り下げたばあい

検察官以外の者が上訴または再審もしくは正式裁判の請求を取り下げたばあい（$\substack{359条以下，443条，\\467条，交助13条4項}$）には，その者に上訴，再審または正式裁判に関する費用を負担させることができる（$\substack{184\\条}$）。

3 訴訟費用負担の手続き

(1) 裁判による訴訟手続きの終了のばあい

裁判によって訴訟手続きが終了するばあいにおいて，被告人に訴訟費用を負担させるときは，職権でその裁判をしなければならない。

(i) 不服申立て

この裁判に対しては，**本案の裁判**（終局裁判）について上訴があったときにかぎり，不服を申し立てることができる（$\substack{185\\条}$）。

通説・判例によれば「**上訴があったとき**」とは，上訴の理由があり原裁判が取り消されるときを意味する（$\substack{大判昭7・7・1刑集11巻925頁，大判昭14・9・9刑集\\18巻478頁，最判昭31・12・13刑集10巻12号1633頁}$）。その根拠として，もしそのように解しないと，本案の裁判につき理由の有無を問わずに上訴を申し立てさえすれば，訴訟費用の点について判断を受けられることになって，本条の趣旨に反する結果をもたらすことがあげられる。これに対しては，186条，187条が独立の不服申立てをみとめている点を考慮に入れると，訴訟費用について独立上訴の禁止をそこまで徹底する必要があるかどうか疑問があるとする見解が主張されている。すなわち，判例が上告理由がみとめられないばあいに職権で訴訟費用に関し法令違反があるとして411条1号により破棄していること（$\substack{最判昭30・1・14刑集9巻1号52頁，\\最判昭46・4・27刑集25巻3号534頁}$）に鑑み，「上訴があったとき」とは適法な上訴申立てがあったばあいと解すべきであるとするのである（$\substack{平野・355頁，\\高田・309頁}$）。

(ii) 被告人以外の者の負担

裁判によって訴訟手続きが終了するばあいにおいて，被告人以外の者（たとえば，告訴人，告発人など）に訴訟費用を負担させるときは（$\substack{183\\条}$），職権で別にその決定をしなければならない。この決定に対しては，即時抗告をすること

ができる$\binom{186}{条}$。

(2) 裁判によらない訴訟手続きの終了のばあい

裁判によらないで訴訟手続きが終了するばあいにおいて，訴訟費用を負担させるときは，最終的に事件の係属した裁判所が職権でその決定をしなければならない。この決定に対しては，即時抗告をすることができる$\binom{187}{条}$。「**裁判によらないで訴訟手続が終了する場合**」とは，上訴の取下げ・再審・正式裁判の請求取下げによって手続きが終了するばあいを意味する。

(3) 公訴不堤起と訴訟費用負担

公訴が提起されなかったばあいにおいて，訴訟費用を負担させるときは，検察官の請求により，裁判所が決定をもってこれをおこなう。この決定に対しては，即時抗告をすることができる$\binom{187条}{の2}$。

(4) 訴訟費用の額

訴訟費用の額は，刑事訴訟費用等に関する法律などにおいて訴訟費用の種類により計算の基礎が定められているので，裁判において具体的に示す必要はないが，裁判において示すことは妨げない。裁判にその額を表示しないときは，執行の指揮をすべき検察官$\binom{472条1項}{本文，2項}$が，これを算定する$\binom{188}{条}$。

この算定に不服があるときは，裁判所に異議の申立てをすることができる$\binom{502}{条}$。

(5) 訴訟費用概算額の予納

訴訟費用概算額の予納については，500条の2ないし500条の4が規定している。

第2節　刑の執行猶予の取消しの手続き

1　取消しの請求

(1) 請求の宛先

刑の執行猶予の言渡しを取り消すべきばあい$\binom{刑26条ない}{し26条の3}$には，検察官は，刑の言渡しを受けた者の現在地または最後の住所地を管轄する地方検察庁，家庭裁判所または簡易裁判所に対しその請求をしなければならない$\binom{349条}{1項}$。

刑26条の2第2号（**保護観察中の遵守事項違反**）の規定により刑の執行猶予の言渡しを取り消すべきばあいには，前記の請求は，保護観察所の長の申出に基づいてこれをしなければならない（349条2項）。

(2) **書面主義**

請求は，取消しの事由を具体的に記載した書面でしなければならず（規222条の4），請求をするには，取消しの事由があることをみとめるべき資料を差し出さなければならない（規222条の5前段）。

請求が刑26条の2第2号の規定によるものであるときは，保護観察所の長の申出があったことをみとめるべき資料をも差し出さなければならず（規225条の5後段），また，検察官は請求と同時に請求書の謄本を裁判所に差し出さなければならない（規222条の6第1項）。

(3) **謄本の送達**

裁判所は，前記の謄本を受け取ったときは，遅滞なく，これを猶予の言渡しを受けた者に送達しなければならない（同条2項）。

2 請求に対する決定

(1) **裁判所による決定**

執行猶予取消しの請求を受けた裁判所は，猶予の言渡しを受けた者またはその代理人の意見を聴いて決定をしなければならない（349条の2第1項）。

(2) **口頭弁論**

執行猶予取消しの請求が刑26条の2第2号の規定による猶予の言渡しの取消を求めるものであって，猶予の言渡しを受けた者の請求があるときは，口頭弁論を経なければならない（349条の2第2項）。

口頭弁論を経るばあいには，猶予の言渡しを受けた者は，弁護人を選任することができる（349条の2第3項）。このばあいには，検察官は，裁判所の許可を得て，保護観察官に意見を述べさせることができる（349条の2第4項）。

(3) **即時抗告**

取消し請求についての決定に対しては，即時抗告をすることができる（349条の2第5項）。

第3節　刑法52条により刑を定める手続き

1　併合罪のうち大赦を受けたばあい

併合罪につき有罪が言い渡され，その言渡しが確定した後，その中にある罪につき大赦を受けたばあいには，とくに大赦を受けない罪について刑を定めなければならないが($\substack{刑52 \\ 条}$)，このばあい，検察官は，その犯罪事実について最終の判決をした裁判所にその請求をしなければならない($\substack{350条 \\ 前段}$)。

「犯罪事実について最終の判決をした裁判所」とは，被告人について最終の実体判決をした裁判所をいう。

2　裁判所による決定と即時抗告

請求を受けた裁判所は，刑の言渡しを受けた者またはその代理人の意見を聴いて決定をしなければならず，この決定に対しては即時抗告が許される($\substack{350条後段，349条 \\ の2第1項，第5項}$)。また，前記の請求については規222条の4，222条の5前段，222条の8が準用される($\substack{規222 \\ 条の10}$)。

第12章　裁判の執行

第1節　総　説

1　意　義
(1)　裁判の執行の観念
裁判の執行とは、裁判の意思表示の内容を国家権力によって強制的に実現することをいう。したがって、無罪判決のように、その意思表示だけで十分に意義を有し、その内容を国家権力によって実現する余地がない裁判については、その執行もあり得ないことになる。

(2)　法律関係
裁判の執行の法律関係は、検察官を指揮者とする執行機関と執行を受ける者との関係であるから、狭義の訴訟の段階における訴訟関係とはその本質を異にする。裁判の執行のうち、とくに重要なのは、**刑の執行**である。というのは、刑の執行によって刑法が具体的に実現され刑事訴訟の最終目的が達成されるからである。

2　原　則
(1)　執行の時期
(i)　原則
裁判は、刑訴法に特別の定めがあるばあいを除いては、**確定した後**これを執行する（471条）。

(ii)　例外
上述のように**裁判の確定後執行**が**原則**であるが、告知されればただちに執行できるばあい、および、確定しても一定期間は執行できないばあいが**例外**としてみとめられている。

(a) **決定**

決定は，即時抗告（または即時抗告に代わる異議の申立て）の許されるもの以外は，**即時に執行**することができる。

(b) **仮納付の裁判**

罰金・科料・追徴についての仮納付の裁判は，確定を待たないでただちに**執行**することができる（348条3項）。

(c) **訴訟費用の裁判**

訴訟費用の裁判は，確定しても，免除申立て期間経過後および免除申立てについての裁判の確定後でなければ執行できない（483条）。

(d) **労役場留置の裁判**

労役場留置の執行は，本人の承諾がないかぎり，罰金・科料の裁判の確定後一定期間を経過しなければすることができない（刑18条5項）。

裁判の執行は，原則としてその裁判をした裁判所に対応する検察庁の検察官が指揮する（472条1項本文。なお，規36条，72条，95条）。ただし，明文による特則（70条1項ただし書き，108条1項ただし書きなど）があるばあいのほか，明文がなくてもその性質上裁判所・裁判官が指揮すべきばあい（検証，公判廷における捜索・押収，裁判官が法廷警察権に基づいてなした退廷命令など）も，この限りでない（472条1項ただし書き）。

(e) **執行の指揮**

上訴の裁判または上訴の取下げにより下級裁判所の裁判を執行するばあいには，上訴の裁判所に対応する検察庁の検察官が執行の指揮をする（472条2項本文）。訴訟記録が下級裁判所またはそれに対応する検察庁にあるときは，その検察庁の検察官が執行の指揮をする（472条2項ただし書き）。

(f) **執行指揮書**

裁判の執行の指揮は，書面でし（これを**執行指揮書**とよぶ），これに裁判書または裁判を記録した調書の謄本または抄本（規57条参照）を添えなければならない（473条本文）。ただし，刑の執行指揮のばあいを除いては，裁判書の原本，謄本もしくは抄本または裁判を記録した調書の謄本もしくは抄本に認印して，これをすることができる（473条ただし書き）。

第2節　刑の執行

1　死刑・自由刑の執行
(1)　執行の順序
　2つ以上の主刑の執行は，罰金・科料を除いては，その重いものを先にする。ただし，検察官は，重い刑の執行を停止して他の刑の執行をさせることができる（474条）。ただし書きは，仮釈放の資格を早期に取得させ得る点に実益があるとされている（刑28条参照）。

(2)　死刑の執行
(i)　法務大臣の命令
　死刑の執行は，法務大臣の命令による（475条1項）。死刑は回復不能の刑であるから慎重を期し，とくに恩赦の機会を与えるために，法務大臣の命令によるものとされたと解されている。

　法務大臣の命令は，判決確定の日から6ケ月以内にしなければならない（同条2項本文）。ただし，上訴権回復請求，再審請求，非常上告，恩赦の出願・申出がなされ，その手続きが終了するまでの期間，および，共同被告人であった者に対する判決が確定するまでの期間は，これを前記の6ケ月の期間に算入しない（475条2項ただし書き）。

(ii)　執行の時期
　法務大臣が死刑の執行を命じたときは，5日以内にその執行をしなければならない（476条）。

(iii)　執行への立会い
　死刑は，検察官，検察事務官および刑事施設の長またはその代理者の立会いのうえ，これを執行しなければならない（477条1項）。

　執行に立ち会った検察事務官は，執行始末書を作り，検察官および刑事施設の長またはその代理者とともに，これに署名押印しなければならない（478条）。

　検察官または刑事施設の長の許可を受けた者でなければ，刑場に入ること

はできない($^{477条}_{2項}$)。これは，**死刑執行の非公開**（密行主義）を採用するものである。

(iv) 執行の停止

死刑の言渡しを受けた者（その判決が確定した者を意味する）が心神喪失の状態にあるとき，または，懐胎している女子であるときは，法務大臣の命令によって執行を停止する($^{479条1}_{項，2項}$)。

命令により死刑の執行を停止したばあいには，心神喪失の状態が回復した後，または，出産の後に法務大臣の命令がなければ，執行することはできない($^{同条}_{3項}$)。このばあいの法務大臣の執行命令の期間は，心神喪失状態の回復の日，または，出産の日から**6ヶ月以内**とされる($^{同条}_{4項}$)。

(v) 執行までの拘置

死刑の言渡しを受けた者はその執行に至るまで刑事施設に拘置する($^{刑11条}_{2項。}$死刑確定者の処遇については，刑事収容施設及び被収容者等の処遇に関する法律36条参照)。

執行停止中もやはり刑事施設に拘置する。

(vi) 呼出し

死刑の言渡しを受けた者が拘禁されていないときは，検察官は，執行のためこれを呼び出さなければならない。呼出しに応じないときは収容状を発しなければならない($^{484}_{条}$)。

(vii) 逃亡・逃亡のおそれ

死刑の言渡しを受けた者が逃亡したとき，または，逃亡するおそれがあるときは，検察官は，ただちに収容状を発し，または司法警察員にこれを発せしめることができる($^{485}_{条}$)。

その者の現在地が分からないときは，検察官は，検事長にその収容を請求することができる。請求を受けた検事長は，その管内の検察官に収容状を発せしめなければならない($^{486}_{条}$)。

(viii) 収容状

(a) 記載事項

収容状には，刑の言渡しを受けた者の氏名，住居，年齢，刑名，刑期その他収容に必要な事項を記載し，検察官または司法警察員が，これに記名押印

しなければならない$\binom{487}{条}$。

(b) **効力**

収容状は，勾引状と同一の効力を有する$\binom{488}{条}$。

(c) **執行**

収容状の執行については，勾引状の執行に関する規定$\binom{70条,\ 71条,\ 73}{条,\ 74条,\ 126条}$を準用する$\binom{489}{条}$。

なお，収容状の執行は，刑の時効を中断する$\binom{刑34}{条}$。

(3) **自由刑の執行**

(i) **懲役・禁錮**

懲役・禁錮は，刑事施設に拘置し，前者は所定の作業をおこなわせる$\binom{刑12}{条2項,\ 13条2項}$。

(ii) **拘留**

拘留は，拘置場に拘置する$\binom{刑16}{条}$。

(iii) **執行停止**

自由刑についても，執行停止がみとめられる。

自由刑の執行停止には，**必要的停止**と**任意的停止**とがある。

(a) **必要的停止**

自由刑（懲役・禁錮・拘留）の言渡しを受けた者が**心神喪失の状態**にあるときは，刑の言渡しをした裁判所に対応する検察庁の検察官または刑の言渡しを受けた者の現在地を管轄する地方検察庁の検察官の指揮によって，その状態が回復するまで執行を停止する$\binom{480}{条}$。

このばあいには，検察官は，刑の言渡しを受けた者を監護義務者または地方公共団体の長に引き渡し，病院その他の適当な場所に入れさせなければならない$\binom{481条}{1項}$。刑の執行を停止された者は，その処分があるまでこれを刑事施設に留置し，その期間を刑期に算入する$\binom{481条}{2項}$。

(b) **任意的停止**

(α) **指揮者** 自由刑の言渡しを受けた者について一定の事由があるときは，刑の言渡しをした裁判所に対応する検察庁の検察官または刑の言渡しを受けた者の現在地を管轄する地方検察庁の検察官の指揮によって，執行を停

止することができる$\binom{482}{条}$。

(β) **停止の事由** その事由は次の通りである。

①刑の執行によって著しく健康を害するときまたは生命を保つことのできないおそれがあるとき$\binom{同条}{1号}$。②年齢70年以上であるとき$\binom{同条}{2号}$。③受胎後150日以上であるとき$\binom{同条}{3号}$。④出産後60日を経過しないとき$\binom{同条}{4号}$。⑤刑の執行によって回復することのできない不利益を生ずるおそれがあるとき$\binom{同条}{5号}$。⑥祖父母・父母が年齢70歳以上または重病もしくは不具でこれを保護する親族がないとき$\binom{同条}{6号}$。⑦子または孫が幼年で他にこれを保護する親族がないとき$\binom{同条}{7号}$。⑧その他重大な事由があるとき$\binom{同条}{8号}$。

(γ) **効果** 執行停止を受けている間は，481条2項のばあいを除き，刑期に算入されず，執行停止の事由がなくなったときに残刑の執行をする。

(δ) **拘禁されていない間の取扱い** 自由刑の言渡しを受けた者が拘禁されていないときの取扱いは，死刑の言渡しを受けた者のばあいと同じである$\binom{484条ない}{し489条}$。

(4) **財産刑などの執行**

(i) **検察官の命令**

罰金，科料，没収，追徴，過料，没取，訴訟費用，費用賠償または仮納付の裁判は，検察官の命令によってこれを執行する$\binom{490条}{1項}$。

(ii) **命令の効力**

検察官の上記の命令は，執行力のある債務名義と同一の効力を有する$\binom{490条1}{項}$。

(iii) **手続き**

命令の執行は，民事執行法その他強制執行の手続きに関する法令の規定$\binom{民執22条}{以下など}$に従ってする。ただし，執行前に裁判の送達をすること$\binom{民執29}{条参照}$を要しない$\binom{490条}{2項}$。

(iv) **執行の対象**

財産刑も，その言渡しを受けた本人に対してのみ，執行できる。すなわち，**本人の財産**に対して執行しなければならない。しかし，これには次の**例外**がある。

(a)　**刑の言渡しを受けた者が死亡したばあい**

　没収または租税その他の公課もしくは専売に関する法令の規定により言い渡した罰金もしくは追徴は，刑の言渡しを受けた者が判決確定後に死亡したばあいは，**相続財産**についてこれを執行することができる($\frac{491}{条}$)。没収は，対象物自体に対しておこなわれるものであり，また，前記の罰金・追徴は，同時に国家財政上の見地から国庫の収入を目的とするものであるから，この例外がみとめられたのである。

　「**判決確定後**」に限られるから，判決言渡し後確定前に本人が死亡したばあいは，この限りでない。

　本条所定以外の財産刑などは，相続財産に対して執行することはできないと解される。

　(b)　**刑の言渡しを受けた法人が合併により消滅したばあい**

　法人に対して罰金，科料，没収または追徴を言い渡したばあいに，その法人が判決確定後合併によって消滅したときは，合併の後存続する法人または合併によって設立された法人に対して執行することができる($\frac{492}{条}$)。

　(v)　**仮納付の裁判所の執行の調整**

　(a)　**第1審の仮納付の裁判が執行されていたばあい**

　第1審と第2審において仮納付の裁判があったばあいに，第1審の仮納付の裁判についてすでに執行があったときは，その執行は，これを第2審の仮納付の裁判で納付を命じられた金額の限度において，第2審の仮納付の裁判についての執行とみなされる($\frac{493条}{1項}$)。

　このばあい，もし第2審の仮納付の裁判の金額を超えているときは，その超過額を還付しなければならない($\frac{同条}{2項}$)。

　仮納付の裁判の執行後に，罰金，科料または追徴の裁判が確定したときは，その金額の限度において刑の執行があったものとみなされる($\frac{494条}{1項}$)。

　(b)　**仮納付の裁判の執行後に罰金などの裁判が確定したばあい**

　このばあいに，仮納付の裁判の執行によって得た金額が罰金，科料または追徴の金額を超えるときは，その超過額は，これを還付しなければならない($\frac{同条}{2項}$)。

(5) 没収物・押収物の処置

(i) 検察官による処分

没収物は，検察官がこれを処分しなければならない（496条）。

(ii) 没収物の交付

没収を執行した後3ヶ月以内に，権利を有する者が没収物の交付を請求したときは，検察官は，破壊し，または廃棄すべき物を除いては，これを交付しなければならない（497条1項）。

没収物を処分した後に上記の請求があったばあいには，検察官は，**公売**によって得た代価を交付しなければならない（同条2項）。

(iii) 偽造・変造物の返還

偽造し，または変造された物を返還するばあいには，偽造または変造の部分をその物に表示しなければならない（498条1項）。偽造し，または変造された物が押収されていないときは，これを提出させて，上記の手続きをしなければならない。ただし，その物が公務所に属するときは，偽造または変造の部分を公務所に通知して相当な処分をさせなければならない（同条2項）。

(iv) 不正に作られた電磁的記録の消去など

不正に作られた電磁的記録または没収された電磁的記録に係る記録媒体を返還し，または交付するばあいには，当該電磁的記録を消去し，または当該電磁的記録が不正に利用されないようにする処分をしなければならない（498条の2第1項）。

不正に作られた電磁的記録に係る記録媒体が公務所に属するばあいにおいて，当該電磁的記録に係る記録媒体が押収されていないときは，不正に作られた部分を公務所に通知して相当な処分をさせなければならない（同条2項）。

(v) 押収物の還付不能のばあい

押収物の還付を受けるべき者の所在が分からないため，またはその他の事由によって，その物を還付することができないばあいには，検察官は，その旨を政令で定める方法（押収物還付公告令[昭28年政令342条]）によって**公告**しなければならない（499条1項）。

公告をしたときから6ヶ月以内に還付の請求がないときは，その物は，国

庫に帰属する($\substack{同条\\2項}$)。上記の期間内でも，価値のない物は，これを廃棄し，保管に不便な物は，これを公売してその代価を保管することができる($\substack{同条3\\項}$)。

(6) 労役場留置の執行

罰金または科料を完納することができないばあいにおける労役場留置($\substack{刑18\\条}$)の執行については，刑の執行に関する規定を準用する($\substack{505\\条}$)。準用されるのは，一般原則である472条，473条($\substack{なお，474条\\ただし書き}$)，自由刑の執行に関する480条ないし482条，484条ないし489条である。

第3節　裁判の執行に関する申立て

1　訴訟費用執行免除の申立て

(1) 申立て理由

訴訟費用の負担を命じられた者は，**貧困のために**これを完納することができないときは，裁判所の規則の定めるところにより，訴訟費用の全部または一部について，その裁判の執行の免除の申立てをすることができる($\substack{500条\\1項}$)。これは，181条ただし書きに対応する規定である。

(2) 手続き

執行免除の申立ては，費用負担の命ずる裁判が確定した後**20日以内**にこれをしなければならない($\substack{500条\\2項}$)。

収容中の被告人の申立てについては，上訴のばあいと同様の特則がみとめられる($\substack{503条2項，\\規295条2項}$)。

(3) 執行停止

上記の申立ての期間内およびその申立てがあったときは，それについての裁判が確定するまで，訴訟費用の負担を命ずる裁判の執行は停止される($\substack{483\\条}$)。

(4) 申立て書

執行免除の申立ては，書面でしなければならず($\substack{規295条\\1項前段}$)，申立て書には，訴訟費用の負担を命ずる裁判を言い渡した裁判所を表示し，かつ，訴訟費用

を完納することができない事由を具体的に記載しなければならない（規295条の4）。

(5) 申立ての宛先

執行免除の申立ては、訴訟費用の負担を命ずる裁判を言い渡した裁判所にしなければならないが、事件が上訴審において終結したばあいには、全部の訴訟費用について、その上訴裁判所にしなければならない（規295条の2第2項）。

上記以外の裁判所（事件の係属した裁判所）に申立て書が差し出されたときは、その裁判所は、すみやかに申立て書を申立てをすべき裁判所に送付しなければならない。このばあいにおいて、申立て書が申立て期間内に差し出されたときは、申立て期間内に申立てがあったものとみなされる（規295条の3）。

(6) 決定

申立てを受けた裁判所は、これについて決定をしなければならない（規295条の2第2項本文）。ただし、前述の規295条の2第1項ただし書きの規定により申立てを受けた上訴裁判所は、自ら決定をするのが適当でないとみとめるときは、訴訟費用の負担を命ずる裁判を言い渡した下級の裁判所に決定をさせることができ、このばあいにはその旨を記載し、かつ、裁判長が認印した送付書とともに申立て書および関係書類を送付する（規295条の2第2項ただし書き）。

(7) 検察官への通知

執行免除の申立て書が差し出されたときは、裁判所は、ただちにその旨を検察官に通知しなければならない（規295条の5）。これは、483条における執行停止を確保し、検察官が誤って執行することを防止するために設けられた規定である。

規295条の2第2項ただし書きによる送付をしたときは、裁判所は、ただちにその旨を検察官に通知しなければならない（規295条の2第3項）。

2 裁判の解釈の申立て

(1) 申立て権限

刑の言渡しを受けた者は、裁判の解釈について疑いがあるときは、言渡しをした裁判所に裁判の解釈を求める申立てをすることができる（501条）。検察官は、この申立てをすることはできない。

(2) 書面主義

上記の申立ては、書面でこれをしなければならない($\substack{規295\\条1項}$)。

刑事施設に収容中の被告人の申立てについては、上訴のばあいと同様の特則がみとめられる($\substack{503条2項,\\規295条2項}$)。

(3) 申立ての対象

裁判のいかなる部分に対してこの申立てをなし得るかにつき、**判例**は裁判の主文に限るとしているが($\substack{最決昭25・12・23\\刑集4巻13号2880頁}$)、このような制限をする理由はなく、法令の適用に関してもみとめられるべきであるとする見解が主張されている($\substack{団藤・586頁\\高田・595頁}$)。

3 執行異議の申立て

(1) 申立て権限者

裁判の執行を受ける者またはその法定代理人もしくは保佐人は、執行に関して検察官のした処分を不当とするときは、言渡しをした裁判所に異議の申立てをすることができる($\substack{502\\条}$)。

(2) 書面主義

上記の申立ては、書面でこれをしなければならない($\substack{規295\\条1項}$)。刑事施設に収容中の被告人の申立てについては上訴のばあいと同様の特則がみとめられる($\substack{503条2項,\\規295条2項}$)。

(3) 「不当」の意義

執行異議の申立ては、法律関係としての刑の執行につき法令違反を理由として裁判所に救済を求めることを許すものであるから、「不当」というのは、法令違反のばあい、すなわち不適法のばあいのみを指すものと解される($\substack{団藤・刑法と刑事訴訟法の交\\錯69頁。反対：高田・595頁}$)。**通説**によれば、申立ては裁判の確定の前後を問わずなし得る。なぜならば、裁判の確定前に不法に執行がなされたばあいにも、この申立をみとめる必要があるからである($\substack{反対：最決昭36・8・\\28刑集15巻7号1301頁}$)。

4 申立てに対する決定および申立ての取下げ

(1) 決定・即時抗告

上記の申立てを受けた裁判所は、これについて決定をしなければならないが、この決定に対しては、即時抗告をすることができる($\substack{504\\条}$)。決定が確定し

たときは，同一事情の下で同一理由に基づいて重ねて申立てをすることはできない$\binom{団藤・}{587頁}$。

(2) **申立ての取下げ**

上記の申立ては，決定があるまでこれを取り下げることができる$\binom{503条}{1項}$。

取下げは，書面でこれをしなければならない$\binom{規295条第}{1項後段}$。

刑事施設に収容中の被告人の取下げについても，上訴のばあいと同様の特則がみとめられる$\binom{503条2項,}{規295条2項}$。

事項索引

あ

相被告人……………………52
悪経歴………………………194
悪性格…………………194, 345
アレインメント（有罪の答弁）……………………11, 305

い

移送……………………444, 466
移送上告……………………475
一罪一逮捕・一勾留の原則
　……………………………150
一事不再理の効力
　………………223, 431, 436
一事不再理の効力の及ぶ範囲と訴因…………………228
一事不再理の効力の客観的範囲……………………431
一事不再理の効力の時間的範囲……………………432
一事不再理の効力の主観的範囲……………………431
一件記録………………12, 193
一般糺問………………………3
一般公開主義………………233
一般抗告…………439, 477, 478
一般司法警察職員………48, 74
一般接見……………………175
一般的指揮…………………50
一般的指揮権………………78
一般的指示…………………50
一般的指示権………………77
一般的承認の基準…………346
一般的訴訟条件……………198
違法収集証拠の排除………343
違法収集証拠の排除法則
　………………………350, 352

違法収集証拠排除の基準に関する学説・判例……353
違法性阻却事由・責任阻却事由たる事実…………334
違法捜査に対する救済
　……………………………177
違法なおとり捜査の法的効果…………………………113
違法な実質的逮捕と勾留請求の却下………………109
違法排除説…………………382
インターポール［Interpol］
　……………………………115

う

嘘発見器……………………346
疑わしきは被告人の利益に
　……………………………329
「疑わしきは被告人の利益に」の原則…………419, 490

え

嚥下物の採取………………160

お

押収物………………………428
おとり捜査…………………110
おとり捜査の許容性の限界
　……………………………112

か

改革された刑事訴訟…………4
外国語で記載された書証の取調べ…………………408
開示命令……………………280
改定律例………………………6
回避…………………………35
外部的成立……………420, 422

科学的採証方法……………344
科学的証拠…………………346
科学的証拠の証拠能力
　……………………………347
科学的証拠の発見形態
　……………………………347
科学的捜査…………………152
科学的な捜査方法…………152
覚せい剤事犯………………157
拡張説………………………323
確定記録の閲覧……………236
確定の時期…………………429
確定力の排除………………436
過失犯の態様………………221
家庭裁判所………………27, 31
家庭裁判所への送致………179
カテーテル…………………157
加藤老事件…………………490
仮納付の裁判………………428
カロリーナ刑事法典…………3
簡易公判手続き……………305
簡易公判手続きにおける審理…………………………307
簡易公判手続きの開始
　……………………………306
簡易公判手続きの取消し
　……………………………308
簡易裁判所………………27, 30
簡易な手続き………………305
管轄……………………36, 415
管轄移転……………………38
管轄区域……………………39
管轄権………………………36
管轄裁判所…………………210
管轄指定……………………38
管轄制度……………………45
管轄違い………36, 199, 210
管轄違いの判決………414, 415

官署としての裁判所……29
間接事実………326, 339
間接証拠…………339
鑑定書………371, 407
鑑定証人…………407
鑑定処分許可状………156
鑑定人・通訳人・翻訳人の
　尋問……………406
鑑定留置…………143
鑑定留置の請求………143
関連事件…………37
関連事件管轄………36, 37

き

機会提供型…………110
聞込み……………81
偽計による自白………384
起算点……………205
期日間整理手続き
　……………260, 281
希釈による例外………356
擬制………………329
起訴………180, 183
起訴議決…………187
起訴議決制度に対する評価
　……………………188
起訴強制手続き……189, 207
規則制定権……………22
起訴状………189, 191
起訴状一本主義
　……12, 18, 193, 342, 408
起訴条件…………197
起訴状の記載事項………190
起訴状の朗読…………287
起訴独占主義……183, 186
起訴陪審（大陪審）………5
起訴便宜主義
　……11, 44, 183, 186
起訴変更主義……………184
起訴法定主義………11, 184
起訴前の接見・交通におけ
　る制限……………60
起訴猶予…………184
忌避………………34

基本的事実同一説………224
客観義務…………46
客観的嫌疑………12
客観的併合………290
求刑………………301
旧刑訴法下における捜査
　……………………65
求釈明……………287
旧法における公訴事実
　……………………212
糺問主義………10, 15
糺問的捜査………65
糺問的捜査観……63, 64, 67
糺問手続き…………4
狭義の公判手続き………231
狭義の上告受理………475
狭義の証明…………322
狭義の証明力………337
狭義の別件逮捕・勾留
　……………………146
狭義の弁論………237
競合説……………355
供述拒否権………52
供述書………359, 364
供述証拠…………340
供述録取書…359, 364, 365
行政警察活動……………83
強制・拷問・脅迫による自
　白…………………383
強制採尿…………157
強制採尿手続きの適法性
　……………………159
強制採尿と有形力の行使
　……………………159
強制採尿の許容性………157
強制採尿の手続き………158
強制採尿令状…………159
強制処分………19, 136, 161
強制処分の意義………104
強制処分法定主義
　……………106, 151
強制捜査………103, 116
強制捜査禁止説…………71
共通破棄…………466

共同被告人……52, 374, 466
共犯者である共同被告人の
　公判廷における供述の証
　拠能力……………392
共犯者である共同被告人の
　証人適格……………391
共犯者の供述………390
共犯者の供述の証拠能力
　……………………390
共犯者の公判廷外供述の証
　拠能力……………392
共犯者の自白……387, 389
業務文書…………375
許可状説…………116
虚偽排除…………382
挙証責任…………329
挙証責任が転換された事実
　……………………334
挙証責任の対象………330
挙証責任の転換……328, 332
挙証責任の負担………342
挙証責任の負担者………329
切り違え尋問…………385
緊急逮捕…………123
緊急逮捕の合憲性………124
緊急逮捕の実際………124
緊急配備…………80
緊急配備活動……………88

く

盟神探湯……………5
具体的指揮…………51
具体的指揮権……………78
具体的事実記載説………214
具体的防御説………220
区分事件審判………292
区分審理…………293
区分審理決定………293
区分審理決定の取消し
　……………………294
区分審理決定を変更する決
　定…………………294
クリーン・コントロール
　ド・デリバリー………114

け

経験法則…………………338
警察官の階級……………49
警察犬による臭気選別検査
　…………………………349
形式裁判……………414, 415
形式裁判説………………434
形式的意義における刑事訴
　訟法………………………1
形式的意義の刑事訴訟法
　……………………………21
形式的確定………………429
形式的確定力……………435
形式的訴訟条件…………198
刑事裁判権…………………35
刑事訴訟規則………………22
刑事訴訟の諸原則…………8
刑事訴訟法の意義…………1
刑事訴訟法の適用範囲…22
刑事訴訟法の法源…………21
刑事訴訟法の歴史…………2
継続審理…………………284
刑の加重減免の事由たる事
　実………………………330
刑の減免事由たる事実
　…………………………331
刑の時効…………………202
刑の執行…………………511
刑の執行猶予……………419
刑の執行猶予の取消しの手
　続き……………………506
刑法52条により刑を定め
　る手続き………………508
結果時説…………………205
結審………………………303
決定……………………413, 438
ゲルマンの刑事手続き……2
厳格な証明…………321, 464
厳格な証明の対象………323
厳格な証明を要する事実
　…………………………342
嫌疑…………………………12
現行刑事訴訟法……………8

現行刑事訴訟法の特徴…17
現行刑訴法と糾問的捜査観
　……………………………65
現行犯逮捕………………129
現行犯人……………82, 129
検察官………………………39
検察官一体の原則………46
検察官，検察事務官または
　司法警察職員の検証の結
　果を記載した書面……370
検察官請求証拠の開示
　…………………………273
検察官送致………………179
検察官と司法警察職員との
　関係………………49, 73, 77
検察官などの処分に対する
　準抗告…………………484
検察官による上訴………440
検察官による処分………180
検察官による処分後の捜査
　…………………………181
検察官による処分後の手続
　き………………………181
検察官による逮捕………122
検察官の開示義務………274
検察官の権限………………76
検察官の権限と機能……43
検察官の資格………………42
検察官の種類………………41
検察官の準備の内容……265
検察官の証拠調べの請求義
　務………………………396
検察官の弁論……………238
検察官の面前における供述
　録取書…………………366
検察権…………39, 40, 44
検察権の独立………………40
検察事務…………………44
検察事務官………………42
検察事務官による逮捕
　…………………………122
検察事務官の権限…………76
検察審査会………………186
検察制度……………………39

検察庁………………………41
検察庁法……………………40
検視…………………………90
検事正………………………42
検事総長……………………41
検事長………………………41
検視の義務…………………90
検証…………………126, 127
検証調書……………128, 370
限定説…………173, 323, 481
「現に罪を行い終った」の
　意義……………………129
「現に罪を行い」の意義
　…………………………129
現場臨検……………………80
原判決の破棄……………472
原判決破棄の判決………466
憲法違反…………………468
憲法的免訴…………………13
憲法保障説（規範説）…353
権利保釈…………………256

こ

行為から行為を証明するば
　あい……………………346
行為時説…………………205
合意書面…………………379
合意文書…………………363
勾引………………………247
勾引状・勾留状の執行時に
　おける捜索・差押え・検
　証………………………134
勾引状の執行……………248
勾引の手続き……………248
勾引の理由………………247
公開主義…………………232
公開主義の限界…………233
公開主義の例外…………233
公開すべき裁判…………233
公開方法の制限…………235
合議制………………30, 31
合議制裁判所………………32
合議と自由心証主義……338
広義の公判手続き………231

524　事項索引

広義の証明……………322
広義の別件逮捕・勾留
　……………………145
広義の弁論……………237
抗告……413, 438, 439, 477
抗告審の構造…………478
抗告審の審判…………480
抗告に代わる異議……482
抗告申立て手続き……479
交互尋問の意義………400
構成要件共通説………223
控訴…………413, 438, 448
公訴棄却…………178, 200
公訴棄却決定の事由…416
公訴棄却の決定…416, 467
控訴棄却の決定………461
公訴棄却の決定および判決
　……………………414
公訴棄却の判決………417
控訴棄却の判決………465
公訴時効………………195
公訴時効の改正………203
公訴時効の期間………203
公訴時効の起算点……205
公訴事実………………190
公訴事実対象説
　213, 215, 216, 217, 218,
　219, 223, 228
公訴事実と訴因との関係
　……………………212
公訴事実の「狭義の同一性」
　……………………222
公訴事実の単一性……223
公訴事実の同一性……223
公訴事実の同一性と単一性
　……………………222
控訴審……………………439
控訴審の構造…………448
控訴審の裁判…………465
控訴審の審理…………464
公訴提起……195, 216, 417
公訴提起の効果………195
公訴提起の効果が及ぶ範囲
　……………………196

公訴提起の条件………197
公訴提起の対象………190
公訴提起の手続き……189
公訴提起の方式………189
公訴提起の要件としての訴
　訟条件……………201
控訴手続き……………458
公訴取消しの理由……185
公訴の時効……………202
公訴の時効の本質……202
公訴の対象……………201
公訴の提起………183, 206
公訴の取消し…………184
公訴犯罪事実…………323
公訴犯罪事実の不存在
　……………………324
控訴理由………………451
控訴理由の種類………452
公知の事実……………327
交通検問………………88
交通事件即決裁判手続き
　……………………317
高等裁判所…………27, 31
高等裁判所長官………28
口頭主義…………14, 16, 239
口頭弁論終結時説……433
口頭弁論主義…15, 239, 299
公判期日………………231
公判期日外における供述に
　代わる書面………359
公判期日外の証人尋問
　………283, 284, 402, 406
公判期日外の手続き…232
公判期日における証人尋問
　……………………402
公判期日における訴訟行為
　……………………231
公判期日の指定………263
公判期日の手続き……284
公判期日の弁論………465
公判係属中の事件の訴訟記
　録の閲覧・謄写……236
公判準備………………311
公判専従論……………45

公判前整理手続き
　…………………260, 268
公判前整理手続き期日の決
　定と変更…………271
公判前整理手続き制度
　……………………268
公判前整理手続き制度導入
　の背景……………268
公判前整理手続きの実施
　……………………270
公判前整理手続きの内容
　……………………272
公判前整理手続きの方法
　……………………270
公判前整理手続きの目的
　……………………270
公判中心主義………18, 448
公判廷…………………284
公判廷外の自白………390
公判廷における自白と補強
　証拠………………387
公判廷の自白…………390
公判手続き……………231
公判手続きの更新……299
公判手続きの更新の事由
　……………………299
公判手続きの諸原則…232
公判手続きの停止
　…………………228, 298
公判手続きの特例……281
公判の裁判……………413
公判の裁判の種類……414
公判の準備……………260
公平な裁判所の保障…33
公務所・公私の団体に対す
　る照会……………282
公務所などに対する照会
　……………………136
公務文書………………375
合理的心証主義………336
合理的な疑い…………418
勾留……………………249
勾留期間………………253
勾留期間の延長………170

事項索引 525

勾留期間の計算と勾留の更新……………………253
勾留期間満了前の被疑者の釈放……………………141
勾留された被告人の権利……………………251
勾留質問…………………250
勾留状の執行……………251
勾留状の発付と釈放……137
勾留請求却下の裁判に対する準抗告……………138
勾留中の被告人との接見・書類などの授受………252
勾留と通算………………249
勾留の期間………………250
勾留の期間の延長………141
勾留の更新………………254
勾留の再延長……………142
勾留の執行停止…………258
勾留の消滅………………254
勾留の手続き……………250
勾留の取消し……………254
勾留の必要性……………138
勾留の理由…………138, 249
勾留の理由の開示………255
勾留理由開示制度…………19
勾留理由の開示…………254
国際刑事警察機構………115
国際司法共助……………115
国際捜査…………………114
国際捜査共助……………115
国選弁護人…………………57
国選弁護人の選任………262
告訴………………………71, 92
告訴権者……………………92
告訴権の消滅………………97
告訴権の放棄の可否………99
告訴と被害届の相違………92
告訴人に対する起訴・不起訴などの通知………95
告訴人に対する不起訴理由の告知…………………95
告訴の効果…………………94
告訴の追完…………………99

告訴の手続き………………94
告訴の取消し………………99
告訴不可分の原則…………95
告発…………………72, 100
告発義務…………………100
告発権者…………………100
告発の手続き……………101
国法上の意義における裁判所…………………26, 27
国家公安委員会……………48
国家訴追主義………183, 186
国家賠償…………………179
個別尋問の原則…………400
個別的指揮権………………78
固有管轄……………………36
固有権………………………59
混合主義……………………23
コントロールド・デリバリー……………………114
コンピュータ通信の傍受……………………161

さ

サーシオレイライ（裁量的上訴）…………………475
再起訴の可否……………185
採血………………………160
最広義の別件逮捕・勾留……………………145
最高裁判所……………27, 31
最高裁判所長官………27, 28
最高裁判所の決定に対する異議申立ての可否……483
最高裁判所判事………27, 28
再勾留……………………150
再勾留の可否……………151
財産刑などの執行………514
財産上の利益に反する供述……………………369
罪質同一説………………223
最終陳述…………………302
最終手続き………………301
最終弁論…………………302
再主尋問…………………400

再審………………438, 487
再審開始の決定…………494
再審事由…………………458
再審請求についての審判……………………493
再審請求の競合と請求棄却の決定………………494
再審請求の理由…………488
再審手続きの段階………488
再審に関する立法主義……………………488
再審の審判………………495
再審の請求権者…………492
罪体説……………………387
再逮捕……………………150
再逮捕・再勾留禁止の原則……………………150
再逮捕の可否……………150
財田川事件………………490
裁定管轄………………36, 38
裁定合議事件………………31
在廷命令…………………264
再度の審査………………187
裁判………………………413
裁判員裁判における区分事件審判………………292
裁判員制度……20, 268, 293
裁判官………………………28
裁判官会議…………………30
裁判官の権限………………70
裁判官の裁判に対する準抗告……………………483
裁判官の任命資格…………28
裁判官の身分の保障………28
裁判官の面前における供述録取書………………365
裁判上の刑の減軽事由……………………325
裁判所外における証人尋問……………………406
裁判所外の証人尋問……283
裁判所構成法……………7, 40
裁判所書記官………………29
裁判所内における証人尋問

事項索引

……………………406
裁判所の事前準備
　　　　　………………261, 268
裁判所の職員………………28
裁判所の職権調査………237
裁判所または裁判官の検証
　の結果を記載した書面
　　　　………………………369
裁判長…………………………32
裁判長の具体的権限……242
裁判の解釈の申立て……518
裁判の確定…………………429
裁判の形式…………………414
裁判の公開主義……………14
裁判の告知…………………422
裁判の執行…………………509
裁判の執行停止……………480
裁判の執行に関する申立て
　　　　………………………517
裁判の執行の時期………509
裁判の成立…………………420
裁判の内容…………………422
裁判の理由…………………423
罪名……………………………192
裁量的保釈…………………257
差押え…………………126, 127
差戻し…………………444, 466
参審制度………………………20

し

時間的適用範囲……………23
指揮権…………………………47, 50
時期に遅れた訴因の変更
　　　　………………………226
死刑の執行…………………511
事件管轄………………………36
事件単位の原則…………144
事件の移送………38, 475, 477
事件の処分…………………179
事件の同一性……196, 417
時効の中断…………………206
時効の停止…………………206
事後審……………………439, 448
事後審査審……………439, 465

自己負罪拒否特権………166
自己矛盾の供述…………380
指示権…………………………50
事実記載説…………………215
事実誤認……………………452
事実上推定される事実
　　　　………………………327
事実上の推定………327, 334
事実審………………………440
事実認定の範囲…………218
事実の誤認…………………456
事実の取調べ………463, 481
事実の取調べの方法……464
自首……………………………102
私人による現行犯人の逮捕
　　　　………………………131
事前閲覧権…………………266
事前準備…………260, 261, 268
自然的関連性………343, 344
自然的発言…………………368
私選弁護人…………………56
次長検事………………………41
実況見分………………………81
実況見分書…………………370
実況見分書の証拠能力
　　　　………………………370
執行異議の申立て………519
実質証拠……………………342
実質的意義における刑事訴
　訟法……………………1, 21
実質的挙証責任……329, 342
実体関係的形式裁判説
　　　　………………………434
実体裁判……………414, 418
実体裁判説…………………433
実体審理の要件…………201
実体の確定力………430, 436
実体の真実主義……………9
実体的訴訟条件…………198
実体判決の要件…………201
実体法説……………………202
実体法訴訟法競合説……203
指定弁護士……187, 211, 212
自動車検問…………………87

自動速度監視装置………155
自白……………………………381
自白に関する特則………396
自白の証拠能力が排除され
　るばあい…………………383
自白の証拠能力を制限する
　根拠………………………382
自白の証明力……………386
自白の証明力の制限……386
自白の取調べ手続き……386
自白の任意性……………332
自白は証拠の女王………386
自白必要主義……………336
自白偏重の制限……………18
自白法則………166, 344, 381
事物管轄…………36, 199, 415
司法行政………………………29
司法行政上の官署としての
　裁判所…………………26
司法行政上の官庁としての
　裁判所…………………26
司法警察員…………………74
司法警察員による逮捕
　　　　………………………121
司法警察活動………………83
司法警察職員……48, 49, 74
司法巡査…………………74, 75
司法巡査による逮捕……121
司法の廉潔性……………351
司法の廉潔性説（司法の無
　瑕性説）………………353
事務移転の権………………47
事務承継の権………………47
指名手配……………………121
写真……………………………348
写真撮影………………152, 156
写真撮影・録音・放送
　　　　………………………235
終局裁判……………………414
終局裁判以外の裁判……414
終局裁判の付随的効果
　　　　………………………427
終局判決……………………438
終局前の裁判……………414

自由刑の執行..............513
自由心証主義
..........16, 334, 335, 336
自由心証主義の機能.....336
自由心証主義の内容.....337
自由心証主義の例外.....386
自由心証の意義..........338
集中審理主義...............14
自由な証明..........321, 464
重要利益侵害説.....104, 153
主観的併合..................291
主観的要素を証拠とするばあい..........................344
主観的要素を証明するばあい..........................345
縮小認定の理論............222
主刑の執行の順序.......511
主尋問........................400
受託裁判官..............33, 39
主張............................12
出頭命令.....................247
出版に関する犯罪........234
受任裁判官...................32
主文...........................422
受命裁判官...................32
主要事実....................342
準起訴手続き
..............19, 39, 188, 207
準現行犯....................130
準抗告.....178, 413, 478, 483
巡査長.........................75
準司法官論....................46
準備手続き...........260, 282
照会...........................136
召喚..........................246
召喚状.......................246
召喚の手続き.............246
上級審の管轄（審級管轄）
..................................36
情況証拠....................340
消極的実体的真実主義...10
消極的証拠法定主義
.......................334, 335
消極的真実主義.............9

消極的訴訟条件.........198
消極的法定主義...........17
証言..........................399
条件付捜索差押令状.....161
条件付捜索差押令状説
..................................159
証拠.....................339, 425
証拠開示
.........177, 266, 269, 311
証拠開示に関する裁定
..................................279
証拠禁止....................343
上告............413, 438, 467
上告棄却....................472
上告棄却の事由..........470
上告受理....................475
上告受理の制度..........474
上告審の手続き..........469
上告申立て手続き.......470
上告理由....................468
上告理由の種類..........467
証拠裁判主義.............321
証拠採否の決定..........398
証拠書類..............267, 341
証拠書類（書証）の取調べ
..................................408
証拠調べ手続き.....232, 393
証拠調べに関する異議申立て..........................410
証拠調べの実施..........399
証拠調べの請求.....273, 395
証拠調べの請求権者....395
証拠調べの請求の時期と順序..........................396
証拠調べの請求の方式
..................................397
証拠調べの対象..........395
証拠調べを終わった証拠の提出..........................411
証拠資料....................339
証拠制限主義...............17
証拠の意義.................339
証拠能力........321, 332, 343
証拠の科学化.............346

証拠の許容性.............343
証拠の収集・提出........11
証拠の重要性.............368
証拠の種類.................339
証拠の信用力.............337
証拠の標目.................425
証拠排除....................178
証拠物........................409
証拠物たる書面.....341, 409
証拠物たる書面の取調べの方式..........................410
証拠物中書面の意義が証拠となるもの...............409
証拠物の取調べの方式
..................................409
証拠物（物証）の取調べ
..................................409
証拠法.......................321
証拠法定主義.............334
証拠方法....................339
証拠保全の請求権......176
証拠保全の手続き........68
証拠無制限主義...........17
上訴...........................437
上訴期間....................441
上訴権.......................440
上訴権者....................440
上訴審の構造.............439
上訴制度....................437
上訴の意義.................438
上訴の種類.................438
上訴の手続き.............442
上訴の取下げ.............441
上訴の範囲.................442
上訴の放棄.................441
上訴の利益.................440
上訴費用の補償..........447
上訴申立て後の未決勾留
..................................446
上訴申立ての効果......442
衝動的供述.................368
証人..........................399
証人尋問....................399
証人尋問調書の証拠能力

528　事項索引

……………143
証人尋問の際の遮へい
　………………………403
証人尋問の際の証人の遮へ
　い……………………404
証人尋問の請求………142
証人適格………………399
証人などの保護のための配
　慮……………………279
証人に対する尋問の準備
　………………………267
証人への付添い………403
小法廷…………………31
証明……………………322
証明の対象……………342
証明の必要……………326
証明力の減殺…………381
証明力の増強…………381
証明力を争うための証拠
　…………………363, 379
将来の犯罪……………164
職務管轄………………36
職務執行………………39
職務質問……………82, 86
職務質問の技法………82
職務質問付随行為説……87
所持品検査…………84, 85
除斥……………………33
除斥原因………………33
除斥の事由……………33
職権主義………………10
職権主義的捜査観………64
職権主義的訴訟構造
　…………………193, 333
職権進行主義…………12
職権探知主義…………11
職権保釈………………257
初動捜査………………80
処罰条件たる事実……324
処罰条件たる事実の存在
　………………………330
書面主義……………14, 117
書面の形による伝聞証拠
　………………………363

書類・証拠物の閲覧・謄写
　………………………70
書類・証拠物の閲覧・謄写
　権……………………176
白鳥決定………………489
白鳥事件………………489
新規性……………489, 490
審級管轄………………37
新強制処分説…………153
人権擁護説……………382
親告罪…………………71
親告罪の告訴…………95
人証……………………341
心神喪失の状態………298
迅速な裁判……………13
新訴訟法説……………203
身体拘束中の被疑者の指紋
　の採取………………135
身体侵襲………………156
人定質問………………287
人的証拠………………340
人的適用範囲…………22
神判……………………3
審判者…………………25
審判に付された事件の公判
　手続き………………211
審判の対象……190, 201, 213
新法主義………………23
信用性の情況的保障
　………………362, 367, 375
審理順序の決定………294
新律綱領………………6
審理の範囲……………237
審理陪審（小陪審）……5

せ

請求…………………72, 101
制限列挙説……………200
正式裁判………………316
正式裁判の請求………319
政治犯罪………………234
声紋鑑定………………348
積極的証拠法定主義
　………………………334, 335

積極的真実主義…………9
積極的訴訟条件………198
積極的法定証拠主義……17
接見禁止………………175
接見・交通権…………59
接見交通権………171, 252
接見交通の指定………172
接見指定の実情………174
接見等禁止の決定……253
絶対的控訴理由………453
絶対的訴訟条件………198
絶対的排除説（違法基準説）
　………………………354
善意の例外……………357
前科………………194, 346
先行逮捕が違法であるとし
　て被疑者を釈放した後の
　再逮捕の許否………151
善良な性格……………345

そ

訴因………………190, 237
訴因制度………………212
訴因対象説
　214, 215, 216, 217, 218,
　219, 224, 225, 228
訴因と一事不再理の効力の
　及ぶ範囲……………228
訴因と公訴事実との関係
　………………………212
訴因の択一的記載……192
訴因の同一性……217, 219
訴因の特定……………215
訴因の明示……………191
訴因の予備的記載……192
訴因の予備的・択一的記載
　………………………191
訴因変更制度の意義……218
訴因変更の可否……225, 464
訴因変更の限界………222
訴因変更の手続き……227
訴因変更の必要性……219
訴因変更の要否………217
訴因変更命令…………226

事項索引　529

訴因変更命令の形成力 ……………………227
訴因変更命令の法的性格 ……………………217
送検………………179
捜査機関…………73
捜索………126, 127
捜査構造論……64, 66
捜査資料の収集方法……81
捜査ではない行為………68
捜査と訴訟条件…………71
捜査の意義………63
捜査の開始………79
捜査の科学化………346
捜査の構造………63, 64
捜査の実行………103
捜査の終結………179
捜査の条件………72
捜査の相当性………72
捜査のため必要があるとき ……………………173
捜査の端緒………79
捜査の中止………180
捜査の必要性………72
捜査の方法………103
捜査の目的………63
捜査比例の原則……73, 106
造船疑獄事件…………47
相対的控訴理由………455
相対的訴訟条件………198
相対的排除説……354, 355
争点および証拠の整理 ……………………273
贓物………………428
即時抗告 ………477, 478, 480, 494
続審………………439
組織的犯罪………161
訴訟関係人…………25
訴訟関係人の事前準備 ……………………264
訴訟記録の閲覧権………234
訴訟記録の公開………236
訴訟係属………195, 216

訴訟係属の競合………38
訴訟行為能力…………54
訴訟指揮権………241
訴訟指揮の裁判………481
訴訟主体…………25
訴訟条件………71, 197
訴訟条件たる事実………331
訴訟条件と訴因………201
訴訟条件の種類………198
訴訟条件の存否と訴因 ……………………228
訴訟条件の追完………201
訴訟上の事実………326
訴訟的捜査観…………66
訴訟手続きの法令違反 ……………………452
訴訟能力…………54
訴訟の対象…………11
訴訟費用………503
訴訟費用執行免除の申立て ……………………517
訴訟費用の負担者………503
訴訟費用負担の手続き ………………503, 505
訴訟法上の意義における裁判所…………26
訴訟法上の意義における裁判所の構成…………30
訴訟法説………202
訴訟法的事実………331
訴追者…………25
即決裁判手続き……308, 309
即決裁判手続き導入の背景 ……………………308
即決裁判手続きの特徴 ……………………309
即決裁判手続きの取消し ……………………312
即決裁判の請求………318
疎明………………322

た

体液の採取………156
代行検視…………90

対質質問………400
対質尋問………400
対審………………233
大審院……………6
「大は小を兼ねる」の理論 ……………………222
大法廷……………31
逮捕・勾留の1回性の原則 ……………………150
逮捕後の手続き……121, 126
逮捕された者についての兇器の検査………135
逮捕状の請求………126
逮捕状の方式……120, 126
逮捕状発付の要件………126
逮捕前置主義 ………………139, 144, 151
逮捕と別件捜索………133
逮捕の完了時………123
逮捕の現場………132
逮捕の現場における差押え・捜索・検証………131
逮捕の手続き………121
逮捕の必要性………118
逮捕の理由………118
逮捕理由と勾留請求……140
大陸法の刑事手続き………4
高田事件判決………13
他管送致………180
弾劾主義………10, 15
弾劾証拠………343, 379
弾劾的捜査観……63, 64
単独制……………30
単なる余事記載………194

ち

治罪法……………6
地方裁判所………27, 30
中間裁判………414
中止………………180
抽象的防御説………220
懲戒処分………178
長時間にわたる取調べ ……………………109

重畳説………………355
跳躍上告……………475
直接主義
　14, 16, 240, 299, 408, 448
直接主義・口頭主義
　………………………15, 16
直接主義と反対尋問権との
　関係………………240
直接証拠……………339
陳述…………………232

つ

通常抗告……478, 479, 480
通常逮捕……………118
通信傍受……………161
通信傍受法における問題点
　………………………164
通信傍受法に基づく傍受
　………………………162
通信履歴の電磁的記録の不
　消去の求め…………136
通訳人………………407
罪となるべき事実……423
罪をおこない終ってから
　「間がない」の意義…130

て

停止行為………………84
適正手続き……………10
手錠を施したままの取調べ
　による自白…………384
手続きの主体…………11
手続きの主導者………11
テレビモニター………404
伝聞供述の形による伝聞証
　拠の証拠能力………375
伝聞証言……………359
伝聞証拠…………16, 371
伝聞証拠と要証事実との関
　係…………………359
伝聞証拠の種類………358
伝聞証拠の定義………357
伝聞の危険…………360
伝聞法則

………5, 16, 305, 313, 344, 357
伝聞法則の根拠………360
伝聞法則の日本的変容
　………………………358
伝聞法則の例外………362
伝聞法則の例外規定の条文
　配列…………………363
電話盗聴……………161

と

同意文書……………363
同行命令……………247
当事者………………25
当事者が同意した書面また
　は供述………………378
当事者主義……………10
当事者主義的捜査観……64
当事者主義的訴訟構造
　………………5, 17, 193
当事者進行主義………12
当事者能力……………53
同時訴追義務…………432
同時訴追の義務………229
特殊の訴訟条件………198
毒樹の果実の理論……356
特信情況……………368
特信情況の存否の判断の方
　法…………………367
特信書面……………374
特信文書……………363
特定車両に対する検問…88
特定犯罪に対する捜査活動
　としての検問…………88
特に信用すべき情況……368
特別糺問………………3
特別抗告……439, 477, 481
特別抗告の手続き……482
特別司法警察職員
　………………49, 74, 75
特別弁護人………57, 395
特別法におけるおとり捜査
　………………………111
特別法における挙証責任の
　転換………………332

独立代理権……………58
独立入手源による例外
　………………………357
土地管轄……36, 37, 199, 415
取調べ受忍義務………174
取調べ受忍義務肯定説
　………………………169
取調べ受忍義務否定説
　………………………169
取調べの権限…………103

な

内部的成立……………420
内容的確定……………429
内容的確定力…………429
内容的確定力の対外的効果
　………………………430
内容的確定力の対内的効果
　………………………430

に

二重起訴の禁止………196
二重の危険……………431
二重の危険説…………432
任意処分説……………153
任意性に疑いがある自白
　………………………384
任意性の意義…………377
任意性の調査…………377
任意性の調査の方法…378
任意捜査………103, 106
任意捜査の原則………106
任意捜査の法的規制…107
任意同行………83, 84, 107

の

ノヴァ方式（新証拠による
　再審）………………488

は

排除法則の沿革………351
陪審裁判………………5
陪審制度………………20
陪審法………………7, 20

事項索引 531

陪席裁判官‥‥‥‥‥32
破棄後の措置‥‥‥‥466
破棄の範囲‥‥‥‥‥466
破棄判決の拘束力‥‥444
派生的証拠の排除‥‥356
罰条同一説‥‥‥‥‥219
張込み‥‥‥‥‥‥‥82
犯意誘発型‥‥‥‥‥110
判決‥‥‥‥‥‥233, 413
判決（言渡し）時説‥433
判決の確定力の根拠‥487
判決の絶対無効‥‥‥435
判決の宣告‥233, 303, 427
判決の訂正‥‥‥‥‥473
判決の当然無効‥‥‥435
判決の範囲‥‥‥‥‥237
犯罪事実‥‥‥‥‥‥323
「犯罪事実の存否の証明に
　欠くことができない」の
　意義‥‥‥‥‥‥‥368
犯罪捜査規範‥‥‥‥80
犯罪の遠因‥‥‥‥‥194
犯罪の証明‥‥‥‥‥418
犯罪の動機‥‥‥‥‥194
判事‥‥‥‥‥‥‥‥28
判事補‥‥‥‥‥‥‥28
反証‥‥‥‥‥‥‥‥342
反対尋問‥‥‥‥360, 400
反対尋問権‥‥‥‥‥16
反対尋問権の保障‥‥361
反復自白‥‥‥‥356, 385
反復自白の証拠能力‥385
判例違反‥‥‥‥468, 469

ひ

被害者‥‥‥‥‥‥‥92
被疑者の勾留‥‥‥‥137
被疑者の勾留・証人尋問お
　よび鑑定留置の請求
　‥‥‥‥‥‥‥‥‥137
被疑者の国選弁護人‥58
被疑者の国選弁護人制度
　‥‥‥‥‥‥‥‥‥171
被疑者の取調べ‥‥‥169

非供述証拠‥‥‥‥‥340
非限定説‥‥‥‥‥‥173
尾行‥‥‥‥‥‥‥‥82
非公開の書面審理‥‥313
非公開の理由の言渡し
　‥‥‥‥‥‥‥‥‥234
被告人以外の供述‥‥363
被告人以外の者の意義
　‥‥‥‥‥‥‥‥‥365
被告人以外の者の供述書
　‥‥‥‥‥‥‥‥‥364
被告人以外の者の公判期日
　における供述を録取した
　書面‥‥‥‥‥‥‥369
被告人質問‥‥‥289, 407
被告人訊問‥‥‥‥‥53
被告人による上訴‥‥441
被告人の悪性格‥‥‥345
被告人の意義‥‥‥‥51
被告人の供述‥‥‥‥363
被告人の供述書・供述録取
　書‥‥‥‥‥‥‥‥373
被告人の行為による証明
　‥‥‥‥‥‥‥‥‥345
被告人の勾引‥‥‥‥245
被告人の公判期日への出頭
　‥‥‥‥‥‥‥‥‥285
被告人の最終陳述‥‥302
被告人の在廷義務‥‥285
被告人の出頭‥‥‥‥245
被告人の出頭と開廷
　‥‥‥‥‥‥‥285, 304
被告人の召喚‥‥‥‥263
被告人の召喚・勾引・勾留
　‥‥‥‥‥‥‥‥‥245
被告人の訴訟法上の地位
　‥‥‥‥‥‥‥‥‥52
被告人の退廷‥‥‥‥402
被告人のため上訴をした事
　件‥‥‥‥‥‥‥‥443
被告人の特定‥‥‥‥51
被告人の不利益のための再
　審‥‥‥‥‥‥‥‥19
被告人・弁護人の弁論

　‥‥‥‥‥‥‥‥‥238
被告人・弁護人の冒頭陳述
　‥‥‥‥‥‥‥‥‥394
微罪処分‥‥‥‥179, 180
微罪処分の準則‥‥‥77
微罪不検挙‥‥‥‥‥184
非常救済手続き‥‥‥487
非常救済手続きの根拠
　‥‥‥‥‥‥‥‥‥487
非常上告‥‥‥‥438, 496
非常上告に対する裁判
　‥‥‥‥‥‥‥‥‥499
非常上告の審理の手続き
　‥‥‥‥‥‥‥‥‥498
非常上告の判決の効力
　‥‥‥‥‥‥‥‥‥500
非常上告の申立ての手続き
　‥‥‥‥‥‥‥‥‥497
被訴追者‥‥‥‥‥‥25
筆跡鑑定‥‥‥‥‥‥349
必然的発見の例外‥‥357
必要的保釈‥‥‥‥‥256
ビデオ撮影‥‥‥‥‥156
ビデオテープ‥‥‥‥348
ビデオリンク方式による証
　人尋問‥‥‥‥403, 404
ビデオリンク方式による証
　人尋問調書‥‥‥‥371
飛躍上告‥‥‥‥‥‥475
評議‥‥‥‥‥‥‥‥421
評議の方法‥‥‥‥‥421
弘前大学教授夫人殺し事件
　‥‥‥‥‥‥‥‥‥490

ふ

フアルサ方式（虚偽証拠に
　よる再審）‥‥‥‥488
不可動的推定‥‥‥‥329
不可避的発見による例外
　‥‥‥‥‥‥‥‥‥357
布川事件‥‥‥‥‥‥148
不起訴‥‥‥‥‥‥‥180
不起訴と被疑者の釈放
　‥‥‥‥‥‥‥‥‥140

覆審……………439, 448
不告不理の原則……197, 325
付審判請求……………179
付審判請求制度…………19
付審判請求手続き……207
付審判の決定…………188
付審判の請求…………208
附随手続き……………503
物証……………………341
物的証拠………………340
物的適用範囲……………22
不適当な訴因への変更
　………………………226
不当に長い抑留・拘禁後の
　自白…………………384
不特定車両に対する検問
　…………………………88
不特定犯罪に対する行政活
　動としての検問………88
部分判決………………296
部分判決に対する控訴の申
　立て…………………297
不変更主義…………11, 184
フライ・テスト（Frye test)
　………………………346
フライ判決……………346
フライ法則……………346
フランクの糾問手続き……3
不利益供述の強要禁止…18
不利益変更の禁止……495
不利益変更禁止の原則
　………………………443
プレイン・ビュー（明認）
　の法理………………133
分割禁止の原則………150

へ

併合事件………………293
併合の利益……………290
併用説…………………157
別件基準説……………146
別件逮捕・勾留………145
別件逮捕・勾留に関する判
　例……………………147

変更主義…………11, 184
変更命令義務の肯否……227
弁護人……………………54
弁護人依頼権……………52
弁護人制度………………54
弁護人選任権の告知…171
弁護人選任権を侵害して得
　られた自白…………385
弁護人の援助を受ける権利
　………………………170
弁護人の権限……………58
弁護人の出頭…………286
弁護人の準備の内容…265
弁護人の選任………56, 262
弁護人の地位……………55
弁護人の陳述…………288
弁護人・弁護人となろうと
　する者との接見交通権
　………………………252
変死………………………91
弁論……………232, 237, 289
弁論主義…………11, 237, 239
弁論の再開……………291
弁論の終結……………303
弁論の分離……………290
弁論の分離・併合・再開の
　制度…………………289
弁論の併合…………290, 297

ほ

法益侵害説……………104
包括的黙秘権…………168
傍受令状の請求権者…162
傍受令状の要件………162
傍聴人の退廷…………403
法廷……………………284
法定管轄…………………36
法廷警察権…………241, 243
法廷警察権の内容……244
法廷警察権の範囲・限界
　………………………244
法定合議事件……………31
法定証拠主義………17, 336
冒頭陳述………………393

冒頭陳述の意義………393
冒頭陳述の機能………393
冒頭手続き……………287
報道の自由の保障……235
法の適正な手続き………9
法律構成説…………215, 219
法律上刑の加重減免の理由
　となる事実…………426
法律上推定される事実
　………………………328
法律上の刑の加重理由
　………………………324
法律上の刑の加重理由とな
　る事実………………324
法律上の刑の減免理由
　………………………325
法律上の推定…………328
法律上犯罪の成立を妨げる
　理由となる事実……426
法律審…………………440
法律的関連性……343, 344
法律の利益のための上告
　………………………496
法令適用の誤り……452, 456
法令の適用……………425
補強証拠………………381
補強証拠を必要とする自白
　の範囲………………387
補強の範囲……………387
補強法則………………386
保護観察………………419
補佐人……………………60
保釈……………………256
保釈・勾留の執行停止
　………………………427
保釈・勾留の執行停止の当
　然失効………………260
保釈・勾留の執行停止の取
　消し…………………259
保釈と勾留の執行停止
　………………………256
保釈の許否……………257
保釈保証金額の決定と納付
　………………………257

事項索引 533

補充裁判官……………32
補助証拠……………342
北海タイムス事件……235
没収物・押収物の処置
　………………………516
ポリグラフ検査………169
ポリグラフ検査結果……348
本件基準説……………146
本証……………………342
翻訳人…………………407

ま
麻酔精神鑑定…………168
麻酔分析………………168

み
身柄を拘束されていない被
　疑者の任意の取調べ
　………………………109
未決勾留………………249
未決勾留日数の本刑算入
　………………………446
密行……………………82
民訴法における自由心証主
　義……………………337

む
無限定説………………481
無罪の推定……329, 331
無罪の判決……………419
無罪判決………………414
無罪判決の主文………422
矛盾する供述の可能性と尋
　問請求………………143

め
明治刑訴法………………7
明認の法理……………133
明白性…………………489
命令……………413, 438
命令状説………………116
メモ行為の禁止………235
免訴……………200, 202
免訴事由の列挙の性質

　………………………200
免訴の判決……414, 418
免訴の本質……………199
免訴判決の効力………433
免訴判決の性質………433

も
申立てに対する決定および
　申立ての取下げ……519
黙秘権……52, 165, 166, 169
黙秘権と自白強要の防止と
　の関係………………167
黙秘権の告知……165, 167
黙秘権の対象…………168
黙秘権を告知しないで得ら
　れた自白……………385
モデル論…………………18

や
約束による自白………384
薬物事犯………………112

ゆ
有罪の答弁……………305
有罪の判決……………418
有罪判決………………414
有罪判決の主文………422
誘導尋問………………400

よ
要旨の告知……………408
抑止効説………………353
余罪と接見指定………175
余事記載………………191
予審………………………18
予断排除の原則………269
予断を生じさせる虞のある
　書類その他の物……194

ら
ライ・ディテクター……346
ライブ・コントロールド・
　デリバリー…………114

り
立証趣旨………………397
立証趣旨の拘束力……397
立証趣旨の明示………397
立証の負担……329, 333
律令法制の刑事手続き……6
略式手続き……………313
略式命令………………313
量刑事情………………325
量刑上の資料たる情状に関
　する事実……………325
量刑資料………………346
量刑不当………452, 458
領置……………………135
両罰規定………………205
臨終の陳述……………368

る
類似行為による証明……345
累犯加重………………324
累犯加重事由としての前科
　………………………330

れ
例示的列挙説…………200
令状主義…………………19
令状内在説……………160
令状によらない強制捜査
　………………………129
令状の請求手続き……117
歴史的・社会的事実同一説
　………………………223
連日開廷………………284

ろ
労役場留置の執行……517
ローマの刑事手続き……2
ローマ法…………………2
録音テープ……………348
論告……………………301
論理法則………………338

わ

わな行為…………………111

D

DNA 鑑定…………………350
DNA 鑑定の証拠能力
　　　……………………347

判 例 索 引

大判大 5・7・1 刑録 22 輯 1191 ············99
大判大 6・4・19 刑録 23 輯 401 ········324
大判大 15・5・26 刑集 5・217············459
大判昭 2・4・2 刑集 6・125···············498
大判昭 4・12・16 刑集 8・662···········99
大判昭 5・2・7 刑集 9・51 ················56
大判昭 7・7・1 刑集 11・925············505
大判昭 7・10・31 刑集 11・1558··········71
大判昭 7・11・28 刑集 11・1736······206
大判昭 9・6・29 刑集 13・904···········99
大決昭 10・5・3 刑集 14・500···········492
大判昭 10・10・29 刑集 14・1092······426
大判昭 11・7・2 刑集 15・857············92
大判昭 12・6・3 刑集 16・854···········504
大決昭 13・5・30 刑集 17・401·········491
大判昭 13・6・16 刑集 17・455·········205
大決昭 13・10・31 刑集 17・777·······491
大判昭 14・9・9 刑集 18・478······504, 505
最判昭 23・2・9 刑集 2・2・56 ·········455
最判昭 23・2・18 刑集 2・2・104········102
最判昭 23・3・9 刑集 2・3・140·········425
最判昭 23・3・27 刑集 2・3・268·······302
最［大］判昭 23・5・26 刑集 2・5・511
　··33
最［大］判昭 23・5・26 刑集 2・6・529
　···433, 441
最［大］判昭 23・7・19 刑集 2・8・944
　··384
最［大］判昭 23・7・19 刑集 2・8・952
　··390
最［大］判昭 23・7・29 刑集 2・9・1012
　··387
最判昭 23・10・30 刑集 2・11・1427···388
最判昭 23・11・16 刑集 2・12・1549···338
最判昭 23・12・16 刑集 2・13・1816···454
最判昭 23・12・22 刑集 2・14・1853···13
最判昭 24・1・20 刑集 3・1・4 ·········425
最判昭 24・1・20 刑集 3・1・43·······426
最判昭 24・2・1 刑集 3・2・65 ·········500
最判昭 24・2・10 刑集 3・2・155······454
最判昭 24・2・17 刑集 3・2・184·······258

最判昭 24・2・22 刑集 3・2・221······325
最判昭 24・4・14 刑集 3・4・547······424
最［大］判昭 24・7・13 刑集 3・8・1290
　··314
最判昭 24・7・19 刑集 3・8・1348···388
最判昭 24・9・1 刑集 3・10・1529·····426
最決昭 24・9・7 刑集 3・10・1563·····482
最決昭 24・9・7 刑集 3・10・1573·····482
最［大］決昭 24・9・19 刑集 3・10・1598
　··481
大阪高判昭 24・10・21 判特 1・279····375
最判昭 24・12・13 裁集刑 15・349······351
最決昭 25・2・2 刑集 4・2・127·········469
最判昭 25・2・28 刑集 4・2・282·······426
仙台高判昭 25・4・8 判特 8・98········409
高松高判昭 25・4・8 高判特 9・194····221
大阪高判昭 25・4・22 高判特 9・43····221
最決昭 25・5・18 刑集 4・5・826······462
最決昭 25・6・27 刑集 4・6・1076·····426
最判昭 25・7・4 刑集 4・7・1174······500
札幌高判昭 25・7・10 刑集 4・2・303
　··366
最［大］判昭 25・9・27 刑集 4・9・180
　··441
最決昭 25・9・30 刑集 4・9・1856·····375
最判昭 25・10・3 刑集 4・10・1861····423
最判昭 25・10・5 刑集 4・10・1875···325
名古屋高判昭 25・11・4 判特 14・78···375
最判昭 25・11・21 刑集 4・11・2359
　···165, 385
最判昭 25・12・5 刑集 4・12・2486···288
最決昭 25・12・23 刑集 4・13・2880···519
名古屋高判昭 25・12・25 特 14・115·····99
仙台高判昭 26・2・21 判特 22・8······367
最判昭 26・3・8 刑集 5・4・495·········504
最判昭 26・3・9 刑集 5・4・500·········426
最判昭 26・4・10 刑集 5・5・890······426
最決昭 26・4・13 刑集 5・5・902······482
最判昭 26・6・15 刑集 5・7・127······222
最決昭 26・7・20 刑集 5・8・1571·····482
京都地判昭 26・10・1 刑集 7・3・498

··· 111
福岡高判昭 26・10・18 高刑集 4・12・1611
··· 374
東京高判昭 26・11・26 高刑集 4・13・1933
··· 112
東京高判昭 26・12・11 高刑集 4・14・2074
··· 112
最判昭 26・12・11 刑集 5・13・2607··· 500
東京高判昭 26・12・28 判時 25・141··· 221
最〔大〕判昭 27・2・6 刑集 6・2・134
··· 465
最〔大〕判昭 27・3・5 刑集 6・1・74
··· 195
最〔大〕判昭 27・3・5 刑集 6・3・351
··· 270
最〔大〕判昭 27・4・9 刑集 6・4・584
··· 366
最〔大〕判昭 27・4・23 刑集 6・4・685
··· 496
最判昭 27・5・6 刑集 6・5・736··· 341, 409
最決昭 27・6・26 刑集 6・6・860 ······ 341
東京高判昭 27・7・7 高判特 34・55 ··· 221
東京高判昭 27・7・17 高刑集 5・7・1163
··· 490
東京高判昭 27・9・4 高刑集 5・12・2049
··· 168
大阪高判昭 27・9・16 高刑集 5・10・1695
··· 433
東京高判昭 27・10・14 判特 37・40 ··· 409
最〔大〕判昭 27・11・19 刑集 6・10・1217
··· 435
最判昭 27・12・11 刑集 6・11・1294··· 500
最決昭 27・12・11 刑集 6・11・1297
·· 365, 374, 392
最判昭 27・12・24 刑集 6・11・1380··· 409
名古屋高判昭 28・1・21 高刑集 6・2・165
··· 454
最決昭 28・3・5 刑集 7・3・482 ······ 111
東京高判昭 28・3・16 東京高刑時 3・3・120
·· 111, 112
最〔大〕判昭 28・4・1 刑集 7・4・713
··· 171
最判昭 28・5・8 刑集 7・5・965 ········ 222
最判昭 28・5・12 刑集 7・5・1011··· 455
最判昭 28・5・29 刑集 7・5・1158··· 222
最決昭 28・5・29 刑集 7・5・1195······ 93
福岡高判昭 28・6・18 刑集 6・6・781

··· 365
最判昭 28・6・19 刑集 7・6・1342······ 365
東京高判昭 28・6・26 刑集 6・1159··· 101
最判昭 28・7・7 刑集 7・7・1441······ 365
最判昭 28・8・18 刑集 7・8・1737······ 426
最決昭 28・9・1 刑集 7・9・1796······ 482
最決昭 28・9・30 刑集 7・9・1868······ 222
最判昭 28・10・9 刑集 7・10・1904···· 378
最判昭 28・10・15 刑集 7・10・1934··· 371
最判昭 28・10・27 刑集 7・10・1971··· 392
福岡高宮崎支判昭 28・10・31 特 26・116
·· 71
札幌高判昭 28・11・19 高刑集 6・12・1730
··· 433
最決昭 28・11・20 刑集 7・11・2275··· 222
最決昭 28・12・17 刑集 7・12・2558··· 464
最判昭 29・2・4 刑集 8・2・131 ······ 482
最判昭 29・5・4 刑集 8・5・631 ······ 483
最判昭 29・5・14 刑集 8・5・676 ······ 225
最決昭 29・7・15 刑集 8・7・1137······· 83
最決昭 29・7・15 刑集 8・7・1137······ 105
最決昭 29・7・29 刑集 8・7・1217······ 366
最判昭 29・8・20 刑集 8・8・1239······ 111
最決昭 29・9・24 裁判集刑事 98・739
··· 111
最判昭 29・9・30 刑集 8・9・1565······ 464
最判昭 29・10・8 刑集 8・10・1588······ 482
最判昭 29・10・19 刑集 8・10・1610······ 490
最判昭 29・11・11 刑集 8・11・1834··· 365
最判昭 29・11・25 刑集 8・11・1888··· 365
最判昭 29・11・25 刑集 8・11・1905··· 500
最判昭 29・12・17 刑集 8・13・3147··· 222
最判昭 30・1・11 刑集 9・1・8 ·········· 304
最判昭 30・1・11 刑集 9・1・14 ········· 367
最判昭 30・1・14 刑集 9・1・52 ········· 505
最〔大〕決昭 30・2・23 刑集 9・2・372
··· 483
最判昭 30・2・24 刑集 9・2・374 ········ 500
最昭 30・4・6 刑集 9・4・661 ············ 147
最〔大〕判昭 30・6・22 刑集 9・8・1189
·· 388, 455
最判昭 30・9・29 刑集 9・10・2102···· 462
最判昭 30・10・4 刑集 9・11・2136···· 221
最決昭 30・10・19 刑集 9・11・2268··· 222
最判昭 30・12・9 刑集 9・13・2633··· 332
最判昭 30・12・14 刑集 9・13・2760··· 125
最〔大〕決昭 30・12・23 刑集 9・14・2995

判 例 索 引　537

最判昭 30・12・26 刑集 9・14・2996 …… 145
最判昭 30・12・26 刑集 9・14・3011 …… 464
最判昭 31・3・9 刑集 10・3・309 …………… 472
最判昭 31・3・30 刑集 10・3・422 ………… 480
最決昭 31・5・17 刑集 10・5・685 ………… 327
最決昭 31・6・5 刑集 10・6・805 …………… 483
最〔大〕判昭 31・6・13 刑集 10・6・830
　………………………………………………… 468
最判昭 31・7・14 刑集 10・7・1127 ……… 245
最決昭 31・8・22 刑集 10・8・1273 ……… 482
最決昭 31・10・25 刑集 10・10・1447
　………………………………………………… 206
最判昭 31・12・13 刑集 10・12・1633
　………………………………………………… 505
最〔大〕決昭 31・12・24 刑集 10・12・1692
　………………………………………………… 145
最〔大〕判昭 31・12・26 刑集 10・12・1746
　………………………………………………… 417
最〔大〕判昭 32・2・20 刑集 11・2・802
　…………………………………………… 52, 168
名古屋高判昭 32・3・12 刑集 10・157 … 98
名古屋高裁金沢支判昭 32・3・12 高刑集 10・2・157 ………………………………………… 97
最判昭 32・5・24 刑集 11・5・1540 ……… 181
仙台高判昭 32・6・19 刑集 10・6・508
　………………………………………………… 366
最決昭 32・7・18 刑集 11・7・1880 ……… 426
最判昭 32・7・19 刑集 11・7・1882 ……… 383
最〔大〕判昭 32・11・27 刑集 11・12・3113
　………………………………………………… 333
最判昭 32・12・10 刑集 11・13・3197
　………………………………………………… 331
最〔大〕判昭 33・2・17 刑集 12・2・253
　………………………………………………… 233
最〔大〕決昭 33・2・17 刑集 12・2・253
　………………………………………………… 235
最判昭 33・2・21 刑集 12・2・288 ……… 454
最〔大〕決昭 33・2・26 刑集 2・2・316
　………………………………………………… 325
最決昭 33・4・18 刑集 12・6・1109 ……… 482
最判昭 33・4・25 刑集 12・6・1203 ……… 469
最判昭 33・5・27 刑集 12・8・1683 ……… 489
最〔大〕判昭 33・5・28 刑集 12・8・1718
　………………………………………… 324, 390
最決昭 33・7・22 刑集 12・12・2712 …… 424
最判昭 33・10・3 刑集 12・14・3205 …… 111

最決昭 34・11・24 刑集 13・12・3089
　………………………………………………… 425
最判昭 34・12・11 刑集 13・13・3195
　………………………………………………… 445
最決昭 34・12・26 刑集 13・13・3372
　………………………………………………… 482
最決昭 35・2・11 刑集 14・2・126 ……… 221
最判昭 35・3・24 刑集 14・4・463 ……… 410
大阪高判昭 35・5・26 下刑集 2・5＝6・676
　………………………………………………… 385
最判昭 35・6・10 刑集 14・7・973 ……… 286
最判昭 35・9・8 刑集 14・11・1437 ……… 371
最判昭 35・9・9 刑集 14・11・1477 ……… 391
最決昭 35・11・15 刑集 14・13・1677
　………………………………………………… 417
最判昭 35・12・13 判時 255・30 ………… 222
最〔大〕判昭 35・12・21 刑集 14・14・2162
　………………………………………………… 205
広島高判昭 35・12・21 下刑集 2・11―12・1361 …………………………………………… 417
最決昭 35・12・23 刑集 14・14・2213 … 72
最判昭 35・12・26 刑集 14・14・1947
　………………………………………………… 455
最判昭 36・5・26 刑集 15・5・842 ……… 292
最判昭 36・5・26 刑集 15・5・893 ……… 371
最〔大〕判昭 36・6・7 刑集 15・6・915
　………………………………………………… 132
最決昭 36・8・1 裁判集刑事 139・1 …… 111
最決昭 36・8・28 刑集 15・7・1301 …… 519
最〔大〕決昭 37・2・14 刑集 16・2・85
　………………………………………………… 482
最判昭 37・2・22 刑集 16・2・203 ……… 306
最決昭 37・9・18 刑集 16・9・1386 …… 207
最〔大〕判昭 37・11・28 刑集 16・11・1633
　………………………………………………… 216
大阪高判昭 38・9・6 高刑集 34・5・272
　………………………………………………… 90
最判昭 38・9・12 刑集 17・7・661 ……… 469
最判昭 38・9・13 刑集 17・8・1703 …… 384
最判昭 38・10・17 刑集 17・10・1795
　………………………………………………… 359
最判昭 38・11・12 刑集 17・11・2367
　………………………………………………… 466
最決昭 39・4・9 刑集 18・4・127 ……… 122
最決昭 39・11・10 刑集 18・9・547 …… 98
最〔大〕判昭 39・11・18 刑集 8・9・597
　………………………………………………… 469

最決昭 40・4・21 刑集 19・3・166……222
最〔大〕判昭 40・4・28 刑集 19・3・270
　………………………………………… 227
東京高判昭 40・7・8 高刑集 18・5・491
　………………………………………… 431
東京高判昭 40・8・27 下刑集 7・8・1583
　………………………………………… 221
最決昭 41・2・21 判時 450・60 ……… 349
最判昭 41・4・21 刑集 20・4・275…… 206
最判昭 41・6・10 刑集 20・5・365…… 327
東京高判昭 41・6・30 高刑集 19・4・447
　………………………………………… 169
最判昭 41・7・1 刑集 20・6・537 …… 384
最判昭 41・7・21 刑集 20・6・696…… 178
東京高判昭 41・9・30 高刑集 19・6・683
　………………………………………… 334
最決昭 41・11・22 刑集 20・9・1035… 345
最判昭 42・2・10 刑集 21・1・271…… 500
鳥取地決昭 42・3・7 下刑集 9・3・375
　………………………………………… 174
東京地判昭 42・4・12 下刑集 9・4・410
　………………………………………… 149
最決昭 42・5・26 刑集 21・4・723…… 488
最〔大〕判昭 42・7・5 刑集 21・6・748
　………………………………………… 325, 346
最判昭 42・7・14 刑集 21・6・825…… 205
最判昭 42・8・31 刑集 21・7・879…… 227
大阪高判昭 42・9・28 高刑集 20・5・611
　………………………………………… 367
最決昭 43・2・8 刑集 22・2・55……… 348
最判昭 43・4・26 刑集 22・4・342
　………………………………………… 443, 454
神戸地決昭 43・7・9 下刑集 10・7・801
　………………………………………… 109
仙台高判昭 43・7・18 高刑集 21・4・281
　………………………………………… 222
最判昭 43・10・15 刑集 22・10・940… 500
最判昭 43・10・25 刑集 22・11・961… 445
最決昭 43・11・26 刑集 22・12・1352
　………………………………………… 227
最決昭 44・4・25 刑集 23・4・248
　………………………………………… 243, 482
最決昭 44・4・25 刑集 23・4・275…… 482
金沢地決七尾支判昭 44・6・3 刑裁月報 1・
　6・657 ………………………………… 149
大阪高決昭 44・6・28 刑集 22・3・423
　………………………………………… 490

最決昭 44・7・14 刑集 23・8・1057 … 257
最決昭 44・9・11 刑集 23・9・1100 … 209
最決昭 44・12・4 刑集 23・12・1546… 366
最決昭 44・12・5 刑集 23・12・1583… 178
最判昭 44・12・24 刑集 23・12・1625
　………………………………………… 155
最判昭 45・2・4 判時 588・95………… 470
東京地判昭 45・2・26 刑月 2・2・137
　………………………………………… 146, 149
最判昭 45・5・29 刑集 24・5・223…… 178
最〔大〕判昭 45・11・25 刑集 24・12・1670
　………………………………………… 385
東京高判昭 46・2・20 高刑集 24・1・97
　………………………………………… 334
最判昭 46・4・27 刑集 25・3・534…… 505
福岡地裁小倉支判昭 46・6・16 判決刑月 3・
　6・783 ………………………………… 149
最判昭 46・6・23 刑集 25・4・588…… 221
最判昭 46・7・30 刑集 25・5・756…… 426
仙台高判昭 47・1・25 刑月 4・1・14… 160
東京地判昭 47・4・4 刑月 4・4・891… 151
最判昭 47・5・30 民集 26・4・826…… 206
最判昭 47・6・2 刑集 26・5・317……… 371
大阪高判昭 47・7・17 高刑集 25・3・290
　………………………………………… 148
最判昭 47・11・16 刑集 26・9・515 … 210
最〔大〕判昭 47・12・20 刑集 26・10・631
　………………………………………… 13
最決昭 49・3・13 刑集 28・2・1 …… 210
最決昭 50・5・20 刑集 29・5・177 … 489
最決昭 50・7・10 判時 784・117……… 483
最決昭 51・3・16 刑集 30・2・187
　………………………………………… 105, 108
佐賀地裁唐津支判昭 51・3・22 判時 813・14
　………………………………………… 148
福岡高那覇支判昭 51・4・5 判夕 345・321
　………………………………………… 226
仙台高決昭 51・7・13 高刑集 29・3・323
　………………………………………… 490
大阪高判昭 51・8・30 判時 855・115… 107
広島高決昭 51・9・18 判時 828・18 … 490
最決昭 51・10・12 刑集 30・9・1673… 490
最判昭 51・10・28 刑集 30・9・1859… 390
仙台高判昭 52・2・15 刑集 30・1・28
　………………………………………… 490
福岡高判昭 52・5・30 判時 861・125… 148
広島高判昭 52・7・7 判時 859・13…… 490

最決昭 52・8・9 刑集 31・5・821 ……… 147
青森地決昭 52・8・17 判時 871・113 … 109
最決昭 52・8・25 刑集 31・4・803 …… 482
東京高判昭 53・3・29 刑月 10・3・233
………………………………………… 148
最判昭 53・6・20 刑集 32・4・670 ‥ 85, 105
最判昭 53・7・3 判時 897・114 ……… 148
最判昭 53・7・10 民集 32・5・820
……………………………… 172, 173, 175
最判昭 53・9・7 刑集 32・6・1672
……………………………… 87, 352, 355
最決昭 53・9・22 刑集 32・6・1774 …… 83
最決昭 53・10・31 刑集 32・7・1793 … 441
名古屋高判昭 54・2・14 判タ 383・56
………………………………………… 158
富山地決昭 54・7・26 判時 946・137 … 109
東京高判昭 54・8・14 刑月 11・7=8・787
…………………………………………… 84
東京高判昭 54・8・14 判タ 402・147 … 109
最決昭 54・10・16 刑集 33・6・633 …… 377
東京高判昭 54・10・24 判時 973・132
………………………………………… 216
東京高判昭 55・2・1 判時 960・8 …… 349
東京高判昭 55・2・28 判時 973・135 … 216
大阪高判昭 55・3・25 高刑集 33・1・80
………………………………………… 148
最決昭 55・4・28 刑集 34・3・178 …… 175
最決昭 55・5・12 刑集 34・3・185 …… 206
東京地決昭 55・8・13 判時 972・136
…………………………………… 109, 110
最決昭 55・9・22 刑集 34・5・272 … 89, 90
最決昭 55・10・23 刑集 34・5・300 …… 158
最決昭 56・4・25 刑集 35・3・116 …… 216
福井地判昭 56・6・10 刑月 13・6=7・461
………………………………………… 160
大阪高判昭 56・11・24 判タ 464・170
………………………………………… 227
東京地判昭 57・3・17 判時 1098・452
………………………………………… 149
東京高判昭 57・3・24 判時 1063・214
………………………………………… 216
最決昭 57・8・27 刑集 36・6・726 …… 109
最判昭 58・7・12 刑集 37・6・791 …… 386
最判昭 58・9・6 刑集 37・7・930 …… 227
東京地判昭 58・9・30 判時 1091・159
………………………………………… 100
最決昭 58・12・19 刑集 37・10・1753
………………………………………… 326
札幌高判昭 58・12・26 判時 1111・143
………………………………………… 133
最決昭 59・1・27 刑集 38・1・136 …… 227
最決昭 59・2・13 刑集 38・3・395 …… 105
最決昭 59・2・29 刑集 38・3・479
…………………………………… 105, 109
最判昭 61・2・14 刑集 40・1・48 …… 155
最決昭 61・3・3 刑集 40・2・175 …… 375
最判昭 61・4・25 刑集 40・3・215
……………………………… 108, 159, 355
大阪高判昭 61・9・17 判時 1222・144
………………………………………… 108
福岡地裁久留米支決昭 62・2・5 判時 1223・144 …………………………… 109, 110
最決昭 62・3・3 刑集 41・2・60 ……… 349
大阪地決昭 62・7・22 判タ 671・271 … 109
大阪高判昭 63・2・17 刑集 41・1・62
………………………………………… 110
東京高判昭 63・4・1 判時 1278・152 … 156
最決昭 63・9・16 刑集 42・7・1051 … 355
最決昭 63・10・24 刑集 42・8・1079 … 221
最〔大〕判平元・3・8 民集 43・2・89
………………………………………… 235
最決平元・7・4 刑集 43・7・581 ……… 109
浦和地判平 2・10・12 判時 1376・24 … 148
最判平 3・5・10 民集 45・5・919
…………………………………… 173, 175
最判平 3・5・31 判時 1390・33 … 173, 175
最決平 6・9・16 刑集 48・6・420 …… 160
最判平 7・5・30 刑集 49・5・703 …… 355
最判平 8・1・29 刑集 50・1・1 ……… 131
東京高判平 8・5・9 高刑集 49・2・181
………………………………………… 347
大阪高判平 8・7・16 判時 1585・157 … 115
最決平 8・10・29 刑集 50・9・683 …… 159
大阪地判平 10・4・16 判タ 992・283 … 226
最判平 10・9・7 判時 1661・70 ……… 119
最〔大〕判平 11・3・24 民集 53・3・514
……………………………………… 172, 173
最判平 11・3・24 民集 53・3・514 …… 175
最決平 11・12・16 刑集 53・9・1327 … 161
最決平 12・7・17 刑集 54・6・550 …… 350
札幌高判平 14・3・19 判時 1803・147
………………………………………… 170
最判平 15・2・14 刑集 57・2・121 …… 352
最決平 15・2・20 判時 1820・149 …… 227

最決平16・7・12刑集58・5・333……112
福岡高判平16・10・8高検速報1445…221
最判平17・4・14刑集59・3・259
………………………………………403, 405
最判平18・11・7刑集60・9・561……380
札幌高判平19・3・5高検速報169……226

著者紹介

川端　博（かわばた・ひろし）

昭和19年生。昭和42年明治大学法学部卒業、司法修習修了、東京大学大学院法学政治学研究科修士課程修了

現職　明治大学法科大学院教授・法学博士、法制審議会（総会）委員。放送大学客員教授、旧司法試験考査委員（昭和63年度〜平成9年度刑法担当）・日本学術会議員（第18期・第19期）、新司法試験考査委員（平成18年度〜同22年度刑法担当）等歴任。

主要著書

『刑法総論講義』、『刑法各論講義』、『正当化事情の錯誤』、『違法性の理論』、『錯誤論の諸相』、『財産犯論の点景』、『正当防衛権の再生』、『定点観測・刑法の判例』、『共犯論序説』、『事実の錯誤の理論』、『共犯の理論』、『風俗犯論』、『法学・刑法学を学ぶ』、『司法試験』、『集中講義刑法総論』、『集中講義刑法各論』、『刑法各論概要』、『疑問からはじまる刑法 I（総論）・II（各論）』『刑法講話 I 総論・II 各論』（以上、成文堂）、『刑法総論 25 講』（青林書院）、『通説刑法各論』（三省堂）、『文書偽造罪の理論』（立花書房）、『事例式演習教室刑法』（勁草書房）、『刑法判例演習教室』（一粒社）、カウフマン＝ドルンザイファー著『刑法の基本問題』（翻訳・成文堂）、『論点講義刑法総論』（弘文堂）、『刑法入門』（共著・有斐閣）、『リーガルセミナー刑法 1 総論・2 各論』（共著・有斐閣）、『レクチャー刑法総論・各論』『刑法基本講座（全 6 巻）』（共編著）（以上、法学書院）、『刑事訴訟法』（共著・創成社）、『刑法総論』・『刑法各論』・『刑事訴訟法』（編著・八千代出版）、リューピング『ドイツ刑法史綱要』（共訳・成文堂）ほか

刑事訴訟法講義

平成24年3月3日　初　版第1刷発行

Ⓒ 2012 H. Kawabata

著　者　川端　博

発行者　阿部耕一

〒162-0041　東京都新宿区早稲田鶴巻町514

発行所　株式会社　成文堂

電話　03（3203）9201（代）　Fax（3203）9206

http://www.seibundoh.co.jp

製版・印刷　三報社印刷　製本　佐抜製本　　検印省略

☆落丁・乱丁本はおとりかえいたします☆

ISBN 978-4-7923-1935-9 C3032

定価（本体4,300円＋税）